Exilforschung · Ein internationales Jahrbuch · Band 23

I0130494

EXILFORSCHUNG

EIN INTERNATIONALES JAHRBUCH

Band 23
2005
AUTOBIOGRAFIE UND
WISSENSCHAFTLICHE BIOGRAFIK

Herausgegeben im Auftrag der
Gesellschaft für Exilforschung / Society for Exile Studies
von Claus-Dieter Krohn, Erwin Rotermund,
Lutz Winckler und Wulf Koepke

edition text + kritik

Anschrift der Redaktion:

Prof. Dr. Erwin Rotermund
Grenzweg 7
55130 Mainz

Prof. Dr. Lutz Winckler
Vogelsangstr. 26
72131 Ofterdingen

Satz: Fotosatz Schwarzenböck, Hohenlinden
Druck und Buchbinder: Bosch-Druck, Landshut
Umschlag-Entwurf: Thomas Scheer / Konzeption: Dieter Vollendorf
© edition text + kritik in Richard Boorberg Verlag GmbH & Co KG, München 2005
ISBN 3-88377-806-0

Eine detaillierte Auflistung aller bisherigen Beiträge in den Jahrbüchern
EXILFORSCHUNG sowie ausführliche Informationen über alle Bücher
des Verlags im Internet unter: www.etk-muenchen.de

Inhalt

Vorwort

Autobiografien gelten als Zeugnis und Dokument, sie sind Selbst- und Zeitdeutung und haben als solche in der Exilforschung von Anfang an eine zentrale Rolle gespielt. In den letzten Jahren sind Erinnerung und Gedächtnis als weitere Funktionen hinzugetreten. Mit der sich abzeichnenden Ablösung handlungsorientierter durch gedächtnisorientierte Diskurse verschob sich die Legitimationsbasis der Exilforschung: Das »andere Deutschland« als zentraler Begriff der Exilforschung wechselte seine Stelle im kommunikativen Gedächtnis – es trat aus dem zeitgeschichtlichen Horizont ins Archiv. Damit rücken Fragen des »Erzählens«, der Konstruktion von Geschichte und Erfahrung in den Vordergrund auch der wissenschaftlichen Biografik. Der vorliegende Band stellt autobiografische Texte, wissenschaftliche Biografien und enzyklopädische Darstellungen zur Biografik des Exils vor und erörtert in literatur- und kunstwissenschaftlichen, geschichts- und kulturwissenschaftlichen Beiträgen Formen und Funktionen (auto)biografischen Erzählens.

Es ist nicht das erste Mal, dass das Internationale Jahrbuch *Exilforschung* in den Autobiografie-Diskurs eingreift. Bereits 1984, im zweiten Band der Reihe, wurden unter dem Titel *Erinnerungen ans Exil* Beispiele *kritischer Lektüre der Autobiographien nach 1933* vorgelegt. An diese Studien erinnert *Wulf Koepke* in dem vorliegenden Band unter dem Titel *Die Selbstdarstellung des Exils und die Exilforschung*. Die »Überlegungen und Aspekte« der theoretisch ausgerichteten früheren Beiträge erscheinen ihm »auch nach über 20 Jahren noch [als] sehr lesenswert«. Koepke referiert insbesondere Erich Kleinschmidts provokante These vom Scheitern einer Ästhetik der modernen Exilautobiografie, Helmut Koopmanns Ausführungen über den Triumph des »Ich« in Exilwerken der Vorkriegsjahre und Richard Critchfields Typologieversuche und Merkmalsbestimmungen. Aus den Fallstudien des Bandes werden Liselotte Maas' Aufsatz über *Das Neue Tage-Buch* als indirekte Autobiografie seines Herausgebers Leopold Schwarzschild und Joachim Radkaus Analyse von Historiker-Erinnerungen (Hallgarten und Kuczynski) hervorgehoben. Ergänzend weist Koepke auf Gabriele Mittags Darlegungen über autobiografisches Schreiben von Frauen (Bd. 11) und Faridehs Akashe-Böhmes die weibliche Perspektive akzentuierenden Beitrag über *Biographien in der Migration* (Bd. 17) hin.

Dem mittlerweile veränderten Blick auf die Autobiografik des Exils trägt der Aufsatz von *Volker Depkat* Rechnung, der am Beispiel von Lebenserinnerungen emigrierter Sozialdemokraten den *biografischen Ort des Exils* zu bestimmen sucht. Der Verfasser versteht Autobiografien als Texte und erst in zweiter Linie als Dokumente; ihn interessieren vor allem die *Strukturen narrativer Sinnbildung.* Das Exil werde in den Texten Wilhelm Dittmanns, Albert Grzesinskis, Käte Frankenthals und Toni Senders als persönliche Krise und als geschichtliche Zäsur erfahren; autobiografisches Schreiben habe die Funktion einer zurückschauenden und vorausweisenden individuellen und politischen Identitätssicherung. Depkat unterscheidet vier strukturelle Merkmale autobiografischen Erzählens: Das Leben wird als »Bildungs- und Entwicklungsgeschichte« der aus handwerklichen und bildungsbürgerlichen Schichten stammenden Autoren zum Sozialismus verstanden; die Lebensgeschichte bewahrt über den persönlichen Wandel und den historischen Bruch hinaus Identität; die eigene Vita ist Bestandteil der politischen Geschichte; als Teil der Zeitgeschichte verweist die Lebensgeschichte auf demokratische Zukunftsperspektiven in einer vom Faschismus befreiten Welt. Das Exil, so das Fazit seiner Untersuchung, werde zwar als lebensgeschichtliche »Zäsur« verstanden, aber als solche umgedeutet zu einer Bestätigung sozialistischer Grundüberzeugungen.

Der Beitrag von *Einhart Lorenz* über *Willy Brandts Exil im Spiegel seiner Erinnerungen und seiner Biografen* schließt insofern an die Überlegungen Depkats an, als die Absichten und Schwerpunkte, die Auslassungen und Lücken der verschiedenen Autobiografien Willy Brandts interpretiert werden können als Versuche, die Lebensgeschichte und die Exilerfahrungen ihres Autors mit der westdeutschen Nachkriegsgeschichte kompatibel zu machen, den Sinn des Exils mithin in den politischen Lebenslauf des Politikers Willy Brandt zu integrieren. Für die wissenschaftlichen Biografien über Willy Brandt müssen demgegenüber die Kriterien wissenschaftlicher Genauigkeit und Objektivität in Anschlag gebracht werden. Lorenz, der durch seine Forschungen zum norwegischen Exil und die Mitherausgeberschaft der Berliner Willy-Brandt-Ausgabe als Kenner der Exiljahre und der autobiografischen Schriften Brandts ausgewiesen ist, kann eine Reihe von Irrtümern über Ursachen und Motive, Daten und Verlauf der Exiljahre Brandts, seiner Aufenthalte in Berlin, Paris und Spanien, über die Rolle seiner politischen Vorbilder und Mentoren, insbesondere Jacob Walchers, nachweisen. Übersehen werde auch die Bedeutung, die die demokratischen Traditionen Norwegens und Schwedens für die politische Entwicklung Brandts gehabt haben. Die wissenschaftliche Biografik müsse sich freihalten von »Stereotypenbildung«, nur so könne sie der »Mehrschichtigkeit« historischer Personen gerecht werden.

Der Medizinhistoriker *Peter Voswinckel* setzt sich polemisch mit den Auslassungen und Versäumnissen, den Irrtümern und Vorurteilen in der ärztlichen Biografik auseinander. In seiner Kritik der 2002 erschienenen *Biografischen Enzyklopädie deutschsprachiger Mediziner* weist er darauf hin, dass Eintragungen zu Wissenschaftlern und Ärzten jüdischer Herkunft fehlen: das gilt für den Begründer der wissenschaftlichen Hämatologie, Hans Hirschfeld, ebenso wie für die Herausgeber von bis heute immer wieder neu edierten medizinischen Wörterbüchern und Lexika, Walter Guttmann und Josef Löbel. Eine Anzahl anderer Viten werden unvollständig dokumentiert: Die Umstände der Emigration, der ihr vorausgehenden wissenschaftlichen und beruflichen Behinderungen erscheinen verharmlost oder bleiben unerwähnt, Todesursachen werden, wie im Fall von politisch bedingten Suiziden oder als Folge von Deportationen, nicht erläutert. Täterbiografien werden entpolitisiert und geschönt. Das Resultat dieses fahrlässigen Umgangs mit den Biografien von Opfern des Nationalsozialismus beschreibt Voswinckel als »damnatio memoriae«, welche einer »zweiten Verbannung« gleichkomme.

Sehr viel positiver fällt die Bilanz der Aufarbeitung des Exils in einem anderen lexikalischen Projekt, dem 2003 erschienenen dreibändigen *Internationalen Germanistenlexikon 1800–1950*, aus. *Regine Weber* unterstreicht den hohen Anteil von Eintragungen über institutionelle Aussenseiter: von jüdischen Intellektuellen, Emigranten, Literaturkritikern und Frauen. Am Beispiel der biografischen Eintragungen zu den Germanisten Richard Alewyn, Karl Viëtor und Bernhard Blume kann sie zeigen, wie genau die Mechanismen ideologischer und gesellschaftlicher Anpassung (Viëtor, Blume) und Distanzierung (Alewyn), die unterschiedlich ablaufenden Vorgänge beruflicher Ausgrenzung und Emigration sowie der Prozess der Integration in den USA beobachtet werden. Besondere Aufmerksamkeit wird den geistigen und institutionellen Reformbemühungen des in die Bundesrepublik zurückgekehrten Germanisten Richard Alewyn gewidmet. Regine Weber wendet sich vor allem dem exilbedingten Vorgang von »Verlust und Neuerfindung von Identität« der Wissenschaftler zu. Ähnlich wie bei den von Volker Depkat vorgestellten Sozialisten, kommt dem Exil auch in der Biografie exilierter Germanisten die Rolle einer lebensgeschichtlichen Zäsur zu: Alewyn, Viëtor und Blume machen im Exil eine Wandlung durch, die sie aus der Tradition eines geistesgeschichtlichen Kulturkonservatismus herauslöst und ihnen, wie im Fall Alewyns und Blumes, die Annäherung an Positionen eines westlichen, demokratisch orientierten Humanismus ermöglicht.

Die folgenden, den Großteil des Bandes ausmachenden Aufsätze behandeln autobiografische Werke von Schriftstellern und Schriftstellerinnen sowie von Malern und Fotografen des Exils. Die ästhetischen Medien der Identitätssuche stehen hier entsprechend stärker im Vordergrund des Interesses. In seinem Beitrag über Heinrich Manns *Ein Zeitalter wird besichtigt* untersucht *Hans-Edwin Friedrich* exemplarisch Strukturen experimentellen autobiografischen Erzählens, wie sie sich infolge der politischen Umbrüche in den 1930er und 1940er Jahren des vorigen Jahrhunderts entwickelt haben. Manns Werk wird als moderne Erweiterung des traditionellen Gattungsmusters zur »Essayautobiografie« aufgefasst. Die zentrale Figur des »Jx« erscheint »als ein experimenteller Entwurf des Ich«, das »diejenigen Komponenten des Ich« bündele, »die in Korrelation zum Zeitalter stehen«. Friedrich hebt besonders die ästhetische Konstruktion der »Besichtigung« hervor; sie ist zumal in bestimmten Bildern zu fassen, denen die Verdichtung »zentraler Merkmale des Zeitalters« und damit geschichtlicher Sinn zugeschrieben wird.

Christoph Seifener gibt einen ausführlichen Vergleich zweier Autobiografien emigrierter Schauspieler, der von Curt Goetz / Valerie von Martens und der von Fritz Kortner. Er liest sie nicht als Informationen über die Sozialgeschichte des Exils liefernde Quellen, sondern als literarische Texte, bei denen »die Positionen, die die Autoren in der Gegenwart des Schreibprozesses beziehen«, die »Perspektive« vorgeben, von der aus die Erinnerungen an die Emigrationsjahre in den USA formiert werden. Während Kortner in seiner »politischen Streitschrift« sich mit der frühen Bundesrepublik kritisch auseinander setzt, sehen Goetz / von Martens, Argumente der Inneren Emigranten über die Exilanten benutzend, die Nachkriegsdeutschen – zumal ihr altes und neues Publikum – primär als Opfer des Nationalsozialismus.

Sabine Rohlf geht in ihrer Untersuchung zweier kurzer autobiografischer Texte von Irmgard Keun, *Bilder aus der Emigration* (1947), und Adrienne Thomas, *Nein und Ja* (1944), der Frage nach, wie sich weibliche Autorschaft unter den Bedingungen des Exils rekonstruiert. Beide Schriftstellerinnen, die in den letzten Jahren der Weimarer Republik erfolgreich als Autorinnen debütiert hatten, versuchten sich unter den restriktiven Bedingungen des Exils zu behaupten. Sabine Rohlf zeigt, wie in den autobiografischen Texten männliche Rollenzuschreibungen einer am Privaten und Intimen orientierten weiblichen Autorschaft unterlaufen werden: in selbstbewusster Behauptung des Alltäglichen als weiblichem Gegenraum bei Irmgard Keun, einer politischen Aufwertung des Alltags als »Ort antifaschistischer Energie« bei Adrienne Thomas. Kennzeichnend ist für beide die Weigerung, autobiografisches Schreiben als unmittelbaren Reflex von Erfahrung zu praktizieren. Die in den autobiografischen Texten nachweisbaren Elemente der Autofiktion weisen, so Rohlf, die beiden Schriftstellerinnen als selbstbewusste Autorinnen aus, die sich dem Klischee der Erfahrungsunmittelbarkeit weiblicher Autorschaft verweigern.

Die Zuschreibung autobiografischer Texte zum Genre der Künstler- und Schriftstellerautobiografik gilt auch für Carl Einstein und sein von *Marianne Kröger* untersuchtes Romanfragment BEB II. Die Verfasserin kann zeigen, dass die – übrigens lückenhaften – autobiografischen Elemente für Einstein vor allem wichtig sind als Hinweise auf Sozialcharaktere, dass die Kindheits- und Jugenderinnerungen im fragmentarischen Nachlass im Kontext einer ursprungsmythischen Geschichtskonzeption des Verfassers zu lesen sind. Die Relativierung des (Auto)Biografischen ist schließlich im weiteren Zusammenhang einer prinzipiellen Kritik an bürgerlichen Individualitäts-

und künstlerischen Autonomievorstellungen zu sehen, die Einstein in die Nähe der französischen Surrealisten geführt hat. Mit ihnen teilt er auch die Betonung unbewusster und kollektiver Impulse des Schreibprozesses. Beides führt dazu, die Autobiografie der Form des Romans anzunähern.

In ihrem Gespräch mit der Wiener Exildichterin Stella Rotenberg (geb. 1916) vermeidet *Beatrix Müller-Kampel* von vornherein die mit bestimmten Fragestellungen nahe gelegte Konstruktion eines kontinuierlichen lebensgeschichtlichen Zusammenhangs. Sie weicht bewusst von dem Leitfaden ab, den die Sozialwissenschaft für strukturierte Interviews entwickelt hat. Stattdessen stellt sie entstandardisierte Fragen. Im Zentrum steht »jene nach der Funktion von Literatur für die psychische Identitätskonstruktion«. Es zeigt sich, dass die frühe und dann die im englischen (Sprach-)Exil fortgesetzte, weitgehend unplanmäßig-extensive, spontane Lektüre der klassischen und modernen deutschen Literatur die Triebkraft für die eigene, oft ebenfalls spontane Textproduktion der Autorin gewesen ist.

Mit einem interdisziplinären Ansatz versucht *Jutta Vinzent,* »Entwürfe von Identitäten in Autobiografien und Selbstbildnissen« von Exilkünstlern »zu bedenken«. Ihr Beitrag ist methodologisch bestimmt von einschlägigen englischen und amerikanischen Arbeiten, die auf Foucaults Vortrag *Was ist ein Autor?* (1969) reagieren. An Autobiografien und Selbstporträts von Alva, Kokoschka und Jack Bilbo zeigt die Verfasserin exemplarisch, dass diese aufgrund von »Verfremdungen« – trotz gegenteiliger Intention – »Auto«-texte sind und »der Autor/Künstler immer auch Kontext bleibt«, das heißt: aus seinem Werk »hinausmanövriert« erscheint, was »besonders im Hinblick auf erlebtes Leid zynisch« wirkt.

Ein interessantes Beispiel für indirekte autobiografische Selbstvergewisserung gibt *Perdita Ladwig*. Sie arbeitet in den Studien zum Frühhumanismus, die der Romanist und George-Verehrer Percy Gothein in den 1930er und 1940er Jahren vorgelegt hat, »Spuren einer Selbstthematisierung« heraus: Die venezianischen Humanisten Barbaro und Trevisano erscheinen Gothein als normative Vorbilder für die eigene Lebensführung und das Gemeinschaftsideal der Adelsrepublik Venedig findet sein »Ebenbild (...) im Kreis der George-Jünger«. Analog erinnert die Republik Florenz »in ihrer demokratisch dysfunktionalen Verfaßtheit« an die vom Autor »ungeliebte Weimarer Republik«.

Die Fotografien Gerda Taros und Robert Capas aus dem Spanischen Bürgerkrieg sind bekannt als anklagende Dokumentation moderner Luftkriegsführung, die sich vor allem gegen die Zivilbevölkerung richtete: Die moderne Bildsprache zerstörter Häuser und Wohnungen, zerbombter Städte und ihrer getöteten Bewohner geht zurück auf Taros und Capas Arbeiten. Der »zeitlosen Lesbarkeit« ihrer Aufnahmen liege eine »Kongruenz von Privatem und Politischem« zugrunde. *Irme Schaber* deutet die fotografische Ästhetik

als Ausdruck eines Engagements, das an die spezifischen Ausdrucksqualitäten der fotografischen Apparatur und ihrer publizistischen Vermittlungs-
organe gebunden ist. Gerta Pohorylle, alias Gerda Taro, und Endre Ernö
Friedmann, alias Robert Capa, verstanden ihre fotografische Arbeit als gemeinsamen »Selbstentwurf«. Davon zeuge die Wahl ihrer künstlerischen
Pseudonyme, der gemeinsame Weg nach Spanien, das antifaschistische Engagement und die »Nähe« zu den Ereignissen, die sie in ihrer fotografischen
Arbeit suchten: »Künstlernamen und Legende schufen eine Projektionsfläche, die sie selber bespielten, anstatt als ›réfugies‹ den Einheimischen als
Zielscheibe zu dienen«. Mit Gerda Taros Tod 1937 verlor sich auch die Legende. Robert Capa konstruierte sich als Fotograf des Zweiten Weltkriegs
eine eigene Identität und Legende, in der die Erinnerung an Gerda Taro und
ihre gemeinsame Arbeit keinen Platz mehr fand.

Neben Texten, Bildern und Fotos stehen die Dinge des täglichen Gebrauchs
als Mittel biografischer Rekonstruktion von Emigrantenschicksalen. Sie sind
in der Exilforschung bislang wenig erforscht worden. In seiner methodologisch wichtigen Projektskizze berichtet *Joachim Schlör* exemplarisch die
Geschichte des jüdischen Kaufmanns Leopold Frank, der 1936 mit seiner
Familie nach Palästina emigrieren will und für diesen Zweck eine Liste von
überlebenswichtigen Sachen anfertigt. Schlör sieht diese Dinge mit kultur-
wissenschaftlichem Blick: Er fragt nach der Relevanz, die »bestimmte Kulturgüter für eine bestimmte soziale Gruppe oder für einzelne Akteure haben«, nach den »sozialen Gebrauchsweisen«, in welche »die Dinge eingebettet
werden«, ferner nach der Funktions- und Bedeutungsveränderung, der die
Dinge durch die Mitnahme in ein fremdes Land unterliegen, schließlich nach
dem Eigenleben derselben als Medien der Erinnerung im Wechsel der Generationen. Von der Beantwortung dieser Fragen darf man neue Aufschlüsse
für die historische Exil- und für die aktuelle Migrationsforschung erwarten.

Wulf Koepke

Die Selbstdarstellung des Exils und die Exilforschung
Ein Rückblick

Das kulturelle Exil: Autoren, Publizisten, Künstler, Musiker, Architekten, Philosophen, Wissenschaftler, Pädagogen, Filmemacher, Verleger, Buchhändler, Literatur-, Film- und Musikagenten, nicht zu vergessen Politiker, Juristen, Staatsbeamte – alle diese Menschen waren des Wortes mächtig, alle hatten eine einzigartige Geschichte zu erzählen, alle hatten 1933 oder 1938 einen traumatischen Bruch in ihrem Leben erlitten, alle fühlten sich aus der Bahn geworfen und mussten in einem unwillkommenen fremden Land eine neue Existenz gründen, als anonyme Anfänger, auch wenn sie vorher berühmt, wohlhabend und in bedeutenden Positionen tätig waren. Entsprechend groß ist die Zahl der Autobiografien aller möglichen Art: vom Erlebnisbericht zur Darstellung der beruflichen Laufbahn bis zur Gesamtdarstellung des eigenen Lebens und der miterlebten geschichtlichen Epoche, von der Ich-Erzählung und der romanhaften Erzählung in der dritten Person bis zum Tagebuch und zur Folge von Briefen. Solch Rückblick konnte der eigenen Existenz Sinn und Abrundung geben; die Erfahrungen vermittelten eine politische, philosophische, religiöse Botschaft an die »Nachgeborenen«; eine Selbstdarstellung konnte inneren Frieden des Schreibenden bedeuten, einen Abschluss vieler Konflikte mit sich und dem Herkunftsland. Selten wurde es eine »Abrechnung«, der Ton der Versöhnung ist dominant. Vor allem aber konnte das Schreiben das aussprechen, was das Leben dem Exilanten versagt hatte: nicht wenige Autobiografien sind ein Ersatz für ein nicht-gelebtes Leben.

Die Reflexion über das eigene Leben und den »Sinn dieser Emigration« begann mit dem Augenblick der Flucht und Vertreibung. Viele Gedichte, Essays und Zeitschriftenartikel zeugen davon. Sehr bald erschienen Erlebnisberichte wie Wolfgang Langhoffs *Die Moorsoldaten* und Rückblicke auf das frühere Leben wie Ernst Tollers *Eine Jugend in Deutschland*. Zum Exil gehörte das ständige Nachdenken über das eigene Ich, die eigene Lage, und das fand vielfachen literarischen, publizistischen und künstlerischen Ausdruck. Die Zeitereignisse, angefangen mit dem Sozialistenaufstand in Österreich im Februar 1934 bis zum Spanischen Bürgerkrieg von 1936 bis 1939 und der deutschen Besetzung Böhmens und Mährens, dann 1940 der deutsche Einmarsch in Frankreich und die Besetzung eines großen Teils von Europa, Norwegen, Holland, Belgien, Jugoslawien, Haft, Gefängnis, Internierung, Konzentrationslager, die wiederholte Flucht und die Reise nach Übersee, alles das spiegelte sich in Berichten und literarischen Gestaltungen, wobei die Grenzen zwischen Dokumentation und Literatur fließend waren, wie man an Gustav Reglers Spanien-Roman *Das große Beispiel* sehen kann. Lion Feuchtwangers Bericht über das französische Internierungslager *Unholdes Frankreich* ist bei aller Detailgenauigkeit ein Werk der Literatur, eine Meditation über den Verlauf der Geschichte, den Menschen als Spielball unbegreiflicher Mächte und das eigene Schicksal. Noch deutlicher wird die literarische Gestaltungsabsicht in Hans Habes *Ob Tausend fallen* und in Alfred Döblins *Schicksalsreise*, einem Bericht, der sich dann von der ursprünglichen Intention, einen »Robinson in Frankreich« zu beschreiben, zur Geschichte der Erlösung durch das Christentum auf der Flucht, des Entkommens nach Amerika und der missglückten Heimkehr 1945 ausweitete, zur Autobiografie als Konfession.

So wie das autobiografische Schreiben des Exils über das Exil im Exil während des Zweiten Weltkriegs einsetzte (prominente Beispiele sind Stefan Zweigs *Die Welt von Gestern*, Klaus Manns *The Turning Point*, später auf Deutsch als *Der Wendepunkt*, und Heinrich Manns *Ein Zeitalter wird besichtigt*), so versuchte das Exil auch bereits 1945 ein Fazit zu ziehen und sich der Mitwelt und Nachwelt als Ganzes, eine einheitliche Bewegung und Literatur, das »andere Deutschland«, eine Art Volks-Front, darzustellen. F. C. Weiskopf schrieb den »Abriss« *Unter fremden Himmeln*, alles andere als eine einfache Aufzählung und Beschreibung von Namen und Werken, sondern eine Dokumentation der geschichtlichen Bedeutung des Exils, und Walter A. Berendsohn bot als alternative Konzeption *Die humanistische Front*. Die Exilforschung und die Exilautobiografie, als Nachdenken über das Exil als Gesamtphänomen, und die Beschreibung einzelner Lebensläufe, die Erforschung der Biografie und des Zeitalters zugleich, sind von Anfang an verzahnt geblieben.

Dabei ist die literaturwissenschaftliche und historische Analyse und Bewertung dieser Gattungen: der Autobiografie, der Biografie, des Tagebuches, des »historischen Sachbuches«, also der Dokumentationen, Briefwechsel, Reden und Aufsätze, bis zum historischen Drama, Film und Roman, immer noch, sowohl theoretisch als auch im Faktischen, unzureichend – so viele aufschlussreiche Studien auch vorhanden sind. Im frühen 20. Jahrhundert ist, als Reaktion auf den nationalistischen und affirmativen Historismus des späteren 19. Jahrhunderts, in Deutschland besonders vertreten durch die ungeheuer populären »Professorenromane« wie Felix Dahns *Ein Kampf um Rom* oder Gustav Freytags Zyklen *Die Ahnen* und *Bilder aus deutscher Vergangenheit* (Willibald Alexis' frühere eher kritische *Vaterländische Romane* und Theodor Fontanes *Vor dem Sturm* wurden zwar auch noch gelesen, aber kamen gegen Felix Dahn und Gustav Freytag nicht auf), eine neue Auseinandersetzung mit der Geschichte entstanden. Alfred Döblins *Wallenstein* ist durch das traumatische Erlebnis des Ersten Weltkriegs geprägt; die neue Form der Biografie, von Emil Ludwig bis Stefan Zweig, ist nicht ohne die Psychologie von Sigmund Freud zu denken. Der Film entwickelte sich in den 1930er Jahren dank des technischen Fortschritts, des Tonfilms und der besseren Bildqualität bis zum Farbfilm, aus dem bisherigen oft primitiven Kostümfilm zum Dokumentarfilm und zur ernsthaften historischen Darstellung, die zum Beispiel im nationalsozialistischen Deutschland mit den Filmen über Friedrich II., Bismarck, Ohm Krüger und den Burenkrieg, Robert Koch und andere mehr bedeutende Propagandawirkungen erzielen konnte. In diesem breiten Spektrum von der wissenschaftlichen Geschichtsdarstellung zur psychoanalytischen und zur marxistischen Geschichtsdeutung, zur Geschichtspropaganda der faschistischen und der kommunistischen Staaten, zu historischen Romanen und Romanzen aller Art, zum politischen Theater mit historischen Stoffen und schließlich zur zeitgeschichtlichen Darstellung in den unterschiedlichsten Formen – wobei die fotografische Dokumentation eine wachsende Bedeutung bekam – siedelten sich auch die verschiedenen Formen des Lebensberichts an. Dabei ist nicht nur die enge Verzahnung von Geschichte und Literatur, sondern ebenso die von Biografie und Selbstbiografie zu beachten. Unter den zahlreichen historischen Romanen des Exils befinden sich etliche Biografien. Die Grenze zwischen Biografien, beispielsweise Kracauers *Jacques Offenbach* oder Stefan Zweigs *Fouché*, und historischen Romanen wie Bruno Franks *Cervantes* und Ludwig Marcuses *Der Philosoph und der Diktator. Plato und Dionys*, ist fließend. Selbst Heinrich Manns *Henri Quatre* und Lion Feuchtwangers *Josephus* können als Biografien angesehen werden; und als Thomas Mann seinen exemplarischen Deutschen Adrian Leverkühn, seinen Doktor Faustus, darstellen wollte, wählte er die Form der Biografie und erfand dazu den Biografen Serenus Zeitblom. Wie wir inzwischen wissen, steckt in dieser fiktiven Biografie ein ganzes Stück einer Autobiografie des Autors Thomas Mann, wie er in seinem »Roman eines Romans« *Die Entstehung des Doktor Faustus* verdeutlicht hat.

Das *Jahrbuch Exilforschung* hat in seinem Band 2 von 1984 das Thema »Erinnerungen ans Exil – kritische Lektüre der Autobiographien nach 1933« in den Mittelpunkt gestellt. Hier waren neben Fallstudien mehrere theoretisch ausgerichtete Beiträge versammelt, deren Überlegungen und Gesichtspunkte auch nach über 20 Jahren noch sehr lesenswert sind. Ich beginne mit dem Beitrag von Erich Kleinschmidt: »Schreiben und Leben. Zur Ästhetik des Autobiographischen in der deutschen Exilliteratur« (S. 24–40). Der Angelpunkt dieses nach wie vor provokativen Ansatzes ist, dass die Verweigerung der Exilierten, ihre Situation als solche zu akzeptieren, sich selbst mit ihrer neuen Lage zu konfrontieren, zum Scheitern der Ästhetik einer modernen Autobiografik führt, zum Ausweichen sowohl in traditionelle Muster des Romans als auch der Autobiografie. Das Exil ist charakterisiert durch die »Kernproblematik« der »Ich-Behauptung und Ich-Verwirklichung« (S. 24), die für das Exil radikal in Frage gestellt war. Diese ästhetische Herausforderung »einer autobiographischen Verschriftung ist von den Autoren eher negiert als bewußt angenommen worden« (S. 25). Die Exilanten empfanden sich als Opfer eines übermächtigen Schicksals. Das überträgt sich so auf ihre Lebensberichte: »Die Lektüre von Exilautobiographien läßt deutlich erkennen, daß sie weniger von bewußten schöpferischen Kalkülen her bestimmt waren als von subjektiven Eindrücken und Wertungen, die im Rahmen jeweiliger Lebensstationen vorgeführt werden« (S. 26). Dabei war die Grenze zwischen Autobiografie und Roman bereits vor dem Exil in vielen Fällen undeutlich gewesen, und die Isolierung durch das Exil begünstigte den »Rückzug in den Schreibvorgang« (S. 28) und eine »autobiographische Verwirklichung« im Rahmen dieser »Literatur als Utopie«, die bei einer Einbindung in eine Umwelt kaum denkbar gewesen wäre. Auf der anderen Seite war die Gefahr des »Autobiographismus« eine gänzliche Trennung von der faktischen Wirklichkeit und eine Flucht in die Imagination. Das Schwanken zwischen »Naturalismus und Imagination« (S. 27), Grundfrage der Ästhetik der Moderne, wurde im Exil und besonders im autobiografischen Schreiben zum Zentralproblem. »Das eigene Dasein kreativ im Exilwerk neu zu artikulieren, fiel schwer« (S. 29). Ebenso schwer wurde die Kommunikation mit einem möglichen Publikum, und in allen Exilautobiografien, möchte ich hinzufügen, sind die Fragen der Leserbeziehung und der intendierten Wirkung Kernpunkte der Darstellung und bleiben ebenso problematisch, wie sie vorrangig wichtig sind. »So problematisch die produktive, ästhetische Identifikation zwischen Autor und literarischem Text im Exil gewesen ist, so schwierig war auch das rezeptive Eingehen der Leser auf die Werke« (S. 30). Die Leser, zumal die Mitemigranten, erwarteten eigentlich etwas, was die Autoren nicht leisten konnten. In der Isolation des Exils wurde die Vorstellung einer Repräsentanz fragwürdig. Für wen sprachen diese Autoren? Ging das Publikum das, was sie schreiben konnten, getrennt von der bisherigen Umwelt und Wirklichkeit, etwas an? Hatte es eine Bedeutung, wer sie waren und wie sie sich mit ihren Erfahrungen auseinander setzten? Aber gerade dieser Zweifel an der repräsentativen Gültigkeit ihrer eigenen Erfahrung war ein wesentliches Hemmnis für eine produktive Umsetzung und führte vorwiegend zu Auswegen und indirekten, metaphorischen Aussagen, vor allem in historischen Romanen und Dramen. Für Robert Musil wurde das autobiografische Schreiben sogar zum Schreiben über das Schreiben: »Ich müßte über diese Hefte schreiben« – er meint seine Tagebücher (S. 31). Erich Kleinschmidt sieht in Alfred Döblins *Epilog* von 1948 den Ansatz, wenn auch nicht die Ausführung einer möglichen »ästhetischen Leitform«, der »Werkbiographie« (S. 31).

Die Autobiografie wurde zu einer Leitform für die, welche wie Klaus Mann
»das Emigrantendasein und das Schreiben im Exil durchaus identifikatorisch
aufeinander [bezogen]« (S. 31), was aber keineswegs zu einer neuen Form
der Autobiografie führte oder führen musste – wobei ich hinzufügen möchte, dass vielleicht gerade in Klaus Manns *Der Wendepunkt* neben den Berichten über seine Zwischenkriegsgeneration und dem Bericht über »das Haus
Mann« doch zumindest der Ansatz einer »Exilbiographie«, eines »exilisti-
schen« Schreibens enthalten ist, aus dem Klaus Mann nach 1945 nicht mehr
hinauskommen konnte. Erich Kleinschmidt sieht, wie auch andere Gattungen, die Exilautobiografie weitgehend durch einen »Formkonservativismus«
(S. 32) charakterisiert. Das Paradigma der »Neuen Sachlichkeit«, das sich im
Formideal des bloßen »Beschreibens« aussprach, war zwar bereits vor 1933
in Frage gestellt worden, indem die Schriftsteller »den epischen Autor als
einen Mitsprechenden in seinem Werk« (S. 32) entdeckten, exemplarisch bei
Alfred Döblin in *Berlin Alexanderplatz* zu sehen, aber der dominante Typus
der Exilautobiografie blieb der sachliche Bericht, »der so abgefaßt sein sollte, wie etwa ein Arzt seine Krankengeschichte schreibt« (S. 32). Der letzte
Teil dieses Satzes ist nicht zufällig ein Zitat aus der Autobiografie *Hölle im
Paradies* von Martin Gumpert, einem Arzt. Für die Sachlichkeit gab es gute
ethische Gründe, nämlich den so allmächtigen Lügen und Illusionen der
politischen Propaganda dokumentarische Fakten und distanzierte Beschreibungen entgegenzusetzen. Eine innovative Form der Autobiografie ergab sich
daraus allerdings nicht. Diese innovative Form fehlt ebenfalls weithin in den
autobiografischen Romanen. Erich Kleinschmidt sieht die Ansätze einer
ästhetisch vermittelten inneren Beziehung zwischen Exilerfahrung und Autobiografie in dem Bericht von Theodor Balk *Das verlorene Manuskript* und,
in ganz anderer Weise, in Konrad Merz' *Ein Mensch fällt aus Deutschland*
(S. 33). Hier findet sich etwas wie »die autobiographische Aura allen fiktionalen Schreibens, [die] Selbstbehauptung der auktorialen Individualität im
narrativen Diskurs« (S. 33). Für Döblin, auf den sich Kleinschmidt besonders bezieht, war mit jedem Werk eine »Klärung« verbunden, wie sie unmittelbar autobiografisch in der *Schicksalsreise* vorgeführt wird und indirekt und
in sehr komplexer Weise im »Erzählwerk« *November 1918* als langsamer und
mühsamer Prozess erscheint, dessen autobiografischer Hintergrund nur selten handgreiflich enthüllt wird, in dem jedoch die Lebenserfahrung des
Autors von 1918 bis 1942 bestimmend für die Geschichtsdarstellung der
gescheiterten Revolution von 1918/19 geworden ist.

Für die Mehrzahl der Versuche, das eigene Leben schreibend zu erfassen,
gibt Erich Kleinschmidt diese zusammenfassende Bewertung: »Beherrschend
war für alle diese autobiographischen Schreiblösungen eine narrative Kon-
vention, die zwar vielfach Anschaulichkeit und Eindringlichkeit bis heute
für sich beanspruchen kann, die aber alle nicht den Versuch unternahmen,

der Exilsituation einen ästhetischen Gegenentwurf autobiographischen Schreibens abzugewinnen, der nicht nur Fortführung einer vor 1933 schon etablierten Schreibart war« (S. 36). Davon nimmt Kleinschmidt den »Typus des schriftstellerischen Einzelgängers« aus, »der die Kraft zum Formexperiment ins Exil hinüberrettete« (S. 36). Sein erstes Beispiel ist Walter Mehring mit seiner »Autobiographie einer Kultur« *Die verlorene Bibliothek,* dem Entwurf eines »imaginären Museums der Literatur« (S. 36). Das wird in Beziehung gesetzt zu Walter Benjamins *Passagen*-Projekt. Beide sind der Vergänglichkeit des Besitzes, aber doch der Beständigkeit des Wahrnehmens und der Erinnerung gewidmet, und zugleich dazu gedacht, »mich auf mich selbst zu besinnen« (S. 37). Von dieser Art der »lebensbeschreibenden Ästhetik« führt der Weg zu Peter Weiss' *Ästhetik des Widerstands,* wo deutlich wird, wie die Form der Autobiografie, die in *Die verlorene Bibliothek* als Möglichkeit dargestellt wird, über das rein Persönliche hinaus zur Auseinandersetzung mit dem Zeitalter, mit dem exilierten Selbst und mit der Möglichkeit literarischer Gestaltung werden kann.[1]

Wenn ich mir einen eigenen Kommentar erlauben darf, so würde ich auch die beiden Entwürfe ernst nehmen, die in Thomas Manns *Doktor Faustus,* zusammen mit seinem »Roman eines Romans« *Die Entstehung des Doktor Faustus,* und in Heinrich Manns *Ein Zeitalter wird besichtigt* zum Ausdruck kommen. Selbst wenn Thomas Manns so persönlicher Roman ein Buch »des Endes« ist und wenn Heinrich Manns der Autobiografie folgende Romane *Empfang bei der Welt* und *Der Atem* in einen Zwischenbereich von Wirklichkeit und reiner Imagination wandern, ist im »Greisenavantgardismus« Heinrich Manns genug Stoff für eine ästhetische Untersuchung vorhanden, und bietet Thomas Manns Synthese seines Lebens mit ihrer Form der Montage und Parodie wesentliche neue Perspektiven.

Helmut Koopmann beschreibt in »Von der Unzerstörbarkeit des Ich. Zur Literarisierung der Exilerfahrung« (S. 9–23) die Hektik der meist ephemeren Gruppenbildungen und Gründungen von Zeitschriftenorganen am Anfang des Exils als Reaktion auf die traumatische Erfahrung des isolierten Ich, eine Erfahrung, die sich in den Briefen und Tagebüchern, aber auch in spontanen Gedichten wie denen von Bert Brecht eindrucksvoll spiegelt. In den literarischen Darstellungen jedoch, zumal in den historischen Romanen und Dramen, triumphiert das gefährdete Ich über alle Gefahren: »Die Literatur des Exils ist alles andere als eine Verzweiflungsliteratur« (S. 16), sie kennt »Siegesberichte, die freilich stärker von Hoffnungen als vom real Erlebten her gesteuert sein mochten« (S. 16). Koopmann weist besonders auf Thomas Manns *Joseph und seine Brüder* hin, aber auch auf Anna Seghers' *Das siebte Kreuz* und *Transit.* Er hätte natürlich auch Heinrich Manns *Henri Quatre* erwähnen können, einen repräsentativen Roman, der in vielfacher Weise dem Exil Zuversicht gab. Dabei zeigt sich immer wieder die Situation eines Einzelnen im Gegensatz zu anonymen Massen, zu den namenlosen »Anderen«, die zu den Verfolgern gehören, also die Anwendung und Ausdehnung der Massenpsychologie auf das politische Gebiet, die Geschichte und die Verfolgungsangst des Exils. Nicht immer allerdings blieben die Texte so optimistisch wie Franz Werfels *Jacobowsky und der Oberst* (und *Das Lied von Bernadette!*); viel problematischer erscheint das Überleben des Ich im sehr autobiografischen Nachlassroman von Walter Hasenclever *Die Rechtlosen*. Auch hier besteht die »gute« Gesellschaft aus den Einzelnen, und sie ist »in alle Ewigkeit entfernt von jener Masse der gesichtslosen ›sie‹, von denen Brechts Gedichte sprechen« (S. 20). Das Überleben, ja der Sieg des Ich in den literarischen Texten vor allem der Vorkriegszeit steht in scharfem Kontrast zum Ton und Inhalt der persönlichen Äußerungen der Autoren in Briefen und Tagebüchern und findet ebenfalls keine Entsprechung in theoretischen Texten oder in für die Öffentlichkeit bestimmten Essays, in denen Gemeinsamkeiten, die Eingliederung in eine antifaschistische Front und demokratische Werte wie Gerechtigkeit, Freiheit und Wahrheit gegenüber der Barbarei des Faschismus beschworen werden – so besonders ausdrücklich von Thomas Mann in den USA. An diesen Gegensätzen zeigt sich die besondere Schwierigkeit des Exils, »ich« zu sagen und eine Form der Autobiografie zu entwickeln, die die Befindlichkeit der Autoren wiedergeben und gleichzeitig eine Öffentlichkeit von der Gültigkeit des Exils überzeugen konnte. Das »Ich« des Exils blieb gespalten zwischen der Misere der Wirklichkeit und der Imagination und den Aufschwüngen der Hoffnung, deren inhaltliche wie ästhetische Vermittlung offenbar über die Kräfte ging.

Richard Critchfields Beitrag »Einige Überlegungen zur Problematik der Exilautobiographik« (S. 41–55) gelangt von Beispielen der tatsächlich geschriebenen Autobiografien des Exils zu etwas wie einer Typologie, die die Exilautobiografik in die Geschichte der Gattung Autobiografie einordnet. Zuallererst ist an die Tatsache zu erinnern, dass Autobiografien oder Memoiren keineswegs nur von Schriftstellern geschrieben wurden, wenngleich diese am meisten beachtet worden sind, sondern auch von Wissenschaftlern, Philosophen, Künstlern, Politikern und Angehörigen vieler Berufe, von berühmten und nicht berühmten Menschen, von Reichen und Armen, von Menschen jeder Lebensart und Lebenslage. Neben den veröffentlichten Berichten gibt es eine große Zahl unveröffentlichter Manuskripte oder Dokumente, und neben später geformte Lebensberichte treten Tagebücher, Briefwechsel und Schilderungen besonderer Situationen und Zeitabschnitte. Wenn man sich auf die eigentlichen Autobiografien beschränkt, so begegnet man einer Reihe typischer Phänomene.

Ein erstes Merkmal ist die Selbstreflexivität. Das erinnernde Ich bezweifelt die Möglichkeit einer vollständigen oder ausgewogenen Erinnerung. Nicht nur Robert Neumann und George Grosz müssen feststellen, dass ihre

Erinnerungen sehr subjektiv und lückenhaft sind. Zum Problem der Lücken in der Erinnerung kommen die inneren Widerstände. Das Beschreiben des eigenen Lebens bedeutet, so Robert Neumann, etwas wie ein Ende, kündigt den Tod an; der Schreibende wehrt sich dagegen, seine Geschichte zu Ende zu schreiben. Ein anderer wiederkehrender Punkt ist die Rechtfertigung des Unternehmens: Welche Bedeutung hat dieses Ich, dass es beschrieben und von anderen Menschen gelesen werden will? Diese Frage steht besonders bei Heinrich Mann im Mittelpunkt, der sich weigert, »ich« zu schreiben. Aber auch Franz Jung misst seiner eigenen Person keine besondere Bedeutung zu und rechtfertigt seine Erzählung nur durch das, was er im Laufe des Lebens erfahren und mitangesehen hat.

Ein anderes Problem, das Ludwig Marcuse in *Mein zwanzigstes Jahrhundert* anschneidet, ist die Frage, wie persönlich-intim eine Autobiografie sein darf, sein soll, sein muss. Seit Rousseaus *Confessions* ist dieser Punkt diskutiert worden, und besonders im Licht der Psychoanalyse Sigmund Freuds scheint jede Verschönerung der Kindheit und Jugend sowie das Verschweigen intimer Probleme suspekt zu sein. Selbstentblößung und Selbstkritik können dabei bis zur »Selbstsatire und Parodie« (S. 44) gehen wie bei Carl Sternheim. Eine andere Art von Verschweigen oder Verfälschung kommt durch politische Korrekturen zu Stande, die besonders bei ehemaligen Kommunisten, den »Renegaten« wie Gustav Regler auftreten.

Ein immer noch wirksames Muster der Autobiografie sind die *Confessiones* von Augustinus. Rousseaus *Confessions* bilden davon eine moderne säkularisierte Variante insofern, als Rousseau nicht eine religiöse Konversion darstellt, sondern die Intimitäten seines persönlichen Lebens und sein Ringen um den Durchbruch zu einer ethischen Lebensführung. Näher an Augustinus sind im Allgemeinen die Autobiografien von Pietisten und wiedergeborenen Christen, sowie deren Negation in einem Text wie Karl Philipp Moritz' *Anton Reiser*. Alfred Döblins *Schicksalsreise* ist ein Sonderfall des Exils hinsichtlich der unmittelbaren und drastischen Schilderung der »Entdeckung« von Christus, obwohl Döblin im Exil in seiner Wendung zur Religion, sei es Christentum oder Judentum, alles andere als ein Einzelfall ist.[2] Döblin betonte seine innere Wendung und Wandlung: »Ich bin nicht mehr der, der wegging« (S. 46). Eine innere Wandlung wird auch in Autobiografien zu zeigen versucht, die die Abkehr vom Kommunismus beschreiben und rechtfertigen, allen voran Gustav Reglers *Das Ohr des Malchus*. Das Paradox ist hier, dass es sich um die Abwendung von einem quasi religiösen Glauben handelt, nicht um die Suche nach dem festen Glauben; wobei jedoch gerade bei Regler deutlich wird, wie dringend, ja lebensentscheidend ihm eine neue religiös-metaphysische Orientierung wurde.

Ein hervorstechendes Merkmal nicht weniger Autobiografien ist ihr Anspruch auf repräsentative Gültigkeit. Die Autoren fühlen sich als Vertreter einer Generation; so steht es beispielsweise bei Ernst Toller und Stefan Zweig. Von dieser Perspektive aus bieten die Autobiografen eine Analyse und Beschreibung ihres Zeitalters; das betonen Stefan Zweig, Franz Jung und vor allem Heinrich Mann. Von der Analyse schreiten die Autoren zur Darstellung ihrer Lebensanschauung weiter und zu einer Warnung oder Lehre an ihr Publikum, sehr prononciert in Klaus Manns *Der Wendepunkt*, Heinrich Manns *Zeitalter* und Döblins *Schicksalsreise*.

Gegenüber dem Versuch der Synthese und der Sinnfindung bleibt immer noch das übermächtige Erlebnis der Diskontinuität, des Bruches und der Ohnmächtigkeit gegenüber blinden Gewalten, die mit dem Schicksal der Menschen spielen. Das steht in starkem Kontrast zu dem Gefühl der Sicherheit und Geborgenheit vor dem Ersten Weltkrieg. So wird, wie bei Stefan Zweig, das 19. Jahrhundert eher nostalgisch verklärt. Gegenüber der Erfahrung des Chaos und der Brutalität steht vielfach eine utopische Hoffnung, die sich auf den Glauben an den Sieg der Vernunft oder den Fortschritt der Geschichte stützt.

Richard Critchfield hat seine Studien zur Autobiografie des Exils in Beiträgen über Heinrich Mann, Arthur Koestler und Fritz Kortner weitergeführt[3] und schließlich im Buch *When Lucifer Cometh. The Autobiographical Discourse of Writers and Intellectuals Exiled during the Third Reich*[4] zusammengefasst. Die Überschriften der fünf Teile des Buchs bezeichnen die von Critchfield aufgestellte Typologie: 1. Religiöse und politische Konversion (Döblin, Regler); 2. Marginalisierung und Überhöhung des Ichs und der Selbstheit (Heinrich Mann, Ludwig Marcuse); 3. Zeuge und Opfer: der autobiografische Text als Anklage (Feuchtwanger, Hans Marchwitza);[5] 4. Der ewige Außenseiter und das Selbst als der Verfolgte (Fritz Kortner, Toni Sender, Hilde Spiel, Franz Jung); 5. Neue Ansätze und Experimente des autobiographischen Schreibens (Robert Neumann, Ludwig Marcuse, Walter Mehring). Während in dieser Aufstellung inhaltliche Kriterien überwiegen, zeigen sich gleichfalls einige Konsequenzen für die Ästhetik der Autobiografie, vom Bericht über die Satire und Parodie bis zur selbstreflexiven Klärung.[6]

Band 2 des Jahrbuchs *Exilforschung* enthält auch eine Reihe von Fallstudien zur Exilautobiografik, die allgemeinere Gesichtspunkte bringen, die ich noch immer als anregend betrachte. Ich kommentiere sie hier in der Reihenfolge des Bandes. Lieselotte Maas befasst sich mit Leopold Schwarzschild: »Verstrickt in die Totentänze einer Welt. Die politische Biographie des Weimarer Journalisten Leopold Schwarzschild, dargestellt im Selbstzeugnis seiner Exilzeitschrift ›Das Neue Tage-Buch‹« (S. 56–85). Die Originalität und Provokation dieses Beitrags besteht darin, dass hier die politische Zeitschrift mit ihren jeweils aktuellen Beiträgen zusammengenommen als Selbstdarstellung Leopold Schwarzschilds betrachtet wird, als ein Tagebuch im üblichen Sinn. Leopold Schwarzschild »machte *Das Neue Tage-Buch* zum Instrument seiner politischen Arbeit und damit auch seiner Selbstverwirklichung« (S. 58). Im Wort »Selbstverwirklichung« steckt ein entscheidender Punkt jedes autobiografischen Schreibens: es ist Selbstverwirklichung der Person im Schreiben und durch Schreiben, besonders wenn dieses Schreiben eine messbare Wirkung erzielt. »*Das Neue Tage-Buch* und seine Geschichte sind (...) ebenso insgeheim wie unaufdringlich Leopold Schwarzschilds politische Autobiographie, ein eindrucksvolles Abbild zugleich von den Möglichkeiten und Grenzen eines konservativen Einzelnen in der ersten Etappe des Exils« (S. 59). Wie Lieselotte Maas im Einzelnen ausführt, sind es vor allem die Grenzen, die sichtbar werden in Schwarzschilds Kampagne gegen den Nationalsozialismus als ein völlig irrationales System außerhalb jeglicher politischer Vernunft, bei der er sogar ein Bündnis der westlichen Demokratien mit der Sowjetunion befürwortete, die er allerdings nach den Moskauer Prozessen zunehmend mit dem Nationalsozialismus gleichsetzte. Schwarzschilds Versuch, das liberale Bürgertum gegenüber dem Ansturm der totalitären Ideologien zu bewahren, führte ihn in eine zunehmende Isolierung und Radikalisierung seiner Ideen, so dass die Zeitschrift zum Dokument seines persönlichen Hasses auf die Zerstörung und Zerstörer seiner Welt wurde. Im amerikanischem Exil wurde Schwarzschild in seinen Büchern zum Kommentator seiner Epoche und seines früheren fruchtlosen Kampfes – insgesamt die Bilanz der »politischen Biographie« eines Einzelnen, der an den Umständen seiner Zeit scheitern musste.

Ein völlig anderes Bild entwirft Joachim Radkau in »Der Historiker, die Erinnerung und das Exil. Hallgartens Odyssee und Kuczynskis Prädestination« (S. 86–103). Er erinnert daran, dass nicht wenige prominente Historiker wie Karl Lamprecht und Friedrich Meinecke ihre Memoiren geschrieben haben, während die Zahl der Autobiografien von Historikern im Exil auffallend gering ist: Die Bücher von Hallgarten und Kuczynski sind die hervorstechenden, wenn nicht sogar einzigen Beispiele. Wolfgang Hallgarten stammte aus München und lebte nahe der Literaturszene, besonders im Kontakt mit der Familie Mann; er war außerdem gut bekannt mit den nationalistischen Gruppen, die sich nach dem Ersten Weltkrieg in München gebildet hatten – zufälligerweise war er auch ein Klassenkamerad von Heinrich Himmler –; sein Doktorvater Karl Alexander von Müller, der ebenfalls Memoiren in drei Bänden hinterlassen hat, die jedoch nicht bis in die Nazizeit reichen, wurde erst nach 1933 prominent. Hallgartens Vater war Aufsichtsratsvorsitzender der *Süddeutschen Monatshefte*, eines für die rechten und völkischen Kreise entscheidend wichtigen Organs.

Mit diesen Voraussetzungen war für Hallgarten das Exil ein schwerer Schock, psychologisch, politisch, in seiner Laufbahn und nicht zuletzt materiell – er war es vorher gewohnt, von seinem Vermögen leben zu können.

Seine amerikanische Karriere ist demgemäß durch Nichtanpassung, verminderte Produktivität und weitgehende Erfolglosigkeit gekennzeichnet; jedenfalls fand er nie eine feste Stellung und eine wirkliche neue Heimat, im Gegensatz zu seinem Kollegen Alfred Vagts, dessen Memoiren leider Fragment geblieben sind. Radkau sieht bei Hallgarten genau wie bei Kuczynski eine deutliche Stilisierung des eigenen Lebens und der eigenen Zeitepoche, das Gegenteil einer distanzierten und objektivierenden Erzählung, »wie es eigentlich gewesen war«. Bei Hallgarten ist bereits der Stil auffallend, charakterisiert durch viel Ironie und Selbstironie und witzig-sarkastische Bemerkungen. Die unruhige und keineswegs widerspruchsfreie Darstellungsweise spiegelt die Lage Hallgartens, der sich nirgendwo mehr zu Hause fühlte, sich wenig anerkannt glaubte und von ständiger Bewegung getrieben war, den ihm gemäßen Platz noch zu erreichen. Dabei zeigen seine Memoiren *Als die Schatten fielen*, 1969, die deutliche Bemühung, das eigene Leben als Teil der Geschichte seines Zeitalters zu begreifen, Lebensgeschichte zur Zeitgeschichte auszuweiten. Dafür fehlt jedoch eine tiefere Analyse der Ursachen und Kennzeichen des Nationalsozialismus, eine Analyse, zu der gerade Hallgarten besonders befähigt gewesen wäre. Zur Ortlosigkeit im individuellen und beruflichen Sinne kommt bei Hallgarten noch die politische Isolation: für amerikanische und die westdeutschen Historiker nach 1945 war er zu »links«, für die Marxisten zu liberal und individualistisch.

Hallgartens pessimistische Weltansicht in seinen Memoiren steht im Gegensatz zu dem witzigen und eher aufmunternden Stil; offenbar ist darin ein Stück Galgenhumor enthalten. Es ist ein Humor desjenigen, der sein Leben als unerfüllt, wenn nicht gescheitert ansieht. Den denkbar schärfsten Gegensatz dazu bildet die Autobiografie von Jürgen Kuczynski, dem »Nestor der DDR-Historikerschaft«, mit dem Titel: *Memoiren. Die Erziehung des Jürgen Kuczynski zum Kommunisten und Wissenschaftler*. Kuczynski betrachtet, nach seiner Darstellung, seine Laufbahn vom Eintritt in die KPD im Jahre 1930 an als vorbestimmt und in völligem Einklang mit der Partei und der Zeitgeschichte. Diese Vorstellung der Prädestination entspricht einer bestimmten Vorstellung des Marxismus. Ihre Harmonisierung überträgt sich gleichfalls auf den Stil. Kuczynski vermeidet einen intimen Blick in seine eigene Psyche und lässt die Probleme und Enttäuschungen seines Lebens weitgehend unerwähnt, vor allem die Auseinandersetzungen in der Exil-KPD in England und seine Enttäuschung darüber, dass die DDR-Führung ihn nicht in die Regierung berief, sondern ihn sozusagen in die Wissenschaft »abordnete«. In diesem Sinne ist sein Buch ein Dokument der Zeitgeschichte, das zeigt, wie die KPD-SED das Leben eines bedeutenden Menschen gegen seine Neigungen bestimmte, und wie die Loyalität gegenüber der Partei das eigene Bewusstsein veränderte. Eine innere Reserve war allerdings vorhanden, wie der spätere *Dialog mit meinem Urenkel* zeigt, der ehrlicher und persönlicher auf die Probleme des Stalinismus eingeht und auch von den nicht erfüllten Wünschen seines Lebens spricht, eine Art »Konfessionsbuch«.

Bei beiden so verschiedenen Historikern kommt eine Spannung zwischen dem Wissenschaftler und dem »Menschen« und zwischen dem betrachtenden Historiker und dem Politiker, der in das Geschehen eingreifen möchte, zum Vorschein. Das mögliche Ideal einer Historikerautobiografie, Lebensgeschichte und Zeitgeschichte bruchlos zusammenzudenken und zur Darstellung zu bringen, ist auf keinen Fall erreicht. Bemerkenswert bleiben die Ansätze zu einer sprachlich-literarischen Schilderung der Geschichte und des eigenen Schicksals.

Einen Blick in »wirkliche« Geschichte bietet Anthony Glees mit seiner Untersuchung »Eine Lücke in Hugh Daltons und Friedrich Stampfers Memoiren und die Entfremdung zwischen Labour Party und Exil-SPD« (S. 104–120). Sowohl Hugh Daltons als auch Friedrich Stampfers Memoiren verschweigen eine wichtige Begegnung und Unterredung in London im Herbst 1941. Friedrich Stampfer wollte bei seinem Londoner Besuch erreichen, dass die Exil-SPD, deren Hauptquartier in London war, die Möglichkeit erhielt, über Rundfunksendungen nach Deutschland ihre ehemaligen Mitglieder anzusprechen und zu einem Aufstand gegen das Regime aufzufordern. Die britische Koalitionsregierung, in der Hugh Dalton einer der wichtigsten Vertreter der Labour Party war, lehnte jedoch eine eigenständige Propagandasendung der SPD und die öffentliche Unterstützung deutscher Exil-Parteien überhaupt ab. Stampfers Versuch, Dalton und mit ihm wenigstens die Labour Party umzustimmen, schlug vollkommen fehl. Diese mangelnde Unterstützung deutscher Exilpolitiker und des innerdeutschen Widerstands steht im Zusammenhang mit der sich wandelnden englischen Auffassung, die an die Stelle einer Zwei-Deutschland-Theorie die Gleichsetzung der Nazis und des deutschen Volkes insgesamt setzte. Großbritannien kämpfte nicht nur gegen »Nazis«, sondern gegen die Deutschen und Deutschland.

Diese zentrale und immer noch kontroverse Frage hätte sicherlich in der Autobiografie Stampfers und selbst in der Daltons eine ausführliche Beachtung finden sollen; zur Zeit der Memoiren sprach jedoch viel dafür, die alten Konflikte nicht mehr aufzurühren. Das Ereignis ist ein schlagender Beweis für die Lücken, die Autobiografien oft aufweisen, und für die Problematik, wenn Memoiren, wie allgemein üblich, als Geschichtsquellen benutzt werden. Es ist ferner ein besonders gutes Beispiel für die Bedeutung des Zeitabstands zwischen dem Ereignis und dem Bericht, wobei die Zeit des Berichts ausschlaggebend wird für die Perspektive der Erzählung, ganz besonders bei politischen Ereignissen.

Das letzte Beispiel ist die Exil-Biografie von Ernst Erich Noth, rekonstruiert anhand seiner Autobiografie von Thomas Lange: »Sprung in eine neue Identität. Der Emigrant Ernst Erich Noth« (S. 121–142). Das Paradox im

Leben und Schreiben von Ernst Erich Noth ist, dass seine Romane ebenso wie seine essayistischen und publizistischen Arbeiten sehr persönlich-autobiografisch sind, dass er jedoch seine Identität zu wechseln versuchte, von der Namensänderung, bei der aus dem Schriftstellernamen schließlich der legale Name wurde, bis zum Sprachwechsel. »Noth ist ein Autor, der im Schreiben sein Leben einholen, zu sich selbst finden wollte« (S. 121). Dabei schrieb Noth im französischen Exil nur französisch und für französische Zeitschriften; er wurde sogar Redaktionsmitglied der *Cahiers du Sud*, er lebte fern von allen Emigrantengruppen in Aix-en-Provence, aber er kam von Deutschland nicht los. Noch seine Autobiografie von 1971 hat den Titel *Erinnerungen eines Deutschen*. Thomas Lange zitiert ausführlich aus ihr und beschreibt Noths Selbstkritik und Vorstellung, dass sein Leben gescheitert sei; aber der komplexe Zusammenhang zwischen Schreiben und Leben und zwischen dem gelebten Leben und dem späteren Rückblick wird nicht immer klar. Gerade Noths Leben kann besonders gute Einsichten in diese Zusammenhänge geben, sogar mit dem Zusatz, dass Noth in den USA als Professor der Germanistik tätig war, der auch die Exilliteratur kommentierte und erforschte, besonders in der Zeitschrift *Books Abroad*, einem der wenigen Plätze, wo die Literatur des Exils aufmerksam verfolgt wurde; und es passt damit zusammen, dass Noth am Ende seines Lebens an seinem Studienort Frankfurt mit Exilforschung befasst war. Noth ist ein eindrucksvolles Beispiel für die Wirkung der Affinität zum Asylland: der fast problemlosen Akkulturation in Frankreich steht die Entfremdung und Ortlosigkeit in den USA gegenüber, die allerdings bei Lange kaum zur Sprache kommt.[7] Noth gehört zu den vielen Autoren des Exils, für die die Exilbefindlichkeit eine permanente Lebensstimmung wurde, trotz akzeptabler beruflicher Erfolge. Auch seine nicht eigentlich gewollte »Rückkehr« nach Deutschland änderte daran nichts. In diesem Sinne wird das Thema »Leben und Schreiben« oder die Einholung des Lebens durch die Literatur und der Literatur durch das Leben hier exemplarisch vorgeführt.

Als ein später Nachklang und Kontrast ist der Beitrag von Gabriele Mittag: »Erinnern, Schreiben, Überliefern. Über autobiografisches Schreiben deutscher und deutsch-jüdischer Frauen« in Band 11 (1993), S. 53–67, des Jahrbuches *Exilforschung*, das dem Thema »Frauen und Exil« gewidmet ist, zu betrachten. Gabriele Mittag nimmt kritisch auf die Beiträge von Erich Kleinschmidt und Richard Critchfield Bezug und stellt fest, dass Autobiografien von Frauen kaum beachtet werden. Dies hängt allerdings nicht zuletzt damit zusammen, dass trotz der großen Zahl solcher Texte nur wenige publiziert worden sind (seit 1993 hat sich die Situation allerdings geändert), was wiederum mit dem Selbstverständnis der schreibenden Frauen und ihrer Perspektive zusammenhängt. Nur wenige unter ihnen sahen ihre Lebensberichte als literarische Texte an, und da im Inhalt der Berichte das Persönliche, wenn nicht gar das Intime, im Vordergrund stand, so waren viele solcher Aufzeichnungen in erster Linie für die Familie, für das Gedächtnis der Nachlebenden, bestimmt und nicht für ein größeres anonymes Publikum. Dazu kam, dass viele Frauen sich vorrangig als Helferinnen und Partnerinnen ihrer Männer ansahen und nicht das Gefühl hatten, dass auch ihr »eigenes« Leben von Interesse sei, wie es zum Beispiel Toni Sender von sich sagen konnte. Marta Feuchtwangers Titel *Nur eine Frau* ist typisch für diese Einstellung. Vom ästhetischen Standpunkt aus sind wenig Innovationen und Experimente zu erwarten, vielmehr einfache Erzählungen des gelebten Lebens, wie etwa in Vicki Baums *Es war alles ganz anders* – wo allerdings der Zusammenhang von Leben und Schreiben durchaus im Vordergrund steht. Inhaltlich-menschlich werden ganz andere Bereiche angesprochen als in männlichen Lebensberichten: die Schwierigkeiten des Alltagslebens, aber auch vor allem die speziellen Gefahren und Bedrohungen der Frau im sexuellen Bereich: Vergewaltigung und erzwungene Prostitution, körperliche Misshandlung, und dann alle Probleme, die mit der Schwangerschaft und mit dem Schutz kleiner Kinder zusammenhängen, so dass auch medizinische Fragen einen viel größeren Platz einnehmen als in den männlichen Autobiografien. Andererseits ist es typisch, dass berufliche Enttäuschungen oder der Verzicht auf eine eigene unabhängige Laufbahn heruntergespielt und nur nebenbei erwähnt werden, sogar von Alma Mahler-Werfel. Eine eingehendere Analyse der autobiografischen Schriften von »professionellen Autorinnen« betreffend die Besonderheiten der weiblichen Autobiografie wäre jedoch ein dringendes Desideratum, beginnend mit der Frage, die auch Gabriele Mittag anschneidet, wie weit die Frauen dabei »ich« sagen oder sich nur als einen Teil der Familie oder Gruppe, als ein »wir« präsentieren. Prominente Autorinnen von dem Format Anna Seghers' haben selten eine echte Autobiografie hinterlassen. *Der Ausflug der toten Mädchen* ist dafür kein Ersatz.

Eine Einführung in die Problematik des (auto)biografischen Schreibens mit besonderer Betonung der weiblichen Perspektive bietet Farideh Akashe-Böhme in »Biographien in der Migration«, Jahrbuch *Exilforschung* 17 (1999), S. 38–52. Sie erinnert an die doppelte Bedeutung von »Biographie«: der Terminus bezeichnet sowohl den Lebenslauf einer Person als auch einen schriftlich-literarischen Bericht über ein Leben. Akashe-Böhme konzentriert sich im Wesentlichen auf die Selbstdarstellung, die Autobiografie, nicht auf die Lebensbeschreibung eines anderen Menschen als Gattung. Dabei geht sie auf die Möglichkeiten der Erforschung des eigenen Ich, der »Objektivierung« und Distanzierung ein. Sie kontrastiert die »Normalbiographie« mit einem Leben in »Brüchen« und kommt schließlich kurz auf die Frage der »Erzählbarkeit« eines Lebens zu sprechen, eine sehr komplexe Frage, die zwar bereits vielfach erforscht worden ist, für die aber in Bezug auf Exilautobiografik eine eingehendere Darstellung noch zu leisten ist.

Wenn man von hier aus das weite Feld der Biografie betritt, so sieht man, welche Aufgaben der Analyse uns noch bevorstehen; denn die Gattung »Biografie« ist offenbar etwas, was als selbstverständlich und unproblematisch angesehen wird. Die Frage ist gerade in der Exilforschung zentral, da immer noch ein wesentlicher Teil der Forschung aus Biografien besteht. Hier zeigt sich besonders, wie sich Geschichtsforschung, Sozialforschung, Psychologie und Literaturgeschichte und -kritik unlösbar miteinander verbinden. Es ist daran zu erinnern, dass die 1920er und besonders die 1930er Jahre ein Höhepunkt der Produktion von wissenschaftlichen und literarischen Biografien waren, sowohl historisch als auch aktuell; man braucht nur an Stefan Zweig und den umstrittenen Emil Ludwig zu erinnern. Die Faszination der Psychologie des Individuums in der Nachfolge von Sigmund Freud (und Nietzsche!) war außerordentlich und bestimmt noch wesentliche Teile der Exilliteratur. Es ist bemerkenswert, dass nur in wenigen Autobiografien des Exils die Spuren der Psychoanalyse direkt festzustellen sind. Die Exilforschung hat sich in ihrer biografischen Forschung vorwiegend an die Fakten, den soziologischen und politischen Hintergrund und die Texte gehalten und von der Problematik der Exilbefindlichkeit eher im Allgemeinen als in speziellen Fällen gesprochen. Dabei sind durchaus eine ganze Reihe umfassender und tiefer eindringender Biografien geschrieben worden, ganz besonders über Thomas Mann. Andere Beispiele sind die Biografie Joseph Roths von David Bronsen und die Erika Manns von Irmela von der Lühe. In der Exilforschung kann man die folgenden Typen der Lebensbeschreibung unterscheiden: kürzere Beiträge eher dokumentarischer Art über das Leben bzw. die Zeit des Exils im Leben von Autoren, Musikern, Wissenschaftlern, Philosophen usw., wie sie besonders John M. Spalek und seine Mitherausgeber in den verschiedenen Bänden über die USA gesammelt haben, und die sich ebenfalls in den Bänden des Jahrbuchs *Exilforschung* finden; Darstellungen literaturgeschichtlicher Art nach dem Muster von »Leben und Werk«; romanartige oder sonst fiktionale »Annäherungen« an das Leben im Exil; schließlich Lebensgeschichten im Rahmen einer Gruppe oder eines geografischen Raumes, beispielsweise »Exil in Frankreich« oder »Exil in Mexiko«. Man kann dies die »natürlichen« Typen der Biografie nennen. Was dabei immer noch nur im Ansatz vorhanden ist, ist die Darstellung des Lebenslaufes unter der Einwirkung des Exils. Zwar sind die materiellen und faktischen Folgen des Exils inzwischen ausgiebig dokumentiert; aber während die unmittelbaren Folgen deutlich geworden sind, fehlt weitgehend eine Analyse der Langzeitfolgen. Die Exilforschung hat lange gebraucht, um zu sehen, dass die literarischen Antworten auf das Exil mit großer Verzögerung erfolgt sind – man denke etwa an Thomas Manns *Doktor Faustus* – und dass das Exil keineswegs im Jahr 1945 zu Ende war; auch die »Nachfolgegeneration« von Peter Weiss, Paul Celan und Erich Fried verlangt ihre eigene spezielle Beachtung im Rahmen des Gesamtphänomens.[8] Es ist dabei die Frage zu stellen, wie weit eine biografische Betrachtungsweise überhaupt reichen kann.

Ich habe mich in diesem Rückblick weitgehend auf die Beiträge im Jahrbuch *Exilforschung* beschränkt; doch es scheint mir auffällig, dass das Thema »Leben und Schreiben«, oder »das erschriebene Leben« in der Exilforschung wenig Resonanz gefunden hat, obwohl der Umgang mit Lebensdokumenten, Briefen, Tagebüchern, Autobiografien, Erlebnisberichten und autobiografischen Romanen eigentlich im Zentrum des Interesses steht. Eine Hauptschwierigkeit ist ohne Zweifel, dass die Gattungen »Biografie« und »Autobiografie« am Schnittpunkt zwischen Geschichte und Literatur stehen und ebenfalls am Schnittpunkt zwischen dem persönlichen und dem öffentlichen Dokument, so dass sie von beiden Seiten her suspekt erscheinen. Die Geschichtswissenschaft schwankt in ihrer Bewertung und Beurteilung von Biografien, und die Literaturwissenschaft tut sich schwer in der Abwägung der ästhetischen und inhaltlichen Kriterien. Nur so ist zu verstehen, dass die Exilforschung dem Phänomen »Selbstdarstellung« und »Lebensbeschreibung« im Exil noch nicht adäquat beigekommen ist. Mit dem »biologischen« Ende des Exils und der dadurch entstandenen Distanz sollte diese Analyse jetzt leichter möglich sein. Ich halte dafür, dass sie von zentraler Bedeutung ist. Ohne die Analyse des Ineinanders von Leben und Schreiben und des Schreibens über das eigene Leben kann die Exilforschung nicht zu ihrem eigentlichen Angelpunkt kommen.

1 Im Band 6 von *Exilforschung*, 1988, hat Erich Kleinschmidt seinen Ansatz und seine Frage nach der Ästhetik des Exils weitergeführt im Hinblick auf die ästhetisch-politischen Kontroversen im Exil, besonders die »Expressionismus-Debatte«: »Schreibpositionen. Ästhetikdebatten im Exil zwischen Selbstbehauptung und Verweigerung« (S. 191–213). — 2 Vgl. Robert McFarland: »Religiöser Konfessionswechsel im Exil und *Apologia pro vita propria* als Beitrag zur Exilliteratur«. In: John M. Spalek, Konrad Feilchenfeldt, Sandra H. Hawrylchak (Hg.): *Deutschsprachige Exilliteratur seit 1933*. Bd. 3: *USA*, Teil 4. Zürich, München 2003, S. 416–440; McFarland befasst sich mit einer ganzen Reihe von Formen des Religionswechsels und der Rückkehr zur angestammten Religion; er analysiert speziell drei autobiografische Texte: Alfred Döblins *Schicksalsreise*, Hans Jakob Hirschs *Heimkehr zu Gott. Briefe an meinen Sohn*, und Karl Sterns *Pillar of Fire*, deutsch *Die Feuerwolke*, 1955. Karl Wolfskehl und sein lyrisches Spätwerk können wohl als exemplarisch für die Rückkehr zum Judentum angesehen werden. Auch bei Arnold Schönberg hat die Rückkehr zum Judentum entscheidende Änderungen seiner musikalischen und literarischen Werke mit sich gebracht. — 3 »Heinrich Mann's View of History and the Allied Leaders in *Ein Zeitalter wird besichtigt*: Visions of Utopia«. In: Helmut F. Pfanner (Hg.): *Der Zweite Weltkrieg und die Exilanten. Eine literarische Antwort*. Bonn 1991, S. 221–228; »Arthur Koestler's *Ein spanisches Testament*: Crisis and Autobiography«. In: Luis Costa, Richard Critchfield, Richard Golsan, Wulf Koepke (Hg.):

German and International Perspectives on the Spanish Civil War: The Aesthetics of Partisanship. Columbia SC 1992, S. 56–63; »Fritz Kortner and Anti-Semitism«. In: Karl Menges (Hg.): *Literatur und Geschichte. Festschrift für Wulf Koepke.* Amsterdam 1998, S. 205–219. — 4 Bd. 7 der Reihe *Literature and the Sciences of Man.* Hg. von Peter Heller. New York u. a. 1994. — 5 Es ist aufschlussreich, dass gerade die Berichte über die französische Niederlage (und die französischen Internierungslager), wie vorher einige der Spanien-Berichte, aus dem sachlich-dokumentarischen Bericht zur Anklage und Warnung übergehen; vgl. dazu weitere Beiträge zu *Der Zweite Weltkrieg und die Exilanten* (vgl. Anm. 3): Helmut Peitsch: »Das Jahr, in dem Alfred Andersch Hitler ›eine Chance gab‹: Hans Habes und Alfred Döblins Erlebnisberichte über den Krieg in Frankreich«, S. 273–293; Wulf Koepke: »The Exiles' View of France, 1939–1940«, S. 53–62; Christoph Eykman: »Der Krieg in Frankreich: Drei Perspektiven«, S. 63–72; in Verlängerung dazu Reinhold Jaretzky: »›Der Sieg der Fünften Kolonne‹: Frankreich-Kritik in literarischen Werken von Bertolt Brecht und Lion Feuchtwanger«, S. 73–83. — 6 Das Buch von Judith M. Melton: *The Face of Exile. Autobiographical Journeys.* Iowa City 1998, ist leider enttäuschend; es ist wenig genau in den Fakten und sehr willkürlich in den Wertungen. Vor allem aber fehlt eine zulängliche Bestimmung sowohl des Autobiografischen als auch des Exils und der Unterschiede zwischen den einschlägigen Gattungen, so dass das Buch mehr Verwirrung stiftet, als dass es zu einer Klärung und zum Verständnis beitragen könnte. — 7 Zu Ernst Erich Noths Exilsituation in den USA vgl. Joseph P. Strelka: »Ernst Erich Noth«. In: John M. Spalek, Joseph P. Strelka (Hg.): *Deutschsprachige Exilliteratur seit 1933.* Bd. 2: *New York.* Bern 1989, S. 725–736. — 8 Es ist verständlich, dass es zu den autobiografischen Elementen des Schreibens bei Peter Weiss bereits eine ganze Reihe aufschlussreicher Studien gibt, die auch auf andere Autoren angewandt werden könnten.

Volker Depkat

Der biografische Ort des Exils

Strukturen narrativer Sinnbildung über eine Zäsurerfahrung in den
Autobiografien der deutschen Sozialisten Wilhelm Dittmann, Albert
Grzesinski, Käte Frankenthal und Toni Sender

1. Einleitung

Im Zuge der Durchsetzung nationalsozialistischer Macht wurden die deutschen Sozialisten Wilhelm Dittmann (1874–1954), Albert Grzesinski
(1879–1947), Toni Sender (1888–1964) und Käte Frankenthal (1889–
1976), um deren Autobiografien es hier geht, schnell aus Deutschland vertrieben.[1] Sie alle waren in der Friedenszeit des Kaiserreiches sozialisiert worden
und bis 1914 auf ganz verschiedenen Wegen zur sozialistischen Bewegung
gestoßen: Dittmann und Grzesinski als gelernte Handwerker, Sender und
Frankenthal als bürgerlich-jüdische Intellektuelle. Der Erste Weltkrieg und
die Revolution von 1918/19 bedeuteten für sie weit reichende Politisie-
rungsschübe, die auch ihre individuellen politischen Karrieren prägten.
Frankenthal entschloss sich damals zum Eintritt in die Sozialdemokratische
Partei. Grzesinski unterstützte die Kriegspolitik der sozialdemokratischen
Reichstagsfraktion rückhaltlos, entwickelte sich als Gewerkschaftsfunktionär
in Kassel zum »starken Mann«, der dazu beitrug, die kriegswichtige Produktion am Laufen zu halten und die Revolution von 1918/19 sowohl vor
Ort in Kassel als auch als Mitglied des Zentralrates in Berlin ganz im Sinne
der von Friedrich Ebert (1871–1925) und Philipp Scheidemann (1865–
1939) angeführten Mehrheitssozialdemokratie (MSPD) zu organisieren.
Dittmann und Sender gehörten im Jahre 1917 zu den Gründungsmitglie-
dern der Unabhängigen Sozialdemokratischen Partei (USPD), grenzten sich
aber zugleich entschieden von der Spartakus Gruppe um Karl Liebknecht
(1871–1919) und Rosa Luxemburg (1870–1919) ab. Als dritter Vertreter
der USPD im Rat der Volksbeauftragten agierte Dittmann im November / Dezember 1918 in einer politischen Schlüsselstellung.
  Zwischen 1919 und 1933 waren die Biografien von Dittmann, Grzesinski,
Sender und Frankenthal dann besonders eng mit der Entwicklung der Weimarer Republik verknüpft. Grzesinski agierte als Polizeipräsident und preußi-
scher Innenminister energisch für die Durchsetzung einer wehrhaften Demokratie. Dittmann und Sender organisierten nach der Spaltung der USPD
im Herbst 1920 die Wiedereingliederung der Rest-USPD in die Sozial-

demokratische Partei und stritten bis 1933 als linke Sozialdemokraten, Reichstagsabgeordnete und Publizisten mit hohem persönlichen Einsatz für die Weimarer Republik. Frankenthal, die sich als Stadtärztin für den Bezirk Neukölln in Berlin einen Namen als Gesundheits- und Sozialpolitikerin machte, war in den 1920er Jahren in der Kommunalpolitik aktiv und saß 1930/31 im Preußischen Landtag. Sie, die in Krieg und Revolution der MSPD die Treue gehalten hatte, brach wegen der gegenüber Reichskanzler Heinrich Brüning (1885–1970) verfolgten Tolerierungspolitik im Dezember 1931 mit ihrer Partei und schloss sich der kurzlebigen Sozialistischen Arbeiterpartei Deutschlands (SAPD) an, die einen »dritten Weg« zwischen Sozialdemokratie und Kommunismus suchte, ihn aber bis 1933 nicht fand.

Nach dem Beginn der nationalsozialistischen Herrschaft gingen alle vier schnell ins Exil. Dittmann, der den Nationalsozialisten wegen seiner Tätigkeit im Rat der Volksbeauftragten als »November-Verbrecher« galt, emigrierte bereits am 26. Februar 1933 über Salzburg nach Zürich. Dort lebte er bis zu seiner Rückkehr in die Bundesrepublik Deutschland im Jahre 1951 sozial isoliert, politisch auf dem Abstellgleis und in finanziell prekärer Lage. Grzesinski, der am 7. Februar 1932 auf einer Versammlung der *Eisernen Front* in Leipzig gesagt hatte, es sei blamabel, dass niemand Hitler mit der Hundepeitsche aus Deutschland verjage, war im Februar/März 1933 einer der am meisten gefährdeten Sozialdemokraten überhaupt. Der *Völkische Beobachter* brachte am 19./20. Februar 1933 unter der Überschrift »Niemals vergessen« eine Karikatur von ihm, auf der eine verschlungene Hundepeitsche unter seinem Konterfei zu sehen war. Nach dem Reichstagsbrand am 27./28. Februar 1933 reiste Grzesinski über Österreich nach Zürich. Hier blieb er bis zum Juli 1933, ging dann nach Paris, wo er bis zum Sommer 1937 in finanziell bedrängten Verhältnissen lebte. Im Juli 1937 siedelte er mit seiner Familie in die USA über und konnte sich dort durch eine weit verzweigte publizistische Tätigkeit eine auskömmliche materielle Basis sichern. Ab 1943 arbeitete er wieder als Metalldrücker in einer Fabrik, in dem Beruf also, den er einst gelernt hatte. Nach dem Ende des Zweiten Weltkrieges kehrte Grzesinski nicht wieder nach Deutschland zurück. Er hegte Pläne in dieser Richtung, starb aber 1947 in New York.

Auch Toni Sender und Käte Frankenthal landeten am Ende ihrer langen Flucht durch die Länder Europas in den USA. Im Vorfeld der Reichstagswahlen vom 5. März 1933 hatten die Nationalsozialisten zur Ermordung Senders aufgerufen, die daraufhin am Wahltag in die Tschechoslowakei floh. Nach einer Zwischenstation in Antwerpen wanderte sie 1935 weiter in die USA. Dort wohnte sie zunächst in Washington (D. C.) und arbeitete als Journalistin. Im Jahre 1941 zog sie nach New York, wo sie später als Wirtschafts- und Gewerkschaftsspezialistin bei der UNO Karriere machte. Wie Grzesinski nahm auch Sender die amerikanische Staatsbürgerschaft an und kehrte nicht wieder dauerhaft nach Deutschland zurück.

Frankenthal blieb bis Ende April 1933 in Deutschland. Mitte April 1933 nach § 4 des *Gesetzes zur Wiederherstellung des Berufsbeamtentums* aus ihrer Position als Stadtärztin für den Bezirk Neukölln entlassen, wurde der Aufenthalt in Deutschland immer gefährlicher für sie, so dass sie am 31. April 1933 über Dresden in die Tschechoslowakei emigrierte. Es folgte ein wechselvolles Wanderleben mit Stationen in Prag, Paris, Genf, Zürich und wieder Prag, bevor sie im September 1936 in die USA übersiedelte. Mittellos und weitgehend isoliert verdingte sie sich eine Zeit lang als Eiscreme-Verkäuferin und Hausiererin. Ende 1939 begann sie Fuß zu fassen. Sie hatte kurze Gastdozenturen an verschiedenen Colleges und baute in den Jahren 1939/40 eine private psychiatrische Praxis auf. Auch sie kehrte nach 1945 nicht wieder nach Deutschland zurück.

Alle vier Sozialisten haben Autobiografien geschrieben, die im Kern Werke der späten 1930er Jahre sind. Damit kann man sie kaum als Alterswerke bezeichnen, denn ihre Autoren standen noch »mitten im Leben«, als sie zur Niederschrift ihrer Erinnerungswerke ansetzten. Dittmann und Grzesinski waren Mitte/Ende 50, Sender und Frankenthal gerade einmal Mitte 40. Dies legt die Vermutung nahe, dass die Autobiografien zum Zeitpunkt der Niederschrift Akte der Selbstvergewisserung im Moment einer tief greifenden Desorientierung waren, und zwar einer Desorientierung, die durch das als Zerstörung der historisch-biografischen Kontinuitäts- und Sinnzusammenhänge erfahrene Exil hervorgetrieben wurde. Die daraus folgende These, dass sich Inhalt und Gestalt der hier untersuchten Autobiografien erst dann einem historischen Verständnis erschließen, wenn sie als Ausdruck von Kontinuitätsbedürfnis angesichts eines erfahrenen Kontinuitätsbruchs begriffen werden, soll im Folgenden erörtert werden. Tragend ist dabei ein Zugriff auf autobiografisches Material, der um drei Grundüberlegungen kreist:[2]

1. Da ein Autobiograf über sich selbst *und* seine Zeit wie auch über sich selbst *in der* Zeit reflektiert, er sein eigenes Leben also in Kategorien des Historischen zu begreifen versucht und seine eigene Individualität im Hinblick auf tatsächliche oder vermeintliche kollektive historische Erfahrungen reflektiert, werden Autobiografien zu Akten der Selbstvergewisserung von Individuen und Gruppen im historischen Prozess. Autobiografien sind aus der Retrospektive verfasste narrative Sinnbildungen über Zeiterfahrungen und damit sowohl Deutungsinstrumente erfahrenen Wandels als auch Orientierungsleistungen in der Zeit.[3]

2. Autobiografien entspringen nicht einem einsam auf sich selbst zurückgeworfenen Bewusstsein, sondern sind Akte sozialer Kommunikation, also gleichermaßen Produkt wie Faktor jener durch Rede und Gegenrede strukturierten Prozesse sozialer Selbstverständigung, durch die sich einzelne Grup-

pen und ganze Gesellschaften über sich selbst, ihre Ordnung und ihren Ort in der Welt verständigen. Als solche Akte sozialer Kommunikation lassen sich Autobiografien als historische Ereignisse begreifen, die in Kategorien von Ursache und Wirkung analysiert und beschrieben werden können.[4]

3. Autobiografien sind per se kollektive Texte, und zwar erstens weil in der Regel ganz konkret mehrere Personen an der Formulierung von Autobiografien beteiligt sind, zweitens weil der individuelle Autor in seiner Selbstreflexion immer schon eingebunden ist in die übergreifenden Selbstverständigungsprozesse und Diskurskonfigurationen seiner Zeit. Autobiografen schreiben meist nie nur für sich selbst, sondern immer auch für andere, denen sie anhand der Sinnbildung über das eigene Leben ein Identitätsangebot machen, die selbst erlebte Zeit erklären sowie Orientierung und Sinn vermitteln wollen.

Diese dreifache Dynamik autobiografischer Erzählungen bestimmt den Gang der folgenden Erörterung, die einerseits danach fragt, wie die Exilerfahrung den Entschluss zur Autobiografie aus sich hervorgetrieben hat, und die andererseits wissen möchte, wie das Exil selbst in der autobiografischen Erzählung reflektiert wird.

2. Der biografische Ort der Autobiografie

Autobiografien als historische Ereignisse zu begreifen, heißt, die historisch-biografische Situation, in der der individuelle Entschluss zur Autobiografie fiel, möglichst genau zu identifizieren. Hier ist im Blick auf alle vier Sozialisten zu konstatieren, dass ihre autobiografischen Texte ein Produkt des Exils sind und somit einen unmittelbaren Reflex auf die Erfahrung der Vertreibung aus Deutschland darstellen.

Dittmann schrieb im Winterhalbjahr 1933/34 seine politischen Erinnerungen.[5] Betitelt *Wie alles kam. Deutschlands Weg seit 1914. Ein Ariadnefaden durch das deutsche Labyrinth*, beschränken sich diese ostentativ auf die Sammlung von Tatsachen, den Abdruck von Material sowie die Auflistung von Ereignissen und blenden die Ebene des persönlichen Erlebens weitgehend aus. Seine intensiven Bemühungen, einen Verlag für sein Werk zu finden, scheiterten, doch damit waren seine Versuche zur autobiografischen Selbstauslegung nicht beendet.[6] Im Herbst 1939 begann er mit der Niederschrift seiner persönlichen Erinnerungen, die nun sein ganzes Leben von 1874 bis 1933 schildern. Er schrieb bis 1942 an diesem umfangreichen Werk, das subjektive Wahrnehmungen und persönliches Erleben viel ausführlicher schildert als die politischen Erinnerungen.[7] Angeregt zu dieser Schwerpunktverlagerung wurde er offenbar durch die Kritik, die Rudolf Olden (1885–1940) an seinen politischen Erinnerungen geäußert hatte.

Olden hatte bedauert, dass Dittmann nicht mehr aus seinen persönlichen Erfahrungen heraus berichtet habe, und gemeint, dass es an abgehobenen zeithistorischen Studien nicht mangele, während gerade der Bedarf an Erinnerungsberichten noch hoch sei.[8]

Ebenso wie Dittmann begann auch Grzesinski bereits im Frühjahr 1933, also unmittelbar nach seiner Flucht aus Deutschland, mit (Vor-)Arbeiten für eine Autobiografie. Im Tessin, der ersten Station seines Exils, entstand eine in drei Abschnitte gegliederte und aus 19 Teilen bestehende Serie politischer Artikel über Schlüsselereignisse und Grundprobleme der Weimarer Republik. Aus dieser Artikelserie hat Grzesinski ganze Passagen in die Autobiografie übernommen, sei es wörtlich, sei es leicht bearbeitet, sei es sinngemäß.[9] Der Anstoß zur Ausarbeitung einer Autobiografie war in seinem Fall von außen gekommen, genauer gesagt von einem Vertreter des Pariser Verlags Plon, der spätestens im Oktober 1933 die Abfassung anregte. Grzesinski begann daraufhin unter Zuhilfenahme der schon fertigen Artikel mit der Niederschrift seiner Lebensgeschichte, die im Februar 1934 fertig wurde. Im Frühsommer 1934 erschien eine gekürzte und im Hinblick auf die Leseinteressen des Publikums in Frankreich bearbeitete französische Übersetzung als *La Tragi-Comédie de la République Allemande. Souvenirs par Albert Grzesinski, Ancien Ministre de l'Intérieur en Prusse, Ancien Préfect de Police de Berlin* (Paris 1934). Ein halbes Jahr später kam auch eine schwedische Übersetzung heraus, ebenfalls gekürzt. Sie erschien unter dem Titel *I kamp för den Tyska Republiken. En landsflyktings memoarer av Albert Grzesinski, Översatt av Åke Thulstrup* (Stockholm 1934). Große Teile des Lebensberichts sind dann auch in Grzesinskis *Inside Germany* (New York 1939) eingeflossen, wenngleich es sich dabei um ein eigenes Buch handelt, das teilweise stark überarbeitete Passagen der Autobiografie mit einer Analyse des nationalsozialistischen Herrschaftssystems verbindet. Das heißt, dass das Manuskript *Im Kampf um die deutsche Republik*, das Grzesinski zwischen Oktober 1933 und Februar 1934 in Paris auf Deutsch angefertigt hat, zu Lebzeiten des Autors selbst nie veröffentlicht worden ist.

Über die Entstehungsgeschichte von Senders Autobiografie ist nur wenig bekannt.[10] Klar ist jedoch, dass sie ihre Autobiografie in der ersten Phase ihres Amerika-Aufenthaltes in Washington (D. C.) schrieb. Sie fing offenbar dort erst mit der Niederschrift ihrer Erinnerungen an. Das Buch erschien 1939 unter dem Titel *Autobiography of a German Rebel* in New York und schildert das Leben Senders von der Geburt bis zur Übersiedlung in die USA. Das Buch war kein großer buchhändlerischer Erfolg. Die einzige deutsche Übersetzung wurde als *Autobiographie einer deutschen Rebellin* erst 1981 in Frankfurt veröffentlicht.

Frankenthals Autobiografie *Der dreifache Fluch. Jüdin, Intellektuelle, Sozialistin. Lebenserinnerungen einer Ärztin in Deutschland und im Exil* verdankt sich dem berühmten Preisausschreiben der Harvard Universität von 1939, mit dem deutsche Zeitgenossen dazu aufgefordert wurden, ihr Leben vor und nach 1933 zu schildern.[11] Frankenthal folgte diesem Aufruf und schrieb einen Lebensbericht, der die Zeit von der Geburt bis zur Schreibgegenwart des Jahres 1940 umfasst. Verglichen mit allen anderen hier untersuchten Autobiografien ist die von Frankenthal die am wenigsten durchkomponierte. Übergreifende thematische Linien lassen sich kaum erkennen; am Leitfaden ihres eigenen Lebens berichtet sie eher anekdotisch über persönliche Erfahrungen und das Geschehen ihrer Zeit. Ihr Bericht geht unsystematisch vor, hält sich nicht immer an die Chronologie, greift auf Späteres vor, kommt in anderen Zusammenhängen immer noch einmal auf Früheres zurück. Nicht zuletzt deshalb macht ihre Autobiografie insgesamt den Eindruck eines spontan auf das Preisausschreiben hin verfassten Textes.

3. Der biografische Ort des Exils. Aspekte einer Zäsurerfahrung

Für Dittmann, Grzesinski, Frankenthal und Sender stellt das Jahr 1933 die zentrale lebensgeschichtliche und historische Zäsur dar, die ein selbst noch erlebtes Einst von dem Jetzt des Exils und somit der Schreibgegenwart scheidet. Alle vier Sozialisten blicken auf den von ihnen selbst biografisch durchmessenen Zeitraum von der Geburt bis zum Jahr 1933 als eine in sich zusammenhängende Geschehenseinheit zurück, die in einem umfassenden Sinne als abgeschlossen erscheint. Aus der Perspektive der Zeit nach 1933 stehen nicht nur das Kaiserreich und die Weimarer Republik als unwiederbringliche, der Geschichte anheimgefallene Vergangenheit da. Auch das eigene Leben in dieser Zeit ist den vier Autobiografen fremd und unerreichbar. In diesem Doppelcharakter als historische *und* biografische Wende liegt die besondere Qualität der autobiografisch reflektierten Zäsur 1933 begründet.

In der allgemein historischen, von der eigenen Biografie abstrahierenden Perspektive setzen die Autobiografen einerseits das Jahr 1933 als Jahr eines tief greifenden politischen Systemwechsels, andererseits – und das ist die viel weiter reichende subjektive Periodisierung – für das Ende eines ganzen Zeitalters, das auf den Werten des Humanismus und der Aufklärung gegründet war und in dessen Traditionen sie sich als Sozialisten gestellt sehen. Charakteristisch für die hier untersuchten autobiografischen Erzählungen ist eine finalistisch strukturierte Sicht auf das, was eigentlich ein bis zum Jahre 1945 unabgeschlossener Prozess war, nämlich die Durchsetzung nationalsozialistischer Herrschaft. Für Dittmann, Grzesinski, Frankenthal und Sender trug die Zerschlagung der Demokratie und die Errichtung des NS-Führerstaates den Charakter des Endgültigen. Dittmann sah bereits Anfang April 1933 die nationalsozialistische Herrschaft als unverrückbar etabliert an, und im August

1933 begann er erstmals über eine zusammenfassende Darstellung der aus seiner Sicht abgeschlossenen historischen Epoche von 1914 bis 1933 nachzudenken.[12] Grzesinski schreibt, dass die Zustimmung des Reichstages zum »Ermächtigungsgesetz« am 23. März 1933 das »Ende der demokratischen Republik besiegelt« habe.[13] Damit war für ihn eine Eigendynamik von ungeheurer Zwangsläufigkeit gegeben, denn er argumentiert: »Nachdem einmal der Reichspräsident von Hindenburg im Januar 1933 den entscheidenden und verhängnisvollen Schritt getan hat, Hitler die Staatsmacht zu überantworten, nachdem das deutsche Volk, wenn auch unter unerhörtem Terror, mit dem Stimmzettel Hitler sanktioniert hat, gibt es kein Halten mehr. *Nach dem Gesetz seiner Bewegung, durch das Hitler angetreten ist, muß er seinen Weg – willig oder unwillig – vollenden.*«[14] Eine ganz ähnliche Diagnose findet sich bei Sender.[15]

Der Beginn der nationalsozialistischen Herrschaft wird jedoch von den Autobiografen noch in ganz anderen, viel weiter hinter die eigene Lebensspanne zurückreichenden Bezügen reflektiert, nämlich als ein tief greifender Geschichtsbruch, durch den Traditionen abrupt und gewaltsam zerstört werden, die mit dem Humanismus und der Renaissance begonnen und im 18./19. Jahrhundert ihre volle Entfaltung erfahren hatten. Grzesinski sieht sich 1934 einem noch andauernden Prozess der fortschreitenden Zerstörung von Zivilisation gegenüber, der »alles zugrunde richtet, was an politischen, kulturellen und sozialen Werten in Deutschland bisher geschaffen worden ist.«[16] Ebenso diagnostiziert Dittmann, die »deutsch(e) Katastrophe von 1933« habe die Humanität, Freiheit, Menschenrechte, Persönlichkeit, Selbstachtung und Würde vernichtet.[17] Für ein Zurück in die Welt des Kaiserreiches hält Frankenthal die Entwicklung in Deutschland seit 1933; die gegenwärtig junge Generation verstehe »sich viel eher mit der Großeltern- als mit der Eltern-Generation«, stellt sie fest und wirft den Deutschen wiederholt vor, nach 1933 mit dem, was sie vorher vertreten haben, radikal gebrochen zu haben.[18] Sender spricht von den Nationalsozialisten als den »modernen Barbaren«, konstatiert den »Niedergang Deutschlands in die Barbarei« und erzählt plastisch, wie sie in der Emigration einen »furchtbaren körperlichen und seelischen Zusammenbruch« erlitt.[19] Das körperliche Leiden sei leichter zu ertragen gewesen als »der moralische Zusammenbruch«, schreibt sie und erläutert umgehend: »Waren all die Anstrengungen und Opfer von beinahe zwanzig Jahren vergebens gewesen? War Deutschland für immer für die zivilisierte Welt verloren? Bedeutete diese Niederlage, daß die Gewalt stärker ist als der Geist und es immer sein wird? Diese Zweifel waren quälend – aber sie mußten gründlich untersucht werden.«[20] Insgesamt also markiert 1933 für die hier untersuchten Sozialisten das Ende einer bis dahin als fortschrittlich erfahrenen Geschichte, und dies hat eine massive Orientierungskrise zur Folge, die aus der scheinbar völligen Diskreditierung des eigenen politischen Kampfes durch die Entwicklungen in Deutschland seit 1933 resultiert.

Dittmann, Grzesinski, Frankenthal und Sender reflektieren den gewaltsamen Wandel des politischen Systems in Deutschland jedoch nicht nur abgehoben als eine historische Epochenzäsur. Vielmehr koppeln sie den Systemwechsel aufs Engste an den für sie persönlich daraus resultierenden biografischen Bruch. Dieser ist im Kern über drei Faktoren definiert:

1. Die Vertreibung aus Deutschland bricht radikal mit allen zuvor gehegten Lebensplänen. Untrennbar damit verknüpft ist die Erfahrung der Kriminalisierung ihrer Biografien durch das neue Regime und eine daraus resultierende Kränkung der persönlichen Ehre.

2. Das Exil bedeutet den plötzlichen Übergang von materieller Sekurität zu einer überaus prekären finanziellen Situation.

3. Die Exilierung erzwingt übergangslos und abrupt das Ende der eigenen politischen Wirksamkeit und damit das Ende einer biografischen Kontinuität, die die Jahre von etwa 1890 bis 1933 ausfüllt.

In den autobiografisch entworfenen Lebenszusammenhängen steht die Vertreibung aus Deutschland als ein vollkommen unerwartetes Ereignis da, das sämtliche Lebenspläne total zerstört und jeden der vier Sozialisten zu einer völligen Neuorientierung in der Welt zwingt. Über den 12. März 1933, den Tag, an dem seine Frau zu ihm ins Exil nach Zürich gereist kam, schreibt Grzesinski: »Nun waren wir beide politische Flüchtlinge. Das hat sie sich nie träumen lassen; aber auch ich habe das nicht für möglich gehalten.«[21] Frankenthal berichtet davon, wie sie sich in den 1920er Jahren in Berlin eine eigene Arzt-Praxis aufbaute, und meint: »Hier wollte ich bleiben. Und ich blieb und fühlte mich wohl dort, bis der Hitlerismus mich vertrieb.«[22]

Die Erfahrung des Vertrieben-Worden-Seins ist unauflöslich verknüpft mit der der Kriminalisierung der eigenen Biografie. Frankenthal weiß zu berichten, dass ein Richter sie als eine »der schlimmsten Volksverderberinnen bezeichnet« habe, die durch ihr Exil »leider der Gerechtigkeit entgangen sei.«[23] Sender erzählt, wie sie noch in der Endphase der Weimarer Republik von den Nationalsozialisten als Prostituierte verleumdet wurde und daraufhin Klage einreichte. Aufgrund eines in ihren Augen offensichtlichen Meineides der Angeklagten kam sie mit ihrem Anliegen vor Gericht nicht durch. Das habe ihre »Verachtung« für die Richter nur noch gesteigert, meint sie und resümiert: »Daß die Nazis einen Meineid begangen hatten, kümmerte die Richter genausowenig wie die Ehre einer Antifaschistin. (...) Die aktiven Gegner des Faschismus waren vogelfrei, lange bevor die Nazis die Macht ergriffen.«[24] Im Falle von Grzesinski hat die Infragestellung der persönlichen Integrität und Ehre eine ausgesprochen national-patriotische Dynamik, denn mit ihm schreibt ein durch die Ausbürgerung in seiner nationalen Ehre zutiefst verletzter Sozialdemokrat. Am 25. August 1933 sei bekannt gemacht worden, schreibt Grzesinski, dass ihm und noch 32 anderen Deutschen die Staatsangehörigkeit aberkannt worden sei, und er kommentiert: »Unwahrhaftig, wie es zum Wesen dieser Regierung paßt, war auch die Begründung zu dieser Maßnahme. Für die Annahme, daß ich ›durch mein Verhalten, das gegen die Pflicht zur Treue gegen Reich und Volk verstößt, die deutschen Belange geschädigt habe‹, wird niemandem der Beweis gelingen«. Er sei väterlicher- wie mütterlicherseits aus »kerndeutscher Familie«, und seine Lebensarbeit, auf die er stolz sei und glaube, stolz sein zu dürfen, sei »dem deutschen Volke, in Sonderheit der deutschen Arbeiterschaft, aus der ich hervorgegangen bin, gewidmet« gewesen. Grzesinski resümiert: »Hoch erhobenen Hauptes, im Bewußtsein, wissentlich nie etwas Unrechtes getan zu haben, werde ich unbeirrt weiter meinen Weg gehen.«[25]

Für alle vier wird das erzwungene Exil auch deshalb zur biografischen Zäsur, weil das Jahr 1933 eine Phase der ökonomischen Sicherheit von der überaus prekären materiellen Situation der Schreibgegenwart trennt. Grzesinski berichtet, dass mit der Ausbürgerung einhergehend sein gesamtes Vermögen eingezogen worden sei, Sender spricht von dem »schwierigen Existenzkampf« in der Emigration, und auch Dittmann lebte in der Schweiz, wie wir aus zahlreichen Briefen wissen, in finanziell sehr bedrängten Verhältnissen.[26] Am ausführlichsten berichtet Frankenthal über den exilsgefügten Übergang von materieller Saturiertheit zu ausgesprochener Not. Die Jahre vor dem Exil stehen in ihrem Bericht als Jahre von Besitz und Sicherheit da, mit 1933 verkehrt sich dies in das Gegenteil.[27] »Ich kam allmählich in den Zustand, wo man überhaupt keine Chancen mehr hat«, schreibt sie und meint: »Wenn man schon an den schiefgetretenen Schuhabsätzen sieht, daß es einem Menschen schlecht geht, ist er verloren. Es war nicht das erstemal in meinem Leben, daß ich nichts im Magen hatte. Ich hatte Krieg und Inflation durchgemacht. Aber, es ist etwas anderes, mit dem ganzen Lande zu hungern, als in einem Lande, in dem Menschen leben können, zurückzubleiben.«[28] Aus dieser materiellen Not resultiert die radikale Infragestellung ihrer Vorstellung von einem selbstbestimmten, emanzipierten Leben als Frau, also just jenes Lebensentwurfes, den sie für sich selbst gegen massive Widerstände durchgesetzt und den sie bis 1933 gelebt hatte. Weil sie seit 1908 immer eine Haushälterin gehabt habe, habe sie fünfundzwanzig Jahre lang den Vorzug genossen, »daß alle praktischen Sachen sich automatisch regelten, ohne daß ich mich darum zu bekümmern hatte. (...) Um so größer war meine Perplexität, als ich mich 1933 völlig mittellos in der Emigration befand und alles für mich selber tun mußte. Es erschwerte die Eingewöhnung erheblich, daß ich noch nie einen Knopf angenäht oder etwas ausgewaschen und gebügelt, geschweige denn eine Mahlzeit gekocht oder ein Zimmer aufgeräumt hatte.«[29]

Der dritte Faktor der biografischen Zäsurerfahrung ist das abrupte Ende der eigenen politischen Wirksamkeit. In der subjektiven Periodisierung von

Dittmann, Grzesinski, Frankenthal und Sender markiert das Jahr 1933 eine scharfe Scheidelinie, die die Phase der eigenen aktiven und wirkungsvollen Anteilnahme am politischen Geschehen und des kontinuierlichen Engagements für die sozialistische Bewegung von einer Phase der erzwungenen Untätigkeit und Einflusslosigkeit trennt. Ostentativ entwirft sich Dittmann als jemand, der beinahe 40 Jahre lang, nämlich von 1894 bis 1933, in der sozialdemokratischen Bewegung Deutschlands gestanden hat.[30] Den Kampf für Frieden und Sozialismus bezeichnet er als sein »Milieu und (...) politisches Element«, in dem er sich immer bewegt habe.[31] Das Exil beendet diese biografische Geschehenseinheit übergangslos. Dittmann schreibt: »Nach fast 40-jähriger Tätigkeit in der deutschen Sozialdemokratie war ich von der Flutwelle der über Deutschland hereingebrochenen faschistischen Reaktion über die deutsche Grenze ins Ausland gespült, in die Emigration getrieben, von der unmittelbaren Wirksamkeit in der deutschen Politik, meinem bisherigen Lebenselement, ausgeschaltet.«[32] Ebenso schreibt Grzesinski im Bewusstsein eines biografischen Kontinuitätsabrisses, der ganz über das Ende des identitätsbegründenden Engagements in der sozialistischen Arbeiterbewegung definiert ist. Wie Dittmann datiert auch Grzesinski den Beginn seiner politischen Aktivität punktgenau. Seit seinem Eintritt in den Deutschen Metallarbeiterverband am 27. Dezember 1897 sei er »ununterbrochen, 35 Jahre lang, bis zur ›Gleichschaltung‹ der Gewerkschaften am 2. Mai 1933 durch die Nationalsozialisten, Mitglied des Deutschen Metallarbeiterverbandes gewesen«.[33] Ebenso sei er seit 1919 Mitglied der preußischen gesetzgebenden Körperschaft und der sozialdemokratischen Fraktion gewesen, »solange es eine demokratische deutsche Republik gab«.[34] Auch Frankenthal siedelt die Phase ihrer öffentlichen Wirksamkeit in der »Vor-Hitlerzeit« an, sieht sich im Exil zu einem Leben der Beschäftigungslosigkeit, der Langeweile und der erzwungenen Tatenlosigkeit verdammt. Ihr Leben seit 1933 schildert sie als ein Neben-dem-Leben-Herlaufen, durch das sie und andere Emigranten »zeitlos« geworden seien.[35]

4. Strukturen narrativer Sinnbildung über eine Zäsurerfahrung

Fragt man, wie die dem autobiografischen Bericht zu Grunde liegende Zäsurerfahrung die autobiografische Erzählung selbst formiert und mit Hilfe welcher narrativer Verfahren die Autobiografen sich im Akt des Erzählens in der Welt neu orientieren und Identitätsgewissheit wiedergewinnen, so sind vier Aspekte besonders relevant.

1. Alle vier Autobiografen erzählen ihr Leben als Bildungs- und Entwicklungsgeschichte, die, eben weil es sich um eine Bildungs- und Entwicklungsgeschichte handelt, eine durch und durch sinnvolle Geschichte ist.[36]

2. Alle vier Autobiografen behaupten, in allem erfahrenen Wandel und über alle Brüche hinweg stets sich selbst gleich geblieben zu sein.[37]

3. Alle vier Autobiografen versuchen, sich selbst und anderen die Entwicklungen der eigenen Zeit historisch, das heißt in Kategorien von Ursache und Wirkung zu erklären. Dittmann, Grzesinski, Frankenthal und Sender begreifen sich selbst in ihren Autobiografien als Historiker der eigenen Zeit, und aus dieser Historisierung nicht nur der eigenen Biografie sondern auch der eigenen Zeit erwächst eine gegenwartsbezogene Sinngebung.[38]

4. Alle vier Autobiografen positionieren sich mit ihrer Erzählung nicht nur gegenüber der Vergangenheit, sondern auch gegenüber einer antizipierten Zukunft, die die weitere Entwicklung der NS-Herrschaft als durchaus offen erscheinen lässt.[39] Damit unterlaufen die autobiografischen Erzählungen den postulierten Ewigkeitsanspruch des »Dritten Reiches«.

Das den Autobiografien von Dittmann, Grzesinski, Frankenthal und Sender zu Grunde liegende Erzählmuster ist das einer ins Politische gewendeten individuellen Bildungs- und Entwicklungsgeschichte, die einerseits Biografie und sozialistische Bewegung, andererseits aber auch Biografie und Zeitgeschichte unauflöslich ineinander verflicht. Alle vier erzählen die Geschichte ihres Lebens als Geschichte einer politischen Bewusstseinsbildung, vollziehen ihren individuellen Weg vom anfänglich unpolitischen Menschen zum überzeugten Sozialisten nach und lassen diesen Entwicklungsgang aus den Erfahrungen des Kaiserreiches und der Weimarer Republik selbst hervorgehen. Die individuelle Hinwendung zum Sozialismus erscheint in allen Fällen als eine Geschichte der Unwahrscheinlichkeit, denn die politische Erziehung war in keinem der vier Fälle in der Familie oder im sozialen Milieu bereits angelegt. Vielmehr wird sie, so stellen es jedenfalls die Autobiografen dar, in der Auseinandersetzung mit den Erfahrungen der Zeit hart erarbeitet, gegen Widerstände auch in der eigenen Familie ertrotzt und durchgesetzt.

Dittmann und Grzesinski, beide in Handwerkerkreisen groß geworden, erzählen sehr plastisch, wie ihr Elternhaus der sozialistischen Bewegung feindlich gegenüberstand. Grzesinski weiß zu berichten, dass seine Mutter von seiner gewerkschaftlichen und politischen Tätigkeit nicht viel gehalten habe. »Sie sagte zwar nichts dagegen, aber Sozialdemokraten waren bei ihr nicht beliebt. Ich glaube, es hat ihr manche schwere Stunde bereitet, daß sie mich ›in der Gesellschaft sah‹«, heißt es bei ihm.[40] Als noch viel unwahrscheinlicher schildern Frankenthal und Sender ihre Hinwendung zum Sozialismus. »Ich bin eine jüdische, intellektuelle Sozialistin – dreifacher Fluch!«, heißt es bei Frankenthal und weiter: »Vom Schicksal bestimmt war nur, daß ich als Jüdin geboren wurde. Als Tochter einer wohlhabenden Familie (...) war es nicht von vornherein bestimmt, daß ich ein Studium ergreifen und mich zum Sozialismus bekennen würde.«[41] Sender erzählt die Geschichte ihrer Kindheit und Jugend im Kaiserreich als Geschichte einer Sinnsuche-rin, die erst im Engagement für den Sozialismus ihren Lebenssinn findet. Wie bei Frankenthal fällt auch hier die Geschichte der Hinwendung zum Sozialismus zusammen mit einer Flucht aus dem Bürgertum, seinen Wert-ideen und Rollenerwartungen. »Unzufrieden mit Ideologie und Moral der Bourgeoisie« habe sie zusammen mit anderen Gleichgesinnten »nach einem tragfähigeren Fundament« für eine neue Ethik gesucht, erklärt sie und erzählt, wie sie in der Friedenszeit des Kaiserreiches begann, sozialistische Grund-texte zu lesen und an Versammlungen der Sozialdemokratischen Partei teil-zunehmen. Obwohl ihr die »unästhetischen Versammlungsräume, die un-attraktive Umgebung« dieser Zusammenkünfte missfielen, entschloss sie sich, in die Partei einzutreten. Auf diesen Moment zurückblickend schreibt sie: »Schließlich trat ich bei und spürte, daß dies ein entscheidender Augen-blick in meinem Leben war.« In der Folge führt ihr Engagement für die So-zialdemokraten zum endgültigen Bruch mit ihren Eltern.[42] Analog dazu erzählt Frankenthal, wie sie während ihres Studiums mit einer kleinen Grup-pe sozialistischer Studenten verkehrte, die sozialistische Texte las und disku-tierte.[43] Die konkret erfahrene, aus den Strukturen sozialer Ungleichheit der industriellen Klassengesellschaft erwachsende Ungerechtigkeit führt dann bei ihr zum Entschluss, sich in der sozialistischen Bewegung zu engagieren. In diesem Zusammenhang erzählt Frankenthal die Episode eines an Tuber-kolose erkrankten Arbeiterkindes, das, obwohl klinisch gute Heilungschan-cen bestanden, vom Chefarzt nicht behandelt wird, weil seiner Meinung nach die soziale Lage des Kindes eine komplette Ausheilung nicht erwarten ließe und sich deshalb der klinische Aufwand nicht lohne. »Nach diesem Erleb-nis«, so Frankenthal knapp und prägnant, »beschloß ich, aktive Sozialistin zu werden.«[44]

Mit dem Engagement für die sozialistische Bewegung beginnt für alle vier Autobiografen eine zusammenhängende Erfolgsgeschichte, die die Jahre von etwa 1890 bis 1933 ausfüllt und beides gleichermaßen umfasst: den kon-tinuierlichen Aufstieg der sozialistischen Bewegung und die individuelle po-litische Karriere in ihr. Aus Sicht der Sozialisten erscheint die deutsche Geschichte zwischen 1890 und 1933 als eine zusammenhängende Zuge-winnperiode. Prägnant bringt Dittmann diesen Zusammenhang auf den Punkt: »In das Jahr 1928 fiel ein eigenartiges ›Jubiläum‹ der Partei. Am 21. Oktober 1878 war das Sozialistengesetz des damaligen allgewaltigen Reichskanzlers Fürst Bismarck in Kraft getreten, das die Sozialdemokratie zwölf Jahre lang ächtete und unterdrückte. Jetzt, 50 Jahre später, hatte der Bismarcksche Obrigkeitsstaat der Weimarer Republik Platz machen müssen, und Reichskanzler war in der Person Hermann Müllers – ein Sozialdemo-krat.«[45] Alle vier Sozialisten betonen in ihrem Rückblick auf die Weimarer Republik deren Leistungen und Errungenschaften. Bei Grzesinski heißt es:

»Zwischen dem 31. Juli 1919, dem Tage der Annahme der Verfassung durch die Nationalversammlung in Weimar, und dem 23. März 1933 liegt der Weg der deutschen Republik, der ein Leidensweg gewesen ist. Zwischen diesen beiden Schicksalstagen des deutschen Volkes liegen aber auch gewaltige Leistungen der Republik, die das Deutschland von heute offenbar vollkommen vergessen hat und von denen insbesondere die deutsche Jugend allem Anschein nach keine Vorstellung besitzt.«[46] Von der Republik sei auf allen Gebieten des politischen, wirtschaftlichen, sozialen und kulturellen Lebens »Vorbildliches« geleistet worden. Sie habe »alte(n) Schutt hinweggeräumt« und Neues aufgebaut.[47]

Mit diesem Aufstieg der sozialistischen Bewegung verbinden alle ihre politische Karriere. Dittmann stellt fest, dass er anfangs nur »einfacher Mitkämpfer aus der Arbeiterklasse« gewesen sei, doch habe er bald schon »führend[e] Stellungen« als Redakteur, Organisator, Redner und Parlamentarier eingenommen.[48] Noch viel offensichtlicher kokettiert Grzesinski mit seinem persönlichen Aufstieg. Mit unverkennbarem Stolz berichtet er davon, dass seine Mutter vor Rührung, Freude und Stolz nächtelang geweint habe, als er »›in die Amtlichkeit‹« geklettert und Oberregierungsrat geworden sei.[49]

Im Falle der beiden Sozialistinnen hat der individuelle politische Aufstieg eine feministische Dynamik, weil Frankenthal und Sender sich in ihren verschiedenen Tätigkeiten immer auch als Frauen bewähren und damit durch ihr individuelles Beispiel den Nachweis erbringen, dass Frauen auch in der als männlich geltenden Sphäre des Politischen produktiv und erfolgreich zu agieren vermochten.[50] Das ist in Senders Autobiografie sehr viel ausgeprägter als in der Frankenthals. In Senders Lebensbericht markiert die Revolution von 1918/19 einen individuellen Karriereschub. In diese Zeit fällt, wie sie ausdrücklich notiert, der Beginn ihrer Tätigkeit als hauptamtliche Politikerin und politische Publizistin. Sie erzählt, wie ihr Ende 1918 die Leitung der neugegründeten USPD-Regionalzeitschrift *Volksrecht* angetragen wurde, und setzt dies ausdrücklich als den Beginn einer neuen Karriere als Publizistin.[51] Ihre Rede auf dem ersten Nachkriegsparteitag der USPD im März 1919 empfindet sie als »offizielle[n] Eintritt in die nationale Szene der deutschen Politik«.[52] Ein Jahr später wurde sie dann für die USPD in den Reichstag gewählt. Zur außenpolitischen Sprecherin ihrer Partei bestimmt, hält sie eine – von ihr sehr ausführlich geschilderte – Rede im Parlament, mit der sie sich scharf gegen die rechtsnationalistischen Parteien wandte. Die Erfahrungen dieses Jahres kommentierend schreibt sie: »Was für ein ereignisreicher Lebensabschnitt dieses Jahr 1920 für mich war.«[53] Die Wahl in den Reichstag markiert den Anfang einer Tätigkeit als Parlamentarierin, die erst im Jahre 1933 endet. Ihre publizistische und politische Tätigkeit reflektiert Sender nicht allein im Hinblick auf die damit verbundenen Gestaltungsmöglich-

keiten, sondern auch im Hinblick auf die sich daraus für sie als Frau er-
gebenden Bewährungschancen und -verpflichtungen. Unmittelbar einsich-
tig wird dies in ihrer Reflexion über ihre Tätigkeit als Mitglied in den Aus-
schüssen des Reichstags für Außen- und Wirtschaftspolitik, die radikal mit
den damaligen Rollenerwartungen brach. Sie schreibt: »Von uns Frauen wurde erwartet, daß wir uns in erster Linie mit Frauenproblemen und Fragen
der Familie, der Kinderbetreuung und der Sozialgesetzgebung befaßten«, und
meint, dass ihr eigenes Interesse auf andere Politikfelder konzentriert war.[54]
Ihr Resümee: »Obwohl ich keinen speziellen Grund zur Klage habe, möchte ich meine Erfahrungen als weibliches Parlamentsmitglied dennoch fol-
gendermaßen zusammenfassen: Eine Frau muß größere Anstrengungen unternehmen, muß mehr Tüchtigkeit beweisen als ein Mann, um als ebenbürtig
anerkannt zu werden. Sobald ihre Fähigkeiten jedoch erkannt und anerkannt
werden, spielt die Geschlechtszugehörigkeit keine Rolle mehr.«[55]

Das narrative Muster der politischen Bildungs- und Entwicklungsgeschichte erlaubt es dem Autobiografen, die eigene Biografie als eine in allen Teilen
sinnvolle, inhärent folgerichtige Geschichte zu erzählen. Disparate und
widersprüchliche Erfahrungen, Umschwünge und katastrophische Einbrü-
che werden über und durch dieses Muster in einen übergreifenden Sinnzu-
sammenhang integriert, der die Gesamtheit des Erlebten insofern sinnvoll
erscheinen lässt, als er alles auf die eine oder andere Art auf die Entfaltung
und Stabilisierung des politischen Bewusstseins bezieht. So begreifen Dittmann, Grzesinski, Frankenthal und Sender alles vergangene Geschehen und
Erleben in seiner Funktion für die individuelle Erziehung zum Sozialismus.
Damit organisieren ihre Bildungs- und Entwicklungsgeschichten eine Perspektive, die es erlaubt, das zurückliegende Leben bis 1933 ungeachtet aller
Irritationen und Infragestellungen als durchaus erfolgreich im Sinne sozialistischer Wertideen zu betrachten. Gleichzeitig wird damit ein Thema ange-
schlagen, das selbst noch die Exilerfahrung sinnhaft in die Lebensgeschichte zu integrieren vermag, nämlich die Idee von der individuellen Bewährung
für den sozialistischen Kampf in Krisen- und Zusammenbruchssituationen.
Dies schlägt freilich schon die Brücke zur zweiten narrativen Strategie, die
hier eingehender erörtert werden soll, nämlich das Beharren der vier Autobiografen darauf, in allem erfahrenen Wandel stets sich selbst gleich und
ihren Zielen treu geblieben zu sein.

Für alle vier Autobiografien gleichermaßen zentral ist der Selbstentwurf
eines auch unter den Bedingungen des Exils weiterhin treu und unverrückt
zu seinen Grundüberzeugungen stehenden Sozialisten. »Ich bin Sozialist«,
bekräftigt Frankenthal und erörtert: »Ich glaube noch an Entwicklung und
daran, daß die menschliche Gesellschaft sich die Welt zimmert, die ihren
Bedürfnissen entspricht. Die Phase, in die das individuelle Geschick uns
gestellt hat, entspricht nicht den Bedürfnissen der Gesellschaft. Darum ist

es eine Phase des Kampfes um das, was daraus entstehen soll. Ich bin nicht so sicher, daß, hätte ich die Wahl gehabt, ich mir die Phase gewählt hätte, die die nächste Generation erleben wird.«[56] Grzesinski betont ostentativ, er sei »eifriger und überzeugter Gewerkschaftler und Sozialdemokrat«, sei es schon immer gewesen und werde es auch immer bleiben.[57] Gegen Ende seiner Autobiografie konstatiert er dann: »Man hat mich nicht zu beugen vermocht.«[58] Ähnlich gibt Dittmann zu verstehen, dass er sich »immer im Angriff und im Kampfe« mit den feudalen und kapitalistischen Gegnern des demokratischen Sozialismus befunden habe.[59] Auf dieser Position will er zeit seines Lebens gestanden haben, und er sieht dieses unbeirrte Festhalten an den Grundpositionen des »unversöhnlichen proletarischen Klassenkampfes« auch als einen Grund dafür an, warum er ins Exil getrieben wurde.[60] Die Entwicklung der Weimarer Republik und seine eigene Rolle in ihr begreift er als Ergebnis eines radikal gesteigerten Klassenkampfes zwischen Bourgeoisie und Proletariat »auf höchster Stufenleiter« und erklärt: »In der aus der Revolution hervorgegangenen ›Weimarer Republik‹ kämpfte ich in führenden Parteistellungen gegen die wieder erstarkende militaristische und kapitalistische Reaktion und gleichzeitig gegen den blinden Massenwahn der moskauhörigen Kommunisten: Das Zusammenspiel der Extreme führte 1933 in der von Amerika gekommenen Weltwirtschaftskrise zur Überflutung Deutschlands durch die faschistische Konterrevolution des Nationalsozialismus, die mich in die Emigration trieb.«[61]

Das Exil als Preis für die kompromisslos beibehaltenen politischen Grundüberzeugungen – dieses bei Dittmann anklingende Thema steht in Senders Autobiografie ganz im Zentrum. »Hitler hat mich meiner Rechte als Staatsbürger und meines Besitzes beraubt. Das war die Strafe für meine Freiheitsliebe«, heißt es bei ihr.[62] An anderer Stelle eröffnet sie einen tiefen Einblick in die identitätsdefinierende Bedeutung ihres Freiheitsstrebens: »Aber wie hätte ich anders gekonnt? War nicht mein ganzes Leben ein Kampf um mehr Freiheit gewesen – um gesellschaftliche Bedingungen, unter denen jedes Individuum die Bedürfnisse empfinden und befriedigen kann, die uns erst zum Menschen machen?«[63] Wenngleich dieser gleichermaßen individuelle wie kollektive Kampf um Freiheit in Deutschland aus der Perspektive der Schreibgegenwart an sein Ende gelangt scheint, so setzt Sender dies jedoch nicht zugleich auch als das Ende des politischen Kampfes als solchem. Vielmehr stellt sie ihr neues Leben in den USA als Fortsetzung dieses Lebensthemas unter radikal gewandelten Bedingungen hin. »Ich war eine Frau ohne Vaterland, bis ich in die Vereinigten Staaten kam«, schreibt sie zunächst noch lapidar, meint dann aber enthusiastisch: »Ich danke dir, Amerika, daß du mich aufgenommen und mir Gelegenheit gegeben hast, ein neues Kapitel meines Lebens zu beginnen, ein Kapitel, das ich der Pflege der Ideale widmen werde, für die die edelsten Menschen kämpften und starben.«[64]

Die dritte Strategie, autobiografischen Sinn im Moment einer krisenhaften Infragestellung von Identität narrativ zu konstruieren, besteht in dem unverkennbaren Willen aller vier Autobiografen, sich selbst und ihren Lesern die Geschehnisse der eigenen Zeit in Kategorien von Ursache und Wirkung historisch zu erklären. Die mit der biografischen Empirie plausibilisierte Diagnose, dass das Jahr 1933 eine Epochenwende darstellt, die die Gegenwart des »Dritten Reiches« scharf von der als historisch abgeschlossen erscheinenden Vergangenheit des Kaiserreiches und der Weimarer Republik trennt, setzt bei Dittmann, Grzesinski, Frankenthal und Sender den kraftvollen Drang frei, die selbst erlebte Zeit zu dokumentieren und historisch zu erklären. Diese im Modus autobiografischen Erzählens vollzogene Selbsthistorisierung ist ganz zentral durch die Frage nach den Ursachen für das Scheitern der Weimarer Republik bestimmt. »Wie konnte es dazu kommen?« – das ist für alle vier die dominierende Frage, die die autobiografischen Erzählungen nachhaltig bestimmt.

Dittmann lässt seinen Briefpartner Paul Ankersmit wissen, dass er in seinen 1933/34 entstandenen politischen Erinnerungen mit dem bezeichnenden Titel *Wie alles kam. Deutschlands Weg seit 1914. Ein Ariadnefaden durch das deutsche Labyrinth* »einen kritischen Überblick über die deutsche Politik von 1914 bis zur Gegenwart« geben wolle. Im Vorjahr habe er mehr an ein direktes Memoirenwerk gedacht, doch habe er die Erfahrung gemacht, dass eine knappe zusammenfassende Darstellung der Ereignisse, die sich seit 1914 in Deutschland abgespielt hätten, am allernotwendigsten sei. Daran fehle es bisher völlig. »Wohl gibt es ganze Bibliotheken über den Krieg, über die Revolution und über den Nationalsozialismus, aber es gibt keine die ganzen 20 Jahre seit 1914 kurz zusammenfassende aus einer einheitlichen Auffassung stammende Darstellung, ›wie alles kam‹«.[65]

Ganz analog dazu erklärt Grzesinski im Vorwort seiner Autobiografie, dass er in Verbindung mit der Schilderung seines »Werdeganges und bisherigen Lebensweges vom Werden, Sein und Sterben der deutschen demokratischen Republik« erzählen wolle. Er sieht sich als Zeitzeuge und historischer Akteur gleichermaßen in der Pflicht, das Geschehene zu fixieren und zu überliefern. Sein Buch solle »keine Rechtfertigungsschrift« sein, betont er und meint: »Ich habe es lediglich unternommen, ein Stück deutscher Entwicklung zu schildern, an der und in der mitzuwirken mir vom Schicksal bestimmt wurde.« Er habe die Dinge »nach bestem Wissen und Gewissen ohne jede Voreingenommenheit« geschildert.[66] Dabei steht auch hier die eine entscheidende Frage über allem: »Wie ist es möglich gewesen, wie ist es zu verstehen, daß ein Volk, dem nach dem furchtbaren militärischen Zusammenbruch von 1918 ein neuer Aufstieg durch die deutsche Republik und ihre Vertreter geschaffen wurde, sich im Jahre 1933 einem Manne wie Hitler, einem Manne wie Göring, einem Menschen wie Goebbels in die Hand gegeben hat?«[67]

Dieser dezidiert historische Zugriff auf die selbst erlebte Zeit, die Dokumentation einer aus der Perspektive der Zeit nach 1933 als abgeschlossen erscheinenden historischen Epoche, die Überlieferung von Informationen und historische Erklärungen des Scheiterns der Weimarer Republik – all diese Momente treiben auch die autobiografischen Erzählungen von Sender und Frankenthal voran. Im Falle Senders lässt sich dies aus der gesamten Anlage des Textes erschließen, in der Autobiografie Frankenthals wird das Bemühen um historisch exakte Auskunft und einen tatsachengetreuen, fundierten Bericht an den Stellen greifbar, an denen sie die Unzulänglichkeit des eigenen Versuches explizit thematisiert. Durch die Emigration habe sie ihr persönliches Archiv, in dem sie seit der Vorkriegszeit gesammeltes Material zur Zeitgeschichte zusammengetragen hatte, verloren, lässt sie wissen, um dann zu kommentieren: »An Hand dieser Sammlung hätte ich sehr viel mehr Auskunft geben können über Dinge, die ich nun mühsam aus dem Gedächtnis und mit Hilfe des unvollständigen Materials, das ich in den letzten sieben Jahren wieder gesammelt habe, zusammengestellt habe.«[68]

Untrennbar mit dieser Absicht, selbst erlebtes und als historisch empfundenes Geschehen zu dokumentieren, verknüpft ist bei allen vieren das Bestreben, die Deutungshoheit über die Geschichte seit 1914 zu behaupten. Darin dokumentiert sich das Bewusstsein dafür, dass die eigene, durch den biografischen Erfahrungshaushalt plausibilisierte Geschichtssicht in hohem Maße kontrovers ist, weil sie einerseits von den Nationalsozialisten, andererseits aber auch von anderen Sozialisten bestritten wird. Deshalb formieren sich die hier untersuchten sozialistischen Erzählungen in einer doppelten Frontstellung, und zwar in Opposition einerseits zu rechtsnationalistischen und andererseits zu alternativen sozialistischen Geschichtsbildern. Von zentraler Bedeutung ist in diesem Zusammenhang die fortlaufende Auseinandersetzung mit der »Dolchstoßlegende«. Am deutlichsten wird dies bei Grzesinski, der ungefragt betont, dass es »nichts als Unsinn« sei, »wenn von böswilliger Seite die Behauptung aufgestellt worden ist, die Revolution in Deutschland sei planmäßig vorbereitet worden. Im Gegenteil, nichts war vorbereitet, und nichts kam erwartet.«[69] Insgesamt schildert er die Geschichte der Weimarer Republik als einen fortwährenden und letztlich scheiternden Verteidigungskampf der republikanischen Kräfte gegen alternative Herrschaftsentwürfe in bolschewistisch-kommunistischer und rechtsnationalistischer Spielart. Dabei betont er immer wieder, dass der eigentliche Feind rechts gestanden habe: »Von rechts wurde der Kampf gegen die Republik systematisch von Anfang an geführt. Man begann mit der ›Dolchstoßlegende‹«.[70] Demgegenüber seien die Kommunisten nie eine wirkliche Gefahr für die Republik gewesen, weil die überwiegende – in der Sozialdemokratie organisierte – Mehrheit der deutschen Arbeiter die »kommunistischen Methoden und auch das kommunistische Ziel« abgelehnt habe.[71] Deshalb sei die SPD den Kommunisten gegenüber genauso unversöhnlich gewesen wie gegenüber der NSDAP, meint Grzesinski und fasst zusammen: »Die Kommunisten sind von den Sozialdemokraten stets als Feinde der demokratischen deutschen Republik und damit ihrer eigenen Bewegung angesehen und behandelt worden – ebenso wie die Nationalsozialisten.«[72] In der Schlussphase der Weimarer Republik hätte sich die KPD wegen ihrer kompromisslosen Obstruktionspolitik zu »Steigbügelhaltern der Reaktion« entwickelt.[73] Eine ähnliche Frontstellung kennzeichnet auch die Autobiografien von Dittmann, Frankenthal und Sender.

Gleichwohl richtet sich die autobiografische Deutung der Geschichte der Weimarer Republik nicht nur gegen rechtsnationalistische und kommunistische Alternativen. Vielmehr ist die Sicht auf die Geschichte der Republik innerhalb des sozialdemokratischen Lagers selbst höchst umstritten. Im Zentrum des Streits stehen die Ursachen des Scheiterns der Demokratie und die Rolle der Sozialdemokratie in diesem Prozess. In vieler Hinsicht setzen sich damit die politischen Kontroversen der Sozialdemokraten, die in der Zeit von 1890 bis 1933 selbst gründen, in den aus der Retrospektive verfassten autobiografischen Selbst- und Geschichtsreflexionen fort. Kristallisationspunkte der Deutungskontroversen sind der 4. August 1914, also die Zustimmung der SPD-Reichstagsfraktion zu den Kriegskrediten, die Spaltung der Partei 1917, die Revolution von 1918/19 sowie das Verhalten der Sozialdemokratie in der Staats- und Wirtschaftskrise der Weimarer Republik zwischen 1930 und 1933. Es würde zu weit führen, dies hier alles im Detail näher zu erörtern.[74] Entscheidend für unseren Zusammenhang ist, dass sich die autobiografischen Erzählungen der vier Sozialisten nicht als platte Rechtfertigungsgeschichten entfalten, sondern getragen sind von sozialistischer Selbstkritik im Bezug auf die eigene Rolle in den Entwicklungen seit 1914. In verschiedenen Spielarten thematisieren die Autobiografen je nach Standpunkt im sozialistischen Spektrum immer auch das tatsächliche oder vermeintliche Versagen des eigenen politischen Lagers in einer als dezisionistisch entworfenen historischen Situation, in der der Übergang zum Sozialismus in Deutschland möglich schien, aber nicht geschafft wurde, weil der maßgebliche historische Akteur in dieser Situation, die sozialistische Arbeiterbewegung, uneinig war. In der Zerschlagung der Weimarer Republik durch die Nationalsozialisten kulminieren aus Sicht der hier untersuchten Autobiografien immer auch die Versäumnisse der Sozialdemokratie in der Revolution von 1918/19 und in der Weimarer Republik. Exemplarisch zitiert sei hier Frankenthal, die die Revolution von 1918/19 gegen den Fluchtpunkt der ausgebliebenen sozialistischen Umgestaltung der Verhältnisse in Deutschland schildert. Damals sei »die Idee (des Sozialismus, Anm. d. Verf.) nicht sichtbar« geworden, heißt es bei ihr; an anderer Stelle spricht sie von der »Tragödie der Arbeiterbewegung«, die 1918/19 ihren Lauf genommen habe, und mit Blick auf die Situation im Jahre 1933 kommentiert sie resigniert: »Die Sozialisten hatten in Deutschland seit 40 Jahren eine gewisse Aktionsmöglichkeit und seit 15 Jahren volle Bewegungsfreiheit. Das ist zu lange, nur um zu reden und nichts in Bewegung zu setzen.«[75]

Ihren Beitrag zur individuellen Selbstvergewisserung leistet diese Geschichtsdeutung insofern, als alle Autobiografen ihre bereits zu Zeiten des Ersten Weltkrieges, der Revolution oder der Weimarer Republik vorgebrachten Warnungen und Prognosen durch den Beginn der nationalsozialistischen Herrschaft im Nachhinein als legitimiert betrachten können. Sender beispielsweise berichtet ausführlich über ihre im November / Dezember 1918 wiederholt artikulierten Warnungen vor einer zu frühen Einberufung der Nationalversammlung. Sie sei damals der Auffassung gewesen, dass ein früher Wahltermin die revolutionäre Dynamik in Deutschland stoppen und die Sozialisten daran hindern würde, die Revolution im Sinne eigener Zielvorstellungen weiterzutreiben und die Errungenschaften selbst unumkehrbar zu machen. Aus der Perspektive der späten 1930er Jahre klängen diese 1918 gesprochenen Worte »fast wie Prophetie«, meint sie.[76]

Neben Vergangenheits- und Gegenwartsbezug sind die autobiografischen Erzählungen von Dittmann, Grzesinski, Frankenthal und Sender noch auf einen dritten temporalen Fluchtpunkt hin ausgerichtet: die Zukunft. Die in die Autobiografien eingeschriebenen Erwartungshorizonte machen zwei Dinge deutlich:

1. Zwar halten alle vier Sozialisten die Zerschlagung der Republik für endgültig, doch erscheint die Zukunft des »Dritten Reiches« durchaus offen und damit dessen Ewigkeitsanspruch als unberechtigt.

2. Alle vier Autobiografen leben in der Erwartung eines Krieges, dessen Ausgang offen erscheint, der aber zumindest die Chance einer das NS-Regime vernichtenden Niederlage bereithält. Das gibt dem antizipierten Krieg eine historisch dezisionistische Bedeutung.

Grzesinski hält das NS-Regime zum Zeitpunkt der Niederschrift seiner Autobiografie keinesfalls für unverrückbar etabliert. Er prognostiziert sowohl die Gefahr einer bolschewistischen Revolution in Deutschland als auch die Möglichkeit der fortschreitenden Konsolidierung des NS-Regimes durch politische Erfolge. Es sei noch nicht aller Tage Abend, diagnostiziert er im Pariser Exil zu Beginn des Jahres 1934 und sieht folgende Entwicklungsmöglichkeiten voraus: »Durch Überspitzung auf allen Gebieten, durch die je länger, je mehr offen zutage tretende Unfähigkeit seiner Führer muß der Faschismus in Deutschland sich in absehbarer Zeit totlaufen. Kommt dann die Militärdiktatur mit dem Ziel der Monarchie als Ablösung? Oder der Bolschewismus? Das ist die Frage. Ich glaube, daß jeder Tag, den Hitler weiter regiert, den Bolschewismus in Deutschland vorbereitet. Je früher Hitler und sein Regime stürzt, um so geringer wird für Deutschland und die Welt die bolschewistische Gefahr sein.«[77] Ganz am Ende seiner Autobiografie legt er sich noch einmal abschließend die Frage vor: »Wohin treibt Deutschland?« Er wolle nichts prophezeien, schreibt er da, doch scheine eines gewiss zu sein: »Gelingt es Hitler, außenpolitische Erfolge zu erringen, konzediert man diesem Regime, was man der demokratischen Republik versagte, so sehe ich eine starke Festigung der Herrschaft Hitlers und damit des Faschismus überhaupt, zugleich aber eine unvorstellbare Gefahr für die gesamte Kulturwelt voraus. Bleiben Hitler die von ihm und seiner Bewegung erstrebten außenpolitischen Erfolge versagt, so wird seine Situation auch innenpolitisch kritisch.«[78] Vor dem Hintergrund dieses Erwartungshorizontes konnte die Entwicklung des »Dritten Reiches« bis 1939 als eine fortschreitende innere wie äußere Konsolidierung der NS-Herrschaft durch die »Erfolge« des *charismatischen Herrschers* Adolf Hitler erscheinen.[79]

Mit der Dauer des »Dritten Reiches« wurde aus Sicht der exilierten Sozialisten ein Krieg immer wahrscheinlicher. Bereits 1934 sagt Grzesinski voraus, dass die »Gefahr eines neuen, alles in den Abgrund ziehenden Krieges, eines Unterganges aller menschlichen Kultur und Zivilisation« mit jedem Tag, den Hitler im Amt bleibe, größer werde.[80] In Senders 1939 veröffentlichter Autobiografie scheint der von Grzesinski noch als eine Möglichkeit unter mehreren diskutierte Krieg dann unmittelbar bevorzustehen. Gegenwärtig werde alles in Deutschland »den Zwecken einer gigantischen Kriegsvorbereitung untergeordnet«, schreibt sie, die diesen Krieg als globalen Konflikt zwischen zwei einander konträr gegenüberstehenden Herrschafts- und Gesellschaftsordnungen antizipiert.[81] Die von ihm herbeigeführte Entscheidung würde von ihrem Charakter her endgültig sein, doch sieht sie den Ausgang als durchaus offen an. Sender kommentiert: »Der Faschismus hat die Tendenz entwickelt, zu einer Weltreligion zu werden, indem er mit Hilfe von Regierungsgeldern in der ganzen Welt seine Propaganda verbreitet. Die Demokratie wird auf dem ganzen Globus herausgefordert. Geht das Zeitalter der Freiheit seinem Ende entgegen?« Diese Frage beantwortet sie gleich selbst: »Es muß nicht so sein. Und den Vereinigten Staaten könnte die historische Mission zufallen«, das Beispiel für eine unter den Bedingungen der industriellen Moderne funktionierende, sozialstaatliche Demokratie zu liefern. Damit könnten die USA dem Faschismus eine attraktive Alternative gegenüberstellen, meint Sender und resümiert: »Die Demokratie kann den Faschismus herausfordern, indem sie ein Beispiel wirklich freier Institutionen bietet, die fähig sind, rasch zu funktionieren, insbesondere in den Krisensituationen, die im Zeitalter des modernen Industrialismus ständig auftreten.«[82] So gesehen konnte für Sender aus der Niederlage des »Dritten Reiches« eine Wiedergeburt der Freiheit auch in Deutschland resultieren – und mit diesen in die Zeit nach Hitler projizierten Wunschvorstellungen sublimiert sie nicht nur die eigene Gegenwart, sondern sie versichert sich damit zugleich auch der inhärenten Sinnhaftigkeit ihres zurückliegenden politischen Kampfes, der durch die nationalsozialistische Herrschaft grundlegend entwertet zu sein scheint. Sender räsoniert: »Vielleicht mußte dieses Land (Deutschland, Anm. d. Verf.) erst durch die Hölle gehen, aber aus diesem schrecklichen Leiden würde eines Tages eine freie Nation hervorgehen – nicht die von Hader zerrissene Weimarer Republik, sondern eine freie Gemeinschaft, stark verwurzelt in einer neuen sozialen Ordnung. (...) Also war doch nicht alles vergebens gewesen.«[83]

Als Frankenthal ihre Autobiografie schrieb, war der von Grzesinski und Sender erwartete Krieg bereits ausgebrochen. Auch in ihrer Deutung erscheint die nationalsozialistische Herrschaft in Deutschland als eine systematische, psychische und materielle Vorbereitung auf einen Krieg; als dieser dann ausbrach sei sie, anders als noch im Jahre 1914, nicht weiter überrascht gewesen, meint Frankenthal.[84] Mit der Entfesselung des Zweiten Weltkrieges durch Hitler war für sie zumindest die Chance gegeben, dass die allein auf »Erfolg« basierende Herrschaft der Nationalsozialisten durch Misserfolg delegitimiert werden und damit an ihr Ende gelangen könnte. In kontrastierender Gegenüberstellung von Erstem und Zweitem Weltkrieg bekennt Frankenthal im Hinblick auf ihren Gefühlshaushalt im Jahre 1939: »Ich stand vor einem anderen Problem als 1914. Ich wünschte auch damals nicht den Sieg-Frieden für mein Land und hätte keine Waffen dafür aufgenommen. Jetzt wünsche ich die Niederlage Deutschlands und bin überzeugt, daß ein Mißerfolg Hitlers das einzige Mittel ist, das die Welt retten kann.«[85] Die innere und äußere Konsolidierung des »Dritten Reiches« zwischen 1933 und 1939 hat einstmalige Gewissheiten sozialistischer Weltanschauung unterlaufen. Es sei »immer eine Illusion« gewesen zu glauben, »daß die Massen sozialistisch sind, und es ist auch jetzt illusionär zu sagen, der Sozialismus lebe noch in den Massen«, bekennt Frankenthal freimütig und resümiert: »Solange Hitler Erfolge aufzuzeigen hat und nicht am Ende der Sackgasse angelangt ist, werden die Massen mit ihm gehen.«[86] In ihrer Sicht bedeutet der Krieg freilich nur die Möglichkeit des Endes der nationalsozialistischen Herrschaft, nicht die Gewissheit. Über den Ausbruch des Ersten Weltkrieges schreibt sie, sie habe damals erwartet, dass die »Kriege des Kaisertums und des Zarismus« nur mit Revolutionen würden enden können. »Bei den Kriegen des Nationalsozialismus und des Bolschewismus bin ich nicht so sicher. Da sind Massen, die überzeugt sind, daß sie diese Systeme aufgebaut haben, und die bereit sind, sie mit ihrem Leben zu verteidigen. Eine Revolution wie 1918, wo das Kaisertum verschwand, ohne daß jemand dafür kämpfte, ist wohl nicht mehr denkbar. Wenn jetzt die Explosion von innen erfolgt, wird ein erbitterter Kampf gegen die Machthaber und ihre Anhänger geführt werden müssen. Das bedeutet Bürgerkrieg, in dem der Sieger nicht von vornherein feststeht.«[87]

Als Dittmann im Jahre 1947 das Vorwort zu seinen bereits deutlich vor Kriegsende fertig gestellten Erinnerungen schrieb, war der Krieg vorbei, das Ende der nationalsozialistischen Herrschaft nicht länger Erwartung, sondern Fakt. So vergangenheits- wie zukunftsgewiss behauptet Dittmann nun, nie einen anderen Ausgang erwartet zu haben. »Wenn ich auch die Idee des demokratischen Sozialismus, der ich vier Jahrzehnte gedient, durch das nationalsozialistische Gewaltregiment in das Dunkel der Illegalität und in die Emigration getrieben, ihre Träger grausam verfolgt und zu Tausenden dem Märtyrertode überantwortet sehen mußte, so habe ich doch nie daran gezweifelt, daß die Idee gleich dem Christentum in seiner Märtyrerzeit aus den Katakomben wieder ans Licht steigen werde.«[88]

5. Schluss

Die vorangegangene Untersuchung war in einem doppelten Fragerahmen angesiedelt. Sie wollte einerseits wissen, ob und wie die Erfahrung des Exils den individuellen Entschluss zur Autobiografie aus sich hervorgetrieben hat, inwiefern also die Autobiografie selbst das Ergebnis erfahrenen Wandels ist; andererseits fragte sie danach, wie die vier Sozialisten Wilhelm Dittmann, Albrecht Grzesinski, Käte Frankenthal und Toni Sender das Exil selbst in das sinnhafte Ganze ihrer Autobiografien erzählerisch einordnen und repräsentieren. Das sind zwei Fragen, die strikt getrennt und doch aufeinander bezogen werden müssen. Die erste lässt sich am Ende der Untersuchung nun so beantworten: In allen vier Fällen war der Entschluss zur Autobiografie das Ergebnis einer radikalen Infragestellung von Identität, und zwar einer Infragestellung, wie sie aus dem gewaltsamen politischen Systemwechsel in Deutschland und den daraus für die vier Sozialisten resultierenden individuellen Konsequenzen erwuchs. Diese Infragestellung von Identität stellt sich als eine weit greifende Desorientierung sowohl gegenüber der Vergangenheit als auch gegenüber der Zukunft dar. Mit dem Beginn der nationalsozialistischen Herrschaft und der individuellen Vertreibung aus Deutschland schien es Dittmann, Grzesinski, Frankenthal und Sender so, als seien sie gleichsam ›aus der Zeit gefallen‹.[89]

Mit dem autobiografischen Akt versuchten alle vier, die verlorene Orientierung in der Zeit wiederzuerlangen und damit ihren Ort in der Welt neu zu bestimmen. Bezogen auf die Vergangenheit geht es um eine mit der biografischen Empirie plausibilisierte Erklärung für das Scheitern der Weimarer Republik – und damit in individueller Brechung auch für das Scheitern des eigenen politischen Kampfes. Mit diesen in der Retrospektive gewonnenen Erklärungsmustern untrennbar verknüpft ist die Rechtfertigung des eigenen politischen Handelns und Verhaltens in der Vergangenheit, denn es

erscheint den Autobiografen vor dem Hintergrund ihrer individuellen Ver-
gangenheitssicht als in sich konsequent und folgerichtig. Die Fortsetzung
von Politik im Modus autobiografischen Erzählens hat jedoch auch eine ausgesprochen prospektive Dimension, denn es geht auch um die Wiederer-
langung von Zukunftsgewissheit angesichts einer Gegenwart, die den eigenen politischen Wertideen und Zielutopien diametral entgegengesetzt war.

In allen vier Fällen war die Autobiografie das Ergebnis einer exilbedingten
Zäsurerfahrung, die sowohl allgemein historische als auch biografische
Dimensionen hatte, und deren eigentümliche Qualität darin bestand, dass
in ihr Biografie und Zeitgeschichte scheinbar unauflöslich ineinander ver-
flochten waren. Insofern ist die Exilerfahrung und der durch sie definierte
Bruch in den autobiografischen Erzählungen auch dann präsent, wenn sie
in der Erzählung selbst gar nicht thematisiert wird; sie bildet den alles domi-
nierenden Subtext und definiert dasjenige Ende, von dem her die autobiografische Erzählung ihre immanente Logik erhält.

Psychologisch gewendet, hat das autobiografische Erzählen neben aller
historiografisch-analytischen Funktion auch eine dezidiert therapeutische.[90]
Dittmann, Grzesinski, Frankenthal und Sender geht es immer auch um die
Heilung des erfahrenen Bruchs durch die autobiografische Erzählung. Dies
gelingt freilich nur unvollkommen, denn die Zäsur *Exil* schimmert in fast
jeder Zeile der Autobiografie durch, und das wiederum zeigt nur, wie tief die
durch das Exil hervorgetriebene Zäsurerfahrung eigentlich war.

Letzteres ist bereits ein Teil der Antwort auf die zweite Frage, die in dieser
Untersuchung verfolgt wurde. Autobiografisch wird das Exil nicht nur als
Störung, sondern als Zerstörung derjenigen biografischen und historischen
Kontinuitätszusammenhänge, in die alle vier Sozialisten sich gestellt sahen,
reflektiert. Es markiert einen Kontinuitätsabriss im umfassenden Sinne; er
reicht weit hinter die eigene Lebensspanne zurück, denn die vier Autobiografen entwerfen das Jahr 1933 als eine Epochenwende, mit der das Zeitalter des Humanismus und der Aufklärung an sein Ende gelangt. Insgesamt
erscheint diese Entwicklung als kraftvolle Bestätigung der historisch-materialistischen Geschichtssicht, denn die Autobiografen begreifen sie auf die
eine oder andere Weise als Ergebnis des Klassenkampfs als demjenigen Prinzip, anhand dessen sowohl die Geschichte der Menschheit als auch die
Geschichte des eigenen Lebens ausgedeutet wird. Insofern erscheint das Exil
einerseits als die individuelle Konsequenz dieses anonymen historischen Prozesses, andererseits aber auch als der Preis, den Dittmann, Grzesinski, Frankenthal und Sender als Individuen für ihre politischen Grundüberzeugungen zahlen müssen. Diese politischen Grundüberzeugungen unverrückt und
unbeirrbar beibehalten zu haben – das ist selbst wiederum eine narrative Strategie, die ein Stück Lebenssinn im Moment der radikalen Infragestellung zu
behaupten vermag. Gleichzeitig erscheint den vier Sozialisten ihr Exil als das

Opfer, das sie als Individuen bringen müssen, damit der kollektive politische Kampf um die Verwirklichung des sozialistischen Zukunftsstaates als solcher weitergehen und nach dem »Dritten Reich« fortgesetzt werden kann. In diesem Zusammenhang haben die Analysen von Grzesinski, Sender und Frankenthal, die ihre Autobiografien allesamt zu einem Zeitpunkt schrieben, als das Ende des »Dritten Reiches« zwar eine Erwartung, aber noch keine Gewissheit war, gezeigt, dass sie als Sozialisten in den 1930er Jahren nicht nur gegenüber der Vergangenheit desorientiert waren, sondern dass ihnen durchaus auch ihre Zukunftsgewissheit abhanden zu kommen drohte. Freilich hat die vorangegangene Analyse auch gezeigt, dass sozialistische Vorstellungswelten mit ihrem historisch-materialistischen Geschichtsverständnis und ihrem Entwurf des sozialistischen Zukunftsstaates eine besondere Kraft hatten, Gegenwarten zu sublimieren, die unter den Bedingungen sozialistischen Denkens als in hohem Maße problematisch erschienen und sozialistische Identitätsvorstellungen radikal in Frage stellten.

1 Im Folgenden präsentiere ich einige ausgewählte Ergebnisse meiner Habilitationsschrift »Lebenswenden und Zeitenwenden. Deutsche Politiker und die Erfahrungen des 20. Jahrhunderts«, die demnächst vom Oldenbourg Verlag in München veröffentlicht wird. Zu Dittmann: Wilhelm Dittmann: *Erinnerungen*. Bearb. u. eingel. von Jürgen Rojahn. 3 Bde. Frankfurt/M. 1995. Dabei handelt es sich um seine persönlichen Erinnerungen; im Folgenden zitiert als: Dittmann: *Erinnerungen*. Seine 1933/34 entstandenen politischen Erinnerungen finden sich als Manuskript in seinem Nachlass: AdsD Bonn, NL Dittmann, Mappe 27, Wilhelm Dittmann: »Wie alles kam. Deutschlands Weg seit 1914. Ein Ariadnefaden durch das deutsche Labyrinth«, 1934. Literatur zu Dittmann: Jürgen Rojahn: »Einleitung«. In: Dittmann, *Erinnerungen*. Bd. 1, S. *1–*286. Zu Grzesinski: Albert Grzesinski: *Im Kampf um die deutsche Republik. Erinnerungen eines Sozialdemokraten*. Hg. von Eberhard Kolb. München 2001. Literatur zu Grzesinski: Thomas Albrecht: *Für eine wehrhafte Demokratie. Albert Grzesinski und die preußische Politik in der Weimarer Republik*. Bonn 1999. Eberhard Kolb: »Einleitung«. In: Grzesinski: *Im Kampf um die deutsche Republik*, S. 11–40. Zu Sender: Toni Sender: *Autobiographie einer deutschen Rebellin*. Hg. u. eingel. von Gisela Brinker-Gabler. Frankfurt/M. 1981. Literatur zu Sender: Gisela Brinker-Gabler: »Einleitung«. In: Sender: *Autobiographie einer deutschen Rebellin*, S. 9–27. Richard Critchfield: *When Lucifer Cometh. The Autobiographical Discourse of Writers and Intellectuals Exiled during the Third Reich*. New York u. a. 1994, S. 83–89. Anette Hild-Berg: *Toni Sender (1888–1964). Ein Leben im Namen der Freiheit und der sozialen Gerechtigkeit*. Köln 1994. Dies.: »Toni Sender. Aus Amerika ein ›Blick nach Deutschland‹«. In: Helga Grebing, Christl Wickert (Hg.): *Das »andere Deutschland« im Widerstand gegen den Nationalsozialismus. Beiträge zur politischen Überwindung der nationalsozialistischen Diktatur im Exil und im Dritten Reich*. Essen 1994, S. 117–145. Dies.: »Toni Sender. Eine hessische Sozialistin kämpft für die Freiheit«. In: Renate Knigge-Tesche, Axel Ulrich (Hg.): *Verfolgung und Widerstand in Hessen 1933–1945*. Frankfurt/M. 1996, S. 335–345. Vgl. auch: Christl Wickert: »Sozialistin, Parlamentarierin, Jüdin. Die Beispiele Käte Frankenthal, Berta Jourdan, Adele Schreiber-Krieger, Toni Sender und Hedwig Wachenheim«. In: Ludger Heid, Arnold Paucker (Hg.): *Juden und deutsche Arbeiterbewegung bis 1933*.

Soziale Utopien und religiös-kulturelle Traditionen. Tübingen 1992, S. 155–164. Zu Frankenthal: Käte Frankenthal: *Der dreifache Fluch. Jüdin, Intellektuelle, Sozialistin. Lebenserinnerungen einer Ärztin in Deutschland und im Exil.* Hg. von Kathleen M. Pearle, Stephan Leibfried. Frankfurt/M., New York 1981. Literatur zu Frankenthal: Kathleen M. Pearle, Stephan Leibfried: »Endpunkt einer Flucht. Käte Frankenthal in den USA (1936–1976)«. In: Frankenthal: *Der dreifache Fluch,* S. 249–267. Vgl. auch: Wickert: »Sozialistin, Parlamentarierin, Jüdin«. — **2** Zum Folgenden ausführlich: Volker Depkat: »Autobiographie und die soziale Konstruktion von Wirklichkeit«. In: *Geschichte und Gesellschaft* 29. Jg. (2003), S. 441–476. Ders.: »Nicht die Materialien sind das Problem, sondern die Fragen, die man stellt. Zum Quellenwert von Autobiographien für die historische Forschung«. In: Thomas Rathmann, Nikolaus Wegmann (Hg.): »*Quelle«. Zwischen Ursprung und Konstrukt. Ein Leitbegriff in der Diskussion.* Berlin 2004, S. 102–117. — **3** Christof Hardmeier: *Textwelten der Bibel entdecken. Grundlagen und Verfahren einer textpragmatischen Literaturwissenschaft der Bibel.* Bd. 1. Gütersloh 2003, S. 47–77. Jörn Rüsen: *Historische Orientierung. Über die Arbeit des Geschichtsbewußtseins, sich in der Zeit zurechtzufinden.* Köln, Weimar, Wien 1994. Ders.: »Die vier Typen des historischen Erzählens«. In: Reinhart Koselleck, Heinrich Lutz, Jörn Rüsen (Hg.). *Formen der Geschichtsschreibung.* München 1982, S. 514–605. — **4** Zum Konzept einer Kommunikationsgeschichte: Volker Depkat: »Kommunikationsgeschichte zwischen Mediengeschichte und der Geschichte sozialer Kommunikation. Versuch einer konzeptionellen Klärung«. In: Karl-Heinz Spieß (Hg.): *Medien der Kommunikation im Mittelalter.* Stuttgart 2003, S. 9–48. — **5** AdsD Bonn, NL Dittmann, Mappe 49, Dittmann an Ankersmit, 15.3.1934. — **6** Die Korrespondenz mit verschiedenen Verlagen in Europa ist im Nachlass Dittmanns erhalten: AdsD Bonn, NL Dittmann, Mappe 49. — **7** Zur Entstehungsgeschichte: Rojahn: *Einleitung* (s. Anm. 1). S. *54–*60. — **8** AdsD Bonn, NL Dittmann, Mappe 49, Rudolf Olden an Dittmann, 8.3.1938. — **9** Zur Enstehungsgeschichte: Kolb: *Einleitung* (s. Anm. 1), S. 28–36. — **10** Nur wenige Informationen über die Genese der Autobiografie bei: Brinker-Gabler: *Einleitung* (s. Anm. 1), S. 9–27. — **11** Pearle, Leibfried, »Endpunkt einer Flucht« (s. Anm. 1), S. 248–250. — **12** AdsD Bonn, NL Dittmann, Mappe 17, Dittmann an Robert Grimm, 7.4.1933. AdsD Bonn, NL Dittmann, Mappe 49, Querido-Verlag an Dittmann, 14.8.1933. — **13** Grzesinski: *Im Kampf um die deutsche Republik* (s. Anm. 1), S. 299. — **14** Ebd., S. 305. Hervorhebung im Original. — **15** Über die Ernennung Hitlers zum Reichskanzler schreibt sie: »Ende Januar war Adolf Hitler deutscher Reichskanzler – der Mann, der zwei Monate vorher in verzweifelter Stimmung gewesen war, weil er sich geschlagen wähnte. Er hatte sein Ziel erreicht. Er würde der Welt jetzt zeigen, wie Faschisten Wahlen abhalten.« Sender: *Autobiographie einer deutschen Rebellin* (s. Anm. 1), S. 264. — **16** Grzesinski: *Im Kampf um die deutsche Republik* (s. Anm. 1), S. 188. — **17** Dittmann: *Erinnerungen,* (s. Anm. 1), S. 1021. — **18** Frankenthal: *Der dreifache Fluch* (s. Anm. 1), S. 20 (Zitat), 21. — **19** Sender: *Autobiographie einer deutschen Rebellin* (s. Anm. 1), S. 37, 241, 276. — **20** Ebd., S. 276. — **21** Grzesinski: *Im Kampf um die deutsche Republik* (s. Anm. 1), S. 295. — **22** Frankenthal, *Der dreifache Fluch* (s. Anm. 1), S. 100. — **23** Ebd., S. 204. — **24** Sender: *Autobiographie einer deutschen Rebellin* (s. Anm. 1), S. 262. — **25** Alle Belege: Grzesinski: *Im Kampf um die deutsche Republik* (s. Anm. 1), S. 297–298. — **26** Ebd., S. 297. Sender: *Autobiographie einer deutschen Rebellin* (s. Anm. 1), S. 279. Dittmann klagte in den 1930er Jahren wiederholt über seine finanzielle Situation, und seine Rückkehr nach Deutschland zog sich unter anderem auch deshalb bis 1951 hin, weil seine Wiedergutmachungssache noch in der Schwebe war. Vgl. AdsD Bonn, NL Dittmann, Mappe 17, Dittmann an Robert Grimm, 7.4.1933. AdsD Bonn, NL Dittmann, Mappe 22, Dittmann an Emile Vandervelde, 29.6.1933. AdsD Bonn, NL Dittmann, Mappe 22, Dittmann an Hans Vogel, 9.7.1933. Zur Wiedergutmachungsangelegenheit gibt es einen eigenen Bestand: AdsD Bonn, NL Dittmann, Mappe 5. — **27** Frankenthal: *Der dreifache Fluch* (s. Anm. 1), S. 18. — **28** Ebd., S. 214. — **29** Ebd., S. 18. — **30** Dittmann: *Erinnerungen* (s. Anm. 1), S. 3. — **31** Ebd., S. 543. — **32** Ebd., S. 1017. — **33** Grzesinski: *Im Kampf um die deutsche Republik* (s. Anm. 1), S. 58. — **34** Ebd., S. 153. — **35** Frankenthal: *Der dreifache Fluch* (s. Anm. 1), S. 128, 183, 209–210. — **36** Zur Bildungs- und Entwicklungsgeschichte als der klassischen

Form der Autobiografie, wie sie im 18. Jahrhundert entstand und in Johann Wolfgang von Goethes »Dichtung und Wahrheit« kulminierte: Günter Niggl: *Geschichte der deutschen Autobiographie im 18. Jahrhundert. Theoretische Grundlegung und literarische Entfaltung.* Stuttgart 1977. Klaus-Detlef Müller: *Autobiographie und Roman. Studien zur literarischen Autobiographie der Goethezeit.* Tübingen 1976. Ralph-Rainer Wuthenow: *Das erinnerte Ich. Europäische Autobiographie und Selbstdarstellung im 18. Jahrhundert.* München 1974. Ein neuerer zuverlässiger Überblick über die Gattungsgeschichte: Michaela Holdenried: *Autobiographie.* Stuttgart 2000. — **37** Diese Vorstellung des Sich-selbst-Gleichseins ist ein zentraler Aspekt von Identität, wie er im Zusammenhang mit Autobiografien diskutiert wird in: Odo Marquard, Karlheinz Stierle (Hg.): *Identität.* München 1979, S. 685–717. — **38** Die Vorstellung von Autobiografie als einem Modell geschichtlichen Verstehens ist tragend für die Autobiografie-Theorie Wilhelm Diltheys. Vgl. dazu: Michael Jaeger: *Autobiographie und Geschichte. Wilhelm Dilthey, Georg Misch, Karl Löwith, Gottfried Benn, Alfred Döblin.* Stuttgart, Weimar 1995, S. 19–70. — **39** Zum Zukunftsbezug von Vergangenheitsbezügen vgl. die verschiedenen Arbeiten von: Reinhart Koselleck: *Vergangene Zukunft. Zur Semantik geschichtlicher Zeiten.* 3. Aufl., Frankfurt/M. 1995. Ders.: *Zeitschichten. Studien zur Historik.* Frankfurt/M. 2000. — **40** Grzesinski: *Im Kampf um die deutsche Republik* (s. Anm. 1), S. 49. Dittmann erzählt, dass die Sozialdemokraten im kleinstädtischen Eutin, wo er aufwuchs, als »gefährliche Menschen« verfemt gewesen seien. Sein Elternhaus beschreibt er als unpolitisch und bekennt, dass er selbst bis zum Ende seiner Lehrzeit als Tischler weder von den Zielen der Gewerkschaften noch der Sozialdemokratie etwas gewusst habe. Sein Eintritt in den Deutschen Holzarbeiterverband, auf den er den Beginn seiner politischen Karriere datiert, erfolgt am 7. April 1894 eher zufällig. Dittmann: *Erinnerungen* (s. Anm. 1), S. 9–12, 23–24. — **41** Frankenthal: *Der dreifache Fluch* (s. Anm. 1), S. 1. — **42** Alle Belege: Sender: *Autobiographie einer deutschen Rebellin* (s. Anm. 1), S. 38, 44. — **43** Frankenthal: *Der dreifache Fluch* (s. Anm. 1), S. 34–35. — **44** Ebd., S. 37. — **45** Dittmann: *Erinnerungen* (s. Anm. 1), S. 946. — **46** Grzesinski: *Im Kampf um die deutsche Republik* (s. Anm. 1), S. 299. — **47** Ebd., S. 300. — **48** Dittmann: *Erinnerungen* (s. Anm. 1), S. 3. — **49** Grzesinski: *Im Kampf um die deutsche Republik* (s. Anm. 1), S. 49. — **50** Diese Verkoppelung von Politik und individueller Emanzipation ist in beiden Autobiografien noch viel komplexer als es hier dargestellt werden kann. Beide autobiografischen Erzählungen entfalten sich als eine fortlaufende Verschränkung zweier Emanzipationsgeschichten, nämlich einerseits die sich im Engagement für den Sozialismus manifestierende politische, andererseits die Entwicklung hin zu einem selbstbestimmten Leben als Frau. Dazu demnächst ausführlich mehr in meiner Habilitationsschrift. — **51** Sender: *Autobiographie einer deutschen Rebellin* (s. Anm. 1), S. 126–127. — **52** Ebd., S. 142. — **53** Ebd., S. 161. — **54** Ebd., S. 220–221. — **55** Ebd., S. 221. — **56** Frankenthal: *Der dreifache Fluch* (s. Anm. 1), S. 245. — **57** Grzesinski: *Im Kampf um die deutsche Republik* (s. Anm. 1), S. 58. — **58** Ebd., S. 298. — **59** Dittmann: *Erinnerungen* (s. Anm. 1), S. 3. — **60** Ebd., S. 144. — **61** Ebd., S. 4. Der vorhergehende Beleg: ebd., S. 594. — **62** Sender: *Autobiographie einer deutschen Rebellin* (s. Anm. 1), S. 282. — **63** Ebd., S. 272. — **64** Ebd., S. 282. — **65** AdsD Bonn, NL Dittmann, Mappe 49, Dittmann an Paul Ankersmit, 15.3.1934. — **66** Grzesinski: *Im Kampf um die deutsche Republik* (s. Anm. 1), S. 43. — **67** Ebd., S. 301. — **68** Frankenthal: *Der dreifache Fluch* (s. Anm. 1), S. 205. — **69** Grzesinski: *Im Kampf um die deutsche Republik* (s. Anm. 1), S. 86. — **70** Ebd., S. 303. — **71** Ebd., S. 135. — **72** Ebd., S. 282. — **73** Ebd., S. 245. — **74** Dazu demnächst mehr in meiner Habilitationsschrift. — **75** Frankenthal: *Der dreifache Fluch* (s. Anm. 1), S. 89, 97, 182. — **76** Sender: *Autobiographie einer deutschen Rebellin* (s. Anm. 1), S. 125. — **77** Grzesinski: *Im Kampf um die deutsche Republik* (s. Anm. 1), S. 248. — **78** Ebd., S. 306. — **79** So auch das neuerdings noch an Attraktivität gewinnende historiografische Interpretament, wie es nachdrücklich von Kershaw und jüngst Wehler vertreten wird. Ian Kershaw: *Der Hitler-Mythos. Führerkult und Volksmeinung.* Stuttgart 1999. Hans-Ulrich Wehler: *Deutsche Gesellschaftsgeschichte.* Bd. 4: *Vom Beginn des Ersten Weltkriegs bis zur Gründung der beiden deutschen Staaten, 1914–1949.* München 2003, S. 597–937, insbes. S. 623–635. — **80** Grzesinski: *Im Kampf um die deutsche Republik* (s. Anm. 1), S. 306. — **81** Sender: *Autobiographie einer deutschen Rebellin*

(s. Anm. 1), S. 280. — **82** Alle Belege: Ebd., S. 281. — **83** Ebd., S. 276–277. — **84** Frankenthal: *Der dreifache Fluch* (s. Anm. 1), S. 48. — **85** Ebd., S. 243. — **86** Ebd., S. 182–183. — **87** Ebd., S. 60–61. — **88** Dittmann: *Erinnerungen* (s. Anm. 1), S. 6. — **89** Zum Motiv des »Aus-der-Zeit-gefallen-Seins«: Arnold Esch: *Zeitalter und Menschenalter. Der Historiker und die Erfahrung vergangener Gegenwart.* München 1994, S. 9–13. — **90** Dazu hier nur: Gabriele Lucius-Hoene, Arnulf Deppermann: *Rekonstruktion narrativer Identität. Ein Arbeitsbuch zur Analyse narrativer Interviews.* 2. Aufl., Wiesbaden 2004. Gabriele Rosenthal: *Erlebte und erzählte Lebensgeschichte. Gestalt und Struktur biographischer Selbstbeschreibungen.* Frankfurt/M., New York 1995.

Einhart Lorenz

Willy Brandts Exil im Spiegel seiner Erinnerungen und seiner Biografen

Willy Brandt hat sich in verschiedenen Phasen seines Lebens und in unterschiedlichen Publikationen zu seinen Exiljahren und zu seinem Verhältnis zu Norwegen und Schweden geäußert. Als er 46 Jahre alt war, erschien 1960 *Mein Weg nach Berlin*, sechs Jahre später *Draußen. Schriften während der Emigration*, dann folgten 1982 von dem 68-Jährigen *Links und frei* und 1989 schließlich im Alter von 75 Jahren die *Erinnerungen*. Das erste Buch wurde von Leo Lania »aufgezeichnet«, das zweite von Günter Struwe herausgegeben. Auch Brandts Rede anlässlich der Verleihung des Friedensnobelpreises und das 1986 mit Birgit Kraatz geführte Gespräch »*... wir sind nicht zu Helden geboren*« können genannt werden.[1]

Seit 2001 sind vier Brandt-Biografien erschienen, die weitgehend auf Brandts Erinnerungen basieren, nämlich die von Gregor Schöllgen, Peter Merseburger, Martin Wein und Brigitte Seebacher. Hinzu kommt Carola Sterns rororo-Monographie aus dem Jahre 1975, die 2002 in einer neuen überarbeiteten und erweiterten Ausgabe herausgegeben wurde. Auch Rut Brandt hat Erinnerungen an ihr Leben mit Willy Brandt veröffentlicht, die jedoch für die Darstellung oder Analyse der Exiljahre recht unergiebig sind. An älteren Arbeiten können genannt werden: Terence Pritties Brandt-Biografie von 1973, deren Entwürfe von Brandt recht eingehend kommentiert wurden, Hans-Georg Lehmanns Habilitationsschrift von 1976, die sich mit der Aus- und Wiedereinbürgerung beschäftigt, Peter Kochs »politische Biographie« von 1988 sowie Barbara Marshalls Buch von 1993. 1989 erschien meine Studie über Brandts Zeit in Norwegen, in der erstmals das Archiv der Sozialistischen Arbeiterpartei Deutschland (SAP) ausgewertet wurde.[2]

Seit diesem Buch kann man sagen, dass die norwegischen Jahre – dank des genannten Archivs und der Befragung von Zeitzeugen – wesentlich besser erforscht sind als die zweite Phase des Exils, nämlich der Aufenthalt in Schweden von 1940 bis 1945. Erst in letzter Zeit und nachdem der Zugang zum Material der schwedischen Sicherheitspolizei möglich wurde, wissen wir auch mehr über die Stockholmer Zeit und können Brandts Erinnerungen damit besser einschätzen.[3] Brandts Exil ist also einerseits ausführlich behandelt worden, andererseits aber auch lückenhaft, wenn man sich an Brandt selbst und seine Biografen hält.

Nicht auf alle Biografen kann hier näher eingegangen werden. Ich muss mich auf die neuesten und am meisten verbreiteten begrenzen, das heißt auf Seebacher, Schöllgen, Merseburger, Wein, Stern und Koch. Am ausführlichsten – auf über 400 Seiten – beschäftigt sich Martin Wein mit dem jungen Brandt. Bei Merseburger nehmen die Kapitel über die Exiljahre ungefähr ein Viertel des Buches in Anspruch, bei Seebacher fast ein Sechstel und bei Schöllgen und Stern etwa ein Siebentel, bei Koch ein Achtel. Weins Buch, das in den Medien wenig Beachtung gefunden hat, ist eine Fleißarbeit, die zum Teil in ihren Quellenhinweisen auf Schriften Brandts äußerst pauschal verweist, substanziell kaum Neues bringt und damit wenig hilfreich ist.

Die Arbeit von Gregor Schöllgen, dem Kuratoriumsmitglied der Bundes-kanzler-Willy-Brandt-Stiftung und Mitherausgeber der Berliner Ausgabe der Schriften Brandts, wurde als »Die Biographie« lanciert. Schon der erste Satz des Bestsellers – »Begegnet bin ich ihm nie, aber ich kenne ihn gut« – signalisiert die Selbsteinschätzung des Autors. Hans-Joachim Vogel hat besonders die Abschnitte über die Exiljahre hoch gelobt, während Egon Bahr die Lektüre der »Oberflächlichkeiten« Schöllgens »nicht nötig« fand.[4] Für Götz Aly »spottet (das Buch) jeder Beschreibung«.[5] Neue Quellen werden nicht erschlossen, fast alles hat man schon vorher und besser gelesen, jegliche Quellen- und Literaturhinweise fehlen, statt dessen offenbaren sich Unkenntnis der Arbeiterbewegung, Hobbypsychologie und Fehler im Detail.

Die erste wirklich ernst zu nehmende Brandt-Biografie stammt nicht von einem Historiker – Schöllgen –, sondern von dem Journalisten Peter Merseburger. Merseburger zitiert mich häufig, weshalb es nicht immer leicht fällt, ihn zu kommentieren, aber dennoch drängen sich, wie wir sehen werden, in Bezug auf die Exiljahre Fragen auf.

Brandt war sich früh darüber im Klaren, dass ein Leben als ehemaliger Emigrant, zudem einer, der eine fremde Staatsbürgerschaft erhalten hatte, eine Belastung im Nachkriegsdeutschland bedeuten würde.[6] Im Handbuch des ersten Deutschen Bundestages, war das Exil auf ein Studium der Geschichte und Pressearbeit in Norwegen und Schweden reduziert.[7] Weder wurde die Ausbürgerung genannt noch die Annahme einer fremden Staatsbürgerschaft. Der Aufenthalt in Spanien während des Bürgerkrieges fand keine Erwähnung, auch nicht der in Berlin 1936 oder die zahlreichen Reisen nach Paris. Die sparsamen Angaben über die Jahre 1933 bis 1946 erklären sich aus der Stimmung, die den Emigranten entgegenschlug. Nicht nur das rechtsradikale Deutschland griff Brandt dafür jahrzehntelang an, sondern auch das christlich-demokratische. In der ersten Nachkriegszeit wurden ihm die Exiljahre sogar in sozialdemokratischen Kreisen vorgeworfen.[8]

Die Bücher *Mein Weg nach Berlin* und *Draußen. Schriften aus der Emigration* waren Lebensbegradigungen, Rehabilitations- und Verteidigungsschriften in einer Zeit, in der die Emigrantenhetze in der Bundesrepublik zum

Mittel politischer Auseinandersetzungen wurde. Es ging darum, den Emigranten Brandt als »Landesverräter«, »Rotspanienkämpfer«, uneheliches Kind, unmoralische Person, die – so wurde unterstellt – in norwegischer Uniform auf Deutsche geschossen hatte und in fremder Uniform und mit fremder Staatsbürgerschaft zurückgekehrt war, politisch tot zu machen. Kein Wunder, dass einzelne Seiten des Exils überhaupt nicht thematisiert, andere in ihrer Bedeutung minimiert wurden. Das 1946 auf Norwegisch und Schwedisch erschienene Buch *Forbrytere og andre tyskere*[9] (Verbrecher und andere Deutsche) wurde in *Mein Weg nach Berlin* nur sehr beiläufig und mit einer nicht zutreffenden Titelübersetzung – »Die Verbrecher und die anderen Deutschen« – erwähnt.[10] Betont wurden das angebliche Studium, die Tätigkeit als Journalist und die schnelle Integration.[11] In *Draußen* wurden 1966 nur einige wenige Auszüge aus *Forbrytere og andre tyskere* veröffentlicht, was wiederum zu zahlreichen Spekulationen führte. Das, was Brandt über die Einsatzgruppen, den SD, Verbrechen der Wehrmacht, die Judenmorde, medizinische Experimente und andere in Nürnberg zur Sprache gebrachte Verbrechen zu sagen hatte, konnte offenbar nicht mehr mitgeteilt werden. Dass Brandt die Vertreibung der Sudetendeutschen durch die Tschechen verurteilte und sich dezidiert gegen jede Kollektivschuld aussprach, wäre in der Atmosphäre der Wahlkämpfe der 1960er Jahre sicher untergegangen.

Erst mit *Links und frei* entstand ein Band, in dem er sich tatsächlich zu seiner politischen Vergangenheit »bekennen« konnte und in dem er offen über seine Jugend- und Exiljahre schrieb, obwohl auch dieser Band noch der Ergänzung durch Historiker bedurfte. Einige dieser neuen Erkenntnisse, die Brandt trotz seines außerordentlichen Gedächtnisses entfallen waren, sind in die *Erinnerungen* aufgenommen worden – einem Buch, von dem sich Hans Mayer wünschte, dass das Kapitel über die Exiljahre in deutsche Lesebücher aufgenommen werden sollte.[12]

Interessanter sind aber auch hier die Lücken. Sie waren, im Unterschied zu ersten Publikationen mit autobiografischem Charakter weniger zahlreich und nicht mehr so bewusst – sieht man von bestimmten Themen ab, wie zum Beispiel den Kontakten mit alliierten Diplomaten und Nachrichtendienstlern in Stockholm, die keine Erwähnung finden. Über seine Pläne im Juli 1941, vorübergehend von Stockholm nach Moskau überzusiedeln[13], finden wir ebenso wenig wie über seine Meinung zur Bombardierung deutscher Städte.[14] Die Kontakte mit alliierten Diplomaten und Nachrichtendienstlern der Sowjetunion haben vor einigen Jahren im *Focus* und *Spiegel* zu neuen Spekulationen geführt[15], aber nicht nur hier, sondern auch bei Schöllgen. Wahrscheinlich ist es tatsächlich notwendig, immer wieder daran zu erinnern, dass es sich um Alliierte handelte, die gemeinsam gegen das »Dritte Reich« kämpften.

An einigen Mythen wurde von Brandt festgehalten, die dann auch prompt von den Biografen übernommen wurden. Vier sollen hier genannt sein:

Über den Aufenthalt in Berlin 1936 hat Brandt in *Draußen* erklärt, dass er die »zweite Hälfte des Jahres 1936« in Berlin »verbrachte«.[16] Das ist noch 2002 bei Carola Stern nachzulesen.[17] In *Links und frei*, den *Erinnerungen* und bei Seebacher und Koch heißt es, dass er im Juli die Mitteilung über den Auftrag in Berlin erhielt.[18] In der *Berliner Ausgabe* ist dokumentiert, dass der Brief erst am 8. August in Paris geschrieben wurde.[19] Über das Abreisedatum aus Oslo herrscht Verwirrung. Nach *Links und frei* verließ er Oslo im Spätsommer, nach den *Erinnerungen* »noch im August 1936«, nach Seebacher »Ende September«.[20] Aus den Quellen im SAP-Archiv wissen wir, dass er Ende August noch in Oslo war und dass die vorbereitenden Gespräche für den Berlin-Aufenthalt im letzten Drittel des Septembers in Paris geführt wurden. Spätestens ab 8. oder 9. Oktober muss Brandt in Berlin gewesen sein. Wein schreibt, ohne Quellenangabe, vom 22. Oktober als Ankunftstag. Von einem vierwöchigen Aufenthalt in Paris – wie von Wein behauptet wird – kann keine Rede sein.[21]

Ein zweites Beispiel: In *Mein Weg nach Berlin* erklärte Brandt seinen Spanienaufenthalt 1937 damit, dass er als Korrespondent skandinavischer Zeitungen fuhr und als Vertrauensmann, um zu »beobachten und (zu) berichten«.[22] Ein Jahr später wurde von ihm in einem *Spiegel*-Interview unterstrichen, dass seine »Haupttätigkeit« darin bestanden habe, für das Korrespondenzbüro der Norwegischen Arbeiterpartei zu berichten, außerdem habe er auch für skandinavische Hilfsorganisationen gearbeitet.[23] Folgt man der Darstellung in *Draußen*, so übernahm er es, neben journalistischen Arbeiten politische Kontakte zu pflegen.[24] In *Links und frei* kommt erstmals eine politische Funktion an erster Stelle, nämlich die eines »Verbindungsmannes« der SAP, die mit Pressearbeit kombiniert werden konnte.[25] Artikel aus dieser Zeit sind bisher noch von niemandem nachgewiesen worden. Dagegen lässt sich belegen, dass er einen Parteiauftrag erhielt, seine Mission als Vertreter der SAP durchführte und Leiter der deutschen Sektion der POUM (Partido Obrero de Unificación Marxista) war.[26] Es lässt sich auch belegen, dass »regelmäßige Berichte« aus Spanien, von denen Stern schreibt, überhaupt nicht möglich waren – und für das norwegische Spanien-Komitee arbeitete er zu diesem Zeitpunkt schon gar nicht.[27]

Das dritte Beispiel: Der Antrag auf die norwegische Staatsbürgerschaft wurde nicht erst im Herbst 1939 gestellt, wie es bei Brandt und seinen Biografen nachzulesen ist[28], sondern spätestens im Juni 1939, wahrscheinlich aber sogar schon zu Beginn des Jahres 1939, das heißt ungefähr ein halbes Jahr nach der offiziellen Ausbürgerung aus Deutschland.[29]

Mein viertes Beispiel betrifft die Frage der finanziellen Unterstützung in Norwegen. Gegenüber Schumacher erklärte Brandt 1947 – und das wird auch in den späteren Erinnerungen sowie von seinen Biografen wiederholt –, dass er »nur in den ersten Wochen« seiner »Auslandsjahre«[30] finanzielle Unterstützung erhielt, wobei bei Koch – natürlich ohne Quellenhinweis – zusätzlich noch purer Unsinn mitgeteilt wird.[31] In *Mein Weg nach Berlin* teilte Brandt mit, dass er schon nach »einigen Monaten« auf die Unterstützung verzichten konnte.[32] Seebacher reduziert die Unterstützung auf »einige Kronen« in den »ersten Wochen«.[33] Aber erst im März 1934, nach 11 Monaten, erklärte Brandt gegenüber der Hilfsorganisation *Arbeidernes Justisfonds*, dass er auf die wöchentliche Unterstützung verzichten möchte, wobei er weiterhin um Mietzuschuss bat. Deshalb konnte der DNA-Vorsitzende Oscar Torp in seiner dramatischen Auseinandersetzung mit Brandt im April 1934 noch mit dem Entzug der Unterstützung drohen. Die – nur unvollständig erhaltenen – Protokolle des Justizfonds der norwegischen Arbeiterbewegung verzeichnen im Juni 1936 »reguläre wöchentliche Unterstützung unter gewöhnlichen Bedingungen«.[34] Dieser Betrag wurde dann wahrscheinlich jedoch zur Teilfinanzierung des Berlin-Aufenthaltes benutzt. Völlig unbeachtet bleibt bei den Biografen die erhebliche finanzielle Unterstützung, die Brandt dadurch gewährt wurde, dass er im Pressebüro der Arbeiterpartei Dienst leisten konnte.

Für Schöllgen ist die »Flucht« – schon hier und bevor das Kapitel »Die Reise. Als Verfolgter draußen« über die Jahre 1933 bis 1948 überhaupt als »Fehler« beginnt –, ein »Verhaltensmuster«, das für Brandts Leben »insgesamt charakteristisch ist«, nämlich die Erkenntnis des Scheiterns. Ein anderes prägendes Element sei, dass Brandt in der Emigration für immer die Fähigkeit zu »normalen Bindungen« verloren habe. Weiter heißt es, dass »der Weg ins Exil (...) eine politische Entscheidung (war), die Konsequenz aus seiner Überzeugung«, und dass Brandt, »als er ins Exil geht«, berufliche und politische Perspektiven hatte. Dabei beruft er sich auf eine Äußerung Brandts aus der Zeit der Lebenslaufbegradigung – vom Mai 1949 –, in der dieser erklärt hatte, er habe Deutschland nicht zuletzt deshalb verlassen, um »seinen Studienplänen nachgehen zu können«[35].

Die Aussage Schöllgens steht im Kontrast zu allen Quellen. Brandt flüchtete nicht, sondern ging als Emissär mit einem zeitlich begrenzten Parteiauftrag nach Norwegen, um dort einen Stützpunkt für die SAP zu errichten.[36] Im November 1933 wollte er nach Deutschland zurückkehren, um dort im Untergrund politisch zu arbeiten.[37] Eine berufliche Perspektive gab es nicht, und die eines Studiums ebenfalls nicht. Dieser Gedanke tauchte auf, als es darum ging, einen weiteren Aufenthalt in Oslo zu sichern. Brandts »Studium« in Oslo wurde nie mehr als die obligatorische Philosophicum-Vorprüfung, die bestanden werden musste, ehe man überhaupt studieren durfte. In *Mein Weg nach Berlin* heißt es zwar: »Aus einem Flüchtling war ich ein ›akademischer Bürger‹ geworden«[38], aber dieser Versuch, das Exil umzuinterpretieren, hält einer ernsthaften Prüfung nicht stand. Aus dem Erhalt der Immatrikulationsurkunde abzuleiten, wie Schöllgen es tut, dass ein »bürgerliches Dasein für einen Aufsteiger wie Willy Brandt ein erstrebenswertes Ziel« war[39], ist absurd.

Ein weiteres Beispiel: laut Schöllgen war Brandt ab 1934 »fast pausenlos« unterwegs. Schöllgen übernimmt nicht Kochs Bezeichnung vom »Tourismus«, distanziert sich – im Gegensatz zu Merseburger – aber auch nicht davon, womit eine negative Konnotation geschaffen wird. Die Reisen hatten, mit der Ausnahme, dass Brandt einmal für eine norwegische Gewerkschaftsgruppe dolmetschte, ausschließlich politischen Charakter. Für Schöllgen sind sie zwar »formal« Parteiaufträge, aber »gleichwohl (...) Ausdruck altersbedingter Neugierde und Abenteuerlust« und »Versuche, den Unbilden einer schwierigen Zeit zu entgehen«.[40] »Konspirativ« war nur eine Reise – die nach Berlin – wo er nun keineswegs den »Unbilden einer schwierigen Zeit« entging. Dass die erste internationale Reise zu einem früheren Zeitpunkt und mit einem andern Ziel als bei Schöllgen angegeben stattfand[41], ist nur eine der vielen Ungenauigkeiten des Buchs.

Ein weiteres Beispiel: »In Oslo und Paris hat Willy Brandt die angenehmen Seiten des Exils kennengelernt«, heißt es bei Schöllgen.[42] Das klingt fast nach Frank Thiess' »Logen und Parterreplätzen des Auslandes«. Gewiss, in Norwegen lebte man als politischer Flüchtling besser als in vielen anderen Zufluchtsländern, aber man sollte nicht vergessen, dass Brandt dreimal von Ausweisungen bedroht wurde, dass ihm deutsche Agenten nachstellten, und dass er Begegnungen mit der Polizei hatte, so dass ihm »noch lange Jahre (...) jeder Kontakt« mit der Polizei »Unbehagen« bereitete. Norwegen war, wie Brandt betont, kein »flüchtlingsfreundliches« Land.[43] Und Merseburgers Behauptung, dass sich die Flüchtlingspolitik unter der Arbeiterpartei-Regierung änderte[44], ist aus der Luft gegriffen. Seebachers Sicht kommt hier der tatsächlichen Lage viel näher.[45] Brandt als Vertrauensmann der Flüchtlinge musste gegen die Versuche dieser Regierung kämpfen, die die Flüchtlinge so schnell wie möglich loswerden wollte.[46] Im Winter 1935/36 betrieb die Regierung eine Politik, die de facto zu einer Abschiebung der Flüchtlinge geführt hätte, wenn nicht Brandt als Sprecher der Emigranten dagegen protestiert hätte.[47] Der xenophobe Leiter der Fremdenpolizei blieb im Amt und Brandt wurde sogar nach seiner arischen Abstammung befragt.[48]

Brigitte Seebacher überschreibt ihr Kapitel über die Emigrationsjahre mit »... ein Fremdling überall« und greift damit ein Zitat des Lübeckers Georg Philipp Schmidt auf, das zum Leitsatz von Claudio Abbados »Wanderer-Zyklus« der Berliner Philharmoniker 1997 wurde. Das ist ein interessanter Aspekt und dies nicht nur, weil Abbados Wahl von Schuberts »Unvollendeter« beim Trauerakt am 17. Oktober 1992 den Schlusspunkt ihrer Brandt-Biografie darstellt. Für Seebacher war Brandt aber nicht nur im Exil ein

»Fremdling«, sondern »überall«. Das geht soweit, dass er für sie nicht einmal
in seiner Partei, der SAP, heimisch war, das heißt ihr nicht aus politischer
Überzeugung beitrat, sondern »eher aus innerem Zwang«.[49] Vielleicht sollte man daran erinnern, was Brandt 1989 rückschauend schrieb, nämlich,
dass er »ohne den Umweg über den Linkssozialismus (...) kaum der geworden (wäre)«, der er wurde.[50]

Folgt man Seebacher, so »behagte« Brandt »die Aura des Fremdlings«.[51] In
gewisser Beziehung war und blieb Brandt wie jeder Einwanderer ein Fremdling auch in Norwegen – und dies, obwohl er, wie der norwegische Schriftsteller Sigurd Evensmo in seinen Erinnerungen schrieb, norwegischer als die
meisten Norweger war.[52] Aber er fand auch ein Zuhause, das keine Erwähnung bei Seebacher findet, nämlich in der Arbeiterjugendbewegung. In diesen Kreisen, in denen tiefe Freundschaften entstanden, war er gewiss kein
Fremdling. 1960 erklärte Brandt dazu, dass »neben den für (sein) weiteres
Leben entscheidend wichtigen politischen Erkenntnissen« der »größte Ge-
winn der Jahre in Skandinavien die menschlichen Beziehungen« wurden,
und die engen Freundschaften, die »alle Wirren« überdauerten. Das zählte
zu den »beglückenden Erfahrungen« seines Lebens.[53] Für seine Widersacher
während des Krieges – den Kommunisten wie den vom Vansittartismus
beeinflussten Exilkreisen in London – war und blieb er allerdings der »Fremde«, ein »Deutscher«, sogar einer mit einer »zweifelhaften Vergangenheit«.[54]

Während Brandt immer wieder auf die skandinavischen Einflüsse und
Erfahrungen hingewiesen hat, ja, »die nordischen Jahre (...) in mancher Hinsicht« als »die prägendsten Jahre« seines Lebens bezeichnet hat[55], bleibt dies
bei Seebacher so gut wie ausgeblendet. Beschönigt werden grundsätzlich die
Konflikte zwischen Brandt und der Norwegischen Arbeiterpartei in den Jahren 1933 bis 1935, deren Nachwirkungen auch noch 1937 spürbar waren.[56]

Auch das, was bei ihr über Brandts Agieren in der norwegischen Politik
1934/35 steht, ist konstruiert – etwa, wenn sie Brandts ultralinke Über-
schlagungen von 1934 minimiert, seine Rolle in der Intellektuellengruppe
Mot Dag bagatellisiert oder vom »flammenden Plädoyer« für die Regie-
rungsbildung durch die Norwegische Arbeiterpartei schreibt.[57] Letzteres ist,
milde gesagt, eine Übertreibung. Brandts Verteidigung der Regierungsüber-
nahme brachte ihm zwar sehr herbe Kritik in den Reihen seiner Partei ein,
aber es war eine Verteidigung voller Vorbehalte. Dennoch ist seine Stellung-
nahme aus zwei Gründen von Bedeutung. Sie war, wenn auch mit Einschränkungen, ein erstes Bekenntnis zur parlamentarischen Demokratie, eine
Distanzierung von allen Vorstellungen diktatorischer Maßnahmen, wie die
SAP-Emigranten und der de-facto-Parteivorsitzende Jacob Walcher sie for-
derten, und damit ein wichtiger Schritt zur Emanzipation von Walcher.

Beliebte und immer wiederkehrende Themen der Biografen sind erstens
»die Frauen« und zweitens die Mentoren Julius Leber, Jacob Walcher und

Ernst Reuter. Bei Schöllgen rücken »die Frauen« schon beim Oberstufen-
schüler Brandt »ins Blickfeld«.[58] Merseburger bedauert, sich dabei einer
Bemerkung des deutschen Historikers Frank Meyer anschließend, offenbar,
dass sich im Nachlass Brandts nichts über die »Mädchen« findet. Dazu heißt
es dann weiter: »dabei hätte doch gerade (Brandt) zu diesem Thema einiges
zu sagen gehabt ...«[59] Die Frau und Genossin, die tatsächlich Interesse beanspruchen sollte – Gertrud Meyer – findet wenig Würdigung. Koch reduziert ihre Tätigkeit im Wesentlichen darauf, die Haushaltskasse aufzubessern
und »bei säumigen Verlagen Brandts Artikelhonorare einzufordern«.[60] Von
Brandt wurde sie, die ihre Briefe zum Teil mit Gertrud Brandt unterzeich-
nete und als »Frau Frahm« galt, in *Mein Weg nach Berlin* kurz mit dem Vornamen erwähnt[61], fehlt aber im Register. In *Links und frei* findet die »Lü-
becker Gefährtin« mehrfach Erwähnung, allerdings ohne dass ihre politische
Wirksamkeit deutlich wird. Erst Merseburger widmet ihr größere Aufmerksamkeit, und eine adäquate Würdigung als politische Partnerin erhält sie nur
durch Brigitte Seebacher.[62]

Brandt hat sich gegen die Vorstellung von Vater-Sohn-Verhältnissen
gewandt. Für ihn gibt es »Beeinflussungen«. Aber, erklärte er 1986 weiter:
»ich habe mich in diesem Sinn nie als junger Mann von irgend jemandem
verstanden. Dazu war ich vielleicht ein bißchen zu eigen«.[63] Bei Merseburger werden Leber, Walcher und Reuter zu »Vaterfiguren« bzw. »Ersatzvätern«
und Brandt – wider alle Vernunft! – zum »Jünger« Walchers,[64] während es
bei Seebacher keinen »Mentor« Walcher gibt. Stern bezeichnet Walcher als
»Freund und Mentor« und betont dessen starken Einfluss auf Brandt, vergisst aber, dass es schließlich Brandt war, der auf Grund seiner Erfahrungen
in Skandinavien Walcher in der Norwegenfrage und der Volksfrontfrage
belehrte.[65] Martin Wein sieht hier meines Erachtens wesentlich klarer, wenn
er schreibt, dass schon die großen räumlichen Entfernungen Grenzen setzten und »ein echtes geistiges ›Vater-Sohn-Verhältnis‹« verhinderten.[66] Auch
Merseburger macht sich Gedanken über die räumliche Entfernung und
kommt dabei zu dem Schluss, dass Brandts Entwicklung weg von der SAP
bei einer Anwesenheit Walchers in Oslo – die geplant war – eine andere Entwicklung genommen hätte.[67] Brandts Hinwendung zu dem, was Merseburger »skandinavischen Reformismus« nennt, seine Einbindung in Norwegen
und seine Kritik an der Sowjetunion waren 1939 so weit gediehen, dass Walchers Präsenz für ihn keinen anderen politischen Kurs bedeutet hätte.

Es gab in dieser Phase, die Brandt als »prägend« für sein Leben betrachte-
te, ohne Zweifel Personen, die für sein Leben Bedeutung hatten, ohne deshalb gleich als Mentoren bezeichnet werden zu müssen – zum Beispiel der
große alte Mann der norwegischen Bewegung Martin Tranmæl, dann Hal-
vard Lange, der Historiker und Außenminister der Jahre 1946 bis 1965, der
ihm die Tätigkeit an der Militärmission in Berlin 1947 beschaffte, und der

Generalsekretär der Arbeiterpartei, Haakon Lie, mit dem Brandt später in Berlin beim Kongress für kulturelle Freiheit zusammenarbeitete.[68] Bei dieser Betrachtungsweise geht aber die norwegische Arbeiterbewegung, die ihn prägte, unter. Zwar steht bei Brandt mehr über Leber als über die hier genannten, aber das erklärt sich aus dem Kontext. Dennoch haben Tranmæl, Lange, Lie u. a. Brandt mitgeprägt, aber nicht als »Väter« oder »Mentoren« sondern in wechselseitigen Lernprozessen.

1960 musste sich Brandt nach wie vor wegen seiner radikalen Vergangenheit in der SPD legitimieren – da war ein sozialdemokratischer Widerstandskämpfer von größerem Gewicht als skandinavische Politiker. Brandts Respekt gegenüber Leber war ohne Zweifel groß. Seebacher benutzt den Ausdruck »inbrünstig«, um Brandts Sicht auf Leber während und nach der Emigration zu charakterisieren.[69] Für die Zeit nach dem Exil schätzte Brandt Leber sicher sehr, für die Exiljahre scheint mir das weniger klar. Unklar ist auch nach wie vor, wie und wann Leber von der Wirksamkeit Brandts im schwedischen Exil erfahren hat.

Ausgeblendet oder zumindest in ihrer Bedeutung nicht erkannt bleibt bei den Biografen auch Brandts Mitarbeit in der norwegischen Arbeiterbewegung und sein bedeutender Einsatz für den norwegischen Widerstand während der Jahre des Stockholmer Exils. Zu welchen Fehlschlüssen das führen kann, mag an einem Beispiel erläutert sein. Über den Jahreswechsel 1940/41 fuhr Brandt heimlich von Stockholm nach Oslo. Bei Merseburger fand die Reise »vor allem« statt, »um Frau und Kind zu besuchen«.[70] Brandt hat seine Reise mehrfach beschrieben, wobei er 1960 journalistische und politische Aufgaben als Reisegrund angab, aber auch den Wunsch, seine neugeborene Tochter Ninja zu sehen.[71] Ähnlich zeigt sich die Darstellung 1982, wenn es heißt, dass die Reise »journalistisch wichtig« war und nebenbei auch einen Besuch bei Frau und Kind ermöglichte.[72] 1989 wies Brandt in den *Erinnerungen* die Vorstellung von sich, dass die Reise nachrichtendienstliche Zwecke hatte und erklärte, dass er nichts zu verbergen hatte.[73] Die nachrichtendienstlichen Seiten des Unternehmens gehen aber deutlich aus norwegischen Quellen hervor. Der Stockholmer Repräsentant der Exilregierung, Frihagen, konnte seinem Premier in London, Nygaardsvold, erleichtert mitteilen, dass Brandt bei den Verhören durch die schwedische Polizei dicht gehalten hatte.[74]

Die Position des Norwegers Willy Brandt innerhalb des norwegischen Exils – eine Zentrale war in Stockholm, die andere war die Exilregierung in London – ist höchst interessant, sie wird aber von den Biografen ebenso wenig reflektiert. Zur Erinnerung sei erwähnt, dass das Regierungsorgan *Arbeiderbladet* 1947 schrieb, es habe kein Norweger publizistisch so viel für Norwegens Freiheitskampf geleistet wie Willy Brandt.[75] Brandts Beiträge in den internen norwegischen Diskussionen zeigen, wie stark er sich dafür engagierte, zwischen Hitlers Deutschland und dem »anderen« Deutschland zu differenzieren. Das hat wiederum Bedeutung für das Engagement der norwegischen Arbeiterpartei, die SPD schnellstmöglich in die internationale Gemeinschaft zurückzuführen.[76]

Weil Schöllgen, Merseburger, Marshall, Wein und Seebacher die notwendigen Sprachkenntnisse, die Einsicht in die skandinavische Arbeiterbewegung und auch die in die Exilforschung fehlen, bleiben die »prägenden Jahre« unterbelichtet. Merseburger versucht sich zu retten, indem er die Bedeutung Skandinaviens reduziert. So werden die zahlreichen Bücher, Broschüren, Artikel und Promemorien Brandts über Norwegen nur en passant erwähnt, aber nicht als Beiträge innernorwegischer Exildebatten erkannt. Ausgehend von einer Bemerkung in *Links und frei* wendet Merseburger sich dagegen, Brandt in skandinavisch-angelsächsischen Traditionen zu verorten und weist darauf hin, dass Brandt von Frankreich zwischen 1934 und 1938 als »europäischem Erlebnis« berichtet.[77]

Es ist richtig, dass Brandt sich in Paris besser auskannte als in England. Wenn man sich jedoch genauer mit dem Zusammenhang beschäftigt, das heißt, wenn man liest, was Brandt über Frankreich schrieb, wird man schnell entdecken, dass Frankreich für ihn eins von vielen Ländern war und er viel an der dortigen Volksfront auszusetzen hatte.[78] Wichtiger als das so genannte »europäische Erlebnis« Frankreich war das »demokratische Erlebnis« Skandinavien, das er mit zwei Beispielen an Generationen deutscher Sozialdemokraten weitergab, nämlich dass man in den Parlamenten nicht nach Fraktionen getrennt saß, und dass der norwegische König der Arbeiterpartei mit der Begründung »die Kommunisten sind auch meine Untertanen« den Regierungsauftrag erteilte.[79] Eindruck machte auch, dass die Führung der Arbeiterpartei zwischen dem SAP-Querulanten Brandt und dem politisch verfolgten Herbert Frahm unterschied und Frahm vor Ausweisungen beschützte. Gerade bei einer Person wie Brandt, der sich schneller und stärker als irgendein anderer Skandinavien-Emigrant integrierte, sind Kenntnisse der skandinavischen Verhältnisse – und der Quellen – unabdingbar.

Helga Grebing hat in einem Vortrag auf zweierlei hingewiesen: erstens darauf, dass ein Biograf »unweigerlich, ob er es will oder nicht, so manches über sich selbst mit(teilt)«, und zweitens, dass sich die Interpretationen des Menschen Brandt zunehmend auf »verfestigende Stereotype« hinbewegen und die Charakterisierungen Brandts sich »im Rahmen dieser Verfestigungen« wiederholen.[80] Was bei dieser Stereotypienbildung und Vulgärpsychologisierung verloren geht, ist die Mehrschichtigkeit des Denkens und Empfindens von Brandt, das Nebeneinander verschiedener Stufen in der jeweiligen Entwicklung, und dass Brandt sich einem skandinavischen Publikum gegenüber anders ausdrückte als gegenüber einem deutschen.[81] Gerade das macht Brandts Entwicklung im Exil interessant. Diese Mehrschichtigkeit und die Kommunikationszusammenhänge herauszuarbeiten, wäre meines Erachtens die Aufgabe eines Brandt-Biografen. Letzteres wird zum Beispiel deutlich, wenn er in *Forbrytere og andre tyskere* den norwegischen und schwedischen Lesern die Zustände in der gerade entstandenen Sowjetischen Besatzungszone und die Vorgänge um die Gründung der SED erklärt, die in Briefen an deutsche Empfänger viel schärfer be- und verurteilt werden.

Im Begleitbuch zum erwähnten Wandererzyklus der Berliner Philharmoniker steht unter anderem ein Aufsatz über das »exemplarische Unterwegssein« des italienischen Komponisten Luigi Nono.[82] Auch wenn Brandt nach eigener Aussage keinen Zugang zur musikalischen Avantgarde hatte, gibt es doch Berührungspunkte. Brandt wie Nono, den ich in der Einleitung zum ersten Band der »Berliner Ausgabe« der Schriften Brandts zitiere, waren geprägt vom Suchen und Fortschreiten, glaubten an die Notwendigkeit des Zweifels. Das ist keine »Flucht« wie bei Schöllgen, kein »politischer Tourismus« wie bei Koch. In einem Interview erklärte Brandt 1988, dass er sich immer gewünscht habe, sein eigener Opponent zu sein.[83] Einen Rat Brandts aus der Nobelpreisrede kann man seinen Biografen mit auf den Weg geben: »Es gibt mehrere Wahrheiten, nicht nur die eine, die alles andere ausschließende Wahrheit. Ich glaube an die Vielfalt und also an den Zweifel. Er ist produktiv. Er stellt das Bestehende in Frage«.[84]

1 Willy Brandt: *Mein Weg nach Berlin.* Aufgezeichnet von Leo Lania. München 1960; ders.: *Draußen. Schriften während der Emigration.* Hg. von Günter Struwe. München 1966; ders.: *Links und frei. Mein Weg 1930–1950.* Hamburg 1982; ders.: *Erinnerungen,* Frankfurt/M. 1989; ders.: »*...wir sind nicht zu Helden geboren«.* Ein Gespräch über Deutschland mit Birgit Kraatz. Zürich 1986. — **2** Gregor Schöllgen: *Willy Brandt. Die Biographie.* Berlin, München 2001; Peter Merseburger: *Willy Brandt 1913–1992. Visionär und Realist.* Stuttgart, München 2002; Martin Wein: *Willy Brandt. Das Werden eines Staatsmannes.* Berlin 2003; Brigitte Seebacher: *Willy Brandt.* München 2004; Carola Stern: *Willy Brandt.* Reinbek 1975, bearbeitete Neuausgabe: Reinbek 2002; Rut Brandt: *Freundesland. Erinnerungen.* Hamburg 1993; Terence Prittie: *Willy Brandt. Biographie.* Frankfurt/M. 1973; Hans-Georg Lehmann: *In Acht und Bann. Politische Emigration, NS-Ausbürgerung und Wiedergutmachung am Beispiel Willy Brandts.* München 1976; Peter Koch: *Willy Brandt. Eine politische Biographie.* Berlin, Frankfurt/M. 1988; Barbara Marshall: *Willy Brandt: Eine politische Biographie.* Bonn 1993; Einhart Lorenz: *Willy Brandt in Norwegen. Die Jahre des Exils 1933 bis 1940.* Kiel 1989. — **3** Siehe dazu meine Einleitung zu Willy Brandt: *Zwei Vaterländer. Deutsch-Norweger im schwedischen Exil – Rückkehr nach Deutschland – 1940–1947* (Berliner Ausgabe, Bd. 2). Bonn 2000, S. 15 ff. — **4** *Süddeutsche Zeitung* vom 9.10.2001; *Vorwärts,* Oktober 2001, S. 37. — **5** *Berliner Zeitung* vom 9.10.2001. — **6** Brief Brandt an Szende, 8.10.1946. In: Brandt: *Zwei Vaterländer* (s. Anm. 3), S. 318. — **7** Siehe dazu *Handbuch des Deutschen Bundestages.* Hg. von Fritz Sänger. Stuttgart 1949, S. 268 mit folgenden Angaben: »Flüchtete 1933 nach Norwegen, wo er Geschichte studierte und als Journalist tätig war. Pressesachbearbeiter bei der norwegischen Volkshilfe. Ab Sommer 1940 in Stockholm von 1942 bis 1945 Leiter des norwegisch-schwedischen Pressebüros.« — **8** Siehe dazu beispielsweise Willy Brandt: *Berlin bleibt frei. Politik in und für Berlin 1947–1966.* Bonn 2004 (Berliner Ausgabe, Bd. 3), S. 28 und 164 ff. — **9** Willy Brandt: *Forbrytere og andre tyskere.* Oslo 1946; ders.: *Förbrytare och andra tyskar.* Stockholm 1946. Die deutsche Erstausgabe wird von mir im Auftrag der Bundeskanzler-Willy-Brandt-Stiftung vorbereitet. — **10** Brandt: *Mein Weg* (s. Anm. 1), S. 202. – 2002 sah Seebacher offenbar immer noch keinen Grund, den Titel zu korrigieren, in dem sie erklärte, dass das Buch ebenso gut *Verbrecher und das andere Deutschland* heißen könnte. — **11** Brandt: *Mein Weg* (s. Anm. 1), S. 69 und 75. — **12** Hans Mayer: *Wendezeiten. Über Deutsche und Deutschland.* Frankfurt/M. 1993, S. 82. — **13** Vgl. Brandt: *Zwei Vaterländer* (s. Anm. 3), S. 32, Anm. 81. — **14** Brief Brandt an Ording, 11.3.1942. In: ebd., S. 65. — **15** *Focus,* Nr. 25 vom 15.6.1998, S. 58 ff., und Nr. 15 vom 12.4.1999, S. 88 ff.; *Der Spiegel,* Nr. 37 vom 13.9.1999, S. 60 ff. — **16** Brandt: *Draußen* (s. Anm. 1), S. 67. — **17** Stern: *Willy Brandt* (s. Anm. 2), S. 29. — **18** Brandt: *Links und frei* (s. Anm. 1), S. 171; Brandt: *Erinnerungen* (s. Anm. 1), S. 107; Seebacher: *Willy Brandt* (s. Anm. 2), S. 122; Koch: *Willy Brandt* (s. Anm. 2), S. 90. — **19** Willy Brandt: *Hitler ist nicht Deutschland. Jugend in Lübeck – Exil in Norwegen – 1928–1940.* Bonn 2002 (Berliner Ausgabe, Bd. 1), S. 232. — **20** Brandt: *Links und frei* (s. Anm. 1), S. 172; Brandt: *Erinnerungen* (s. Anm. 1), S. 109. — **21** Wein: *Willy Brandt* (s. Anm. 2), S. 143 f. — **22** Brandt: *Mein Weg nach Berlin* (s. Anm. 1), S. 97. — **23** *Der Spiegel,* Nr. 12 vom 15.3.1961. Nachdruck in: Willy Brandt: *Die Spiegel-Gespräche.* Stuttgart 1993, S. 52 f. — **24** Brandt: *Draußen* (s. Anm. 1), S. 187. — **25** Brandt: *Links und frei* (s. Anm. 1), S. 215. — **26** Brief Brandt an Walcher, 10.4.1937. In: Brandt: *Hitler ist nicht Deutschland* (s. Anm. 19), S. 298 f.; sowie Anlage 6A zum SAP-Rundschreiben 1/38 vom 15. Januar 1938. In: AdsD, WBA, A 5. — **27** Stern: *Willy Brandt* (s. Anm. 2), S. 29; Brief Brandt an Walcher, 10.4.1937. In: Berliner Ausgabe, Bd. 1 (s. Anm. 19), S. 299. — **28** Brandt: *Links und frei* (s. Anm. 1), S. 265; Lehmann: *In Acht und Bann* (s. Anm. 2), S. 141; Seebacher: *Willy Brandt* (s. Anm. 2), S. 134; Koch: *Willy Brandt* (s. Anm. 2), S. 110. Merseburger: *Willy Brandt* (s. Anm. 2), S. 154 f., führt den Antrag auf die Trennung von Gertrud Meyer sowie das Drängen von Carlota Thorkildsen und Jacob Walcher zurück. — **29** Siehe Lorenz: *Willy Brandt in Norwegen* (s. Anm. 2), S. 325, Anm. 70. — **30** Brief Brandt an Schumacher, 23.12.1947. In: Willy Brandt: *Auf dem Weg nach vorn. Willy Brandt und die SPD 1947–1972,* Bonn 2000 (Berliner Ausgabe, Bd. 4), S. 83. — **31** Koch: *Willy Brandt* (s. Anm. 2), S. 83. — **32** Brandt: *Mein Weg nach Berlin* (s. Anm. 1), S. 69. — **33** Seebacher: *Willy Brandt* (s. Anm. 2), S. 116. — **34** Lorenz: *Willy Brandt in Norwegen* (s. Anm. 2), S. 290 f., Anm. 35. — **35** Schöllgen: *Willy Brandt* (s. Anm. 2), S. 37 ff. — **36** Die Sozialistische Arbeiterpartei Deutschlands (SAP) stand, ebenso wie die Norwegische Arbeiterpartei (DNA), außerhalb der beiden großen Internationalen. SAP und DNA hatten schon vor 1933 international eine begrenzte Zusammenarbeit, jedoch unterschiedliche Ziele. Während es der kleinen SAP darum ging, eine neue »wahrhaft kommunistische« Internationale zu schaffen, hatte die DNA kein Interesse an der Gründung einer weiteren Internationale. Nachdem die Verfolgungen in Deutschland eingesetzt hatten, hoffte die SAP auf finanzielle Unterstützung durch die DNA, wobei die Erwartungen an die Finanzkraft der norwegischen Partei völlig unrealistisch waren. — **37** Brief Brandt an Walcher, 16.11.1933. In: Arbeiderbevegelsens Arkiv og Bibliotek Oslo, SAP-arkiv, Mappe 208. — **38** Brandt: *Mein Weg nach Berlin* (s. Anm. 1), S. 75. — **39** Schöllgen: *Willy Brandt* (s. Anm. 2), S. 44. — **40** Ebd., S. 49. Vgl. Merseburger: *Willy Brandt* (s. Anm. 2), S. 89. — **41** Schöllgen: *Willy Brandt* (s. Anm. 2), S. 50 und auch Koch: *Willy Brandt* (s. Anm. 2), S. 87 nennen als erste Auslandsreise die Fahrt nach Laren und Paris im Februar 1934. Die erste Auslandsreise war jedoch eine illegal unternommene Fahrt nach Stockholm im Oktober 1933, die seinen weiteren Aufenthalt in Norwegen durchaus in Gefahr bringen konnte. — **42** Schöllgen: *Willy Brandt* (s. Anm. 2), S. 51. — **43** Brandt: *Links und frei* (s. Anm. 1), S. 80. — **44** Merseburger: *Willy Brandt* (s. Anm. 2), S. 66. — **45** Seebacher: *Willy Brandt* (s. Anm. 2), S. 119. — **46** Siehe dazu das Protokoll von Arbeidernes Justisfond vom 8.1.1936. In: Arbeiderbevegelsens Arkiv og Bibliotek Oslo, LO-arkiv. — **47** Einhart

Lorenz: *Exil in Norwegen. Lebensbedingungen und Arbeit deutschsprachiger Flüchtlinge 1933–1943*. Baden-Baden 1992, S. 63 f. — **48** Lorenz: *Willy Brandt in Norwegen* (s. Anm. 2), S. 313, Brandt im Gespräch mit Lorenz, 5.11.1985. — **49** Seebacher: *Willy Brandt* (s. Anm. 2), S. 108. — **50** Brandt: *Erinnerungen* (s. Anm. 1), S. 90. — **51** Seebacher: *Willy Brandt* (s. Anm. 2), S. 90. — **52** Sigurd Evensmo: *Inn i din tid*. Oslo 1976, S. 24. — **53** Brandt: *Mein Weg nach Berlin* (s. Anm. 1), S. 112 f. — **54** Siehe dazu meine Einleitung zu Brandt: *Zwei Vaterländer* (s. Anm. 3), S. 22 und 338. — **55** Brandt: *Links und frei* (s. Anm. 1), S. 83. — **56** Bericht über die Generalversammlung der O[sloer] Gruppe, 5.1.1937. In: Arbeiderbevegelsens Arkiv og Bibliotek Oslo, SAP-arkiv, Mappe 215. — **57** Seebacher: *Willy Brandt* (s. Anm. 2), S. 118 ff. — **58** Schöllgen: *Willy Brandt* (s. Anm. 2), S. 49. — **59** Merseburger: *Willy Brandt* (s. Anm. 2), S. 92. Frank Meyer: »Deutscher und norwegischer Habitus«. In: Heiko Uecker (Hg.): *Deutsch-norwegische Kontraste. Spiegelungen europäischer Mentalitätsgeschichte*. Baden-Baden 2001. — **60** Koch: *Willy Brandt* (s. Anm. 2), S. 83. — **61** Brandt: *Mein Weg nach Berlin* (s. Anm. 1), S. 82. — **62** Seebacher: *Willy Brandt* (s. Anm. 2), S. 117. — **63** Brandt: »*...wir sind nicht zu Helden geboren*« (s. Anm. 1), S. 108 f. — **64** Merseburger: *Willy Brandt* (s. Anm. 2), S. 38 f., 69, 161 und 277. — **65** Stern: *Willy Brandt* (s. Anm. 2), S. 30 f.; Einhart Lorenz: »Hier oben in Skandinavien ist die Lage ja einigermaßen verschieden ...‹. Zur Sozialistischen Arbeiterpartei Deutschlands (SAP) im skandinavischen Exil«. In: Klaus Schönhoven, Dietrich Staritz (Hg.): *Sozialismus und Kommunismus im Wandel. Hermann Weber zum 65. Geburtstag*. Köln 1993, S. 229. — **66** Wein: *Willy Brandt* (s. Anm. 2), S. 108. — **67** Merseburger: *Willy Brandt* (s. Anm. 2), S. 163. — **68** Siehe dazu Matthias Hannemann: »Kalter Kulturkrieg in Norwegen? Zum Wirken des ›Kongreß für kulturelle Freiheit‹ in Skandinavien«. In: *NordeuropaForum* (1999) Heft 2, S. 15 ff. — **69** Seebacher: *Willy Brandt* (s. Anm. 2), S. 154. — **70** Merseburger: *Willy Brandt* (s. Anm. 2), S. 178. — **71** Brandt: *Mein Weg nach Berlin* (s. Anm. 1), S. 143. — **72** Brandt: *Links und frei* (s. Anm. 1), S. 307. — **73** Brandt: *Erinnerungen* (s. Anm. 1), S. 130. — **74** Brief Frihagen an Nygaardsvold, 2.4.1941. In: Arbeiderbevegelsens Arkiv og Bibliotek Oslo, Frihagens arkiv, D-0005. — **75** *Arbeiderbladet* vom 2.12.1947. — **76** Einhart Lorenz: »›Moralische Kalorien‹ für deutsche Demokraten. Norwegische Ansichten über Deutschland am Beispiel der Arbeiterbewegung«. In: Robert Bohn, Jürgen Elvert (Hg.): *Kriegsende im Norden. Vom heißen zum kalten Krieg*. Stuttgart 1995, S. 267 ff. — **77** Brandt: *Links und frei* (s. Anm. 1), S. 189; Merseburger: *Willy Brandt* (s. Anm. 2), S. 109. — **78** Einhart Lorenz: »Willy Brandt, Frankreich und die Emigration«. In: Horst Möller, Maurice Vaïsse (Hg.): *Willy Brandt und Frankreich*. München 2005, S. 29 ff. — **79** Ich stütze mich hier auf Eindrücke, die ich in meiner Studienzeit als Dolmetscher für deutsche Gewerkschafts-, Partei- und Jugendgruppen sammeln konnte. — **80** Helga Grebing: »Auf dem schwierigen Weg zu einer wissenschaftlich fundierten Biographie Willy Brandts«. In: Franz-Josef Jelich, Stefan Goch (Hg.): *Geschichte als Last und Chance. Festschrift für Bernd Faulenbach*. Essen 2003, S. 243. — **81** Siehe dazu meine Einleitung zu Brandt: *Hitler ist nicht Deutschland* (s. Anm. 19), S. 25. — **82** Josef Häusler: »Exemplarisches Unterwegssein: Luigi Nono«. In: Sabine Borris (Hg.): »*... ich bin ein Fremdling überall*«. Berlin 1997, S. 102–106. — **83** »Willy Brandt i bildet«. Interview im Norwegischen Fernsehen (NRK), 18.12.1988. — **84** *Les prix Nobel en 1971*. Stockholm 1972, S. 291.

Peter Voswinckel

Die zweite Verbannung

Auslassungen, Willkür und Fälschung in der ärztlichen Biografik

Nicht ohne Schaden zu nehmen, hatte der ärztliche Berufsstand in Deutschland nach 1933 ein Sechstel seines Personalstamms, darunter die Elite der akademischen Medizin, aus seinen Reihen verstoßen und sich nach dem Krieg dem Glauben hingegeben, durch Nicht-Ansprechen und Nicht-dran-Rühren werde sich alles wieder »einrenken«. Wir wissen heute, dass während der NS-Diktatur eine große Zahl von Wissenschaftlern nicht nur physisch vertrieben, sondern auch »in litteris« aus biografischen Nachschlagewerken verbannt wurde. (So »fehlten« in der 6. Ausgabe des *Kürschner* 1940 gegenüber der vorangegangenen Ausgabe 1935 zirka 600 Mediziner; und sie blieben, von wenigen Ausnahmen abgesehen, auch in den Nachkriegs-Kürschnerbänden ausgespart.) Zunächst nur zögernd, ab 1980 immer dringlicher, artikulierte sich – vor allem unter dem Einfluss der Emigrationsforschung – der Wunsch nach einem umfassenden, Täter- und Opferschicksale gleichermaßen offenlegenden Referenzwerk.[1] Das Ausmaß der dazu notwendigen Nachforschungen war freilich – je später, desto mehr – ins Unermessliche (und praktisch Unbezahlbare) angestiegen – und ließ in den vergangenen Jahren nicht wenige Initiativen im Keim ersticken.

Immerhin konnten bis in die 1990er Jahre einige wertvolle Teilstudien (etwa über jüdische Haut-[2] und Kinderärzte[3]) sowie ungezählte biografische Einzelporträts vorgelegt und so der Berg um einiges abgetragen werden. Deren Autoren betonen indes in übereinstimmender Weise die Unvollkommenheit ihres Tuns, ebenso auch ihre anhaltende Fassungslosigkeit über diesen Zivilisationsbruch und die nachfolgenden Versäumnisse (von Giordano als »zweite Schuld« bezeichnet[4]). Und ich bin sicher: eine Mehrzahl der Kollegen, obwohl als Wissenschaftler zu kritischer Nüchternheit verpflichtet, empfand zu irgendeinem Zeitpunkt während ihrer Nachforschungen, beim Studium der Nazi-Dokumente oder der Wiedergutmachungsakten oder bei Begegnungen mit im Ausland lebenden Angehörigen von vertriebenen Familien, jenen »heiligen Zorn«[5] (der dann von Mitmenschen so leicht als moralisierender Gestus, als »Moralkeule« gedeutet wird) – beunruhigt und umgetrieben von einem gemeinsamen Alptraum: dass nämlich irgend jemand *vor der Zeit* daherkommen könnte, der all diese Ungeheuerlichkeiten der jüngsten Zeitgeschichte mit leichter Geste beiseite schöbe und der Welt ein ungesühntes, künstliches Walhalla präsentierte: darin all die Par-

venüs und Karrieristen der Hitler-Diktatur, die Zweit- und Drittklassigen
der Wissenschaft, einschließlich jener Schriftstellerärzte, die dereinst das
Lied des »Führers« angestimmt haben (und deren Namen keiner mehr kenn-
te, wenn sie sich nicht so kontinuierlich in biografischen Kompendien fest-
gesetzt hätten), – sie alle *unterschiedslos* im Rampenlicht, während gleichzeitig ein unbekanntes Heer von hochverdienten Wissenschaftlern und
wahrhaft Großen, fachlich wie intellektuell und menschlich, ausgeschlossen
bliebe und dem Vergessen preisgegeben wäre; und dies aus dem einfachen
Grunde, weil die historische Forschung sie noch nicht hinreichend wahrgenommen hätte.

Mittlerweile ist ein Dammbruch erfolgt und hat die biografische Landschaft nachhaltig verändert: In den Jahren 1995–2000 erschien zum ersten
Mal nach dem Zweiten Weltkrieg eine in sich abgeschlossene zehnbändige
Deutsche Biographische Enzyklopädie (DBE) mit etwa 56.000 Beiträgen.[6] Die
Nachfrage ist gewaltig. Taschenbuch- und Sonderausgaben (mit bis zu 1/25
des Originalpreises!) überschwemmen den Markt; eine englische Übersetzung hat begonnen (*Dictionary of German Biography*); diverse Teilausgaben
liegen vor oder sind in Arbeit: so für Mediziner[7], Philosophen, Musiker u. a.

Der Erfolg eines solchen Unternehmens beruht ohne Zweifel auf dem
Fundus einer hinlänglich großen Datenbank – einmal abgesehen von der
Finanzkraft des Verlages (Saur, München) und dem Geschick seiner Ver-
marktungsstrategen. Folglich muss sich die Aufmerksamkeit auf Fragen wie
diese konzentrieren: Welche Personen fanden Eingang in diese Datenbank?
Wie hält sie es mit den »zerbrochenen Leben«, also mit den Biografien all
jener, die unter den Unrechtsregimes des 20. Jahrhunderts verfolgt, vertrieben oder ermordet wurden? Wie mit deren Büchern und Werken, die
absichts- und planvoll verbrannt, verfälscht oder »arisiert« wurden? Welche
Quellen, welche Fachkompetenz wurden herangezogen? Wie groß war der
Forschungsaufwand?

Besonderes Gewicht erhalten diese Fragen vor dem Hintergrund, dass
hier ein Werk ausdrücklich mit nationalem Anspruch auftritt, in dem der
in- und ausländische Leser eine kritische Austarierung von deutschen
»Erfolgskarrieren« und eine sorgfältige Würdigung der Opfer des »Jahrhunderts der Extreme« erwarten darf. Dies alles verbunden mit der wohl be-
gründeten Hoffnung, dass hier – nach gründlicher Durchsicht der rezenten
Forschungsliteratur – ein gewisser Kanonisierungsprozess zum Abschluss
gekommen sei und nunmehr, zum Auftakt des 21. Jahrhunderts, ein reprä-
sentativer »Kanon« vorliege, von dem die Welt mit Fug und Recht annehmen dürfe, dass er vor der Geschichte tragfähig sei und in seiner Gesamtheit
die besten deutschen Traditionen widerspiegele.

Dem ist freilich nicht so. Lassen schon die Vorworte der verschiedenen
Saur-Enzyklopädien jedwedes Problembewusstsein vermissen, so erweist sich

deren lexikalischer Teil – abgesehen von den namentlich gekennzeichneten Autoren-Artikeln – bei genauerem Studium als kritiklose Ansammlung von biografischen Versatzstücken, als eklektischer Zusammenschnitt von Informationen, die zuvor bereits in anderen (monografischen) Kompendien enthalten waren. Im Falle der Mediziner – und nur von ihnen soll im Folgenden die Rede sein – hat man den Eindruck, als hätten fachfremde Hilfskräfte den biografischen Handapparat einer öffentlichen Bibliothek durchforstet, um das geforderte Soll schnellstmöglich zu erbringen – ganz gleich, ob die herangezogenen Referenzwerke seinerzeit »bereinigt« worden sind oder nicht. Natürlich fanden sie bei ihrer Suche auch Informationen über verfolgte jüdische Männer und Frauen, etwa über jene, die bereits im verlagseigenen (Saur, München) *Biographischen Handbuch der Emigration* von 1983 aufgeführt waren.

Aber was ist mit den vielen anderen, deren Lebensbericht seitdem an entlegenerer Stelle (in Zeitungen, Gedenkbüchern, wissenschaftlicher Sekundärliteratur) publiziert oder noch gar nicht von der Forschung erfasst wurde – obwohl sie an Rang und Bedeutung den anderen in nichts nachstanden? Hier zeigt die Mediziner-Enzyklopädie ganz offensichtlich Lücken, wie sie sich für eine »Enzyklopädie« eigentlich verbieten,[8] schlimmer noch: indem die Leerstellen gar nicht mehr als solche (und somit als Forschungsdesiderata) kenntlich gemacht sind, wird die einst von Hitler verfügte Ausschaltung womöglich erst recht besiegelt und auf unabsehbare Dauer festgeschrieben. Diese vorsätzliche, zumindest grob fahrlässige zweite »Verbannung« steht an Schändlichkeit der ersten kaum nach: sie erfüllt nach meiner Auffassung den Tatbestand der »damnatio memoriae«[9]. Exemplarisch seien im Folgenden – im Sinne einer Beweisaufnahme – zunächst drei Ärzte-Biografien und deren historisch-literarische Spiegelung im Wechsel der Zeitläufte vorgestellt.

Professor Dr. med. Hans Hirschfeld, 1873–1944

Am Vorabend der Nazidiktatur erschien in Berlin 1932/34 ein vierteiliges *Handbuch der allgemeinen Hämatologie*. Es war das erste seiner Art im deutschen Sprachraum und versammelte über 40 Forscher, die auf 3.100 Seiten eine Übersicht über das junge Fachgebiet darboten. Als Herausgeber zeichnete der Berliner Internist Hans Hirschfeld, zusammen mit seinem Innsbrucker Kollegen Anton Hittmair. Hirschfeld war zu diesem Zeitpunkt ohne Zweifel der führende Hämatologe Deutschlands. Sein Porträt fand sich im *Reichshandbuch der deutschen Gesellschaft* (1930), sein Werdegang war aufgeführt in Kürschners *Gelehrtenkalender*, in Degeners *Wer ist's?* und im *Biographischen Lexikon hervorragender Ärzte* (1932). Vor allem schätzte man den bescheiden auftretenden Forscher im In- und Ausland als langjährigen Mitarbeiter der internationalen Fachzeitschrift *Folia haematologica*, deren Herausgabe er seit dem Tode Pappenheims 1916 besorgte, bis er 1938 von dem NSDAP-Kollegen Viktor Schilling aus dem Amt gedrängt wurde.

Als in den Jahren 1957 bis 1969 in der westdeutschen Bundesrepublik eine zweite Auflage des *Handbuchs der Hämatologie* erschien, ist der Name Hans Hirschfeld darin ausgelöscht.[10] (Als Herausgeber figurierte nunmehr neben Hittmair der Freiburger Internist Ludwig Heilmeyer, der bereits in der ersten Auflage 1933 mit einem Beitrag vertreten war). Auch auf den in Ostdeutschland fortgesetzten *Folia haematologica* war Hirschfelds Name vom Titelblatt verschwunden (Herausgeber bis 1957: Viktor Schilling).

Weder in Ost noch West gibt ein Nachschlagewerk über Hans Hirschfeld Auskunft. Allenfalls in dem 1974 publizierten Band *Einführung in die Geschichte der Hämatologie* findet sich in dem Abschnitt »Biographische Notizen«, verfasst von Ingeborg Heilmeyer[11], die irreführende Angabe: »Hans Hirschfeld, gest. 1929 (!) in Berlin«. Und wer heute, 60 Jahre nach Hirschfelds Tod im KZ Theresienstadt 1944, etwa im »Google« eine Recherche nach Hans Hirschfeld startet, wird z. B. in der Datenbank »Who named it?« ebenfalls auf das Todesjahr 1929 verwiesen.[12]

Wir wissen heute, dass der 65-jährige, aus allen beruflichen Stellungen verdrängte Hans Hirschfeld verzweifelt versuchte, aus Berlin zu entkommen. Zahlreiche Bittschreiben (bis 1939) sind in Oxford archiviert. Sein Unglück aber war, dass er für eine reguläre Erwerbstätigkeit im Ausland zu alt war. Im Oktober 1942 schließlich wurden er und seine Frau deportiert. Bei seinem Tode erschien kein Nachruf in Deutschland, nur eine Todesanzeige in New York (aufgegeben von seinen beiden Töchtern).

Befund Nr. 1: In der *DBE* (2001) ist Hans Hirschfeld *nicht* aufgeführt; (wohl aber werden seine nach dem Krieg rasch »entnazifizierten« Kollegen Schilling [18 Zeilen] und Heilmeyer [25 Zeilen] erwähnt).

Generaloberarzt und RegMR Dr. med. Walter Guttmann, 1873–1941
Über fünf Jahrzehnte erschien sein klinisches Wörterbuch unter dem Titel *Medizinische Terminologie* – einem Begriff, der seit der Approbationsordnung von 1970 offiziell im ärztlichen Curriculum verankert ist. Dieses sein Hauptwerk (Berlin 1902, [35]1951) erlebte Übersetzungen ins Italienische und Japanische, wie auch sein zweibändiges *Lexikon der Therapie* (1915, [4]1935) in spanischer, russischer und italienischer Sprache verbreitet war und zum Ansehen der deutschen Wissenschaft im Ausland nicht wenig beitrug.

Die Rede ist von dem Stabsarzt am Kaiser-Wilhelm-Institut für das militärärztliche Bildungswesen, Walter Guttmann (ab 1923: Walter Marle[13]). Er trat nach seiner Promotion in Berlin 1896 in den aktiven Militärdienst ein, entfaltete hier sein schriftstellerisches Talent für studentische Skripten und Lehrbücher und verfasste bis in die 1930er Jahre ein umfangreiches Œuvre (acht Monografien mit insgesamt mehr als 100 Neuauflagen).

Obwohl es die Medizinhistoriker waren, denen später die Unterrichtung des Faches »Medizinische Terminologie« zufiel, lag über dem Schicksal des Terminologie-Autors Walter Guttmann ein Geheimnis, das sich erst 55 Jahre nach seinem Tod auflöste unter einer Chiffre, die zu den hartnäckigsten Tabus aus der Nazizeit zählt: »Arisierung«. Damit ist hier nicht die Arisierung von Hausbesitz, von Industrieanlagen oder Gold gemeint, sondern die »Arisierung« von wissenschaftlichem Schrifttum.

Einem jungen Polizeiarzt in Berlin, dem zeitlebens journalistisch tätigen Dr. Herbert Volkmann (NSDAP-Mitglied 5.387.007), war 1939 die Aufgabe zugefallen, den mittlerweile als jüdisch verfemten Autor Walter Marle aus der 29. Auflage von *Guttmanns Medizinischer Terminologie* zu verdrängen. Zwei Jahre später musste gar von der 30. Auflage – ein wohl einmaliger Fall in der Geschichte des modernen Verlagswesens – binnen eines Jahres eine zweite Bindequote hergestellt werden; unverkennbar die Absicht, auf diese Weise auch noch den verbliebenen Genitiv »Guttmanns« zu tilgen. (Bis heute kursieren beide 1941er Ausgaben in öffentlichen Bibliotheken!) In den weiteren Auflagen [31]1942, [32]1944, [33]1946, [34]1948, [35]1951 bzw. 1970 tauchte der Name Guttmann-Marle dann gar nicht mehr auf, wohingegen der besagte Dr. Volkmann, 1948 »entnazifiziert«, bis zu seinem Tode 1970 Gelegenheit hatte, sich als Medizinjournalist einen Namen zu machen.

Von dem Generaloberarzt a. D. und Schriftsteller (Guttmann-)Marle hingegen fehlte lange Zeit jede Spur (oder wurde sie gar nicht gesucht?). Der Ort seiner letzten Ruhestätte konnte bis heute nicht ermittelt werden, wohl aber der Tag seines Todes: Donnerstag, 18. September 1941 (einen Tag vor Inkrafttreten des Gesetzes zum Tragen des Gelben Judensterns am 19. September 1941; das Weitere möge man sich denken).

Befund Nr. 2: In der *Biographischen Enzyklopädie deutschsprachiger Mediziner* (2001) ist Walter Guttmann-Marle *nicht* aufgeführt (wohl aber andere Wörterbuch-Verfasser wie Otto Dornblüth [13 Zeilen] und Willibald Pschyrembel [15 Zeilen]).

Befund Nr. 3: In der *Biographischen Enzyklopädie deutschsprachiger Mediziner* (2001) kommt das Problem der »Arisierung« von Lehrbüchern und Zeitschriften – obwohl häufig geübte Praxis im »Dritten Reich« – nicht zur Sprache.

Dr. med. Josef Löbel (1886–194x)[14]
Im Frühjahr des Jahres 2002 erschien im Buchhandel die 50. Auflage von *Knaurs Gesundheitslexikon*. Darauf prangte der Aufkleber »Bisher 1,2 Millionen verkaufte Exemplare«. Leider verschweigt das stattliche Buch, wann dessen erste Auflage erschienen ist. Aber gesetzt den Fall, der Erstautor und Schöpfer dieses populären Longsellers wäre auch nur mit wenigen Prozent

an dem Verkaufserlös beteiligt, so wäre für ihn (bzw. für seine Angehörigen) gewiss ein stattlicher Betrag zusammengekommen.

Die Realität sieht freilich anders aus. Erstens starb der besagte Autor, völlig entrechtet und verarmt, unter jämmerlichen Umständen im von Deutschen besetzten Prag (»vergiftet durch ein Nervengift, erstickt durch Ertrinken«); zweitens war sein Buch nach dem ersten Verkaufstriumph (Berlin 1930) einer so gründlichen »Arisierung« unterzogen worden, dass in den folgenden 49 Auflagen sein Name nicht einmal mehr als Fußnote Erwähnung fand: Dr. Josef Löbel, Badearzt im böhmischen Franzensbad.

Schon für die zweite Ausgabe von *Knaurs Gesundheitslexikon* (1940) – im Untertitel nunmehr abgeändert vom »Handbuch« zum »*Führer* durch das Gesamtgebiet der modernen Medizin« – zeichnete ein »Dr. med. Peter Hiron« verantwortlich, gefolgt 1951 von »Dr. med. Peter Grunow«. Beide Namen erwiesen sich jüngst als ein Spiel mit Pseudonymen: Dahinter verbarg sich kein anderer als der schon bekannte Polizeiarzt Herbert Volkmann.[15]

Über das weitere Schicksal Josef Löbels gibt bis heute kein Lexikon Auskunft. Löbel war (noch?) nicht im *Biographischen Lexikon hervorragender Ärzte* 1933 aufgeführt, obwohl dessen Redaktionsmitglied Wilhelm Haberling in einer Buchbesprechung bestätigte, dass er dessen »glänzend geschriebene« Essays »mit hoher Freude« gelesen habe. Kein Geringerer als Thomas Mann stellte (im Jahr seiner Nobelpreisauszeichnung, 1929) dem »heiteren Menschenfreund« aus Franzensbad einen Klappentext für dessen Essaysammlung zur Verfügung; und noch Jahre später vermerkte er in seinem Tagebuch, dass er vorm Einschlafen die »banal geschriebenen, aber sachlich packenden medizinischen Erzählungen von Löbel« gelesen habe (24. II. 1935)[16]. So ist kaum zu bezweifeln, dass Thomas Mann nicht wenige seiner medizinischen Kenntnisse den Werken Löbels verdankte.

Im Nachkriegsdeutschland finden wir nur eine Auskunftsquelle, die allerdings ist kümmerlich: Der Nekrolog-Band (1973) von Kürschners *Deutschem Literaturkalender* kennt kein Todesdatum (»† Franzensbad« [falsch!]) und beschränkt sich auf die Nennung einiger feuilletonistischer Titel wie *Haben Sie keine Angst!, Von der Ehe bis zur Liebe, Robert Koch, Geschichte eines Glücklichen, Detektiv-Romane aus der Geschichte der Medizin.* Was nicht erwähnt wird: dass diese Bücher offenbar großen Erfolg hatten und zwischen 1928 und 1950 in vielen Sprachen erschienen: Dänisch, Englisch, Finnisch, Französisch, Italienisch, Kroatisch, Niederländisch, Polnisch, Rumänisch, Russisch, Spanisch, Tschechisch und Ungarisch. Somit verkörpern sie – bei aller Leichtigkeit des Stils – doch zweifellos einen nicht unwesentlichen Beitrag deutscher Kultur im Ausland.

Dieser lebenszugewandte Kurarzt, der nach unseren Recherchen saisonbedingt in Wien, Prag und Berlin »wohnhaft war« und sich als Homme de lettres betätigte, verkehrte damals u. a. mit Arthur Schnitzler, Joseph Roth,

Soma Morgenstern, Roda Roda und wurde 1933 zur lebensrettenden An-
laufstelle für Emigranten aus Deutschland, etwa für den Publizisten und
Romancier Balder Olden († 1949 in Uruguay).[17]

Für Löbel selbst kam jede Hilfe zu spät: Vor der Deportation in ein Ver-
nichtungslager nahm er sich das Leben; Ehefrau Leontina starb in Theresienstadt, die Söhne Karl und Peter konnten sich nach England retten.

Laut »Google« wird Löbels *Historia sucinta de la Medicina Mundial* bis
heute im spanischen Sprachraum zitiert. Dortige Kollegen werden sich aber
vergeblich bemühen, biografische Informationen über den deutschen Autor
und Kosmopoliten aus Franzensbad zu finden.

Befund Nr. 4: In der *Biographischen Enzyklopädie deutschsprachiger Mediziner* (2001) ist Josef Löbel nicht aufgeführt, wohl aber eine Unzahl subal-
terner Nazi-Schriftstellerärzte und Heimatdichter wie etwa Ludwig Finckh
(Ahnenhorst, Jakobsleiter) (16 Zeilen) oder Heinz Schauwecker (Altnürn-
bergische Novellen) (11 Zeilen).

Zwischenergebnis

Rein statistisch mögen drei Beispiele als unerheblich und nicht beweiskräf-
tig erscheinen, und doch: Die vorgenannten Beispiele stehen für drei Menschen, die sich auf je verschiedene Weise um die Medizin verdient gemacht
haben, drei erfüllte Lebensläufe, die mit jedem verkauften Exemplar der
Enzyklopädie neu der »damnatio memoriae« überantwortet werden. Wenn
wir deren Leiden als »Opfer« verstehen, (Opfer allerdings nicht im religiösen Sinn; deswegen erschien mir der Rückgriff auf den alttestamentarischen
Begriff »Holocaust« / Brandopfer immer schon fragwürdig), so möchten wir
mit dem Philosophen Joseph Pieper darauf hinweisen, dass das Wachhalten
der Erinnerung an solche Opfer wesentlich zum bonum commune, zur
Gesundung einer Gesellschaft beitragen kann, denn »in ihnen bleibt, wenn
das Unrecht regiert, unvergessen, was Gerechtigkeit ist«.[18] Derselbe Joseph
Pieper mahnte schon frühzeitig (1954), dass die Frucht eines Opfers auch
vertan werden könne, wenn nicht dafür gesorgt werde, »daß der Same sich
einsenke in das Erdreich von Gedächtnis und Verehrung«. Ignoranz und
Gleichgültigkeit freilich sind kein Nährboden für eine gedeihliche Entwicklung. Wo die »Damnatio memoriae« regiert, geht auch ein Stück des
bonum commune verloren, rächt sich die verratene memoria auf ihre Weise an den nachfolgenden Generationen.

Jedenfalls darf die Zuverlässigkeit der »Enzyklopädie« für die jüngste Zeitgeschichte angezweifelt werden. Allein die Tatsache, dass das oben ausge-
breitete Material z. T. seit mehreren Jahren gedruckt vorliegt und dennoch
»übersehen« wurde, wirft ein erschreckendes Licht auf die Sorgfalt, die Sys-

tematik und Kompetenz beim Erarbeiten jener ominösen Datenbank im Hause des Saur-Verlages. Die Tatsache, dass es sich bei den drei genannten Beispielen um »Juden« handelt (Juden im Sinne der »Nürnberger Gesetze«), soll uns veranlassen, den Blick auf die Enzyklopädie weiter zu focussieren: nämlich auf die Art und Weise, in der die Repressionen gegen jüdische Mediziner zur Sprache kommen, andererseits die Mitverantwortung und Täterschaft von seiten der »Täter«.

Nivellierung jüdischer Kulturleistung

16 Zeilen widmet die Enzyklopädie einem Forscher, der in einer jüngst erschienenen Publikation als »at the time probably the most famous dermatologist in the world« bezeichnet wurde[19] und dem bereits die NDB (1974) immerhin 163 (!) Zeilen einräumte[20]. Die Rede ist von Josef Jadassohn (1863–1936). Sein Beispiel soll hier pars pro toto angeführt sein, um das Ausmaß an Nachlässigkeit und Ignoranz der Enzyklopädie-Autoren zu illustrieren: »1896 wurde er a. o. Prof. und Direktor der Dermatologischen Universitätsklinik in Bern, 1903 o. Prof. und war seit 1917 wieder in Breslau tätig. J. leistete durch seine Arbeiten dem Reichsgesetz zur Bekämpfung der Geschlechtskrankheiten großen Vorschub und gehörte der Hygienekommission des Völkerbundes an. 1933 emigrierte er in die Schweiz. J. verfasste u. a. ein (sic!) Handbuch der Geschlechtskrankheiten (sic!) (33 Bde., 1927–37).« (Es handelt sich um das repräsentative, bis heute auf 64 Teilbände angewachsene *Handbuch der Haut- und Geschlechtskrankheiten*).

Von Jadassohns jüdischem Schicksal erfährt der Leser nichts. Nichts davon, dass Jadassohn 1933 alle seine Ehrenämter niederlegen musste, dass sein Name auf den Titelseiten der Fachzeitschriften getilgt wurde und dass es zunehmende Repressalien vor Ort waren, die ihn 1933 zur Auswanderung in die Schweiz zwangen. Weitere biografische Literatur wird in der Enzyklopädie nicht angeführt.

16 Zeilen für einen solchen Heroen der Medizin (während ein Billroth oder ein Sauerbruch leicht auf 85 Zeilen kommen). Wie soll das Ausland bei einer solchen Schieflage den öffentlichen Bekundungen vertrauen können, dass den Deutschen die Rehabilitation und Pflege des jüdischen Kulturbeitrages ein Herzensanliegen sei?

Verleugnung jüdischen Leids

Beispiel 1: Boas, Ismar, Gastroenterologe, *28.3.1858 Exin, †15.3.1938 Wien. Professor Ismar Boas, Berlin, gilt als Begründer der Gastroenterologie. Er edierte u. a. die erste Fachzeitschrift *Archiv für Verdauungskrankheit* (1895, heute unter dem Titel *Digestion*). An ihn erinnern Bilder, Reliefs und Gedenkplatten im In- und Ausland (u. a. auch in New York und Berlin). Trotz wiederholter Gedenkartikel (u. a. im »Deutschen Ärzteblatt« 1993) deutet in dem 21-Zeilen-Beitrag der Enzyklopädie nichts darauf hin, dass Boas Opfer der Rassengesetze wurde und er fern seiner 50-jährigen Wirkungsstätte eines unnatürlichen Todes gestorben ist. Das Letzte, was der Leser erfährt: »Er wurde 1907 zum Prof. ernannt und schrieb u. a. ›Allgemeine Diagnostik und Therapie der Magenkrankheiten‹ (1890, ^{9}1925). B.s Autobiographie erschien in der Reihe ›Die Medizin der Gegenwart in Selbstdarstellungen‹, Bd. 7, 1928).«

Was dem Leser vorenthalten wird: Unmittelbar nach dem Herrschaftsbeginn der Nationalsozialisten 1933 wurde der 75-jährige Boas gezwungen, die Schriftleitung seiner international anerkannten Zeitschrift niederzulegen. In der Ausübung seiner Privatpraxis in Berlin zunehmend behindert, siedelte er 1936 mit seiner Frau nach Wien über (auf Einladung eines Freundes und finanziell unterstützt von einem ehemaligen Schüler in New York). Drei Tage nach dem Einmarsch der Deutschen in Österreich wählte er den Freitod mit Veronal.

Beispiel 2: Hausmann, Walther, österr. Mediziner, *11.4.1877 Meran, †27.4. 1938 Wien.
Professor Walther Hausmann war ein Pionier auf dem Gebiet der Lichtpathologie und Ehrenpräsident des »Comité International de la Lumière«. Nichts deutet in dem 14-Zeilen-Artikel darauf hin, dass er ein Opfer der Rassengesetze wurde und er eines unnatürlichen Todes gestorben ist. Das letzte, was der Leser erfährt: »Er habilitierte sich 1909 dort (an der Hochschule für Bodenkultur in Wien, d. Verf.), 1912 an der Universität Wien für allgemeine und vergleichende Pharmakologie und wurde 1920 a. o. Professor. H. war Leiter des staatlichen Instituts für Lichtbiologie und -pathologie, Mitarbeiter des Volksgesundheitsamtes und wurde 1930 Ministerialrat.«

Was dem Leser vorenthalten wird: Nach dem »Anschluss« Österreichs im März 1938 wurde Hausmann als Jude aus allen seinen Ämtern entlassen. Sechs Wochen später erhängte sich der 61-Jährige in seiner Wohnung; er hinterließ Frau und Tochter. Noch im Jahre 1937 hatte er Gäste aus aller Welt zu einem Kongress nach Wien eingeladen; und 50 Jahre nach seinem Tod erleben seine Hämatoporphyrinforschungen eine ungeahnte Renaissance in Gestalt der »Photodynamischen Laser-Therapie« (PDT). Eine Kurzbiografie (mit Foto) wurde erstmals 1992 vorgelegt.

Zusammenfassung:

In Dutzenden von Fällen verschleiert die *Biographische Enzyklopädie* das Vorliegen einer rassistischen Problematik; selbst Gefängnis- und KZ-Aufenthalte von jüdischen Hochschullehrern während des »Dritten Reiches« bleiben vielfach unerwähnt; ebenso sind auch Verzweiflungs-Suizide nicht mehr als solche zu erkennen, nach meinem Verständnis eine gröbliche Verletzung der biografischen Sorgfaltspflicht gegenüber den Opfern.[21]

Freiheit der Entscheidung oder tödlicher Zwang? – Verschleierung von Verantwortung

Nach vorsichtigen Schätzungen emigrierten zwischen 1933 und 1941 etwa 4.500 jüdische Ärzte aus Deutschland, z.T. in die entlegensten Regionen. Bei aller Verschiedenheit der Lebensbedingungen im Exil bleibt eins festzuhalten: Keiner ging freiwillig. Die Gründe für den Entschluss, die angestammte Heimat zu verlassen, kamen von außen; dahinter: eine verbrecherische Regierung, Vorgesetzte und »Kollegen«, Standesorganisationen, Kirchenvertreter, Nachbarn ... Der einfachste Weg, diesen »deutschen« Anteil vergessen zu machen, besteht in der Tat darin, die Auswanderung als freiwillig, ja als beruflichen Karriereschritt darzustellen und damit das gängige (und wie wir heute wissen: grundfalsche) Klischee vom »bequemen Leben der Emigranten« zu perpetuieren. Dazu zwei Beispiele.

Beispiel 3: Birnbaum, Karl, Psychiater, *20.8.1878 in Schweidnitz, †31.3. 1950 in Philadelphia.
In dem 11-Zeilen-Artikel über diesen international renommierten Psychiater und Direktor der größten psychiatrischen Einrichtung von Berlin heißt es: »Seine 1922 an der Univ. Berlin begonnene Lehrtätigkeit setzte er seit 1939 im New Yorker Exil fort. Von 1940 an war er im städtischen Gesundheitsamt zu Philadelphia beschäftigt.«
Was dem Leser vorenthalten wird: B. wurde 1933 aus rassischen Gründen die Lehrbefugnis entzogen, es folgten: Versetzung in den Ruhestand, Zerstörung der Existenzgrundlage, Publikationsverbot 1936, Entzug der Approbation und des Vermögens 1938, Flucht über Dänemark in die USA, (1941 Deportation der einzigen Schwester von Berlin nach Auschwitz,) 1942 offizielle Ausbürgerung, Einzug des Restvermögens.

Beispiel 4: Saenger, Hans Erling, Gynäkologe, *30.11.1884 Leipzig, †18.3. 1943 Fredrikstad (Norwegen).

In dem 12-Zeilen-Artikel über den Münchner Professor für Gynäkologie heißt es: »1933 schied er aus dem Verband der Universität München aus und ging [!] nach Fredrikstad.«

Was dem Leser vorenthalten wird: Saenger wurde 1933 aus ›rassischen Gründen‹ die Lehrbefugnis entzogen; mit dem Verbot, die Frauenklinik zu betreten, sah er sich der Existenzgrundlage für sich und seine Familie beraubt.

Was mögen die heute noch in Norwegen lebenden Angehörigen denken, wenn sie die o. a. Formulierung vor Augen bekommen? Zu Recht wundert sich ein Artikel im norwegischen Ärzteblatt über die »problemfreie« Darstellung dieses Emigrationsschicksals: »Like påfallende problemfri er presentasjonen av ham 60 år senere i Deutsche biographischen Enzyklopädie, der det kort og godt om denne perioden står at han i 1933 forlot Universitetet i München og reiste til Fredrikstad.«[22]

Indem die Kurzbiografien der Enzyklopädie bei einer Vielzahl von Vertriebenen den Eindruck einer bruchlosen beruflichen Karriere vermitteln, stellen sie nicht nur die realen Verhältnisse auf den Kopf, sondern vollstrecken in fataler Weise, was von den damaligen Machthabern beabsichtigt war. So notierte der Philosoph Karl Löwith in seinem Exil 1940: »Die deutsche Propaganda hat es fertiggebracht, daß man sich unter einem ›Emigranten‹ eine Existenz vorstellt, die ungezwungen das Land verläßt, um im Ausland durch ›Greuelpropaganda‹ Rache zu nehmen.«[23]

Dazu passt – gedanklich konsequent, dabei verheerend in den Folgen – die häufig in der Enzyklopädie anzutreffende Begründung »wegen seiner/ihrer jüdischen Abstammung«. So war etwa der Frankfurter Neurologe Kurt Goldstein »wegen seiner jüdischen Abstammung 1933 kurzzeitig in Haft«; der Berliner Psychiater Edgar Michaelis »emigrierte 1939 wegen seiner jüdischen Herkunft in die Schweiz«; der Hamburger Anatom Heinrich Poll »emigrierte wegen seiner jüdischen Herkunft nach Schweden« (sein und seiner Frau Doppel-Suizid in Lund 1939 bleibt unerwähnt); der Berliner Ophthalmologe Oskar Fehr, »1934 wegen seiner jüdischen Abstammung aus seiner Position entlassen, emigrierte 1939 nach Großbritannien«; der Wiener Medizinhistoriker Max Neuburger »emigrierte wegen seiner jüdischen Herkunft nach London«; der Berliner Gynäkologe Paul Strassmann »emigrierte wegen seiner jüdischen Herkunft (...) und starb (1938, d. Verf.) durch Selbstmord«.

Kommt man wegen einer irischen, palästinensischen, afrikanischen Herkunft ins Gefängnis? Ist man wegen griechischer oder polnischer Abstammung zur Emigration gezwungen? Und wenn, so stimmt doch wohl etwas nicht in der Gesellschaft drumherum, zumindest müsste das Problem von verhinderter Assimilation oder erzwungener Ausgrenzung klar benannt werden! Die Sprache ist verräterisch. In Verbindung mit der *aktiven* Verbalkonstruktion betreibt die Deutsche Enzyklopädie hier einen Missbrauch der Kausal-Präposition »wegen«: Denn das eigentlich haftbar zu machende historische Subjekt, das dem Diskreditierten ein bestimmtes Verhalten aufnötigt, kommt in solchen Wendungen gar nicht mehr zur Sprache, vielmehr wird ihm, dem Opfer, auch noch die Verantwortung für den Lauf der Dinge aufgebürdet. Die deutschen Zeitgenossen, so scheint es – und dieser Schein wird durch die Lektüre weiterer Enzyklopädie-Artikel bestätigt – haben mit all dem nichts zu tun. Auf diese Weise ist sowohl das Problem des Antisemitismus umgangen als auch jede Frage nach Mitverantwortung und Schuld.

Unkenntlichmachung der Täter

Es ist geradezu ein Merkmal der DBE und ihrer Tochter-Enzyklopädien, dass sie jegliches politisches Engagement in den Jahren 1933–1945 und daraus sich ergebende Konsequenzen in der Zeit danach, 1945–1950 (Suspendierung, Internierung, »Re-education«) mit Stillschweigen übergehen. Nicht nur, dass in den Lebensläufen quasi jedes Parteiabzeichen unterm Revers versteckt, jede Uniform fein säuberlich retuschiert wird; dass selbst höhere SS-Chargen und NS-Funktionsträger als unpolitische Biedermänner und allein für die Wissenschaft lebende Repräsentanten ihres Standes vorgestellt werden – nein: Die Biografien sind in Anlage und Struktur so vollständig entpolitisiert und ent-historisiert, dass wir sie uns ebensogut 50 Jahre früher oder 50 Jahre später vorstellen könnten.

Beispiel 6: Pernkopf, Eduard, österr. Anatom, * 24.11.1888 Rappottenstein, † 17.4.1955 Wien.
Im Jahr 1995 wurde in Wien – ausgelöst durch Presseartikel in New York und Israel – vom Rektor der Universität eine Senatskommission eingesetzt, die die Gerüchte über die NS-Entstehungsgeschichte des berühmten Pernkopf'schen Anatomie-Atlas aufklären sollte.[24] In diesem Zusammenhang wurde der Weltöffentlichkeit noch einmal vor Augen geführt, was bis dahin zwar bekannt, aber erfolgreich verdrängt worden war:[25] Der Autor dieses bis heute geschätzten Lehrbuches war »einer der wildesten Vertreter nationalsozialistischer Ideologien an den Wiener Hochschulen«. Seit 1932 unterstützendes, seit Mai 1933 offizielles (österreichisches!, d. Verf.) Mitglied der NSDAP, fungierte er 1938–1943 als Dekan der Medizinischen Fakultät, 1943–1945 als Rektor der Universität Wien. Bekannt das Foto, das ihn in Uniform im Hörsaal zeigt, umgeben von Hakenkreuz-Fahnen und Hitler-Porträt.
    In dem 12-Zeilen-Artikel der Enzyklopädie über Eduard Pernkopf erfährt der Leser nichts über diese Zusammenhänge: »1921 habilitierte er sich,

wurde 1927 tit. a. o. Prof. und 1933 Ordinarius für Anatomie sowie Vorstand der II. anatomischen Lehrkanzel. P. trat 1949 in den Ruhestand. Er
arbeitete über Embryologie des Magen-Darm-Trakts, Inversionslage des
Darms und Mißbildungen des Herzens. P. veröffentlichte u. a. Topographi-
sche Anatomie des Menschen (4 Bde., 1943–52)« (müsste korrekt heißen
1937–1957, d. Verf.).

Wenn hier der Eindruck vermittelt wird, Pernkopf habe bis 1949 ununterbrochen als Ordinarius gewirkt, so ist das eine grobe Verfälschung: Zugleich mit dem Kriegsende war nämlich auch seine akademische Laufbahn
beendet: Pernkopf wurde am 10. Mai 1945 vom Dienst suspendiert, am
10. August 1945 von der amerikanischen Militärbehörde verhaftet und für
annähernd zwei Jahre im Lager Glasenbach interniert. Anschließend wandte er sich – ohne jemals wieder eine Stelle anzutreten – der Fertigstellung seines Atlas zu. Dass er 1949 nach einem Rechtsstreit (auf eigenes Begehren
und im Hinblick auf Pensionsansprüche) als »Minderbelasteter« eingestuft
und ordnungsgemäß pensioniert wurde, steht auf einem anderen Blatt und
gehört zur Spezifik der österreichischen Vergangenheitsbewältigung.

Den Bock zum Gärtner bestellt?

Unübersehbar ist in dem Vorangegangenen die Tendenz, eine gewisse Epoche der deutschen Geschichte nachträglich ungeschehen zu machen und die
biografisch-persönliche Beteiligung daran zu nivellieren und zu verharm-
losen. Wo aber Opfer und Täter nicht einmal mehr beim Namen genannt
werden, da reduziert sich das Unheil jener Jahre auf das Bild des dämoni-
schen Volksverführers Hitler, da fungiert »Holocaust«, zum abstrakten Inbegriff des Bösen geworden, lediglich noch als leicht zu handhabendes Schlag-
wort, das niemanden mehr beunruhigt: Gesellschaftliche Strukturen bleiben
ebenso ausgeklammert wie die Frage nach der Verantwortung des Einzelnen,
unreflektiert auch die ganze Problematik der Moderne und ihres ominösen
Fortschrittsglaubens; weitere Aufschlüsse und gar Lehren aus der Geschichte, speziell der Biografik, wären kaum zu gewärtigen.

Einer solchen Tendenz muss entschieden entgegengetreten werden. Dabei
darf unsere kritische Analyse nicht haltmachen vor der Frage nach der Grund-
einstellung und der wissenschaftlichen Position des verantwortlichen Herausgebers, Dietrich von Engelhardts, – eines Medizinhistorikers, der zwar
einer »Akademie für Ethik in der Medizin« präsidiert, der aber jeder Stel-
lungnahme zu den Themen Antisemitismus, Vertreibung und Holocaust
konsequent aus dem Wege geht; der in seinem wissenschaftlichen Œuvre
Ansichten vertritt, mit denen er nachweislich weit hinter den Historikerstreit
zurückfällt.[26]

»Wissen muß man es, weil es gewesen ist« – diese Maxime muss auch hier
Geltung haben, wobei es, wie bei allen retrospektiv »belastenden« Informationen, nicht primär darum geht, moralische Versäumnisse aufzurechnen,
sondern schlicht um die Ausgewogenheit in der biografischen Präsentation
jener, die damals Erfolg hatten (u. a. weil sie auf der »richtigen« Seite standen), und jener anderen, die aus dem öffentlichen Bewusstsein verbannt wurden. – Die Maxime entstammt einem Werk H. G. Adlers, mit dem der Autor
seinen Schmerz über den Verlust des Wohnrechts, über Deportation und
KZ-Haft zu überwinden suchte.[27]

Keinesfalls sollen damit von Engelhardts Verdienste um die Medizingeschichte als Ganzes in Frage gestellt werden. Sie liegen, wie Giovanni Maio
jüngst in seiner Würdigung herausgestellt hat, besonders auf dem Felde welt-
umspannender wissenschaftlicher Kommunikation über alle fachlichen,
nationalen und sprachlichen Grenzen hinweg[28]; Respekt verdient auch
Engelhardts Schriftenverzeichnis mit mehr als 560 Titeln. In der vorliegenden Untersuchung aber geht es um das *biografische* Engagement des Viel-
beschäftigten und um seine Mitarbeit an dem biografischen Corpus des
Saur-Verlages. Dessen schneller und glanzvoller Erfolg, das sollte deutlich
geworden sein, geht offensichtlich auf Kosten von Menschen, die sich nicht
mehr wehren können; auf Kosten von Ärzten, die im »Dritten Reich« ausgegrenzt und mundtot gemacht wurden. Zugleich desavouiert und unter-
gräbt er die Bemühungen der jungen Forscher und Biografen, die – nach
einem Wort von Adorno – in jahrelanger Rekonstruktion »das einzige« zu
retten versuchen, »was unsere Ohnmacht den Opfern schenken kann – das
Gedächtnis«.[29]

Auf der Strecke blieb auch das längst überfällige Ergänzungswerk zu dem
klassischen, zuletzt 1932/33 erschienenen *Biographischen Lexikon hervorragender Ärzte*, dessen letzter Herausgeber Isidor Fischer 1938 aus Österreich vertrieben wurde und 1943 im Exil in Bristol starb. Zwar konnte nach
70 Jahren (2003) ein erster Supplementband mit Nachträgen und Ergänzungen (A-K) vorgelegt werden,[30] doch fehlen für die Abschlussredaktion
der zehnjährigen Nachforschungen die Geldgeber. »Ein Armutszeugnis für
die Kulturnation Deutschland«[31], sagen die einen, »eine groteske – oder,
wegen der zeitgeschichtlichen Zusammenhänge, eher peinliche – Situation«[32]
die anderen. Für den Verfasser (und Leiter des Ergänzungsprojekts) bestätigt
sich darin nur der Titel des vorliegenden Aufsatzes: Auch Isidor Fischer und
sein großartiges Werk ist »ein zweites Mal verbannt worden«.

84   Peter Voswinckel

1 Peter Voswinckel: »Das Vermächtnis Isidor Fischers. Chancen und Dilemma der aktuellen Medizin-Biographik«. In: Ralf Bröer (Hg.): *Eine Wissenschaft emanzipiert sich: Die Medizinhistoriographie von der Aufklärung bis zur Postmoderne.* Pfaffenweiler 1999, S. 121–137. — 2 Sven Eppinger: *Das Schicksal der jüdischen Dermatologen Deutschlands in der Zeit des Nationalsozialismus* [Diss. Med. Dresden 1998]. Frankfurt 2001. — 3 Eduard Seidler: *Kinderärzte 1933–1945. Entrechtet, geflohen, ermordet.* Bonn 2000. — 4 Ralph Giordano: *Die zweite Schuld oder Von der Last Deutscher zu sein.* München 1990. — 5 Diese Bezeichnung nutzte auch der aus Deutschland vertriebene Exilschriftsteller Balder Olden (1882–1949) in einem Artikel in der *Neuen Weltbühne,* zit. nach: *Paradiese des Teufels. Schriften und Briefe aus dem Exil.* Berlin (Ost) 1977, S. 418. — 6 Hg. von Walther Killy und Rudolf Vierhaus, unter Mitarbeit von Dietrich von Engelhardt u. a., 10 Bde. u. 2 Reg.-Bde. München 1995–2000. — 7 Dietrich von Engelhardt (Hg.): *Biographische Enzyklopädie deutschsprachiger Mediziner.* 2 Bde. München 2001. — 8 Vivianne Berg: »Die neue Enzyklopädie der deutschsprachigen Mediziner zeigt Gedächtnislücken«. In: *NZZ am Sonntag,* 24.3.2002. — 9 Vgl. das Stichwort »Greco-Roman Civilization«. In: [15]*Britannica* (1985), Bd. 20, S. 226–362, hier S. 340. — 10 Vgl. Peter Voswinckel: »Vergessen mit System«. In: Stephan Kolb / Horst Seithe / IPPNW (Hg.): *Medizin und Gewissen. 50 Jahre nach dem Nürnberger Ärzteprozeß.* Frankfurt/M. 1998, S. 280–287, hier S. 283. — 11 In: Karl Georg von Boroviczény, Heinrich Schipperges, Eduard Seidler (Hg.): *Einführung in die Geschichte der Hämatologie.* Stuttgart 1974, S. 130–148, hier S. 136. — 12 http://www.whonamedit.com, Stichwort »Artur Pappenheim« (letzter Zugriff: Juni 2005). — 13 Über die Umstände seines Namenswechsels (Annahme des mütterlichen Namens) siehe Peter Voswinckel: »Um das Lebenswerk betrogen: Walter Guttmann und seine Medizinische Terminologie«. In: *Med. hist. Journal* 32. Jg. (1997) S. 321–354, hier S. 326. — 14 Das genaue Todesdatum einschließlich der Todesumstände (Suizid) sind dem Verfasser bekannt, jedoch soll hier – nach schlechten Erfahrungen mit skrupellosen Verlagen und Daten-Kompilatoren – der Dissertation von Frau Gisela Wulff, Hamburg, nicht vorgegriffen werden. — 15 Verifiziert durch Hinweis von Michael Volkmann, München [Sohn], dem ich für die [unbeabsichtigte] Aufklärung des wahren Sachverhalts Dank schulde. — 16 Thomas Mann: *Tagebücher 1935–1936.* Hg. von Peter de Mendelssohn. Frankfurt/M. 1978, S. 43. — 17 Der mit der Witwe Oldens, Margret Kershaw † 1994, befreundeten Anneliese Winkler, Barra de Carrasco / Uruguay, danke ich für wertvolle Hinweise aus dem Olden-Nachlass (darunter ein Nachruf auf Josef Löbel), ferner dem Sohn Christophe Olden, Annemasse / Frankreich und dem Deutschen Exilarchiv Frankfurt. — 18 Josef Pieper: »Der Same bedarf des Erdreichs«. In ders.: *Werke.* Bd. 7. Hamburg 2000, S. 125–127. — 19 Wolfgang Weyers: *Death of Medicine in Nazi Germany. Dermatology and Dermatopathology under the Swastika.* Philadelphia 1998, S. 49. — 20 NDB Bd. 10, S. 259–60. Nach meiner Kenntnis einer der längsten Mediziner-Beiträge in der Geschichte der NDB. — 21 Es sei zugestanden, dass nach einem Abstand von 50 Jahren die Ermittlungen im Einzelfall nicht immer einfach sind. Aber gerade diese historische »Kärrnerarbeit« will gefordert, geleistet und finanziert (!) sein, um die Würde der Betroffenen wiederherzustellen. — 22 Erlend Hem, Per E. Børdahl: »Nu er jeg besked en. Og mer enn det.‹ Fra Tyskland til Norge i 1934«. In: *Tidsskrift for den Norske Lægeforening* 120. Jg. (2000), S. 3683–3687. — 23 Karl Löwith: *Mein Leben in Deutschland vor und nach 1933.* Frankfurt/M. 1989, S. 89. — 24 Peter Malina: »Eduard Pernkopfs Anatomie oder: Die Fiktion einer ›reinen‹ Wissenschaft«. In: *Wiener Klin. Wschr.* 109. Jg. (1997), S. 935–943. — 25 Michael Hubenstorff: »Medizinische Fakultät 1938–1945«. In: Gernot Heiß, Siegfried Mattl, Sebastian Meissl u. a.: *Willfährige Wissenschaft. Die Universität Wien 1938–1945.* Wien 1989, S. 233–282, hier S. 258. — 26 Hier besonders der stereotype Totalitarismus-Vergleich an allen Stellen seines Œuvres, wo es um die Medizin im »Dritten Reich« geht. Beispiele: »Schrecken und Mahnmal bleiben unmenschliche Versuche am Menschen im Nationalsozialismus. Andere totalitäre Länder haben diese Pervertierungen der Medizin ebenfalls möglich gemacht.« (*Die inneren Verbindungen zwischen Philosophie und Medizin im 20. Jahrhundert.* Darmstadt 1980, S. 119); »Das 20. Jahrhundert hat zu bedrückenden und unmenschlichen Pervertierungen geführt, die sich vor allem auf das Dritte Reich beziehen (...).

In anderen Rechts- und auch Linksdiktaturen wie ebenfalls in demokratischen Ländern ist es ebenfalls zu entsprechendem Verlust an Menschlichkeit in der Medizin gekommen.« (»Von der Verantwortung in der Forschung«. In: *Jahresbericht des Forschungszentrums Borstel* 1997, S. 43–58, hier S. 47); »Unser Jahrhundert hat den Abschied von zwei politischen Mythen erlebt: Nazismus und Kommunismus. Man sollte auch von anderen Mythen oder Illusionen in den Naturwissenschaften und der Medizin Abschied nehmen. Aber ohne Ideen und ohne Mythen zu leben, ist unmöglich (...)« (»Wissenschaftlicher Fortschritt im sozialkulturellen Kontext«. In: Ulrich Tröhler, Stella Reiter-Theil [Hg.]: *Ethik und Medizin: 1947–1997.* Göttingen 1997, S. 147–159, hier S. 157); »Im 20. Jahrhundert kommt es [!] in Deutschland zu einer Pervertierung nicht nur von Politikern, Juristen, Künstlern und Geisteswissenschaftlern, sondern auch von Ärzten (...). Andere Rechts- wie Linksdiktaturen der Welt haben ebenfalls Verluste an Humanität erleben müssen.« (»Ethik in der Medizin – Erfahrungen der Vergangenheit«. In: Gilbert H. Gornig [Hg.]: *Deutsch-polnische Begegnungen zu Wissenschaft und Kultur.* Lübeck 2000, S. 73–86, hier S. 82). — **27** Hans Günther Adler: *Eine Reise. Roman* [1962]. Wien 1999, S. 264. — **28** Giovanni Maio: »Herrn Prof. Dr. Dietrich von Engelhardt zum 60. Geburtstag«. In: *N.T.M.* 9. Jg. (2001), S. 125–129. — **29** Theodor W. Adorno: »Was bedeutet: Aufarbeitung der Vergangenheit«. In: *Eingriffe.* Frankfurt/M. 1963, S. 125–146, hier S. 128. — **30** Isidor Fischer: *Biographisches Lexikon hervorragender Ärzte.* Bd. III: *Nachträge und Ergänzungen.* Hg. von Peter Voswinckel. Hildesheim 2002. — **31** Claus Priesner: »Buchbesprechung Fischer/Voswinckel«. In: *Spektrum der Wissenschaft* (2003) H. 11, S. 96–97, hier S. 97. — **32** Carl-Ernst Kohlhauer: »Buchbesprechung Fischer/Voswinckel«. In: *Aus dem Antiquariat* (2004) H. 5, S. 392–394, hier S. 393.

Regina Weber

Das *Internationale Germanistenlexikon 1800–1950* und die emigrierten Germanisten
Verlust und Neuerfindung von Identität im Zeichen des Exils

für Jürgen Schröder

Mit dem im Dezember 2003 beim Verlag Walter De Gruyter erschienenen, von der Marbacher Arbeitsstelle für die Erforschung der Geschichte der Germanistik herausgegebenen *Internationalen Germanistenlexikon 1800–1950* *(IGL)*[1] liegt auch für die Exilforschung ein neues Nachschlagwerk von hohem Auskunftswert vor. Die Zeitgrenzen reichen von 1800 – beginnend mit der Institutionalisierung der Germanistik an deutschen Universitäten – bis 1950; bis dahin musste die erste Publikation, in der Regel die Dissertation, vorliegen.

Der Schwerpunkt liegt mit der Internationalisierung der Disziplin auf dem 20. Jahrhundert. Die dreibändige, 2.200 Seiten umfassende Buchausgabe mit 1.514 Germanisten-»Biogrammen« – darunter auch einige Romanisten (E. R. Curtius), Soziologen (Leo Löwenthal), Psychologen (Harry Slochower) und Philosophen (Ludwig Marcuse) – hat vier Register im Anhang zu »Promotionen«, »Habilitationen«, »Wirkungsorten« und »Forschungsschwerpunkten« (Autoren). Besonders aufschlussreich für die Geschichte der Germanistik an deutschen und ausländischen Universitäten ist das Register der *Wirkungsorte* der Germanisten, – eine Spur, die von Königsberg – dort wurde 1942 die letzte Professur besetzt – über Jena, Wien und Prag bis nach Harvard oder Oakland / Australien reicht.

Die Buchausgabe wird ergänzt durch eine CD-Rom, die weiter reichende Recherchen ermöglicht. So enthält die CD-Rom-Fassung neben der Aufnahme weiterer 114 Wissenschaftler auch ausführlichere bibliographische Angaben und unter der nur hier zu findenden Rubrik *Hinweise* eine knappe Gesamtwürdigung der wissenschaftshistorischen Bedeutung des jeweiligen Germanisten. Die einzelnen Germanisten-Biogramme sind in fünf Abschnitte gegliedert, auf die per Link detaillierter Zugriff möglich ist (*Leben, Laufbahn, Publikation, Literatur, Archiv*). Die digitalisierte Fassung ermöglicht auch die Eingabe von Suchnamen: Das Suchwort »Emigration« etwa führt zu 143 Treffern (mit Bruno Adler beginnend). Die Kombination von Buchversion und CD-Rom bietet zudem diverse Möglichkeiten netzwerkartiger Erschließung: im Raster von Geschlecht, Konfession, Parteizugehörigkeiten, Lehr- und Forschungsschwerpunkten usw. werden Berufswege, soziale Beziehungsgeflechte, thematische Konjunktionen erfassbar. Derart bietet das Lexikon in einmaliger Weise eine Soziologie des Fachs: nicht zuletzt die Aufnahme von Schülern (*wissenschaftliche* und *andere*), die Besonderheit der Wiedergabe von Widmungen, sowie die Nennung von Festschriftbeiträgen lassen die sozialen Netzwerke innerhalb der *scientific community* sichtbar werden.

Interessant nicht zuletzt im Kontext der Exilforschung sind Entstehungsgeschichte und Konzeption des Lexikons. Das *IGL*, herausgegeben von Christoph König, dem Leiter der Marbacher Arbeitsstelle für die Erforschung der Geschichte der Germanistik im Deutschen Literaturarchiv, lässt sich durchaus als eine späte Frucht der mit dem Münchener Germanistentag 1966 einsetzenden, damals von jüngeren Germanisten (Karl Otto Conrady, Eberhard Lämmert u. a.) betriebenen Aufarbeitung der Fachgeschichte im »Dritten Reich« betrachten. 1972, anlässlich des Germanistentages in Stuttgart, wurde unter der Schirmherrschaft führender westdeutscher Germanisten die Marbacher Arbeitsstelle ins Leben gerufen. 1988, im *Jahrbuch der Deutschen Schillergesellschaft*, zog der erst jüngst ernannte Leiter der Arbeitstelle Christoph König unter der Überschrift *Fachgeschichte im Deutschen Literaturarchiv. Programm und erste Ergebnisse*[2] eine erste Bilanz und entwickelte bereits hier die Idee eines Germanistenlexikons, das »als elementare Voraussetzung systematischer Fachgeschichtsforschung anzusehen«[3] sei. Auch die zukünftige Form eines Wissenschaftler-Lexikons (in den Rezensionen zum *IGL* zum Teil als Personalisierung der Wissenschaftsgeschichte kritisiert!) zeichnete sich schon 1988 ab: Fachgeschichtsforschung, so König, setze »eher bei der historischen Person und ihren Intentionen ein, als dass sie von einem systematischen Ansatz her deduziert.«[4] Dabei sei die Geschichte des Fachs »über staatliche Grenzen hinweg zu untersuchen: Forscher aus der Bundesrepublik Deutschland genießen grundsätzlich kein Vorrecht gegenüber Auslands- bzw. Exilgermanisten.«[5] Königs Hinweis 1988 auf die Marbacher Neuerwerbungen der Nachlässe von Arno Schirokauer, Hans Wolffheim und Werner Vordtriede, die die Gruppe bereits vorhandener Emigrantennachlässe (B. Adler, E. Berend, B. Blume, K. Hamburger, E. Heller, E. v. Kahler, W. Milch, H. Politzer) mehrten, zu denen bald weitere (R. Alewyn, W. Richter und andere) hinzukommen sollten, wies Marbach, neben dem Exilarchiv der Deutschen Bibliothek in Frankfurt, als ein westdeutsches Sammelzentrum von Nachlässen emigrierter Wissenschaftler aus. Dies ermöglichte auch 1989 die Teilnahme des Deutschen Literaturarchivs Marbach am interdisziplinären Forschungsprogramm der DFG »Wissenschaftsemigration aus dem Dritten Reich«, und zwar mit einem Forschungsprojekt über die in die USA emigrierten und in die BRD remigrierten Germanisten, unter Leitung von Ulrich Ott und Christoph König, dessen Bearbeitung der Verfasserin (Regina Weber) oblag.

Das in den Jahren von 1996 bis 2003 mit finanzieller Unterstützung der DFG von König und einem Marbacher Mitarbeiterstab erarbeitete *IGL* zeigt eben jene Auswahlkriterien (aus einer Germanisten-Kartei von 12.000 Namen wurden mit Hilfe eines internationalen Fachkollegenkreises 1.514 Wissenschaftler ausgewählt), die sich schon 1988 abzeichneten: Das Lexikon sollte kein Verzeichnis konventioneller Universitätskarrieren sein, sondern gerade auch den institutionellen Außenseitern – in ihrer Karriere behinderten jüdischen Intellektuellen, zur Emigration gezwungenen Germanisten, Literaturkritikern und Publizisten, Lehrern, auch marxistischen Intellektuellen und nicht zuletzt Frauen – Raum geben. König nimmt in der Einleitung darauf Bezug: »Auf Vorurteil und Wissenschaftspolitik gründete in der Vergangenheit die Ablehnung, so dass oft bedeutende Gelehrte vergessen wurden. Dieses Vergessen sollte sich im Lexikon nicht wiederholen, ja es galt sogar, Intellektuellen das Bürgerrecht zu geben, die an diesen ›Staat‹ nie denken wollten.«[6] So fehlt es, etwa in den Biogrammen jüdischer Gelehrter, auch nicht an Hinweisen auf Behinderungen – abgelehnte Habilitationsschriften, Nichtberufungen, Amtsenthebungen bis hin zur erzwungenen Emigration –, denen diese Wissenschaftler in ihrer Laufbahn ausgesetzt waren.

Verschiedentlich wurde kritisiert, dass jene Außenseiter »gegenüber dem weithin völkischen oder nationalistischen Mainstream überproportional berücksichtigt« worden seien und dies »ein mehr wünschenswertes als reales Bild« abgebe (so Erhard Schütz, in *Freitag*, 5.3.2004).

Tatsächlich aber ist das Spektrum so vielfältig, dass man hier ebenso Lebensläufe und wissenschaftliche Karrieren völkisch-national gesonnener Germanisten bis hin zu jenen, die dem Nationalsozialismus aktiv dienten (Benno von Wiese, Gerhard Fricke, Franz Koch und andere) studieren kann, wie auch marxistisch orientierter Gelehrter, die den Nationalsozialismus aktiv bekämpften: Albert Malte Wagner, Hans Mayer, Alfred Kantorowicz, Gerhard Scholz und andere sind hier zu nennen. Diese Letztgenannten, in die Emigration gezwungenen Germanisten remigrierten nach 1945 folgerichtig zunächst in den östlichen Teil Deutschlands und identifizierten sich mit der sozialistischen Perspektive eines deutschen Neuanfangs, bis sie, ihrer politischen Hoffnungen beraubt, meist in den Westen gingen.[7] Auch finden sich Beispiele jener weniger profilierten Gruppe der »Inneren Emigration«, etwa mit Walter Rehm und Max Kommerell, wobei man hier allerdings schnell in eine Grauzone gerät, etwa bei Germanisten wie Hermann August Korff, den seine Personalakte im Leipziger Universitätsarchiv als »Gegner der nationalsozialistischen Herrschaft« ausweist, der »keiner Partei angehörte«[8], dessen nationalsozialistisches Engagement sich jedoch 1940 anlässlich des deutschen Einmarsches in Paris in Hölderlin-Zitaten äußerte, die er – im Motto seines großen Werkes *Geist der Goethezeit* – den siegreichen deutschen Soldaten widmete.

Irreführend in Bezug auf die Bedeutung des Lexikons war auch die von einer breiten Medienkampagne gestützte Fixierung auf die Nennung von NSDAP-Mitgliedschaften im *IGL*, wobei besonders die Parteimitgliedschaften führender linksliberaler Geisteswissenschaftler der Nachkriegszeit von Walter Jens, Walter Höllerer bis zu Peter Wapnewski interessierten, die bereits Wochen vor Erscheinen des Lexikons im *Spiegel* (48/2003) debattiert wurden. Verstärkt wurde das Moment des Skandals noch durch Zeitungsinterviews mit dem Lexikonherausgeber Christoph König, der sich von der ermittelten hohen Zahl der NSDAP-Mitgliedschaften »überrascht« zeigte und dies als »neue Erkenntnis« ausgab (*FAZ*, 25.11.2003). – Längst sei jedoch bekannt gewesen, so konterte Joachim Dyck in der *Welt* (26.11.2003), »dass wohl die Mehrheit der Professorenschaft einer völkisch bestimmten Wissenschaft der Partei angehörten – oder gehören mussten, wollten sie nicht laufend Schwierigkeiten mit den Universitäts- und Ministerialbehörden und den eigenen Kollegen in der Fakultät entgegensehen.« Diese Einsicht in das historische Geschehen, bzw. das Bekenntnis, als Deutsche zwischen 1933 und 1945 »dabei gewesen« zu sein, fiel jedoch etwa Walter Jens und Peter Wapnewski noch im Jahr 2003 außerordentlich schwer und wurde von ihnen vorwiegend als Beschmutzung des Selbstbildes, als moralische Diskreditierung erfahren![9] Frank-Rutger Hausmann in seinem Beitrag in der *FAZ* (27.11.2003) wollte die Verstrickung deutscher Wissenschaftler ins NS-System allerdings nicht allein an Parteimitgliedschaften gemessen sehen. (»Wer Personen aufgrund bloßer Parteimitgliedschaft anklagt, sollte besser schweigen.«) Kriterien für eine differenzierte Urteilsbildung, so Hausmann, seien über Parteimitgliedschaften hinaus die erteilte Lehre, die publizierten Forschungen, oder – aus der heutigen Perspektive mit unserem Wissen von den Auschwitz-Greuel und der Vernichtung der Juden – auch die Frage, welche Germanisten dem Regime durch antisemitische Artikel zugearbeitet haben. Auch hierüber gibt das Lexikon detailliert Auskunft: Im Artikel etwa über Elisabeth Frenzel, die kein Parteimitglied war (ihre Nachschlagwerke *Daten deutscher Dichtung* und *Stoffe der Weltliteratur* kennt jeder Germanistikstudent), finden sich Belege antisemitischen Schrifttums zuhauf. Die Beispiele ließen sich fortsetzen.

Das *IGL* macht es möglich, Germanistenkarrieren samt ihren politischen Verstrickungen Schritt um Schritt zu verfolgen und zu vergleichen, wobei besonders im Generationenvergleich das Eingebundensein in den jeweiligen historischen Kontext ins Auge fällt: von der völkisch-nationalen Prägung der Mehrheit der Germanisten insbesondere nach der Niederlage des Ersten Weltkriegs, zur Begrüßung des nationalsozialistischen Machtantritts 1933 und der Beteiligung 1940/41 am sogenannten »wissenschaftlichen Einsatz deutscher Germanisten im Kriege«[10], bis hin zur allmählichen Ausrichtung auf die westliche Demokratie in der BRD bei den Nachkriegsgermanisten.

Befördert wurde diese Wende nicht zuletzt von den in den Westen emigrierten und zum Teil in die BRD remigrierten Germanisten, die unter dem
Druck der erzwungenen Emigration dem Nationalismus abgeschworen hatten und zu Bürgern nach westlichem Demokratieverständnis geworden
waren. So erklärte Eberhard Lämmert, ehedem »Schüler« (*IGL*) des remigrierten Germanisten Werner Richter an der Bonner Universität, dass er die
Schriften Alewyns, die Arbeiten von Erich Heller, Blume und anderen »als
eine förmliche Befreiung erfahren« habe, »als einen Aufriss unseres Hori-
zonts, ebenso wie wir in den frühen 50ger Jahren erstmals an englische,
französische und amerikanische Literatur herankamen. Das hat uns ungemein geprägt, und (...) war eine notwendige Voraussetzung für unser politisches Aufbegehren.«[11]
   Gerade bei jenen kulturkonservativen, antimarxistisch orientierten Germanisten, die ins amerikanische Exil gingen – Karl Viëtor, Richard Alewyn
und Bernhard Blume[12] sind Repräsentanten dieser Gruppe – lassen sich die
Brüche in der Biografie, das Bemühen um Rekonstruktion bzw. Neuerfindung von Identität aufzeigen. Denn anders als die emigrierten Germanisten
marxistisch-sozialistischer Richtung, die auch noch nach 1945 zunächst der
sozialistischen Utopie treu blieben, waren Viëtor, Alewyn und auch Blume,
die durch die nationalsozialistischen Rassegesetze ins Exil gezwungen wurden, dem nationalen Denken verhaftet. Ihr Weg in die westliche Zivilisation, der sie zutiefst misstrauten, war keineswegs vorgezeichnet. Nur mit Not
und unter Identitätskrisen lösten sie sich von ihrem deutschnational geprägten Selbstverständnis. Man könnte sie, was ihre Verwurzelung in der elitären
deutschen Bildungstradition betrifft, in die Nähe des »bürgerlichen (natio-
nalkonservativen) Widerstands« rücken, der ja für Nachkriegsdeutschland
weder die Übernahme westlicher Verfassungsbilder noch die Rückkehr zum
liberal-parlamentarischen Verfassungstypus der Weimarer Zeit vorsah, vielmehr autoritären politischen Alternativen anhing. Die Absichten der Ver-
schwörer des 20. Juli waren mit denen der Alliierten gewiss nicht identisch[13],
wie Hans Mommsen überzeugend dargelegt hat. Damit wird auch die Kluft
sichtbar, die es für jene emigrierten Geisteswissenschaftler im amerikanischen
Exil zu überwinden galt. Nicht nur die Brüder Stauffenberg, auch Viëtor war
ein Anhänger Stefan Georges, und Alewyns Hugo von Hofmannsthal-For-
schung lag dem nicht allzu fern.
   Im Folgenden möchte ich zunächst einen Vergleich der Karrieren Viëtors
und Alewyns versuchen, denn beide verbindet ihre Herkunft aus der deutschen Germanistik der Zwischenkriegszeit, während Blumes Universitätslaufbahn als Germanistikprofessor erst *nach* seiner Emigration in die USA
begann. Viëtor, 1892 im Ruhrgebiet als Sohn eines Zechendirektors geboren, und der zehn Jahre jüngere, 1902 in Frankfurt am Main zur Welt gekom-
mene Richard Alewyn waren beide Petersen-Schüler. Viëtor wurde 1920 an

der Universität Frankfurt am Main bei dem späteren Berliner Großordinarius Julius Petersen über *Hölderlin*[14] promoviert, dem auch, im Kontext der Geschichte der deutschen Ode, seine Habilitationsschrift[15] gewidmet war, und er lehrte von 1926 bis zur Emigration 1937 an der Universität Gießen. Alewyn wurde 1926 mit 24 Jahren in Heidelberg bei Max von Waldberg über *Die Antigone-Übersetzung des Martin Opitz*[16] promoviert und hatte sich damit in der geisteswissenschaftlichen Barockforschung der 1920er Jahre einen Namen gemacht. Von 1926 bis 1932 habilitierte er sich an der Universität Berlin bei Julius Petersen, besuchte dort Petersens legendäres Barockseminar und erregte erneut Aufsehen als viel versprechender junger Wissenschaftler mit der Entdeckung des barocken Dichters Johann Beer, dem er eine Reihe anonymer Werke zuschreiben konnte. Viëtor und Alewyn kannten und schätzten einander, was in den wechselseitigen Rezensionen insbesondere zur Barockforschung vielfach zum Ausdruck kommt. Das Germanistenlexikon würdigt insbesondere Viëtor als »einen der bedeutendsten Vertreter der geistesgeschichtlichen Germanistik«, der »zusammen mit Teilnehmern der Seminare von Julius Petersen (Richard Alewyn, Erich Trunz u. a.) die Barockforschung« begründete.

Beide Germanisten wurden durch das NS-Regime zur Emigration gezwungen. Alewyn, seit einem halben Jahr Professor an der Universität Heidelberg, wurde gleich nach dem nationalsozialistischen Herrschaftsbeginn aufgrund des »Gesetzes zur Wiederherstellung des Berufsbeamtentums« wegen seiner jüdischen Großmutter entlassen und ging zunächst von 1933 bis 1935 als Gastprofessor nach Paris, von 1935 bis 1938 nach Rodaun bei Wien, wo er als Privatgelehrter den Nachlass Hofmannsthals erschloss. Nach dem »Anschluss« Österreichs flüchtete er in die Schweiz und schließlich, versorgt mit den nötigen Affidavits, in die USA, wo er nach Monaten der Stellensuche quer durch das Land Anstellung am New Yorker Queens College fand. Ein knappes Jahrzehnt verbrachte er im amerikanischen Exil, bis er 1948 nach Deutschland, in die BRD zurückkehrte, wo ihn nochmals eine Karriere in der deutschen Nachkriegsgermanistik erwartete. – Viëtor, dessen Frau jüdischer Abstammung war, ereilte das Schicksal der Emigration erst 1937, nach Erlass der »Nürnberger Gesetze«. Er kam seiner Amtsenthebung in Gießen zuvor, indem er einem Ruf an die Harvard University folgte, der durch wiederholte Gastprofessuren Anfang der 1930er Jahre in New York und an der Harvard University vorbereitet worden war. Dort lehrte er bis zu seinem frühen Krebstod 1951.

Viëtor war, so scheint es, vom Glück begünstigt, denn er hatte im Gegensatz zu den meisten in die USA emigrierten Germanisten keinen Karriereknick zu verkraften. »Da waren doch zum Beispiel Gelehrte, die schon an deutschen Universitäten tätig gewesen waren« – erinnerte sich Bernhard Blume – »etwa Karl Viëtor, Melitta Gerhard, Martin Sommerfeld, Richard

Alewyn, Wolfgang Liepe, Werner Richter? Hatten sie, eine namhafte Gruppe, nicht unter ihren amerikanischen Kollegen Einfluss und Bedeutung? Schwerlich, scheint mir, wenn ich mir klar mache, dass von den Genannten (...) nur ein einziger in Amerika eine seinem wissenschaftlichen Rang entsprechende Stellung fand, nämlich Viëtor, der als ›Kuno Francke Professor of German Art and Culture‹ an die Harvard University berufen wurde. Das war damals wohl der angesehenste Lehrstuhl, den es in der amerikanischen Germanistik gab. Die anderen unterrichteten alle an Colleges (...)«.[17]

So ging es auch Alewyn, der sich im amerikanischen Exil »vom Gelehrten zum Fremdsprachenlehrer« degradiert sah, wie er noch auf Fragebögen der 1970er Jahre[18] angab. Doch was zunächst als erfolgreiche Karriere des einen und Scheitern des anderen im amerikanischen Exil erscheint, ist nur die Oberfläche, hinter der sich auch hier menschliche Tragödien – beschädigte Identitäten – verbergen. Nach Adornos viel zitiertem Diktum in den *Minima Moralia* kommt kein Emigrant ohne seelische Verletzungen davon.

Schon der Weg ins amerikanische Exil grenzte für diese deutschen Geisteswissenschaftler an Identitätsverlust, denn ihre Identifikation mit Deutschland, mit der deutschen Kultur, hatte durchaus existenziellen Charakter. So schrieb Alewyn im August 1933 an Petersen: »Schwerer noch als die Vernichtung meiner beruflichen und wirtschaftlichen Existenz trifft mich die gleichzeitig damit ausgesprochene Aberkennung meines Deutschtums. Ich brauche Ihnen nicht zu sagen, dass ich mich nie anders als als Deutscher gefühlt habe und auch niemals etwas anderes sein könnte als Deutscher. Ich habe sogar die feste Überzeugung, ein besserer Deutscher zu sein als diejenigen, die mir mein Deutschtum nehmen wollen, und ich kann mich niemals diesem Urteil beugen« (14.8.1933).[19] Im Antwortbrief an den Heidelberger Senat bedauert Alewyn, dass er, 1902 geboren, am Ersten Weltkrieg noch nicht teilnehmen konnte und verweist auf seine Aktivitäten in der bündischen Jugendbewegung, in der er »persönlich und in vorderster Reihe mitgekämpft« habe. »So habe ich mich niemals als etwas anderes als als arischer Deutscher gefühlt und ich kann auch nicht aufhören, das zu tun, ohne mich selbst aufzugeben« (8.7.1933). Patriotische Gesinnung und militärisches Denken dieser Generation scheinen auch noch Alewyns Reaktion auf den Kriegsausbruch in Europa zu bestimmen. Seiner Mutter schreibt er am 1. September 1939: »Es ist 6 Uhr morgens und das Radio schreit: Krieg! (...) Ich eile natürlich umgehend zur Fahne und melde mich auf dem Konsulat. Es ist nicht auszudenken! Gott schütze Deutschland – ich weiss nichts Anderes.« – Auch noch seine Entscheidung zur Rückkehr nach Deutschland scheint durch die Identifikation mit der deutschen Kultur bedingt: »Ich gehöre nun einmal in den deutschen Geisteszusammenhang hinein und daran wird sich auch nichts mehr ändern«, lässt er Ernst Beutler im September 1946 wissen (18.9.1946).

Ähnlich äußerte sich Viëtor, als er noch 1935 hoffte, durch die Berufung auf eine Baseler Professur vor der Emigration in die USA bewahrt zu bleiben. »Wie die Dinge mit mir liegen«, schreibt er an Petersen, »wäre das nun eine wunderbare, ja, vielleicht die einzige Möglichkeit für mich, im deutschen Kulturkreis zu verbleiben, in den ich nun einmal mit Herz und Kopf gehöre« (17.11.1935).[20] Vor dem Aufbruch »in die Steinwüste New York« – nach Amerika, das »sowieso nicht das Land meiner Sehnsucht« ist (25.1. 1931; an Petersen) – schreckte nicht nur Viëtor zurück. Auch Blume gestand, dass er »zwar nicht Amerika, aber doch dem ›Amerikanismus‹ durchaus abhold gesinnt«[21] sei, wobei alle diese Bekenntnisse den weit verbreiteten Antiamerikanismus bezeugen, der die Überlegenheit der deutschen Kultur gegenüber der westlichen Zivilisation behauptete. Besonders im politisch rechten Lager der Weimarer Republik hatte der Antiamerikanismus Tradition, ja, hatte sich nach dem Ersten Weltkrieg gegen die Übermacht Amerikas noch verstärkt, und dies trotz der guten wirtschaftlichen Beziehungen zwischen Deutschland und den USA, die sich nicht zuletzt im Wissenschaftleraustausch der Länder äußerten. Noch immer wirkten jene kulturkritischen Schriften Oswald Spenglers (*Untergang des Abendlandes*; 1918/22), Thomas Manns (*Betrachtungen eines Unpolitischen*; 1918) und, insbesondere bei der geistesgeschichtlichen Richtung, Stefan Georges nach, die in Gestalt Amerikas »das Schreckgespenst einer allein materialistisch motivierten Weltherrschaft« (Spengler) heraufziehen sahen.

Viëtor allerdings, der nicht den Verstrickungen ins NS-System entging, identifizierte sich darüber hinaus anfangs mit der nationalsozialistischen Bewegung. Als einer der führenden Germanisten der Zwischenkriegszeit gehörte er zu den Säulen des Deutschen Germanistenverbandes, der sich nach der Niederlage des Ersten Weltkriegs in »Gesellschaft für Deutsche Bildung« umbenannt hatte. Er war wissenschaftlicher Mitherausgeber der *Zeitschrift für Deutsche Bildung* und verfasste 1933 einen programmatischen Artikel – »Die Wissenschaft vom deutschen Menschen in dieser Zeit«[22] – in dem er den »Sieg der nationalsozialistischen Bewegung«[23] durchaus begrüßte. Als er von Alewyns Entlassung erfuhr, schrieb er ihm, bewegt von der nationalsozialistischen Aufbruchstimmung des Sommers 1933: »Das gehört nun zu den Ereignissen, deren Sinnlosigkeit und Grausamkeit man höchstens mit den Ausnahmegesetzlichkeiten revolutionärer Zeiten entschuldigen kann. Solche Dinge, wie sie Ihnen geschehen sind, werden am Ende mithelfen, richtigere Verhältnisse rascher heraufzuführen« (28.8.1933). Dass Viëtor als Mitherausgeber der *ZfDB* den von der Entlassung betroffenen jüdischen Kollegen schon 1933 die Publikationsmöglichkeiten in diesem Fachorgan des Verbandes sperrte, zeigt ihn als beflissenen Vertreter des Regimes. An Werner Milch schrieb er: »Sie können sich denken, wie jetzt die Dinge liegen für eine Zeitschrift wie die unsere, die mancherlei Rücksichten nehmen muß, da sie regelmäßig in alle Unterrichtsministerien usw. kommt. (...) Leider kann ich Sie nicht bitten, weiter unser Mitarbeiter zu sein« (14.12.1933). Als ihn das Schicksal, die Heimat verlassen zu müssen, im Sommer 1937 selbst ereilt, wird auch ihm trotz aller positiven Zukunfts- aussichten in Amerika die Bitternis des Exils zuteil: Erst 1946 nach Kriegs- ende klagt er in einem Brief an Walther Rehm darüber, dass »man mich aus Deutschland gehen ließ, ohne Protest oder selbst ohne Anteilnahme der Allermeisten« (7.7.1946).

Dass auch Viëtors Germanistenbiografie durch das Exil beschädigt wurde, enthüllt nicht zuletzt in knapper Formulierung das Germanistenlexikon: »Ein größeres Hölderlinprojekt wurde nicht beendet und von seinem Assis- tenten Friedrich Beißner weitergeführt, woraus schließlich dessen berühm- te »Stuttgarter Werkausgabe« hervorging.« Gerade der vor dem Ersten Welt- krieg vom George-Kreis wieder entdeckte Hölderlin bedeutete für Viëtor wie für die Weltkriegsgeneration, der er angehörte, ein Stück deutscher Identität. »Und Hölderlin wird gewiß nicht vergessen werden«, schrieb er kurz nach seiner Ankunft in Amerika an seinen Assistenten Friedrich Beißner. »Er ist für mich jetzt ein doppelt teures Stück des ewigen Deutschland, dem mein Leben gilt« (9.9.1937). Die Hoffnung, das jahrelang betriebene Hölderlin- projekt gemeinsam mit seinem, von ihm »in den Sattel gesetzten« Assisten- ten Beißner doch noch zu Ende zu führen, gab Viëtor wohl erst in den kom- munikationslosen Jahren des Krieges auf. Als er im Januar 1946 in den USA die ersten beiden Bände der seit 1943 in Deutschland erschienenen Höl- derlin-Ausgabe[24] zu sehen bekam, in denen der Name Viëtor keinerlei Er- wähnung fand, schrieb er zutiefst verletzt an Beißner: »Es schien mir auch, als würden Sie unter normalen Umständen im Vorwort Ihrer Ausgabe nicht unterlassen haben, zu erwähnen, dass ich Ihnen die Photographien der Homburger Handschriften (Hölderlins) zur Verfügung gestellt habe. Ich meine nur: Sie bedanken sich für ebenso geringe Hilfsdienste bei anderen« (15.1.1946). Die Umstände aber waren nicht »normal«. Im Jahr des Erschei- nens der Stuttgarter Hölderlin-Ausgabe 1943 war Viëtor nicht nur die deut- sche Staatsangehörigkeit, sondern auch der Doktortitel aberkannt worden; er war, zumindest für die Jahre des »Dritten Reichs«, ein aus der deutschen Gelehrtengemeinschaft Verbannter.

Die Abkehr vom deutschnational geprägten Selbstbild geschah bei Viëtor wohl erst im Verlauf des Krieges und im Schatten von Auschwitz. In einem Brief an Kasimir Edschmid vom März 1948 widerruft er sein früheres Bekenntnis zum »ewigen Deutschland«: »Übrigens sollte es mir leid tun, wenn Stauffenberg wirklich als letztes etwas vom ›ewigen Deutschland‹ ge- sagt hat. Das sind so geschwollene Sprüche aus dem entarteten Idealismus des Jahrhundertendes. Goethe würde das nie gesagt haben, und nicht Schil- ler oder Kant, wahrscheinlich nicht einmal die Romantiker. Völker sind nicht

ewig, und ob es eine beständige Substanz gibt, die man bleibenden ›Natio-
nalcharakter‹ nennen könnte, wird mir immer zweifelhafter. Mir scheint, die
Deutschen der Goethezeit würden sich bedanken, wenn man von ihnen
behaupten wollte, sie hätten den gleichen Charakter gehabt wie unsere ver-
ruchten Zeitgenossen« (30.3.1948).

Mit dem »entarteten Idealismus des Jahrhundertendes«, den er in der geistesgeschichtlichen Germanistik der 1920er/1930er Jahre gleichsam eskalie-
ren sieht, rechnet er schon 1945 in einem viel rezipierten Aufsatz – »Deutsche Literaturgeschichte als Geistesgeschichte. Ein Rückblick«[25] – ab, der
allgemein als Eingeständnis des Versagens der geistesgeschichtlichen Richtung vor dem Nationalsozialismus verstanden wurde. Darüber hinaus suchte sich Viëtor nach 1945 bewusst auf der Seite der Opfer des Nationalsozialismus zu positionieren, sein intensiver Briefwechsel mit seinem Gießener
Nachfolger Walter Rehm, der zur Inneren Emigration zählte, macht dies
deutlich. Mit Rehm sieht er sich in der Exilsituation verbunden – im Gegensatz zu den alten Weggefährten von Wiese und Korff, deren Publikationen
im »Dritten Reich«, wie er Rehm mitteilt, ihm die Wiederaufnahme des
freundschaftlichen Kontakts unmöglich machten. Als ihn 1947 die Nachricht von der Aberkennung seiner Doktorwürde erreicht, ist ihm dies – vielleicht mit Blick auf das Schicksal Thomas Manns – »eine Art Ehre und nicht
unlieb zu vernehmen« (22.7.1947, an Rehm). Mit einiger Verspätung, so
scheint es, sucht Viëtor hier den Anschluss an das »andere Deutschland« im
amerikanischen Exil, das Thomas Mann repräsentierte, – eine Position, die
sich zum Beispiel Bernhard Blume schon 1936/37 zu Eigen machte und auch
öffentlichkeitswirksam vertrat.

So bleibt Viëtors Neupositionierung zwiespältig, was nicht zuletzt seine
Rezeption im Nachkriegsdeutschland spiegelt: Ende der 1960er Jahre, als das
Versagen der Germanistik im »Dritten Reich« thematisiert wurde, galt er mit
seinem viel zitierten programmatischen Aufsatz von 1933 in der *ZfDB* als
»Täter«, in den 1990er Jahren, als die Exilforschung an Boden gewann, gehörte er als »nichtarisch Versippter« und in die Emigration gezwungener Wissenschaftler zu den »Opfern« des Regimes. In dieser Grauzone scheint er sich
zermürbt zu haben: Er verbot sich die Rückkehr nach Deutschland, lehnte
zwei Rufe ab und sah es, wie er einer früheren Gießener Schülerin gestand,
im Schatten der deutschen Vergehen als seinen Teil der Sühne an, sich die
Rückkehr in die deutsche Heimat zu versagen. (»Aber das ist keine leichte
Existenz.«)[26] Über die Wirkungsgeschichte des Harvard Professors Karl
Viëtor zieht das Lexikon eine eher magere Bilanz: »Emigration, Weigerung
zur Rückkehr und früher Tod verhinderten einen nachhaltigen Einfluss auf
die westdeutsche Germanistik der 50er und 60er Jahre.«

Alewyn hingegen gelang es, nach 15 beruflich eher erfolglosen Jahren des
Exils seine Rückkehr in die westdeutsche Nachkriegsgermanistik zu einem

persönlichen Triumph zu inszenieren. Hier galt er nun als fortschrittlicher und begehrter Wissenschaftler, der – wie der Kölner Rektor Josef Kroll ihm schrieb – »von der Atmosphäre der freien Welt getragen (...), nicht unter der geistigen Einschnürung des Nazi-Regimes gelitten« hatte und »in engem Kontakt mit der wissenschaftlichen Sicht des Auslandes geblieben«[27] war. Die im Marbacher Nachlass vorhandenen Arbeitsberichte Alewyns aus den Kölner Jahren 1948 bis 1950 an das Queens College und die Rockefeller Foundation, NY, die seine in Amerika zurückgelassene Familie finanziell unterstützte, bezeugen seinen vielfältigen Beitrag zur Entnazifizierung und Demokratisierung der westdeutschen Hochschule im Rahmen der *Reeducation*-Programme der westlichen Siegermächte. Als Mitbegründer des Amerikanischen Instituts und der *American Studies* an der Universität Köln leistete er Beiträge zur Westintegration; demokratischen Geist suchte er durch Einführung des angelsächsischen Tutorensystems, durch Errichtung von Tennisplätzen auf akademischem Gelände, vor allem aber durch einen zwangloseren Umgang zwischen Professor und Studenten zu befördern, und stolz zitiert er das Lob des britischen *University Officers*: »Alewyn is our biggest success!« (»To me it was deeply gratifying«, meldet er nach Amerika.)[28] »Sein Vorlesungsstil unterschied sich von dem seiner meisten Kollegen wie das lässige Schlendern eines amerikanischen Sergeanten vom Paradeschritt eines preußischen Feldwebels«, erinnert sich Jahre später ein ehemaliger Student.[29]

Alewyns herausragende Stellung in den frühen Nachkriegsjahren beruhte aber vor allem auf seinem moralischen Ansehen als freiwilliger Heimkehrer, als Opfer – nicht Täter – des Nazi-Regimes, als Idealist, der zum besiegten, entmachteten, moralisch diskreditierten deutschen Volk hielt. »Sie sagten ›uns‹, Sie rechneten sich dazu, obwohl Sie zu den Verjagten gehört hatten. Sie sprachen niemals darüber«[30], so schrieb ihm rückblickend eine frühere Schülerin. Die Vorzeichen hatten sich umgekehrt: Auf der Seite der Siegermächte stehend, seit 1944 amerikanischer Staatsbürger, bot sich Alewyn im Zeichen der Umerziehung die Rolle des Praeceptor Germaniae an, des Erziehers des deutschen Volkes. Am deutlichsten kommt dies im Goethejahr 1949 in seinem viel rezipierten Semestereröffnungsvortrag »Goethe als Alibi«[31] zum Ausdruck, der – mit dem viel zitierten Satz »Zwischen uns und Weimar liegt Buchenwald«[32] – als frühes Dokument des Eingeständnisses der deutschen Schuld gilt.

Auch Alewyns neues, westlich-demokratisch orientiertes Selbstverständnis bildete sich erst im Schatten von Auschwitz, wie besonders sein Goethevortrag zeigt, in dem er zu Umkehr und Neubesinnung, Neuorientierung aufruft. Was aber das nationalsozialistische Deutschland Alewyn zugefügt hatte mit der Aberkennung seines Deutschtums und der erzwungenen Neuorientierung hin zur westlichen Zivilisation, das sollte und *wollte* Alewyn nun seinerseits auch den Deutschen abverlangen. Seiner Frau schreibt er im Sommer 1952: »Es gibt in Deutschland viele Menschen, mit denen ich befreundet bin und die ich für wertvoll halte (...), aber mit ›den Deutschen‹ habe ich nichts mehr zu tun, als dazu zu helfen, dass sie auf dem schnellsten Wege in einer europäischen Gemeinschaft aufgehen und damit sich selbst aufgeben« (Juni 1952).

Alewyns politisches Engagement ist im Kontext der Atmosphäre der frühen Nachkriegszeit zu sehen, die sich in der »stillen« Bundesrepublik der 1950er Jahre bekanntlich wandelte. Der Umgang mit der NS-Hinterlassenschaft galt nun als unzeitgemäß, und auch die Germanistik zog sich auf die unideologische textimmanente Literaturbetrachtung zurück. Alewyns Beiträge auf diesem Gebiet, seine eher schmalen Bücher mit den Essays zu Hugo von Hofmannsthal, Eichendorff und anderen Romantikern, sind sprachliche Kunstwerke, die eine ganze Generation von Studenten – und nicht nur Germanisten! – begeisterten. Nicht zuletzt aber ist es sein großer Schülerkreis – man lese nach im Germanistenlexikon! –, der die Wirkung Alewyns an der westdeutschen Nachkriegsuniversität bezeugt.

Dennoch ist auch bei Alewyn die Trauer über ein verheißungsvoll begonnenes, durch die Emigration abgebrochenes Lebenswerk allenthalben spürbar. Sein zentrales Forschungsprojekt einer Kulturgeschichte, begonnen mit dem 17. Jahrhundert, der Epoche des Barock, konnte er nur ansatzweise, in einigen Aufsätzen und einer Vielzahl unveröffentlichter Skizzen und Projektentwürfe, realisieren. Als er in den 1970er Jahren eine Sammlung seiner Aufsätze herausgab, bezeichnete er selbst diese Bilanz seiner wissenschaftlichen Arbeit als »Bruchstücke einer großen Konzeption«.[33] 1965 setzte er mit seinem Buch *Deutsche Barockforschung. Dokumentation einer Epoche*[34] der geistesgeschichtlichen Forschung vor 1933 ein Denkmal, – jener *scientific community*, die zu Beginn des Nationalsozialismus auseinander stob. Die Barockforschung sei »Torso geblieben«, erklärte Alewyn. »Ihre Vertreter sind teilweise vertrieben, verdorben, gestorben, die Überlebenden – eine *lost generation* – haben kaum Nachfolge gefunden, selber sind sie an Händen und Füßen zur Unfruchtbarkeit verurteilt« (5.3.1961, an E. Trunz). Es war »ein Kordon von Einsamkeit um ihn«, urteilte Peter Wapnewski, er führte »immer ein Teil von Fremdheit mit sich.«[35]

Auch Bernhard Blume beschwor als emeritierter amerikanischer Germanistikprofessor in La Jolla, Californien, die »splendid isolation« des alten Goethe zur Linderung der eigenen Einsamkeit. Blume, dessen Lebensdaten – 1901 wurde er in Stuttgart geboren und starb 1978 in La Jolla – sich fast mit denen Alewyns decken, unterzog sich der jahrelangen Mühe einer Autobiografie, die an kein Ende kam und erst posthum von Egon Schwarz und Fritz Martini unter dem sprechenden Titel *Narziß mit Brille*[36] herausgegeben wurde. Auch Blume konnte auf eine erfolgreiche Germanistenkarriere in Amerika zurückblicken, die ihn von Mills College, Calif., über die Ohio State

University 1956 nach Harvard führte, auf denselben angesehenen Lehrstuhl des Kuno Francke Professors of German Art and Culture, den schon Viëtor innehatte. Doch Blumes Germanistenlaufbahn begann erst in den USA 1936, als er nach Erlass der »Nürnberger Gesetze« als »nichtarisch Versippter« aus dem deutschen nationalsozialistischen Kulturbetrieb ausgegrenzt wurde und mit der Emigration nach Amerika seine erste Laufbahn als deutscher Schriftsteller und Bühnenautor beendete. Auch er hatte jedoch wie Viëtor die Anfangsjahre des »Dritten Reichs« zur Vorbereitung seiner amerikanischen Karriere genutzt und sich mit der noch 1935 an der Stuttgarter TH abgeschlossenen Promotion in Germanistik – über *Das nihilistische Weltbild Arthur Schnitzlers*[37] – das *entrée billet* für die amerikanische Universitätslaufbahn beschaffen können.

Seine tüchtige jüdische Frau Dr. Carola Blume geb. Rosenberg war gleich nach dem nationalsozialistischen Herrschaftsbeginn im Zuge des Judenboykotts aus ihrem Amt als Leiterin der Frauenabteilung der Stuttgarter Volkshochschule entlassen worden und bereitete zunächst allein auf einer Erkundungsreise nach Amerika, finanziell unterstützt durch die Stuttgarter Firma Robert Bosch, die Emigration in die USA vor. »Ende November 1935 fuhr sie ab«, berichtet Blume, »Anfang Februar 1936 kam sie wieder. Sie brachte Folgendes mit: ein Affidavit für die ganze Familie, ein Forschungsstipendium auf ein Jahr für sich, und eine Gastprofessur an einem Mädchencollege in Californien für mich, ebenfalls auf ein Jahr. (...) Am nächsten Tag gingen wir zum amerikanischen Konsulat. Am 30. April 1936 landeten wir in New York.«[38]

Das Germanistenlexikon berichtet wahrheitsgetreu: »Zum Antifaschisten wurde B. B. erst nach der Emigration« und zerstört damit eine jahrelang gepflegte, von Blume selbst gestützte Rezeptionsgeschichte, die Blumes antifaschistische Position schon vor der Emigration in die USA behauptete. Er selbst schrieb in seinen autobiografischen Aufzeichnungen: »Meine Situation als *outcast* hatte wenigstens den einen Vorteil, dass ich keinerlei Kollegen oder Arbeitsgenossen hatte, nirgends zugezogen oder beteiligt war, und dass mir auf diese Weise auch von niemandem Loyalitätserklärungen abverlangt wurden.«[39] Noch in den Nachrufen wurde er als »entschiedener Gegner der Nazis« (Oskar Seidlin)[40], als freiwilliger, ethisch motivierter Emigrant aus dem »Dritten Reich« (Egon Schwarz)[41] gerühmt, während er selbst an der Darstellung der eigenen Lebensgeschichte scheiterte. Denn Blume gehörte noch zu Beginn des »Dritten Reichs« als viel gespielter Bühnenautor durchaus in den nationalsozialistischen Stuttgarter Kulturbetrieb und genoss als »nichtarisch Versippter« Protektion von Seiten des Gaukulturwarts Georg Schmückle, der auch sein Schriftstellerkollege war. Auch Blume konnte sich nur schwer zur Emigration in die USA entschließen, wo er als deutscher Schriftsteller, dessen Name seit 1926 im *Kürschner* stand, keine Zukunft für sich sah. Als ihn kurz nach der Ankunft in den USA im Herbst 1936 die Nachricht seines Ausschlusses aus der Reichsschrifttumskammer (RSK) (10.9.1936) erreichte, wehrte er sich heftig dagegen. Im Antwortbrief an die RSK zählt er seine künstlerischen Aktivitäten im »Dritten Reich« auf, betont die Anerkennung, die sie auf Seiten der NS-Regierung fanden und bekennt sich emphatisch zu seinem Deutschtum: Er werde in Amerika seine »Stellung als Deutscher ausfüllen«, woran ihn jenseits der Grenzen des Deutschen Reiches gewiss »keine Macht der Erde« hindern kann (24.10.1936).

Schon 1937 identifiziert sich Blume mit der antifaschistischen Position des »anderen Deutschland« in Amerika, wobei ihm Thomas Mann als Repräsentant der deutschen humanistischen Kulturtradition im amerikanischen Exil als Vorbild und Leitstern diente.[42] Wie Thomas Mann sah sich Blume als deutscher Schriftsteller vertrieben, wie jener war er mit einer Jüdin verheiratet und hatte erst nach längerem taktischen Zögern den definitiven Bruch mit dem NS-Regime vollzogen.[43] Blumes Einsatz für das »andere Deutschland« konkretisierte sich in mehreren öffentlich gehaltenen Vorträgen an Mills College: Bereits seine Antrittsvorlesung hielt er über »The two Germanies«[44], und in seinem Vortrag »Hitler's ›Mein Kampf‹«, im Jahr des Kriegsausbruchs, nach dem Hitler-Stalin-Pakt, beschwor er in aller Deutlichkeit die Werte der *Western Civilization* gegen die drohende faschistische und bolschewistische Gefahr: »the great forces, which have built our civilization (...): liberty, the search of truth, justice and law, and the ideas of christianity.«[45]

Als Germanistikprofessor an Mills College aber trieb Blume einen Goethekult, der sich mit seiner Thomas-Mann-Verehrung verband. Thomas Manns Goethe-Essays wurden ihm zum Zeichen für Thomas Manns Goethenachfolge, ein Thema, dem er sich in mehreren Aufsätzen (»Thomas Manns Goethebild«[46], »Thomas Mann und Goethe«[47]) widmete, die allerdings in der amerikanischen Germanistik wegen ihres adorativen, affirmativen Gehalts zum Teil als wenig objektiv kritisiert wurden. Umso mehr Bestätigung fand Blume bei seinen ehemaligen Schülerinnen von Mills College, die ihn nach seinem Fortgang wissen ließen: »The Goethekinder worship you. We have learnt more about politics, ethics and philosophy from you than from any other teacher, because you have (...) such a clear set of values« (20.5.1945).

Mit dem Ende des »Dritten Reichs« und der Rückkehr Thomas Manns in die Schweiz, – mit Alewyns Bekenntnis in seiner Kölner Rede »Goethe als Alibi« zum *einen* Deutschland, dem er sich als Remigrant erneut zuwandte –, endete zwangsläufig auch Blumes Einsatz für das »andere Deutschland« in Amerika. Es blieb ihm Goethe als »Führer zur *ethischen* Bewältigung des Lebens«[48] und die Mission des deutschen Kulturträgers im »fremden Land.«[49] Seine nur zum Teil veröffentlichten autobiografischen Schriften aus dem amerikanischen Exil geben Zeugnis von den Identitätsproblemen, die Blume belasteten. Die Darstellung seiner Verstrickung in den Nationalsozialismus bleibt in immer neuen Anläufen stecken. Die Vergangenheit holte ihn nicht so ein wie Karl Viëtor, da es bei ihm kein Vorleben in der NS-Germanistik gab und da sein Leben in ganz anderer Weise mit der Entscheidung für Amerika eine Neuerfindung seiner Identität herausforderte. »(...) dass mein Weggang (meine Vertreibung) aus Deutschland auch einen Tod bedeutete«; dass er versucht habe, die alte Existenz »zuerst zu verteidigen, dann in einem anderen Land, sozusagen postum, fortzusetzen«; dass sich »beides (...) als unmöglich«[50] erwies, bekennt Blume. Der derart zerschnittene Lebenslauf ließ sich für den Germanisten Bernhard Blume nur noch mit neuem Sinn füllen, indem er, wie er schreibt, Emigration als »Chance« begriff, »an einer großen geistigen Tradition weiterzuarbeiten, die die Nazis abgerissen hatten.«[51]

1 *Internationales Germanistenlexikon 1800–1950.* Hg. und eingel. von Christoph König. Bearb. von Birgit Wägenbaur, zusammen mit Andrea Frindt, Hanne Knickmann u. a., 3 Bde., Berlin, New York 2003. — **2** Christoph König: »Fachgeschichte im Deutschen Literaturarchiv. Programm und erste Ergebnisse«. In: *Jahrbuch der Deutschen Schillergesellschaft.* Im Auftrag des Vorstands hg. von Wilfried Barner, Walter Müller-Seidel, Ulrich Ott. 32. Jg. (1988), S. 377–405. — **3** Ebd., S. 394. — **4** Ebd., S. 384. — **5** Ebd., S. 390 f. — **6** *Internationales Germanistenlexikon 1800–1950* (s. Anm. 1), Bd. 1, S. X. — **7** Vgl. hierzu: Petra Boden: »Grenzschritte. Remigranten in der literaturwissenschaftlichen Germanistik an deutschen Universitäten nach 1945«. In: *Euphorion* Bd. 98 (2004) H. 4, S. 425–463. — **8** Zitiert nach ebd. — **9** Vergleiche hierzu besonders den Beitrag von Hans Peter Hermann, *FR* vom 21.2.2004 (»Sorge um Ehre und Anstand. In den Rechtfertigungsbemühungen der unlängst bekannt gewordenen NSDAP-Mitgliedschaft bedeutender Germanisten dominiert die private Moral das historische Wissen.«). — **10** Diese Aktion fand ihren Niederschlag in der fünfbändigen Publikation *Von Deutscher Art in Sprache und Dichtung.* Stuttgart 1941, zu der 46 Germanisten Beiträge lieferten. — **11** Eberhard Lämmerts Äußerung ist ein Diskussionsbeitrag. In: Walter Schmitz (Hg.): *Modernisierung oder Überfremdung? Zur Wirkung deutscher Exilanten in der Germanistik der Aufnahmeländer.* Stuttgart 1994 (Dokumentation eines Kolloquiums in Marbach a. N., 2.–4. September 1991), S. 116. — **12** Die Verfasserin hat über diese drei Germanisten bereits eine Reihe von Aufsätzen vorgelegt. Nähere bibliogr. Angaben im *IGL.* — **13** Vgl. hierzu Hans Mommsen: »Bürgerlicher (nationalkonservativer) Widerstand«. In: *Lexikon des deutschen Widerstands.* Hg. von Wolfgang Benz, Walter Pehle. Frankfurt/M. 1994, S. 55–67. — **14** Karl Viëtor: *Die Oden und Elegien Hölderlins.* Diss. Frankfurt/M. 1920. — **15** Karl Viëtor: *Geschichte der deutschen Ode.* München 1923. — **16** Richard Alewyn: *Vorbarocker Klassizismus und griechische Tragödie. Analyse der »Antigone«-Übersetzung des Martin Opitz.* Diss. Heidelberg 1926. — **17** Bernhard Blume: *Narziß mit Brille. Kapitel einer Autobiographie.* Aus dem Nachlass zusammengest. u. hg. von Fritz Martini, Egon Schwarz. Heidelberg 1985, S. 238. — **18** Die von Alewyn ausgefüllten Fragebögen befinden sich im Institut für Zeitgeschichte, München. — **19** Die zitierten Briefe Alewyns befinden sich im Marbacher Nachlass Alewyns (DLA). — **20** Die zitierten Briefe Viëtors befinden sich in den Nachlässen der jeweiligen Korrespondenzpartner (DLA). — **21** Blume in einem Brief nach Los Angeles, 30.4.1930. Die zitierten Briefe Blumes befinden sich im Marbacher Nachlass Blumes (DLA). — **22** Karl Viëtor: »Die Wissenschaft vom deutschen Menschen in dieser Zeit«. In: *ZfDB* 9. Jg. (1933), S. 342–348. — **23** Ebd., S. 342. — **24** Friedrich Hölderlin: *Sämtliche Werke* (»Stuttgarter Ausgabe«). Hg. von Friedrich Beißner. Bd. I/1 u. I/2. Stuttgart 1943. — **25** Karl Viëtor: »Deutsche Literaturgeschichte als Geistesgeschichte. Ein Rückblick«. In: *Publications of the Modern Language Association of America [PMLA]* 60. Jg. (1945), S. 899–916. — **26** Viëtor an Erika Jansen, 26.11.1945. In: Karl Viëtor: *Briefe an seine Gießener Schüler. Auszüge.* Masch. Hg. von Walter Hof. Gießen 1980. — **27** Josef Kroll an Alewyn, 14.1.1948, Köln, Universitätsarchiv Köln. — **28** Alewyn an die Rockefeller Foundation, NY, 25.3.1950. — **29** Karl Heinz Wocker: »Anreger und Ästhet dazu: Zum fünfundsechzigsten Geburtstag Richard Alewyns«. Zitiert nach einem Zeitungsausschnitt im Nachlass Alewyns. — **30** Brigitte Jeremias: »Richard Alewyn zum 70. Geburtstag«. In: *FAZ*, 1972 (zitiert nach einem Zeitungsausschnitt im Nachlass Alewyns). — **31** Richard Alewyn: »Goethe als Alibi«. In: *Hamburger Akademische Rundschau* 3. Jg. (1949), S. 685–687. — **32** Ebd., S. 686. — **33** Richard Alewyn: *Probleme und Gestalten. Essays.* Frankfurt/M. 1974, S. 7. — **34** Richard Alewyn (Hg.): *Deutsche Barockforschung. Dokumentation einer Epoche.* Köln, Berlin 1965. — **35** Peter Wapnewski: »Im Bruchstück Vollendung. Zum Tode des Germanisten Richard Alewyn«. In: *FAZ*, 15.8.1979. — **36** Blume: *Narziß mit Brille* (s. Anm. 17). — **37** Bernhard Blume: *Das nihilistische Weltbild Arthur Schnitzlers.* Diss. Stuttgart 1936. — **38** Blume: *Narziß mit Brille* (s. Anm. 17), S. 169. — **39** Ebd., S. 147. — **40** Oskar Seidlin: »In Memoriam Bernhard Blume (1901–1978)«. In: *The German Quarterly* 51. Jg. (1978), S. 441–442, S. 441. — **41** Vgl. Bernhard Blume: *Existenz und Dichtung. Essays und Aufsätze.* Ausgewählt von Egon Schwarz. Frankfurt/M. 1980. S. 317. — **42** Vgl. Blumes Brief an Thomas Mann vom 31.8.1937. (»Gerade aber weil der Nationalsozialismus so konsequent den Anspruch verficht, für *ganz* Deutschland zu sprechen, ist es so ungemein wichtig, der Welt zu zeigen, dass es noch ein anderes Deutschland gibt. Ich wüsste niemand, dessen Stimme hier mehr Gewicht hätte, für das schweigende Deutschland zu sprechen, als die Ihre.«). — **43** Vgl. Thomas Manns *Brief an den Dekan der Philosophischen Fakultät der Universität Bonn* vom 1.1.1937, in dem er definitiv mit dem nationalsozialistischen Deutschland bricht. — **44** Vgl. Blume: *Narziß mit Brille* (s. Anm. 17), S. 219. — **45** Bernhard Blume: *Hitler's ›Mein Kampf‹.* Mills College 1939, o. S. — **46** Bernhard Blume: »Thomas Manns Goethebild«. In: *Publications of the Modern Language Association of America [PMLA]* 59. Jg. Nr. 1 (1944), S. 261–290; Nr. 2, S. 556–584; Nr. 3, S. 851–868. — **47** Bernhard Blume: *Thomas Mann und Goethe.* Bern 1949. — **48** Blume: »Thomas Manns Goethebild« (s. Anm. 46), Nr. 1, S. 268. — **49** Vgl. Blumes Brief an Paul Wanner vom 29.11.1958; Nachlass Paul Wanner, DLA. — **50** Zitiert nach den unveröff. autobiogr. Aufzeichnungen im Nachlass Blumes, S. 393; S. 377. — **51** Blume: *Narziß mit Brille* (s. Anm. 17), S. 219.

Hans-Edwin Friedrich

»Mein Name ist Jx, ich bin ebenso gewöhnlich wie auserlesen«

Selbst- und Zeitdeutung in Heinrich Manns *Ein Zeitalter wird besichtigt*

Heinrich Manns Autobiografie *Ein Zeitalter wird besichtigt* gehört zu den umstrittensten Texten der Exilliteratur. Sie sei zu sehr geprägt von der Tendenz ihres Autors, »Lieblingsträume mit Wirklichkeit gleich(zu)setzen()«, enthalte daher zahlreiche Fehlurteile eines »unwissenden Magier(s)«,[1] der sich auch zu noch einem aus heutiger Sicht moralisch nicht mehr zu rechtfertigenden Kniefall vor Stalin – »O misère!«[2] – herbeigelassen habe.[3] »Kaum ein Schriftsteller von vergleichbarem Rang hat sich in den öffentlichen Angelegenheiten so wider alle Einsicht geäußert wie Heinrich Mann, keiner sich so hochherzig blind darin erwiesen.«[4] Seine Verteidiger haben das weitgehend zugestanden, allerdings zugunsten übergreifender Gesichtspunkte auch relativiert.[5] Die Irrtümer sind zwar nicht aufzuwiegen, aber zumindest motiviert bzw. in ihrer Funktion erklärt. Heinrich Mann selbst ist sich dieses Problems durchaus bewusst gewesen. »Intellektuelle sind anspruchsvoll. Die Welt soll nach ihrem Kopf handeln, was allenfalls die Teilnahme am Wohle der Menschheit einbegreift« (ZA 197).[6]

Man hat es nicht mit einer Autobiografie im Sinne der klassischen Tradition zu tun. Die ältere Forschung sprach daher von einem Memoirenwerk oder einem Essay.[7] Fragen nach der ästhetischen Struktur sind erst spät aufgenommen worden. Heinrich Detering hat auf den außerordentlich hohen Grad an ästhetischer Formung und die Fragilität der Konstruktion hingewiesen.[8] *Ein Zeitalter wird besichtigt* ist ein hochgradig ambitionierter Text mit unverkennbar experimentellen Zügen. Es ist ein weiteres Beispiel für die Experimentalisierung der Autobiografik in der Mitte des 20. Jahrhunderts.[9] Die totalitäre Dynamik des Nationalsozialismus und ihre politischen Folgen wurden als zunehmend radikalerer Angriff auf die Grundlagen moderner Individualität aufgefasst, als fundamentale Infragestellung des eigenen Ich, die eine Revision und Rekonzeption von Subjekt, Biografie, Historiografie erforderte.[10] Aufgrund der Bindung der Gattung Autobiografie an Referenzen schien ein experimenteller Neuentwurf jeweils unausweichlich. Dem trägt auch *Ein Zeitalter wird besichtigt* Rechnung.

Die Heterogenität der integrierten Textsorten registrierte Golo Mann noch als Manko: »Der Band ist assoziiert, gewachsen, wild gewachsen, ist etwas wie ein alter, nobler Garten, der lange keines Gärtners Hand sah. In das eine, von dem gerade die Rede ist, bricht immer wieder etwas anderes ein, meistens die Politik, oft die gegenwärtige, der Krieg, Europa, Deutschland, der Tyrann über Europa, dessen Namen H. M. ungern ausschreibt, ich kann es ihm nachfühlen. Auch Zeitgeschichte, Geschichte überhaupt, wird derart persönlich oder künstlerisch gesehen, daß sie mit dem Autobiographischen ganz verschwimmt.«[11] Die »kontrastierende Mischung von Erzählung, Bericht, Zusammenfassung, Urteil, Aphorismus, Wertung«,[12] die Kombination von Essay, erzählerischer oder dramatischer Einlage und autobiografischer Erzählung sind eine experimentelle Erweiterung des Gattungsmusters, das Heinrich Mann zur Essayautobiografie modifiziert. Eine solche ästhetische Lösung lag insofern nahe, als seine Essayistik von Beginn an eine autobiografische Verweisschicht ausgebildet hatte.[13]

Heinrich Mann hat einen aufschlussreichen Titel gewählt, der die Basiskategorien seines Textes in präziser Verknappung exponiert. *Ein Zeitalter wird besichtigt* drückt eine Korrelation zwischen dem Standort des Erzähl-Ichs, also der Beobachterposition, und dem Objekt der Beobachtung aus. Verhältnismäßig deutlich scheint dieses Objekt zu greifen. Das Zeitalter wird als Segment des historischen Prozesses identifiziert, das sich zu einer Einheit rundet. »Die Atmosphäre des Zeitalters ist unverkennbar dieselbe, wo immer« (ZA 492). Die zeitliche Begrenzung des Zeitalters ist allerdings nicht leicht zu ermitteln. Das zum Zeitpunkt der Niederschrift noch antizipierte Ende des Krieges, die deutsche Niederlage, ist eindeutig das Ende des Zeitalters, »das sich vollenden durfte« (ZA 492). Dieses Zeitalter ist also nach einer immanenten Teleologie strukturiert.

Der Beginn des Zeitalters hingegen ist weniger klar zu bestimmen, denn eine definitive Angabe darüber fehlt. Man wird jedenfalls den Beginn dort vermuten dürfen, wo seine »Atmosphäre« erstmals vorhanden ist. Als wesentliches Merkmal des besichtigten Zeitalters bestimmt der Beobachter eine tief greifende »Lebensfeindschaft« (ZA 496), die am Ende überwunden wird. Diese Überwindung erfolgt mittels der Paradoxie,[14] dass »ein Zeitalter tötet, tötet – um endlich zu bemerken, daß es das Leben liebte« (ZA 165).

Die Paradoxie weist auf die Strukturierung des Zeitalters durch elementare Oppositionen hin. Die konkreten Akteure wiederum sind Verkörperungen dieser Oppositionen. Hitler und das nationalsozialistische, das »mörderisch entartete Deutschland« (ZA 104) sind die Instrumente dieser Lebensfeindschaft. Damit kommt ihnen eine sinnhafte Rolle im teleologischen Prozess zu, so dass sich aus der Konstruktion eine implizite Positivierung ergibt, die auf die Grenze dieses Deutungsmusters hinweist. Lebensfeindschaft ist jedoch zutiefst irrational, zugleich Ausdruck des Bösen. »Der Krieg war zunächst nichts weiter als das Vorhaben, einen Eroberer unschädlich zu machen, wie andere vor ihm. Im Lauf der Ereignisse, ihrer technischen Verschärfungen, sittlichen Ungeheuerlichkeiten, bekam der Krieg ein neues Gesicht: er wurde ein Vorgang der streitbaren Moral. Es geht seither um Gut und Böse, ob das eine oder das andere künftig den Inhalt des allgemeinen Bewußtseins bildet, wem von beiden die Welt zufällt« (ZA 181). Damit kommt allen Gegnern Hitlers die gegenteilige Charakterisierung zu, die die empirischen Gegebenheiten überlagert.[15] »Das Zeitalter (...) hellt sich auf, sobald ich bedenke, es sind Intellektuelle, es sind Moralisten, die jetzt die Macht haben und den Sieg an sich bringen« (ZA 174). Die Figur des Intellektuellen,[16] der am Ende des Zeitalters zugleich als Politiker erscheint, bildet eine Apotheose des Intellektuellen, der seine erste Verkörperung in Zola, Vorläufer in Voltaire und Montaigne gefunden hat. Damit weist das Zeitalter an seinem Ende eine *coincidentia oppositorum* auf, die Synthese von Geist und Macht.[17] Das ist einerseits erkennbar eine voluntaristische Setzung, andererseits scheint es so, als werde diese Verbindung erst durch die in Hitler verkörperte radikale Negation hervorgetrieben.

Wer aber ist der Beobachter? Auf diese Frage deutet der Titel, der mittels der Passivkonstruktion das Subjekt der Beobachtung verdeckt. Aufgrund der Gattungsregeln, die die Behauptung einer Identität von Autor und Erzähler vorsehen,[18] wird man auf den Autor Heinrich Mann verwiesen. Die nur scheinbare Leerstelle verweist jedoch auf ein zentrales Element des Textes, die Aufspaltung der Zentralfigur in Ich und Jx, die der Forschung immer große Probleme bereitet hat. Zwar stellt sich das Ich zu Beginn des sechsten Kapitels als Jx[19] vor, beide sind jedoch nicht völlig deckungsgleich. Die Qualifizierungen von Jx wiederum sind paradox. »Mein Name ist Jx, ich bin ebenso gewöhnlich wie auserlesen. Meinesgleichen kommt überall vor, aber jeder bleibt das einmalige Phänomen. Manchmal soll es beträchtlich sein. Das könnte ich von mir nicht sagen, vielmehr habe ich das Gefühl: was ich denke, mache und kann, sollte eigentlich jeder fertigbringen. Nur wenig fehlt ihm dazu. An seiner Maschine muß gedreht werden. (Absatz) Wollte ich mich hinwieder nicht nur für einen leicht verständlichen Fall, sondern auch für einen allgemein verbindlichen halten, dann wäre ich alsbald die einfache Norm nicht mehr: ich würde mich als ein höchst anspruchsvolles Vorbild aufstellen. Davor hüte ich mich. Auf diesem Wege verkehrt sich eine Bescheidenheit, die zu weit geht, in einen noch unleidlicheren Stolz« (ZA 164). Offenkundig lässt sich Jx als eine Funktion des Ich in einem metaphorisch mathematischen Sinn verstehen. Jx ist ein experimenteller Entwurf des Ich. Es bündelt diejenigen Komponenten der Individualität des Ich, die in Korrelation zum Zeitalter stehen. Es markiert darüber hinaus, dass es keine Außenstellung einnimmt, sondern Bestandteil seines Zeitalters ist. »Um die auffallendsten Widersprüche eines Zeitalters aufzuklären ist es (...) nötig, daß man die gesamte Zeitgenossenschaft als eine Einheit nimmt« (ZA 147). Das Ich selbst wird nicht als fragil erfahren, sondern als stabile Einheit gesetzt.[20]

Damit stellt sich die Frage nach der genauen Qualität der Korrelation von Ich/Jx und Zeitalter. Hier entfaltet der Text eine Vielfalt von spannungsreichen und vielschichtigen Beziehungen. Die intensivste und zugleich elementarste Beziehung ergibt sich durch das Lebensgefühl. Die Unschuld des Zeitalters »in den Jahrzehnten meiner Jugend« (ZA 190) verweist auf das »hohe Lebensgefühl, das unser war« (ZA 193). »Das Lebensgefühl der (Weimarer) Republik (...) umfaßte eine innere Gehobenheit, mitsamt der Voraussicht, sie sei vorläufig, sei bedroht« (ZA 344). Mit dem Machtantritt Hitlers, des Lebensfeindes, zugleich also mit dem Beginn des Exils entsteht zwischen dem Lebensgefühl des Zeitalters und dem des Ich/Jx ein Abgrund, so dass Biografie und Historiografie nunmehr radikal auseinander fallen.[21] Dieser Riss wird in der Biografie sichtbar. »Ein Jahr, das zu den glücklichsten zählte, entblößte unversehens die größte Katastrophe« (ZA 488). Die Korrelation zwischen Ich/Jx und Zeitalter gibt die Selektionen vor, denen das vorgängige Material unterworfen wird. Nur diejenigen Elemente, die vom Ich auf das Zeitalter bezogen erscheinen, werden Thema der Erzählung. Daher kommt eigentlich Autobiografisches hier nur am Rande zur Sprache.

Schließlich verweist die »Besichtigung« des Zeitalters auf die optische und damit ästhetische Ausrichtung des Erzählvorgangs. Der »gegenwärtige() Biograph() seiner selbst, eines Jx«, ist »ein Gestalter« (ZA 183). Der Biografie kommt damit ein konstruktives Element zu. In diesem Sinne geformt, gestaltet und sichtbar gemacht werden Bilder, in denen sinnhafte Verdichtungen zentraler Merkmale des Zeitalters enthalten sind. Diese Bilder wiederum sprechen manchmal für sich, manchmal aber auch müssen sie erst entziffert werden. »Zusammenhänge gibt es, man entziffert sie wohl, unter der Bedingung, daß man schon dabei war und nachher lange genug lebt« (ZA 19). Insbesondere der Hitler-Stalin-Pakt als Verbindung des Lebensfeindes mit der Macht des höchsten Lebensgefühls, der Sowjetunion, stellt sich als genuin rätselhaftes Bild dar. Sein Sinn erschließt sich nur, wenn ein Betrachter auf »die geistige Untersuchung der Vorgänge gestellt« (ZA 147) ist.

Der Titel verdeckt nicht nur mittels der Passivkonstruktion den Beobachter, zudem verweist er vom Beobachter weg auf den Akt des Beobachtens selbst, betont also die Reflexivität. Hier spielen temporale Aspekte, d. h. die Veränderung des Beobachterstandpunkts je nach Zeitpunkt, eine wichtige Rolle. Gerade am Ende der Niederschrift wird das unübersehbar betont. Das Zeitalter werde »eigentlich schon jetzt von jenseits einer Schwelle besichtigt« (ZA 551). Der Standpunkt des Beobachters bringt immer nur eine Perspektive zur Geltung, auch wenn sie privilegiert ist. In einem Brief an Alfred Kantorowicz hat Heinrich Mann ausgeführt, er sei »bemüht, (...) das Zeitalter zu besichtigen. Dabei erfahre ich erst, was ich alles erfuhr; das ist das Spannende« (ZA 718). Demnach ist die Niederschrift nicht als Vermittlung von sicher Gewusstem konzipiert, sondern als reflexive Bewegung des Ich, dessen Resultate keineswegs feststehen, weil der Zukunftshorizont offen ist. Am deutlichsten wird dieses Moment sichtbar, wenn man den Blick auf die Vorstufe *Zur Zeit von Winston Churchill* zurückwendet.[22] Dieser Text ist als Verknüpfung von autobiografischem Essay und Tagebuch konzipiert. Am Schluss wird das Ende des Jahres 1939 mit einem Voltaire-Zitat charakterisiert: »Eine Eingangsrede, der leise Gesang, um Mut zu behalten auf dem Weg ins Dunkel.«[23] Aufgrund der weiteren Entwicklung des Krieges vermag Heinrich Mann die Autobiografie nicht mehr resigniert, sondern geradezu mit einer Apotheose des Zeitalters optimistisch zu beenden. Schon das Churchill-Buch exponiert die Bewegung der Selbstreflexion im Prozess des Schreibens. »Die Irrtümer sind, was am reichlichsten lohnt. Gegen die augenfällige Wahrheit gehalten, zeigen sie, wie wir waren und warum.«[24]

Die ästhetische Prägung der Besichtigung lässt sich an einer Reihe von Momenten festhalten. Zum einen fungieren als Deutungskategorien Bilder, denen exemplarische Geltung zugeschrieben wird. In diesen Bildern gerinnt sozusagen der historische Ablauf; sie stellen eine Verdichtung historischen Sinns dar. »Aber ich sehe Bilder: sie sind mehr als konventionell, sie bestehen die Zeit und alles seither Eingetroffene« (ZA 432) – so führt der Erzähler im Rückblick auf die Dämmerung der französischen Dritten Republik aus. Bilder enthalten Wahrheit.[25] Die »Anschauung menschlicher Zustände, der seelischen noch mehr als der handgreiflichen (...) ist recht eigentlich eine ästhetische Aufgabe« (ZA 121). Ein weiteres Moment, in dem die Bedeutung der Ästhetik greifbar wird, zeigt sich in der umfassenden geschichtsphilosophischen Konstruktion,[26] die mit ästhetischen Kategorien operiert. Ein Beispiel dafür ist die Unterscheidung von Wiederholung und Nachahmung als Bewegungen des historischen Prozesses. Die russische Revolution wiederholt die französische, in beiden Fällen handelt es sich um originäre politische Ereignisse. »Die Sowjetunion ahmt nichts nach, keine dagewesene, widerlegte Welteroberung, auch frühere Revolutionen nicht. Die Vollendung der Französischen verwirklicht sie als Berufener, aus eigener Kraft« (ZA 135). Nachahmung hingegen erweist sich als negatives Prinzip, wie Heinrich Mann am Beispiel der verhängnisvollen Rolle ausführt, die er der »Nachahmung Napoleons« (ZA 38) in der deutschen Geschichte zuschreibt.

Ästhetische Kategorien sind also in die Theorie eingefügt, aber sie zeigen sich natürlich auch darin, dass Literatur als Ausdruck des Lebensgefühls aufgefasst wird; dass im Theater verdichtet zur Geltung kommt, was ein Zeitalter bestimmt; dass die russische Literatur des 19. Jahrhunderts die russische Revolution ursächlich herbeigeführt hat. »Die Literatur ist eine Erscheinung des Lebens. Sie ist das Leben noch einmal – bewußt geworden und befähigt, wie sonst niemals, sich verständlich darzustellen. Die Literatur wiederholt die lebendige Vielfalt, die lebendigen Widersprüche, die Vergeßlichkeit des Lebens.«[27]

Das Ende des Zeitalters, das besichtigt wird, scheint auch ein Ende der von Heinrich Mann zu analytischen Zwecken eingesetzten Kategorien zu implizieren. Die deutliche Divergenz zwischen dem Ende der *Zeit von Winston Churchill* und dem des *Zeitalter*-Buches verweist zugleich auf das bereits von den Kritikern konstatierte Problem der Irrtümer. Auch wenn man festhält, dass Irren menschlich ist, auch wenn man die Funktion der Irrtümer mit Heinrich Mann und zweifellos auch nicht zu Unrecht auf die Charakterisierung des irrenden Ich bezieht, bleibt eine Diskrepanz zwischen verschiedenen Ebenen bestehen. Vielfach werden Elemente zusammengezwungen, die nicht zueinander passen. Dass etwa die nietzscheanischen und die materialistischen Begründungsmuster nicht miteinander zu vereinen sind, zeigt sich in der Deutung Hitlers. Einerseits weist Heinrich Mann immer wieder auf Hitlers Hintermänner hin, die getreu der Dimitroff-These eigentlich die Fäden in der Hand halten und Hitler als ihre Marionette spielen. Dazu passt jedoch die These von der Lebensfeindschaft und Todessehnsucht, dem Irrationalismus, nicht, da hier miteinander kaum vereinbare Ziele aufscheinen. Heinrich Mann relativiert die Validität des materialistischen Deutungsmusters in seinen Ausführungen über die Sowjetunion. »(N)ur die Absicht auf mehr Menschenglück vermochte seine (Marx') Theorie mit Leben zu füllen. (...) Der Sowjetstaat konnte selbst ins Leben treten kraft seines geistigen Begriffs vom Menschen, seiner Absicht auf menschliche Befreiung, Veredelung. Die Wirtschaft? Sehr wichtig – als Mittel, als Handgriff« (ZA 148).[28] Diese Konstante in Heinrich Manns Denken bleibt bestehen:[29] »Das Geistige erscheint mir als das Primäre, es hat in der Geschichte den Vortritt. Das behaupte ich mit Einschränkungen und bleibe auf ein vernünftiges Entgegenkommen bedacht« (ZA 213).

Allerdings muss das nicht bedeuten, dass Heinrich Mann seiner Deutungskategorien nicht mehr Herr wird. Teilweise setzt er die Paradoxien. Das zeigen etwa die Kategorie des Glücks, die Hitler zugeschrieben wird,[30] oder aber das offene Eingeständnis eines nicht zu lösenden Rätsels: »Der deutsche Überfall auf die Sowjetunion ist kein Ergebnis gediegener Überlegung: soviel scheint sicher. Aber sogar nach Aufgabe der Vernunft, im offenen Irresein, wahrt einer den Instinkt, einen lebensnotwendigen Rest von Instinkt. Geht der ganz und gar verloren, dann ›sollte es sein‹, und Deutungen erübrigen sich« (ZA 132).

Dieses Problem wird in der Faschismusdeutung unübersehbar.[31] Da das Lebensgefühl die grundlegende axiologische Kategorie darstellt, mit der alle Lebenserscheinungen gemessen werden, und da zugleich im deutschen Nationalsozialismus die im negativen Sinn herausragende Kraft des Zeitalters unübersehbar ist, wird er als analytisch, als Ausdruck und Motor von Lebensfeindschaft, als entropisches Phänomen, identifiziert. Die Vorgeschichte in Deutschland ist das bereits im 18. Jahrhundert einsetzende nationale Lebensgefühl, das als Paradox ausgewiesen wird: »Der junge Werther beendet sein Leben freiwillig; die Mitlebenden wurden überzeugt. Sie haben der Nachwelt, als Andenken eines nach außen leichten Jahrhunderts, des achtzehnten, gerade Werther und Manon überliefert. Beide beschwert ihre unstillbare Begierde zu leben, nichts stillt sie, nur der frühe Tod. Unzählig sind die Werke des Lebensgefühls, die nichts als das sind« (ZA 14). Und da Revolutionen das Lebensgefühl steigern, divergieren die Entwicklungen in Frankreich und Deutschland in diesem wesentlichen Punkt im 19. Jahrhundert. »Das Wesen und die Berufung der Sowjets sind lebensfördernd, zufolge dem auffallend hohen Lebensgefühl ihres Landes« (ZA 150). Damit tritt zu dem bekannten Gegensatz zwischen Deutschland und Frankreich der zu Russland hinzu. Hitler bewirkt die Radikalisierung der deutschen Todessehnsucht zur Lebensfeindschaft. Diese Lebensfeindschaft kulminiert darin, bei »der ›Vernichtung‹ der Welt als einem eingestandenen Ideal angelangt zu sein! Das und nichts anderes ist in diesem Augenblick deutsch« (ZA 330). Die Grenze erreicht dieses Deutungsmuster schließlich dort, wo von den Massenvernichtungen der Juden die Rede sein muss. »Die Judenverfolgung dieser späten, zu späten Deutschen darf keineswegs wörtlich genommen werden, sie ist nicht eigentlich gemeint, so viele Galgen, Erschießungs- und Vergasungskommandos, Brandstätten mit den Resten lebender Menschen darin vorkommen. Das alles ist ein Gleichnis, plump konzipiert, wüst vorgeführt, aber ein Gleichnis, etwas – weh ihnen! etwas Geistiges« (ZA 340).

Vom Status her ist die Darstellung Hitlers[32] und des Nationalsozialismus keine begriffliche Analyse, sondern Bildparataxe. Sie enthält eine ganze Vielzahl von Komponenten, mit denen Hitler charakterisiert wird. Um nur einige Beispiele zu nennen: Hitler sei Dilettant, Künstler, Seuche, undeutsch, vorsätzlich irrend, Antichrist, sittlicher Fluch, leibhaftiger Irrationaler.[33] Die Bildparataxe impliziert nicht logische Widerspruchsfreiheit, daher erlaubt sie die Verbindung heterogener, ja widersprüchlicher Elemente. Sie vermag also eine höhere Komplexität zu erreichen, als dies bei begrifflicher und logischer Analyse möglich ist.[34] Die gängigen Analysen von Manns Faschismusbegriff greifen bei aller Ausgefeiltheit im Detail in dem einen Punkt zu kurz, als sie den »Bild«-Charakter der Betrachtung analytisch ausblenden.

Der Punkt, an dem die Fragilität am augenfälligsten wird, ist die Zweischichtigkeit der geschichtsphilosophischen Konstruktion. Unterschieden wird die eigentliche Ebene, auf der der Konflikt von Geist und Macht ausgetragen wird, von der kontingenten Ebene der faktischen Geschehnisse. Der Sinn der faktischen Ereignisse erschließt sich erst, wenn sie in der zweiten Ebene sinnhaften Abläufen zugeordnet werden können. Die historischen Ereignisse müssen entziffert werden, d.h. sie müssen auf ihre eigentliche Bedeutung hin gelesen und ausgelegt werden.

Die vielfach verwendeten Begriffe Wirklichkeit und Wahrheit lassen sich beiden Ebenen zuordnen und hierarchisieren. Heinrich Mann verwendet damit eine Struktur, die im zeitgenössischen Geschichtsdenken eine akzeptierte Deutungsfigur darstellt. »Es ist ›nicht historisch‹, daß Boccaccio aus Schmerz über Petrarcas Ende, Kleist an der Erniedrigung Deutschlands, Byron für Griechenlands Freiheit gestorben ist; aber dennoch ist es *wahr*.«[35] Ein Beispiel lässt sich aus dem vierten Kapitel anführen: »Die Sternwarte Berlin – voreinst war sie namhaft – hat den aufgelösten Deutschen zu melden gewußt, daß sie ein fatales Gestirn entdeckt habe. Dieser Neuling werde ehestens mit der Sonne zusammenstoßen, dann sei ›ohnehin alles aus‹ und der (verlorene) Krieg keine Sorge mehr. (Absatz) Wenn die Anekdote nicht wahr wäre, verdiente sie doch erfunden zu werden« (ZA 114). Selbst wenn die Anekdote eine Erfindung wäre, käme ihr Wahrheit zu. In einem weiteren Schritt impliziert dies natürlich auch, dass im Sinne der Wahrheit Retuschen an einem Bild vorgenommen werden können. Ausführlicher diskutiert wurde die einschlägige Anekdote, in der der Vater in Gegenwart des Sohnes Bismarcks Politik beurteilt, und an der Stilisierungen zu rekonstruieren sind.[36] Grundsätzlich gilt allerdings eine Verpflichtung: »Dies empfindet ein Schriftsteller als seine größte Unmöglichkeit: Tatsachen nicht anerkennen, Ergebnisse fälschen« (ZA 329).

Es handelt sich also um eine geschichtsphilosophische Lizenz, die faktische Widersprüche und Inkongruenzen zugunsten einer überzeitlichen Wahrheit bzw. einer Wahrheit der geschichtsphilosophischen Zusammenhänge aufzulösen vermag. Damit ergibt sich eine gewisse Flexibilität im Umgang mit dem Faktenmaterial. Allerdings birgt dies auch ein Risiko, denn bei aller Flexibilität bleiben Wirklichkeit und Wahrheit gekoppelt. Die geschichtsphilosophische Theorie ist zuletzt an die historischen Fakten gebunden, hat sich vor den historischen Fakten zu bewähren. Es gilt also: Je auffälliger die Abweichung, desto größer der reflexive Aufwand, sie zu legitimieren. Die Grenze, von der an solche Abweichungen nicht mehr tolerabel sind, lässt sich natürlich nicht exakt benennen. Die kritischen Urteile zu *Ein Zeitalter wird besichtigt* allerdings lassen erkennen, dass Heinrich Mann diese Grenze häufig überschreiten muss, um seine geschichtsphilosophische Konstruktion aufrechtzuerhalten. Gerade der deutliche Hinweis auf den ausschließlich geistigen Sinn des Pakts zwischen Hitler und Stalin lässt eine Bruchstelle deutlich erkennen. Darin verbirgt sich ein Rest von Heinrich Manns zustimmendem Zitat von Trotzkis Urteil, der Stalin als »Schakal im Kreml«[37] bezeichnete.[38] Weitere Beispiele ließen sich anfügen, nicht zuletzt die Prognose vom Ende des nationalistischen Zeitalters um 1940.

Ein Zeitalter wird besichtigt markiert einen Endpunkt. Die epistemologischen Grundlagen werden an die Grenze ihrer Gültigkeit getrieben. In diesem Buch wendet Heinrich Mann seinen geschichtsphilosophischen Kategorienapparat, den er in der frühen Essayistik der Phase von *Geist und Macht* erstmals ausgearbeitet hat, auf die Deutung einer historischen Epoche an, die sich solchen Kategorien enzieht.[39] Heinrich Mann markiert Grenzen selbst. Die Deutung des Nationalsozialismus und damit der jüngsten Entwicklungen der deutschen Geschichte stellt eine solche Grenze dar. Wie ist die »Lebensfeindschaft« Hitlers, seine »Irrationalität« überhaupt noch geschichtsphilosophisch sinnvoll zu verankern? Eine andere Grenze zeigt der Intellektuellenbegriff an. Ein Grundsatz des jungen Heinrich Mann lautete: »Ein Intellektueller, der sich an die Herrenkaste heranmacht, begeht Verrat am Geist.«[40] Was aber, wenn die Intellektuellen selbst die Herren sind? Da dies mit der Feststellung verknüpft wird, ein neues Zeitalter breche an, kann sich auch als Option ergeben, dass der Begriff des Intellektuellen fundamental transformiert oder gar obsolet geworden sein könnte.[41] Beispiele für solche Markierungen ließen sich noch vermehren. Andererseits werden Grenzen sichtbar, die auf ein deutliches Auseinanderklaffen von Deutungs- und Faktenebene verweisen und damit das Deutungsmuster grundsätzlich als dysfunktional erweisen. Die Kritik am politisch naiven Heinrich Mann zielt auf diese Problemstellen. Die geschichtsphilosophische Konstruktion ist brüchig.[42] Darin kündigt sich im Ende des vitalistischen Deutungsmusters nach 1945 ein Wandel des Literatursystems an.

1 Zitate aus Golo Mann: »Heinrich Mann: *Ein Zeitalter wird besichtigt*«. In: Golo Mann: *Zeiten und Figuren. Schriften aus vier Jahrzehnten.* Frankfurt/M. 1979, S. 310–330, hier S. 322; vgl. Joachim Fest: *Die unwissenden Magier. Über Thomas und Heinrich Mann.* Berlin 1985. Vgl. dagegen Willi Jasper: »Kein ›Unwissender Magier‹. Anmerkungen zu Heinrich Manns Ideenpolitik im Exil«. In: Rudolf Wolff (Hg.): *Heinrich Mann. Das essayistische Werk.* Bonn 1986, S. 83–103; relativierend: Theo Stammen: »›Abschied von Europa‹. Zeitkritik und politische Ordnungsreflexion bei Heinrich Mann«. In: *Heinrich Mann-Jahrbuch* 18. Jg. (2000), S. 211–240. — **2** Golo Mann: »Heinrich Mann« (s. Anm. 1), S. 326. — **3** Vgl. den Topos von Heinrich Mann als Weggenosse der Arbeiterklasse in der DDR-Forschung. Heinz Kamnitzer: »Essays im Exil«. In: *Neue deutsche Literatur* 8. Jg. (1960) Nr. 3, S. 91–103; Werner Herden: »Aufruf und Bekenntnis. Zu den essayistischen Bemühungen Heinrich Manns im französischen Exil«. In: *Weimarer Beiträge* 11. Jg. (1965), S. 323–349; Hugo Dittberner: *Heinrich Mann. Eine kritische Einführung in die Forschung.* Frankfurt/M. 1974, S. 64 ff. — **4** Joachim Fest: »Vom hochgehängten Ideal in die Resignation. Heinrich Manns bislang unveröffentlichtes Kriegstagebuch von 1939«. In: *Süddeutsche Zeitung* vom 8./9.1.2005, S. 14. — **5** Heinrich Manns Isolation im Exil »vergrößerte doch die Entfernung zwischen dem Betrachtenden und seinen Objekten so sehr, daß manche seiner Beobachtungen sich zu reinen Abstraktionen verflüchtigten oder gar in Spekulationen verloren.« Klaus Schröter: »*Ein Zeitalter wird besichtigt.* Zu Heinrich Manns Memoiren«. In: *Akzente* 16. Jg. (1969), S. 416–433; Zitat S. 417. Vgl. Ulrich Weisstein: »Heinrich Mann«. In: John M. Spalek, Joseph Strelka (Hg.): *Deutsche Exilliteratur seit 1933.* Bd. I.: *Kalifornien.* Teil 1. Bern, München 1976,

S. 442–472; Herbert Lehnert: »Europa aus Distanz. Das widersprüchliche bürgerliche Zeitalter im Spätwerk Heinrich Manns«. In: *Heinrich Mann-Jahrbuch* 7. Jg. (1989), S. 189–208; hier S. 193 ff.; Hans Wisskirchen: »›Ich schrieb im Voraus, was aus Deutschland dann wirklich wurde.‹ Zum politischen Denken Heinrich Manns«. In: *Heinrich Mann-Jahrbuch* 15. Jg. (1997), S. 49–75. — **6** Heinrich Mann: *Ein Zeitalter wird besichtigt.* Mit einem Nachwort von Klaus Schröter und einem Materialienanhang, zusammengestellt von Peter-Paul Schneider. Frankfurt/M. 1988; künftig zitiert als ZA mit Seitenzahl. — **7** Vgl. Hans-Jörg Knobloch: »›Ein Zeitalter wird [nicht] besichtigt‹ – Heinrich Manns Erinnerungen«. In: *Heinrich Mann-Jahrbuch* 18. Jg. (2000), S. 133–147; Hans-Jörg Knobloch: »Eine Autobiographie als Kampfschrift. Heinrich Mann: *Ein Zeitalter wird besichtigt*«. In: Manfred Misch (Hg.): *Autobiographien als Zeitzeugen.* Tübingen 2001, S. 91–102. — **8** Vgl. Heinrich Detering; »Kein Zeitalter wird besichtigt. Zur Dissoziation von Geschichtswahrnehmung und Textgeschehen in Heinrich Manns Erinnerungen«. In: *Heinrich Mann-Jahrbuch* 18. Jg. (2000), S. 263–278. — **9** Vgl. Hans-Edwin Friedrich: *Deformierte Lebensbilder. Erzählmodelle der Nachkriegsautobiographie (1945–1960).* Tübingen 2000, S. 320 ff. — **10** Vgl. Erich Kleinschmidt: »Schreiben und Leben. Zur Ästhetik der Autobiographie in der deutschen Exilliteratur«. In: *Exilforschung* 2. Jg. (1984), S. 24–40. — **11** Golo Mann: *Heinrich Mann* (s. Anm. 1), S. 320. — **12** Wulf Köpke: »Rückblick als Erkenntnis. Zu Heinrich Manns Auffassung des Schriftstellers im ›Zeitalter‹ und der Exilpublizistik«. In: Helmut Koopmann, Peter-Paul Schneider (Hg.): *Heinrich Mann. Sein Werk in der Weimarer Republik.* Zweites Internationales Symposion Lübeck 1981. Frankfurt/M. 1983, S. 263–278, hier S. 264. — **13** Vgl. Werner Herden: *Geist und Macht. Heinrich Manns Weg an die Seite der Arbeiterklasse.* Berlin 1971, S. 17 ff.; David Roberts: »Heinrich Mann and the Essay«. In: *Jahrbuch für Internationale Germanistik* 8. Jg. (1976) Nr. 1, S. 8–33; hier S. 17. — **14** Hinweis auf die Bedeutung der Paradoxie bei Helmut Koopmann: »Von der Nachtseite des Zeitalters und vom Fluch des Glücks. Heinrich Manns Auseinandersetzung mit Hitler in *Ein Zeitalter wird besichtigt*«. In: Rudolf Wolff (Hg.): *Heinrich Mann. Das Werk im Exil.* Bonn 1985, S. 84–102; hier S. 85 f. — **15** Vgl. Richard Critchfield: »Heinrich Mann's View of History and the Allied Leaders in *Ein Zeitalter wird besichtigt*: Visions of Utopia«. In: Helmut F. Pfanner (Hg.): *Der Zweite Weltkrieg und die Exilanten. Eine literarische Antwort.* Bonn, Berlin 1991, S. 221–228. — **16** Vgl. Christoph Eykman: »Die Bestimmung des Intellektuellen. Heinrich Mann und die Exilliteratur«. In: *Heinrich Mann-Jahrbuch* 2. Jg. (1984), S. 60–75; grundlegend: Georg Jäger: »Der Schriftsteller als Intellektueller. Ein Problemaufriß«. In: Sven Hanuschek, Therese Hörnigk, Christine Malende (Hg.): *Schriftsteller als Intellektuelle. Politik und Literatur im Kalten Krieg.* Tübingen 2000, S. 1–25. — **17** Vgl. zu diesem Problemfeld: Dittberner: *Heinrich Mann* (s. Anm. 3), S. 168 f.; Elke Emrich: *Macht und Geist im Werk Heinrich Manns. Eine Überwindung Nietzsches aus dem Geist Voltaires.* Berlin, New York 1981; Waltraud Berke: *Heinrich Mann und die Weimarer Republik. Zur Entwicklung eines politischen Schriftstellers in Deutschland.* Bonn 1983, S. 23 ff.; Henk Herbers: *Ironie. Ambivalenz. Liebe. Zur Bedeutung von Geist und Leben im Werk Heinrich Manns.* Frankfurt/M., Bern, New York, Nancy 1984, S. 30 ff.; Reinhard Alter: »Die Geist-Tat-Problematik bei Heinrich Mann. Versuch einer historischen Standortbestimmung«. In: Eijiro Iwasaki (Hg.): *Begegnung mit dem ›Fremden‹. Grenzen – Traditionen – Vergleiche.* Akten des VIII. Internationalen Germanisten-Kongresses Tokyo 1990. Bd. 11. München 1991, S. 253–260. — **18** Vgl. John Paul Eakin: *Fictions in Autobiography. Studies in the Art of Self-Invention.* Princeton 1985, S. 4; Philippe Lejeune: *Der autobiographische Pakt.* Frankfurt/M. 1994, S. 27. — **19** Vgl. Koepke: Rückblick als Erkenntnis (s. Anm. 12), S. 265 f.; Brigitte Abold: *Heinrich Mann – Zwischen Dichtung und Leben. Studien zur Autobiographik.* Frankfurt/M., Berlin, Bern, New York, Paris, Wien 1992, S. 268 ff.; Richard Critchfield: *When Lucifer Cometh. The Autobiographical Discourse of Writers and Intellectuals Exiled During the Third Reich.* New York, Washington, San Francisco, Bern, Frankfurt/M., Berlin, Wien, Paris 1994, S. 42 ff.; Peter Stein: *Heinrich Mann.* Stuttgart, Weimar 2002, S. 152. — **20** Vgl. die einleitenden Bemerkungen zum Kapitel »Mein Bruder«, das dies zu erkennen gibt. »Wirklich erfassen wir erst hier die Worte ganz: ›Was du ererbt von deinen Vätern hast, erwirb es, um es zu besitzen!‹ Das ist unser mitbekommener Inhalt an Vorstellungen und Meinungen,

Bildern und Gesichtern. Sie ändern sich im Leben nicht wesentlich, obwohl sie bereichert und vertieft werden« (ZA 236 f.). — **21** Vgl. Rainer Zimmer: »Zur Autobiographik des Exils 1933–1945. Die Verarbeitung und Vermittlung geschichtlicher Erfahrung«. In: Christian Fritsch, Lutz Winckler (Hg.): *Faschismuskritik und Deutschlandbild im Exilroman.* Berlin 1981, S. 214–227; hier S. 217; Richard Critchfield: »Einige Überlegungen zur Problematik der Exilautobiographik«. In: *Exilforschung* 2. Jg. (1984), S. 41–55; hier S. 42 ff. — **22** Vgl. Peter-Paul Schneider: »›The life of everyone is a diary.‹ – Die Vorstufen von Heinrich Manns Memoirenwerk *Ein Zeitalter wird besichtigt*«. In: *Heinrich Mann-Jahrbuch* 18. Jg. (2000), S. 15–66. — **23** Heinrich Mann: *Zur Zeit von Winston Churchill.* Frankfurt/M. 2004, S. 324. — **24** Ebd., S. 22. — **25** Welche Konsequenzen diese Vorstellung hat, zeigt sich im fünften Kapitel, wo Heinrich Mann die sowjetischen Propagandafilme als »wahre Filme« bestimmt. »Die Filme zeigten uns, wie die Revolution zusehends fruchtbar wurde. Rationalisierte Produktion. Arbeit, die Elend nicht bedingt, sondern es einschränkt. Die technische Erziehung eingeordnet einer gehobenen Bildung der Menschen. Daher: Freude. Der freudige Stolz der Dörfer, die ihre Maschinen in Empfang nehmen – ich sehe es noch. Die Freudigkeit der proletarischen Studenten, der Arbeiter, die eine selbstgebaute Untergrundbahn als ihr eigen bejubeln: wer vergißt das? [Absatz, Anm. d. Verf.] Alles stand wirklich vor uns, hätte niemals Macht sein können, Potemkinsche Dörfer hat kein deutsches Publikum darin vermutet. Wir erkannten auf Straßenbildern die vollen, lachenden Gesichter der Mädchen, den selbstbewußten Gang eines jeden. ›Seht! dahin haben wir es nun doch gebracht. Die Existenz hätten wir gesichert, ganz arm, ganz reich – ist nicht mehr.‹ Das Lebensgefühl des Sowjetvolkes stand unverkennbar hoch« (ZA 119 f.). — **26** Vgl. Schröter: *Ein Zeitalter wird besichtigt* (s. Anm. 5), S. 422 ff.; Dittberner: *Heinrich Mann* (s. Anm. 3), S. 83 ff.; Roberts: *Heinrich Mann and the Essay* (s. Anm. 13), S. 15 ff.; Roland Wittig: *Die Versuchung der Macht. Essayistik und Publizistik Heinrich Manns im französischen Exil.* Frankfurt/M., Bern 1976, S. 347 ff.; Helmut Koopmann: »Heinrich Mann, die Revolution und die Revolutionen«. In: *Heinrich Mann-Jahrbuch* 7. Jg. (1989), S. 63–84; Klaus Schröter: »›Geist‹ /›Macht‹ – Heinrich Mann, der Contrat Social und die Französische Revolution«. In: *Heinrich Mann-Jahrbuch* 7. Jg. (1989), S. 129–148; Madhu Sahni: *Zum Geschichtsverständnis Heinrich Manns in seiner essayistischen Arbeit 1905–1950.* Frankfurt/M., Berlin, Bern, Bruxelles, New York, Oxford, Wien 2000; Helmut Koopmann: »Die Geschichte als Katastrophe? Zum historischen Verständnis bei Heinrich Mann«. In: *Heinrich Mann-Jahrbuch* 18. Jg. (2000). S. 115–131. — **27** Heinrich Mann: »Das geistige Erbe«. In: Heinrich Mann: *Mut. Essays.* Mit einem Nachwort von Willi Jasper und einem Materialienanhang, zusammengestellt von Peter-Paul Schneider. Frankfurt/M. 1981, S. 185–192; hier S. 185. — **28** »Was früher da war, die wirtschaftlich-imperialistische Unterlage der beiden Kriege oder ihre Ideologie oder Widervernunft, ich gebe es anheim. Zuerst die Wirtschaft, dann der ›geistige Überbau‹ – ist eine Theorie.« (ZA 212 f.). — **29** Vgl. Schröter: *Ein Zeitalter wird besichtigt* (s. Anm. 5), S. 426. — **30** Vgl. Koopmann: *Nachtseite* (s. Anm. 14), S. 90 ff. — **31** Vgl. Klaus Thoenelt: »Heinrich Manns Psychologie des Faschismus«. In: *Monatshefte* 63. Jg. (1971), S. 220–234; Karl Pawek: *Heinrich Manns Kampf gegen den Faschismus im französischen Exil 1933–1940.* Hamburg 1972, S. 48 ff.; Jürgen Haupt: *Heinrich Mann.* Stuttgart 1980, S. 134 f.; Willi Jasper: *Heinrich Mann und die Volksfrontdiskussion.* Bern, Frankfurt/M. 1982, S. 43 ff.; Christoph Eykman: »Der Verlust des Absoluten. Die geistesgeschichtliche Deutung des Nationalsozialismus in den Schriften der Exilautoren«. In: Wulf Koepke, Michael Winkler (Hg.): *Deutschsprachige Exilliteratur. Studien zu ihrer Bestimmung im Kontext der Epoche 1930 bis 1960.* Bonn 1984, S. 204–215; Thomas Koebner: »Das Dritte Reich – Reich der Dämonen? Vorläufige Überlegungen zur Funktion der Bilder und Vergleiche in der Charakteristik des Dritten Reiches aus der Sicht der Exilliteratur«. In: Wulf Koepke, Michael Winkler (Hg.): *Deutschsprachige Exilliteratur. Studien zu ihrer Bestimmung im Kontext der Epoche 1930 bis 1960.* Bonn 1984, S. 56–74. — **32** Dazu grundlegend und kritisch: Günter Scholdt: *Autoren über Hitler. Deutschsprachige Schriftsteller 1919–1945 und ihr Bild vom »Führer«.* Bonn 1993, S. 796 ff. — **33** »Ich mag es kaum hinschreiben, so selbstverständlich ist es, daß der Politiker Hitler dieselbe Stufe hält wie der Stratege Hitler: die unterste, eher gar keine mehr, sondern den nachgiebigen Boden des frechsten Dilettantismus.« (ZA 24) – »Hitler hat es [Europa, Anm. d. Verf.] befallen als eine Seuche.« (ZA 25) – »Das Literatencafé mußte es sein. Er hat, ein träges Untalent, seine Leiblichkeit gescheuert an den Intellektuellen, die er beneidete, haßte, die er nachher umbrachte.« (ZA 382) – »Der Anzettler und Führer des letzten Rückfalles der Deutschen in ihre Angriffskriege ist kein Preuße und ist undeutsch – weniger durch den Ort seiner Geburt als in Anbetracht seiner Instinktlosigkeit für Deutschland.« (ZA 38) – Hitler habe sich »als der Antichrist, als ein wahres Anathem etabliert«. (ZA 168) – Weitere Belege ließen sich anfügen. — **34** Die Validität von Heinrich Manns Faschismusanalyse steht hier nicht zur Debatte. Die intensive Auseinandersetzung, die in der Forschung geführt wurde, hat sich weitgehend auf diesen Punkt konzentriert. Ohne in diese Debatte eingreifen zu wollen, ist der Hinweis jedoch wesentlich, dass die Bildparataxe natürlich an Präzision der begrifflichen Analyse unterlegen ist. — **35** Theodor Lessing: *Geschichte als Sinngebung des Sinnlosen.* München 1919, S. 269. — **36** Vgl. Köpke: »Rückblick als Erkenntnis« (s. Anm. 12), S. 271. — **37** Heinrich Mann: *Zur Zeit von Winston Churchill* (s. Anm. 23), S. 119. — **38** Vgl. zum Kontext: Karl Menges: »Geist und Macht. Zur Problematik von Heinrich Manns politischem Engagement im französischen Exil«. In: Wulf Koepke, Michael Winkler (Hg.): *Deutschsprachige Exilliteratur. Studien zu ihrer Bestimmung im Kontext der Epoche 1930 bis 1960.* Bonn 1984, S. 108–124; Paul-Michael Lützeler: »Heinrich Manns Europa-Ideen im Exil«. In: *Heinrich Mann-Jahrbuch* 3. Jg. (1985), S. 79–92. — **39** Vgl. Wolfgang Müller-Funk: »Das Exil ist eine Krankheit. Autobiographien als ein Mittel sich zu behaupten«. In: *Merkur* 36. Jg. (1982), S. 1231–1236; hier S. 1235. — **40** Heinrich Mann: »Geist und Tat« (1910). In: Heinrich Mann: *Macht und Mensch. Essays.* Mit einem Nachwort von Renate Werner und einem Materialienanhang, zusammengestellt von Peter-Paul Schneider. Frankfurt/M. 1989, S. 11–18; Zitat S. 18. — **41** Vgl. Michael Stark: »›Von der Crèmokratie zur Demokratie‹. Heinrich Mann und das Zeitalter der Intellektuellen«. In: *Heinrich Mann-Jahrbuch* 18. Jg. (2000), S. 67–91. — **42** Vgl. Stephan Braese: »Fünfzig Jahre ›danach‹. Zum Antifaschismus-Paradigma in der deutschen Exilforschung«. In: *Exilforschung* 14. Jg. (1996), S. 133–149; hier S. 145 f.

Christoph Seifener

Die Autobiografien von Curt Goetz/ Valérie von Martens und Fritz Kortner
Ein Vergleich im Hinblick auf das Verhältnis der Exilierten zu Deutschland

In ihren Erinnerungen berichtet Valérie von Martens von einer Versammlung der Exilierten in Hollywood kurz nach Ende des Krieges, auf der darüber beraten wurde, ob von der Möglichkeit Gebrauch gemacht werden sollte, die Not leidende Bevölkerung in Deutschland mit Hilfspaketen zu unterstützen. Von Martens schildert die vehemente Ablehnung, auf die dieser Vorschlag stieß, da die Exilierten fast geschlossen mit der Kollektivschuldthese argumentiert hätten. Lediglich Fritz Kortner, so von Martens, habe sich mit aller Entschiedenheit für die Hilfe ausgesprochen und die These von der Schuld aller Deutschen als selbstgerecht zurückgewiesen. Von Martens bezeichnet diesen Auftritt Kortners ausdrücklich als »Wunder« (so auch die entsprechende Kapitelüberschrift), hinter dem sie durchaus eine göttliche Fügung vermutet.[1] Dass sie und ihr Ehemann Curt Goetz Kortners Ansicht voll unterstützen, daran kann für den Leser ihrer Memoiren, wie noch ausführlich zu zeigen sein wird, kein Zweifel bestehen. Fritz Kortner selbst erwähnt in seiner Autobiografie ebenfalls erbitterte Konfrontationen mit der Mehrheit der Exilierten, in die er durch seine Absicht, unmittelbar nach dem Untergang der nationalsozialistischen Herrschaft nach Deutschland zurückzukehren, geriet.[2]

Die Episoden lassen eine Übereinstimmung der Positionen der drei Schauspieler in ihrem Verhältnis zu dem Land, aus dem sie vertrieben wurden, vermuten. Tatsächlich besteht eine solche Einigkeit in der Ablehnung der Kollektivschuldthese und in dem unbedingten Rückkehrwillen während der gesamten Emigrationszeit. Insgesamt aber, das werden die folgenden Ausführungen aufzuzeigen versuchen, nehmen die Erinnerungen des Ehepaares Goetz/von Martens und Fritz Kortners in der Aufarbeitung und Wertung des Exilerlebnisses und in der Auseinandersetzung mit Schuld und Verantwortung an den nationalsozialistischen Verbrechen völlig entgegengesetzte Standpunkte ein; und das, obwohl die Übereinstimmungen im persönlichen Schicksal der Protagonisten zunächst zu überwiegen scheinen. Sowohl Goetz und von Martens als auch Kortner waren in der Weimarer Republik gefeierte Stars. Von Anfang an in Opposition zu den Machthabern im »Dritten Reich«, führte sie ihre Emigration Ende der 1930er Jahre in die USA, wo sie sowohl in der Filmwelt Hollywoods als auch am Broadway beruflich scheiterten. Ihre Erinnerungen verfassten sie, zurückgekehrt aus dem Exil, gegen Ende der 1950er bzw. zu Beginn der 1960er Jahre, zu einer Zeit also, als die nationalsozialistische Vergangenheit und die Auseinandersetzung mit dem Exil in Deutschland weitestgehend aus dem öffentlichen Bewusstsein verdrängt worden waren.

Die Intentionen der beiden Texte könnten aber unterschiedlicher nicht sein. Während es das erklärte Ziel von Goetz und von Martens ist, *ihr* Publikum (auf die Bedeutung des Possessivpronomens wird noch genauer einzugehen sein) angenehm zu unterhalten, kann man die Autobiografie Fritz Kortners ohne weiteres als politische Streitschrift lesen. Tatsächlich schreiben sich aber beide Autobiografien, auch und gerade der scheinbar unpolitische Erinnerungstext von Goetz und von Martens, in den Diskurs über das Verhältnis der Exilierten zu Deutschland und den Umgang von Deutschen und Exilierten miteinander ein. Dies geschieht nicht nur in Passagen wie der eingangs erwähnten, die direkt auf diese Problematiken rekurrieren. Die Thematik durchzieht vielmehr unterschwellig große Teile der Autobiografien.

Ausgangspunkt der folgenden Überlegungen ist es, die Autobiografien nicht als historische Quellen, sondern als literarische Texte zu lesen.[3] Das Erkenntnisinteresse richtet sich mithin nicht darauf, Informationen über die Sozialgeschichte des Exils zu gewinnen. Es soll vielmehr gezeigt werden, dass für die Darstellung der Vergangenheit nicht in erster Linie das in der Vergangenheit real Erlebte entscheidend ist, sondern die Positionen, die die Autoren in der Gegenwart des Schreibprozesses beziehen. Sie geben die Perspektive vor, aus der heraus die Erinnerungen literarisch gestaltet werden.

Ein erster Zugang zu den Positionen, die die Autoren in ihrem Verhältnis zu Deutschland einnehmen, findet sich, wenn man ein zentrales Thema der Autobiografien näher betrachtet: die Zuschreibungen an den Beruf des Schauspielers und die Aufgaben des Theaters.

Dabei ist es der Ausgangspunkt von Curt Goetz und Valérie von Martens, grundsätzlich »alles Weltgeschehen vom Wohl und Wehe des Theaters aus« zu sehen (S. 272). Der alles überragende Stellenwert, der der Kunst damit eingeräumt wird, hat weit reichende Folgen auch für die Konzeption der Autobiografie. So kann es Goetz und von Martens nicht um eine Analyse politischer und gesellschaftlicher Verhältnisse gehen, solange diese es den Autoren nur gestatten, ihre Vorstellungen von Theaterarbeit zu verwirklichen. Diese Einstellung führt einerseits dazu, dass Goetz und von Martens in der Lage sind, einen weitestgehend unkritischen Blick auf die bundesrepublikanische Nachkriegsgesellschaft zu werfen, in der es dem Ehepaar gelang, an die Erfolge, die es vor der Emigration hatte, anzuknüpfen, während andererseits beispielsweise die gesellschaftlichen Bedingungen in den USA, die die Autoren mit dafür verantwortlich machen, dass eine Fortführung ihrer Arbeit im Exil nicht möglich war, ins Kreuzfeuer ihrer Kritik geraten.

Goetz' und von Martens Standpunkt liegt ein ungeheuer emphatischer Begriff von Theater und Schauspielkunst zu Grunde, der dem Paar schon vor dem Ersten Weltkrieg vermittelt worden war. »In Berlin wurde das beste Theater der Welt gespielt (...). Hier saßen *nur* Gläubige. Das erregende Bewußtsein, für die nächsten Stunden in die hohen Regionen einer Ensemblekunst gehoben zu werden (...), ließ eine andachtsvolle Stille entstehen (...)« (S. 36). Curt Goetz überhöht in dieser Passage den Charakter einer beliebigen Aufführung ins quasi-Religiöse. Und Valérie von Martens hebt den Beruf auf die gleiche Ebene, wenn sie feststellt, dass die Schauspieler, deren Aufgabe es ist, »(d)emütig das Wort des Dichters zu verkünden«, »die Nachfahren der Priester (sind) und (...) eine Mission (haben)« (S. 506). Diese Mission ist für von Martens die Unterhaltung des Publikums, ein ethischer Wert an sich, der sich unabhängig vom politischen System präsentiert. So kann Goetz einerseits zu Beginn der Nazi-Ära der Aufforderung eines Freundes nachkommen, seine Komödien in Deutschland zu spielen, »da sie viele anständige Menschen aufrichten« (S. 277).[4] Zum anderen erhebt von Martens im Nachkriegsdeutschland zum Ziel ihrer Tourneen, dass die Zuschauer aus »vollem Herzen, unbeschwert, unbestraft, sauber (...), ohne Reue« lachen können sollen (S. 450). Abgesehen davon, dass für eine Aufarbeitung der Vergangenheit auf dem Theater dabei natürlich kein Platz sein kann, suggeriert die Wortwahl, dass eine Auseinandersetzung mit dem Nationalsozialismus, die ja wohl beschwerlich und mit Reue in Verbindung zu bringen wäre, in den Augen der Autorin geradezu eine Zumutung an das Publikum darstellen würde.

Auch für Fritz Kortner markiert das Theater vor allem in der Schilderung des Beginns seiner Karriere den Mittelpunkt seiner Wahrnehmung. Selbst ein Ereignis wie der Ausbruch des Ersten Weltkriegs tritt zunächst in der Bedeutung hinter die Auseinandersetzung mit seinem Bühnenschaffen zurück. So hat für ihn zu diesem Zeitpunkt die Rolle des Mortimer, die ihm gerade anvertraut worden war, mehr Gewicht als die politische Realität: »Meine Erregung galt dem England Elisabeths (...) und nicht dem England von 1914. (...) Über den Liebestod Mortimers hatte ich die Schüsse von Sarajewo vergessen.« (S. 193) Unter dem Eindruck des Ersten Weltkriegs gewinnt die Beschäftigung mit der Politik für Kortner zunehmend an Bedeutung, was sich auch in seiner künstlerischen Tätigkeit, beispielsweise in der Zusammenarbeit mit Leopold Jessner zu Beginn der 1920er Jahre, niederschlägt. Dennoch kommt Kortner zu der Einsicht, sich auch in dieser Phase seiner Theatertätigkeit in einer eigenen Sphäre bewegt zu haben (S. 291), während »(p)olitische Auseinandersetzungen (...) damals noch nicht genügend (s)eine Sachen« gewesen seien (S. 284). Zu einem eindeutigen Paradigmenwechsel kommt es dagegen erst durch die Erfahrung des Exils: »In der großen Geschichtsstunde, zu der mir das Exil geworden war, schien mir das vor unseren Augen sich abspielende Drama der Machtkämpfe derer, die sich befugt fühlten, unsere Ordnung zu erhalten oder umzustürzen, so atemberaubend, daß mir daneben die Bühne und die dramatische Literatur dünn und blaß vorkamen« (S. 128.) Die Politik verdrängt hier die Kunst eindeutig aus dem Zentrum der Wahrnehmung.

Flucht und Vertreibung stellen tatsächlich den entscheidenden Bruch in Kortners Biografie dar und zugleich den Punkt, auf den hin die Handlung seines Erinnerungstextes strukturiert wird, auf den sie zuläuft und zu dem sie implizit oder explizit immer wieder in Beziehung gesetzt wird, so wenn Kortner konsequent sein Leben in eine »Vor-« und eine »Nachhitlerzeit« einteilt. Gleichzeitig nimmt aber in der Erfahrung der Verfolgung für Kortner die Auseinandersetzung mit seiner jüdischen Herkunft ihren Anfang. Kortner selbst führt an, dass er sich »seit es Hitler gab (...) mit dem jüdischen Schicksal identifizierte« (S. 374). Diese Identifikation wird für ihn zu dem entscheidenden Thema der Autobiografie. Sie führt dazu, dass Kortner sich intensiv mit den politischen und gesellschaftlichen Verhältnissen, unter denen der Nationalsozialismus möglich war, beschäftigt, und den Fokus seines Interesses auch auf die gesellschaftlichen und politischen Realitäten seiner Gegenwart in der Bundesrepublik in den 1950er Jahren richtet.

Demgegenüber übernimmt von Martens für den Bereich der Politik, in Abgrenzung zu dem des Theaters, den Grundsatz »(p)olitisch Lied – ein garstig Lied«, so auch die Überschrift eines Kapitels (S. 273 f.). Getreu diesem Motto bekennt sie frei, sich mit den Ereignissen des Jahres 1933 kaum auseinander gesetzt zu haben. »Ich muß gestehen, daß ich nicht einmal wußte, wo dieser ›Reichstag‹ lag und zu was er gut war. (...) (D)ie Politik (...) interessierte mich nicht nur nicht, sondern ich hatte eine Scheu davor, wie vor allem, was ich nicht durchschaue, was ich nicht verstehe, was mir zu groß scheint, mir über den Kopf wachsen kann« (S. 273). In dieser Aussage erscheint Politik über die Einschätzung, die der konkreten Situation des März 1933 zugrunde liegt, hinaus grundsätzlich als etwas Undurchschaubares, dem der Einzelne hilflos ausgeliefert ist. Damit bietet von Martens dem Leser ihrer Autobiografie ein Argumentationsmuster an, das ihn von einer möglichen Verantwortung an politischen Ereignissen weitestgehend entlastet. Das Ehepaar versucht zunächst noch, folgt man ihrer Darstellung, sich vor diesen »undurchschaubaren« Ereignissen zu verschließen. Die Folgen des Reichstagsbrandes werden als »Quatsch« abgetan, über die nur zu diskutieren Goetz ablehnt (S. 273). Von Martens hebt hervor, dass Goetz als Zeichen des inneren Widerstandes nach dem Machtantritt Hitlers alle deutschen Zeitungen abbestellte, da man sich an den »abstoßend unschöne(n) Worte(n)« »die Augen schmutzig« mache. Hier wird die Sprache der Nazis kritisiert, die Meldungen vom ästhetischen Standpunkt aus bewertet, der Inhalt der Nachrichten, die politische Wirklichkeit, auf die sie sich beziehen, wird an dieser

Stelle jedoch konsequent übergangen (S. 274). Diese Passagen machen sehr deutlich, dass von Martens auf ein Denkmuster zurückgreift, das eine strikte Trennung von Geist und Politik proklamiert. Goetz kann sich aber nicht durchgängig auf diese private Position zurückziehen, sondern muss sich, wenn er persönlich von den Nationalsozialisten angefeindet wird, in Stellungnahmen zu deren Vorwürfen äußern. In diesen Auseinandersetzungen erscheint Curt Goetz immer als Sieger, der, den Machthabern intellektuell weit überlegen, die Nazis durch Subversivität »alle (...) an der Nase herumführen konnte« (S. 303).[5]

Politik erscheint in den Erinnerungen von Goetz und von Martens durchweg als ein Bereich, dem sich der Künstler, wenn er sich nicht korrumpieren lassen will, möglichst völlig zu entziehen hat. Und so begründet von Martens den Entschluss zur Emigration auch dezidiert mit künstlerischen Argumenten. »Freiheit war für meinen Mann das Ziel von jeher (...). Spielen und Schreiben auf eigene Verantwortung (...). Und diesem Freiheitsideal opferte er später alle Machtpositionen, die ihm die Jahre nach 1933 boten, dieses Ideal ließ ihn den Dollars widerstehen, die Hollywood für ihn bereithielt. Was hätte er für eine Stellung einnehmen können im öffentlichen Leben, durch Posten und Pöstchen aller Art, aber er zog es vor, in aller Stille *frei* zu sein« (S. 209). Es fällt auf, dass hier die Verlockungen des Nazi-Regimes und die Angebote Hollywoods qualitativ auf eine Stufe gestellt werden. Das ist durchaus kein Zufall, denn in der Tat bildet Hollywood, die USA insgesamt und damit auch die Exilzeit in der Autobiografie eine Art Negativfolie, von der sich das Bild des Lebens und Arbeitens inmitten eines »guten Deutschlands« positiv abhebt.

Symptomatisch für das Amerika-Bild, das Curt Goetz und Valérie von Martens ihren Lesern vermitteln, ist der Auftritt eines amerikanischen Agenten, der Ende der 1920er Jahre den Plan hat, ein in Berlin erfolgreiches Stück von Goetz in den USA zu vermarkten. Es ist der erste Kontakt mit der anderen Kultur, die so dem Leser schon vor dem Bericht über die Exilzeit nahe gebracht wird: »In der großen Pause (...) öffnete sich die Tür. Unser Verleger, der feine Herr Bloch, trat ein. Das heißt, er wollte eintreten, als eine sonderbare Figur sich vor ihn schob. Eine Art Dandy, wie man sie von alten Witzblättern her kennt, mit leicht negroidem Einschlag, breit lachend, im Frack, den Zylinder schief auf dem Kopf, ein Stöckchen in der Hand, Brillanten an allen Fingern und Brillanten als Hemdknöpfchen« (S. 202). Aufdringlich, unkultiviert, betont lässig, dabei vor allem aufs Äußerliche bedacht und im Grunde doch nur lächerlich, dieses alle Klischees bedienende Bild des, wie sich herausstellt, »gewaltigsten Agenten« der USA deutet schon an, dass die amerikanischen Vorstellungen von Kultur mit denen von Goetz und von Martens nicht vereinbar sein werden. Tatsächlich wird dieser Eindruck von den USA später im Wesentlichen bestätigt werden. Der erste amerikanische Bürger, der dem inzwischen exilierten Ehepaar in den USA begegnet, erweist sich zwar einerseits als äußerst kontaktfreudig und hilfsbereit, andererseits aber auch als betont grob in seiner Ausdrucksweise. Er übernimmt die Aufgabe, die Exilierten (und natürlich auch die Leser) über die Unterschiede zwischen Amerikanern und Europäern aufzuklären. Diese lassen sich darauf reduzieren, dass Europa den als eher einfach gestrickt beschriebenen Amerikanern zu komplex ist und deshalb, genau wie die europäische Kultur – deutschsprachiges Theater läuft nach Meinung des Amerikaners »immer auf dasselbe hinaus: die deprimierten Zuschauer noch mehr zu deprimieren« (S. 324) – von ihnen nicht verstanden werden kann. Amerikas Bevölkerung wird insgesamt von von Martens als Teil einer Massengesellschaft beschrieben, in der »Gleichschaltung« und »Nivellierungslust« Platz greifen, deren Mitglieder mithin keine eigene Individualität mehr auszeichnet. »So wie man die Pracht eines Ford gar nicht genug anerkennt, wenn man ihn unter Tausenden glänzen sieht, so gewöhnt man sich leider auch an diese *girls*, die wie von Ford in Serie gemacht zu sein scheinen« (S. 344).

Es fällt auf, wie sehr Goetz und von Martens daran interessiert sind, ihr Publikum hinsichtlich des Amerikabildes, das sie entwerfen, auf ihrer Seite zu wissen. Der Leser wird immer wieder direkt angesprochen und ihm werden klischeehafte Vorstellungen von den USA unterstellt,[6] die die Autoren dann wiederum durch ihre Erfahrungen bestätigen oder, wenn es sich um positive Vorstellungen handeln sollte, desavouieren: »Die Göttin der Freiheit ist nicht, wie du dir vorgestellt hast, eine leichtbeschwingte, liebliche, einladende, schwerelose Erscheinung, sondern ein Mordstrumm (sic!) von einem Weibsbild, mit tausend Tonnen Blei im Hintern und einer Fackel in der Hand, um besser sehen zu können, wer kommt. Sie sieht ziemlich wütend aus, und es gibt Leute, die behaupten, sie hätten sie flüstern hören: ›Auch auf Sie haben wir hier nicht gewartet!‹« (S. 320). Das Amerikabild, das auf diese Weise vermittelt wird, erfüllt zwei Funktionen. Zum einen liefert es dem Leser den Erklärungshintergrund zur Beantwortung der für von Martens entscheidenden Frage, wie es möglich war, dass das Paar in Hollywood und am Broadway so grandios scheitern konnte. Denn natürlich sind auch die kulturellen Institutionen Amerikas ein Produkt der oben beschriebenen Gesellschaft, die von äußerem Schein und Profitdenken bestimmt ist und keinen Platz für irgendeine Form von Kunstverständnis lässt. Zum anderen werten diese allgemeinen Einschätzungen des Gastlandes die Position des Lesers im Nachkriegsdeutschland ungemein auf. Denn ungeachtet aller Schrecken der Nazi-Zeit ist Deutschland, folgt man von Martens, den USA als Aufenthaltsort unbedingt vorzuziehen. Das makaberste Beispiel dafür ist sicherlich die Phantasie Valérie von Martens, die sich die Trümmer eines New Yorker Wolkenkratzers nach einem Bombeneinschlag vorstellt und konstatieren muss, die Schuttberge könnten nicht anders als »Trostlos sachlich!

Trostlos weltfremd! Trostlos tot!« wirken, um sie dann mit den Ruinen von
Nürnberg im Jahre 1945 zu vergleichen. Diese strahlen für die Betrachterin
Tradition aus und erscheinen ihr beinahe beseelt (S. 343 f.).

Hollywood wird in der Autobiografie als ein Ort geschildert, an dem Goetz
erneut eine Auseinandersetzung zwischen Geist und Ungeist, diesmal verkörpert durch die grenzenlose Dummheit der amerikanischen Produzenten
und Filmschaffenden, ausfechten muss.[7] Man kann hierin durchaus eine Pa-
rallele zur Darstellung der Strategie im Umgang mit den Nationalsozialisten
sehen. Die Ohnmacht der eigenen Position wird hier wie da durch einen
Gestus der intellektuellen Überlegenheit kompensiert; es wird eine gewisse
Unangreifbarkeit der eigenen Person suggeriert. Wichtig ist aber, dass der
Leser, der als Kenner der Arbeit von Goetz dessen Ansichten teilt (davon
geht, wir werden gleich darauf zu sprechen kommen, von Martens aus), an
diesem Gefühl der kulturellen und intellektuellen Überlegenheit partizipie-
ren kann und damit erneut eine Aufwertung seiner Position erfährt.

Von Martens macht keinen großen Unterschied zwischen der kulturellen
Szene Hollywoods und derjenigen New Yorks. Bezeichnend ist, dass der
Broadway als Geschäftsstraße beschrieben wird, die sich nicht von ähnlichen, auf ein Geschäft spezialisierten Straßen unterscheidet, in denen man
»Hutgestecke« oder »orthopädische Schuhe« kaufen kann (S. 461). Das
Theater der USA selbst wird dadurch, wie vorher auch der Film, auf seinen
materiellen Wert reduziert. In der Perspektive von Goetz und von Martens,
in der allein das »Wohl und Wehe des Theaters« den Blick auf die Vergangenheit bestimmt, führt das berufliche Scheitern zu einer völligen Ablehnung des Exillandes einerseits und einer verklärenden Aufwertung Deutschlands andererseits.

Kortners Autobiografie trennt demgegenüber konsequent zwischen einer
allgemeinen Bewertung des Exillandes USA und der Darstellung der kulturellen Institutionen dieses Landes. Sowohl das amerikanische Theater als
auch die Filmindustrie Hollywoods halten seinem künstlerischen Anspruch,
und insofern geht er mit von Martens auf ganzer Linie konform, in keiner
Weise stand. Sein Urteil beinhaltet eine generelle Ablehnung des amerikanischen Theatersystems, das er »völlig in den Händen von theaterfremden
Spekulanten« sieht, deren Einfluss bis ins »Konzipieren und Schreiben des
Stückes hinein(reicht)« (S. 368). Vor dem Hintergrund dieser Einschätzung
wird Kortners eigenes Scheitern in der Theaterszene sowohl als Schauspieler als auch als Autor von Dramen zumindest relativiert, da die Misserfolge,
auch hierin bestehen klare Parallelen zu der Strategie von Valérie von Martens, keinesfalls auf Kortners künstlerische Qualitäten zurückgeführt werden
können. Die rein materiellen Mechanismen, die Kortner für den Theater-
betrieb konstatiert, greifen natürlich auch in Hollywood. Dabei bestimmt
aus seiner Sicht dort noch mehr als am Broadway Glück die Karriere: »In

Hollywood (...) fanden wir (...) eine roulettetischhafte Verteilung des Berufs-
glücks« (S. 423). Bei Kortner geht aber das berufliche Scheitern einher mit
einer bewussten Auseinandersetzung mit der amerikanischen Politik und
Gesellschaft der 1930er und 1940er Jahre und eigenem politischen Engagement, dessen Ziel es letztlich ist, einen Beitrag zur Befreiung Deutschlands
vom Nationalsozialismus zu leisten und damit auch für sich selbst die Voraussetzungen für eine Rückkehr zu schaffen. Dabei kommt der Person des
amerikanischen Präsidenten Roosevelt, dessen überzeugter Anhänger Kortner war, eine entscheidende Rolle zu, die sich nicht zuletzt in Kortners Einsatz für eine Wiederwahl Roosevelts widerspiegelt. Der Beschäftigung mit
den gesellschaftlichen Verhältnissen in den USA kommt deshalb eine solche
Bedeutung zu, weil sie das zentrale Thema der Autobiografie, Kortners Beziehung zum Judentum, berührt. So konstatiert er, dass in den USA die »wei-
testgehende Annäherung an einen menschenwürdigen Zustand für unser-
einen (gemeint sind Angehörige des Judentums, d. Verf.) erreicht worden
war« (S. 354). Diese Erfahrung hat unmittelbaren Einfluss auf Kortners
Selbstbild: »Amerika war mir tatsächlich zu einer ›Neuen Welt‹ geworden,
innerhalb derer der durch Hitler in mir aufgeschreckte Jude viel ursprungs-
bewußter und selbstsicherer wurde« (S. 357). Aus dieser Perspektive wird verständlich, wieso Kortner, bei aller Kritik, vor allem an der amerikanischen
Regierung der Nach-Roosevelt-Ära und im Bewusstsein des eigenen beruflichen Scheiterns, seine Dankbarkeit gegenüber den USA herausstellt und
konstatiert: »Auch Amerika war mir keine Fremde geblieben, war eines meiner Heimatländer geworden« (S. 273).

Kortners Identifikation mit dem Judentum bestimmt auch sein Selbstbild
als Exilierter. Hier trennt Kortner sehr strikt zwischen jüdischen und ›freiwilligen‹ Exilierten und rechnet sich selbst dabei eindeutig der ersten Gruppe zu. »Für diese freiwilligen Emigranten hatte ich große Bewunderung. Sie
wurden mir zu einer moralischen Instanz. Ich war um unser Ansehen in den
Augen dieser Männer sehr besorgt« (S. 373). Kortner nennt die jüdische Emigration an dieser Stelle nicht einmal beim Namen, erst aus dem Kontext
ergibt sich die eindeutige Zuweisung, die für Kortner wohl selbstverständlich ist, dass es hier um das Ansehen der jüdischen Emigration geht.[8]

Während Kortner solchermaßen in einer Gruppe verankert ist, erscheinen
Goetz und von Martens in ihrer Darstellung innerhalb der Exilgemeinde
Hollywoods in jeder Hinsicht isoliert. Für sie stehen im Zweiten Weltkrieg
das »Bangen um die Heimat« (gemeint ist Deutschland, der Verf.) und die
»Angst um Deutschland, das mit dem Dritten Reich zugrunde gehen mußte«, als die bestimmenden Empfindungen im Mittelpunkt, ganz im Gegensatz zu den übrigen Exilierten, die (unrichtigerweise) als Einheit beschrieben
werden, die sich »fest schwor, dieses Land nie wieder zu betreten« (S. 396).
Für seine Einstellung Deutschland gegenüber, so von Martens, sei das Ehe-

paar von den Emigranten mit »Verachtung« gestraft und Curt Goetz als »Nazispion« denunziert worden (S. 396).[9] Sie macht in erster Linie die Konkurrenzangst der anderen Exilierten für diese Angriffe verantwortlich, denn »man mußte sich die Konkurrenz vom Halse halten! Wenn da einer da war, der *wirklich* schreiben konnte, was wäre aus all den emigrierten Film-Autoren geworden, die in Bausch und Bogen mit je 200 Dollars pro Woche engagiert worden waren?« (S. 396). Abgesehen davon, dass von Martens geflissentlich übersieht, dass unter diesen »200 Dollar-Schreibern« tatsächlich Autoren wie Heinrich Mann waren, die »wirklich schreiben konnten«, dürften solche Pauschalisierungen in Deutschland vorhandenen Ressentiments gegenüber dem Exil einigen Vorschub geleistet haben.[10]

Dieser deutlichen Distanzierung von »den Emigranten aus Deutschland«, denen »der Boden unter den Füßen so weggezogen worden« war (S. 396), entspricht auf der anderen Seite eine Identifikation von Curt Goetz und Valérie von Martens mit den »guten Deutschen«, die in Deutschland geblieben waren. In der Perspektive der Autoren handelt es sich dabei um die Mehrheit der Bevölkerung, die unter Hitler zu leiden hatte. Eine Sonderstellung innerhalb der deutschen Bevölkerung nimmt für Goetz und von Martens »ihr« Publikum ein. Zunächst baut Valérie von Martens die Prämisse auf, dass die Leser der Autobiografie mit diesem Publikum identisch sind, indem sie sie direkt als alte Bekannte ihres Mannes, »den Sie (gemeint sind die Leser, d. Verf.) kennen und lieben (...)« (S. 179), anspricht: »Ich aber (...) glaube annehmen zu dürfen, daß Sie, die Sie die Bücher meines Mannes gern lesen, *alles* um ihn interessieren wird (...)« (S. 320). Aufgrund dieser Identifizierung weiß sie sich in ihren Überzeugungen und Werten mit den Lesern einig. Diese verstehen die Autoren nicht nur als Opfer des Nazi-Regimes und des Weltkriegs, sie gehen darüber hinaus davon aus, dass sie sich ohnehin in einer Gegenposition zu Hitler befunden haben müssen, der Logik folgend, dass jemand, der die Stücke von Curt Goetz schätzt und versteht, eben gar kein Nationalsozialist sein kann. Dementsprechend sehen sich Goetz und von Martens nach ihrer Rückkehr mit einem Publikum konfrontiert, in dem die Meisten »es nicht vergessen (hatten), daß es in den bösen Jahren auch für einen Curt Goetz bequemer und einträglicher gewesen wäre, seinen Witz und Geist in das Horn der Regierenden zu blasen. Und daß er es nicht tat, das ist es, was ihm vom ersten Tage seines Wiederkommens ein so unvergleichliches Comeback ermöglichte« (S. 303). Das Publikum wird also moralisch aufgewertet, indem ihm zugestanden wird, über die Exilierten zu urteilen. Dieses Urteil kann positiv ausfallen, da sich die Exilierten letztlich für die Position entschieden haben, in der sich das Publikum nach Ansicht der Autorin ohnehin befand: in der des Widerstandes. Ein anderer Teil des Publikums wird dadurch entlastet, dass es sich wie Goetz und von Martens freiwillig ins Exil begeben hat. Eine ihrer ersten Bekanntschaften in den USA ist ein Ur-Berliner Taxifahrer, der nicht nur all ihre Stücke gesehen hat und zitieren kann, sondern auch gewissermaßen stellvertretend für den durchschnittlichen Deutschen (immerhin trägt der Taxifahrer den Namen »Schmidt«) eine Analyse der politischen Ereignisse in Deutschland vornimmt. »Als dieser Schizofähnrich ufftauchte, dieser Kleisterpriester, (...) (d)a h'k zu meina Olln jesaacht: pack de Koffer, Mutter, hier ham wir nischt mehr zu suchn!« (S. 327). Der Nationalsozialismus wird damit auf einen geisteskranken Hitler reduziert, dessen Wahnsinn vom ›gesunden Menschenverstand‹ eigentlich sofort durchschaut werden kann. Dass sich trotzdem viele Deutsche »wie ne Herde Hammel an de Nase rumführn« ließen, wie der Taxifahrer weiter ausführt, charakterisiert sie zunächst nicht als aktive Täter, sondern als verführte Opfer, denen höchstens ihre Dummheit zum Vorwurf zu machen ist (S. 327). Tatsächlich erscheinen die Deutschen in der Autobiografie als einzige Opfer der historischen Ereignisse. Die Judenverfolgung und die Situation in den von Deutschland überfallenen Ländern finden im gesamten Text keinerlei Erwähnung. Dagegen gilt das ganze Mitgefühl der Autoren der deutschen Bevölkerung, die nach den Schrecken des Krieges nun auch noch unter seinen Folgen und der ungerechten Behandlung durch die Besatzungsmächte zu leiden hat.[11] Nur in einem Nebensatz gesteht von Martens ein, dass es sich immerhin um eine von den Deutschen »selbstverschuldete Misere« handelt (S. 457).

Offensichtlich streben Goetz und von Martens eine Annäherung an die Innere Emigration in Deutschland an. Dies geschieht vor allem durch den Abdruck der Briefe des Freundes Max Kaufmann, der in Opposition gegen die Nazis in Deutschland blieb und sich explizit gegen eine Emigration entschied: »Wie denkst Du Dir das, Valérie, daß wir zu Euch kommen sollen? (...) Den Tag (gemeint ist das Ende des Nazi-Regimes, d. Verf.) muß ich hier erleben, sonst wäre alle Qual umsonst erlitten!« (S. 398). Die Figur des ungemein sympathischen Max lädt ohne Zweifel den Leser zur Identifikation ein, und der letzte Satz des obigen Zitats liefert eine »klassische« Argumentation zur Rechtfertigung der Inneren Emigration. Gleichzeitig vertritt Kaufmann in der Autobiografie gewissermaßen die Person von Curt Goetz in Deutschland, solange sich dieser im Exil befindet. Max Kaufmann wird in der Darstellung von von Martens als in allen wesentlichen Fragen so übereinstimmend mit Goetz geschildert, dass seine Ansichten ohne weiteres auch als die von Goetz gelten können.[12]

Explizit wird die Situation der exilierten und der nicht-exilierten Deutschen in einem Brief von Curt Goetz an Arthur Schröder gegenübergestellt, den von Martens ebenfalls in ihren Text übernimmt und in dem Goetz über die Zeit des Exils schreibt. »Uns ist es körperlich gutgegangen, wir haben in Sonnenschein und Überfluß gelebt, so wenig wir das in unserer seelischen Einsamkeit genossen haben. Aber auch unsere seelischen Leiden lassen sich nicht mit der Heiligkeit der Euren vergleichen. Doch laßt uns nicht mehr von der Vergangenheit reden, sondern nur noch von der Zukunft« (S. 437 f.). Die Nachkriegsdebatte zwischen Innerer und Äußerer Emigration um eine gegenseitige Aufrechnung der Leiden wird hier von Goetz auf den Kopf gestellt, indem er als Exilierter die Argumentation der in Deutschland Gebliebenen übernimmt. Der Verweis auf Sonnenschein und Überfluss, den die Exilierten genossen hätten, erinnert an die »Logen und Parterreplätze des Auslandes«, die Frank Thieß in seinem offenen Brief an Thomas Mann 1945 der Emigration zum Vorwurf machte.[13] Goetz scheint hier allerdings genau diese Position der Inneren Emigration zu akzeptieren. Er erklärt es für unmöglich, die Leiden von Innerer und Äußerer Emigration gegeneinander aufzuwiegen, allerdings aus dem Grund, dass der Inneren Emigration eine ganz andere Qualität von Leiden bescheinigt werden muss, mit denen die Nöte der Exilierten zu vergleichen ein Frevel gegenüber den Deutschen in Deutschland wäre. Nach dieser Klarstellung kann Goetz dann die Diskussion für beendet erklären.

Diese Einstellung macht es ihm möglich, sofort nach seiner Rückkehr nach Europa an die Zeit vor dem Krieg anzuknüpfen.[14] Schon im ersten Kapitel, das sich mit der Rückkehr beschäftigt, wird die Vergangenheit zu den Akten gelegt. Nach der ersten Premiere des Ehepaares Goetz / von Martens im Zürcher Schauspielhaus »saß man, wie früher immer, mit den Kollegen bei einem Glas Pilsner« (S. 440). Die versöhnliche Atmosphäre, die sich über die Vergangenheit legt, wird auch weiterhin von von Martens hoch geschätzt. Anlässlich eines Auftritts in Wien findet das Ehepaar nach der Vorstellung ihren Wagen vom Publikum bekränzt. »Und das alles in dem armen und zerschlagenen Wien! Auch ausgebrannt und frierend blieb sein Herz warm fürs Theater, und noch als Ruine war es *gemütlich*« (S. 444). Dieselbe positiv konnotierte Gemütlichkeit führt sie auch ins Feld, wenn es um den von Verdrängung geprägten Umgang der Wiener mit den Exilierten geht, wie sie anhand der Bemerkung eines Beamten, der sich mit den materiellen Forderungen einer Heimkehrerin konfrontiert sieht, deutlich macht: »Sogar in kitzligen Fragen obsiegte die Wiener Gemütlichkeit. (...) ›Überlegn mir amal zusammen, Gnädigste: Wer hat von den (sic!) Hitler profitiert? Wer? Die Emigranten! (...) Während wir hier die Bombennächte ham erdulden müssen, haben die sich alles aus der Losche der Emigration anschaun können‹« (S. 448). Diesen Aussagen, die mit dem Verweis auf die »Logen der Emigration« erneut einen direkten Bezug zur Argumentation der Inneren Emigration aufweisen, wird nicht widersprochen.

Die Wiener »Gemütlichkeit« ist nicht der einzige Ausdruck einer ungebrochenen, positiv erlebten Kontinuität. Seinen Text beginnt Goetz etwa mit der Beschreibung seiner Heimatstadt Halle an der Saale. Er zeichnet dabei eine Idylle, die von den Ereignissen des Krieges unangetastet geblieben ist:

»Wer kennt sie nicht: die Moritzburg und die Ruine Giebichstein! Welch trutzige Festen! Erst kürzlich übertrotzten sie das Tausendjährige Reich, ohne sich umtaufen zu lassen« (S. 10). Später stellt von Martens noch einmal klar, dass es »unser altes Deutschland« war, durch das die Nachkriegstourneen führten (S. 452). Die Zeit des Nationalsozialismus hat also in dieser Darstellung in keiner Hinsicht in Deutschland bleibende Schäden hinterlassen.

Genau diese Ansicht kann Fritz Kortner nicht teilen. Schon der erste Satz seiner Autobiografie, »Vor dem gewaltsamen Hitlertod war ich aus Deutschland geflohen und kehrte zurück, um viele Jahre dem natürlichen Tod näher« (S. 5). deutet an, in welch hohem Maße auch Kortner den Nationalsozialismus und seine Folgen mit der Person Hitlers zu identifizieren bereit ist. Dieser wird allerdings nicht wie bei von Martens auf eine rein pathologische Dimension reduziert, sondern auf bestimmte soziale Voraussetzungen zurückgeführt. »(F)ür ihn (gemeint ist Hitler, d. Verf.) ist das Land verantwortlich zu machen, das ihn hervorbrachte. (...) (So etwas wächst) nicht aus dem Nichts. So etwas hat Vorgänger und sinkt als Typus bei fortschreitender Zeit von Stufe zu Stufe bis zu diesem Untermenschen herab. Er war der Endpunkt einer Entwicklung« (S. 56). Richard Critchfield sieht die Autobiografie Fritz Kortners nicht zuletzt durch sein Verhältnis zu Deutschland bestimmt. »The tension running through Kortner's autobiographical texts (...) is in extricably linked to Kortner's highly problematical and contradictory relationship to Germany (...).«[15] Man könnte hinzufügen, dass die Beziehung Kortners zu Österreich, dem Land, das Hitler »hervorbrachte«, in ähnlicher Weise konstitutiv für seine Autobiografie ist. Tatsächlich bilden die Stadt seiner Kindheit, Wien, und die Stadt seiner künstlerischen Heimat, Berlin, zwei Pole, die von Kortner ständig direkt oder indirekt zueinander in Beziehung gesetzt werden. Dabei macht Kortner schon im ersten Kapitel deutlich, dass sein Verhältnis zu Wien nachhaltig gestört ist: »Ich stehe nicht gut mit Wien. Früher nicht und jetzt schon gar nicht« (S. 7). Kortner reflektiert diese Einschätzung: »Was ist vorgefallen zwischen Wien und mir? Die unmittelbar zu Ende gegangene politische Ära kann es nicht sein, denn sonst würde es mich auch in Deutschland stören, und dort duldet es mich. Es duldet mich. Aber es duldet mich nicht in Wien« (S. 14). Die Antwort auf diese Frage ist, auch wenn das dem Zitat zunächst zu widersprechen scheint, aufs engste mit seiner Position zum Nationalsozialismus verbunden. Entscheidend ist für Kortner in diesem Zusammenhang aber nicht das Phänomen Nationalsozialismus an sich, denn dieses ist Deutschland und Österreich ja in der Tat gemeinsam. Entscheidend sind für Kortner die Bedingungen, unter denen der Nationalsozialismus entstehen konnte. Diese sind für Kortner nicht zuletzt in einer bestimmten Mentalität und bestimmten gesellschaftlichen Dispositionen zu suchen. Und mit diesen Dispositionen sieht sich Kortner in Wien sehr viel unmittelbarer konfrontiert

als in Berlin.[16] Dabei spielen die zentralen antisemitischen Erfahrungen seiner Kindheit, die eine konstitutive Bedeutung für die gesamte Autobiografie haben, die prägende Rolle: »Die erste Begegnung mit den sich schon in
meiner Kindheit abzeichnenden Rohlingen, den Judenmord im viehischen
Auge, fand eben in Wien statt« (S. 57).

Kortner lässt an seinem Rückkehrwillen während der gesamten Exilzeit
keinen Zweifel und betont entschieden seine Verbundenheit mit Deutschland: »Denn uns ging Deutschland nicht aus dem Kopf. Ich hing und hing
daran« (S. 199). Den »geradezu exzessiven Enthusiasmus für das sogenannte andere, gute Deutschland« muss Kortner allerdings nach seiner Rückkehr
relativieren (S. 393). Die Struktur seines Textes, der die eigentliche Erinnerungshandlung in eine in den späten 1950er Jahren, also zur Zeit der
Niederschrift spielende romanhafte Rahmenhandlung einbettet, ist darauf
ausgelegt, immer wieder Kontinuitäten, die aus der Vergangenheit in die Gegenwart der Bundesrepublik, die für ihn »noch kein nachhitlerischer Staat
geworden ist«, reichen, herauszustellen (S. 437). Die Kontinuitäten gelten
zum einen im Hinblick auf die politische Verfasstheit des Adenauer-Staates,
die er mehrfach ausdrücklich kritisiert. Tatsächlich weist das »vierte Deutsche Reich« für ihn »so viel Züge der ihm vorangegangenen« auf (S. 431).
Insbesondere die hohe Zahl ehemaliger Nazi-Beamten in der Verwaltung der
Bundesrepublik und die Haltung der westdeutschen Regierung zur Wiederbewaffnung greift Kortner scharf an.[17] Andererseits sind es die Schwierigkeiten, die er bei der Fortsetzung seiner Theater-Arbeit erfährt, die es ihm
unmöglich machen, das Exil als abgeschlossen zu betrachten. Der Grund
hierfür sind wiederum Kontinuitäten sowohl künstlerischer wie auch personeller Art, die sich aus der Nazi-Zeit in das bundesrepublikanische Theatersystem ziehen (S. 382). Die Wahrnehmung eines im Grunde unabgeschlossenen Exils deutet sich an, wenn Kortner Brechts Einschätzung von 1933,
das Exil werde 40 Jahre dauern, als nur »scheinbaren« Irrtum bezeichnet
(S. 324). Sie wird explizit, wenn Kortner über die nationalsozialistische Vergangenheit schreibt: »Eine merkwürdige Vergangenheit. Eine, die nicht vergehen will, (...) sondern in der Gegenwart noch gegenwärtig ist (...)« (S. 70).
So überrascht es nicht, dass die Kortners am Ende nur so tun, als ob sie in
Deutschland »zu Hause wären« (S. 446).

Autobiografien liefern als veröffentlichte individuelle Erinnerungen auch
einen Beitrag zum kulturellen Gedächtnis einer Gesellschaft. Somit sind sie
Teil der Auseinandersetzung um die Deutungshoheit über die Vergangenheit. Im Falle der Autobiografie von Curt Goetz und Valérie von Martens
haben wir es mit einem Text zu tun, in dem die Autoren das Exilerlebnis für
sich als abgeschlossen und in einen sinnvollen Lebenszusammenhang integriert ansehen. Das ermöglicht es ihnen hinsichtlich der Wertung des Exils
Positionen zu übernehmen, die von der Inneren Emigration geprägt worden

waren, und somit gesellschaftliche Mentalitäten der 1950er und frühen 1960er Jahre fortzuschreiben, die dahin gehen, die deutsche Bevölkerung in der Schuldfrage zu entlasten und die Zeit des Nationalsozialismus als abgeschlossen zu betrachten. Fritz Kortners Perspektive auf die Vergangenheit ist dagegen geprägt von der Wahrnehmung eines andauernden Exils. Aus dieser Position heraus versucht er, gegen die gerade genannten bundesrepublikanischen Mentalitäten anzuschreiben.

1 Vgl. Curt Goetz, Valérie von Martens: *Memoiren. Die Memoiren des Peterhans von Binningen. Die Verwandlung des Peterhans von Binningen. Wir wandern, wir wandern ...* Stuttgart 1963, S. 436 f. Der erste und der Beginn des zweiten Teils der dreibändigen Autobiografie stammt aus der Feder von Curt Goetz. Nach dessen Tod vollendete Valérie von Martens den zweiten und verfasste den dritten Band der Erinnerungen, der vor allem die Zeit des Exils thematisiert. — 2 Vgl. Fritz Kortner: *Aller Tage Abend. Autobiographie.* München 1996, S. 392 f., S. 421, S. 425, S. 431. — 3 Damit folge ich Theorien in der neueren Forschung zur Autobiografie, die den fiktionalen Charakter der Gattung betonen und grundsätzlich eine Übereinstimmung von literarischem und vorliterarischem Ich in Frage stellen, ohne eine völlige Referenzlosigkeit der Gattung zu behaupten. Vgl. dazu u. a.: Carola Hilmes: *Das inventorische und das inventarische Ich. Grenzfälle des Autobiographischen.* Heidelberg 2000; Michaela Holdenried: *Autobiographie.* Stuttgart 2000. — 4 Tatsächlich war Goetz einer der meistgespielten Dramatiker im nationalsozialistischen Deutschland. Vgl. Wigand Lange: *Theater in Deutschland nach 1945. Zur Theaterpolitik der amerikanischen Besatzungsbehörden.* Frankfurt/M. 1980, S. 141. — 5 Vgl. auch Goetz, von Martens: *Memoiren* (s. Anm. 1), S. 303, S. 186, S. 289 f. Diese »Erfolge« von Goetz lassen die Nazis zwar als lächerlich erscheinen, überblenden dabei aber völlig die tatsächlichen Machtverhältnisse. — 6 Ebd., S. 308: »Jeder macht sich seine Vorstellung von Amerika. Einer sieht in Gedanken Wolkenkratzer, ein anderer Menschengewühl auf Straßen, in Kaufhäusern und Speisehallen, ein dritter stellt sich achtfache Fahrbahnen vor, die unter- und übereinander verlaufen, und einer träumt von *parties* mit schäumendem Sekt, schmuckbeladenen Frauen, angebetet von *playboys*.« — 7 Vgl. dazu ebd., S. 355, S. 376, S. 383, S. 425. — 8 Kortner betrachtet sich tatsächlich ausschließlich als »jüdischen Emigranten«. Matthias Brand dagegen weist darauf hin, dass Kortner nicht nur auf Grund seiner jüdischen Herkunft gezwungen war, das Land zu verlassen, sondern nicht weniger aus »politisch-ästhetischen Gründen«. Vgl. Matthias Brand: *Fritz Kortner in der Weimarer Republik. Annäherungen an die Entwicklung eines jüdischen Schauspielers in Deutschland.* Rheinfelden 1981, S. 233. — 9 Zu den Spionagevorwürfen vgl. Hans-Albert Walter: *Deutsche Exilliteratur 1933–1950.* Bd. 3: *Internierung, Flucht und Lebensbedingungen im Zweiten Weltkrieg.* Stuttgart 1988, S. 487. — 10 Bezeichnend für von Martens' Blick auf die Exilierten ist, dass sie etwa auch Elisabeth Bergner ziemlich unverblümt unterstellt, Deutschland nur aus gekränkter Eitelkeit verlassen zu haben. Vgl. Goetz, von Martens: *Memoiren* (s. Anm. 1), S. 292. — 11 Vgl. ebd., S. 446, S. 449. — 12 Vgl. ebd., S. 142 f. — 13 Vgl. Frank Thieß: »Die innere Emigration«. In: *Münchener Zeitung,* 18.8.1945. Zitiert nach: Klaus Schröter (Hg.): *Thomas Mann im Urteil seiner Zeit. Dokumente 1891–1955.* Hamburg 1969, S. 336 ff. — 14 Tatsächlich haben die Stücke von Curt Goetz auf dem ersten deutschen Nachkriegsspielplan eine prominente Rolle gespielt. Vgl. Peter Mertz: *Und es wurde nicht ihr Staat. Erfahrungen emigrierter Schriftsteller mit Westdeutschland.* München 1985, S. 39 f. — 15 Richard D. Critchfield: »Fritz Kortner and Anti-Semitism«. In: Karl Menges (Hg.): *Literatur und Geschichte. Festschrift für Wulf Koepke zum 70. Geburtstag.* Amsterdam, Atlanta 1998, S. 217. — 16 Tatsächlich erkennt Kortner gerade in der Mentalität der Berliner ein erhebliches Widerstandspotenzial gegenüber dem Nationalsozialismus. Vgl. Kortner: *Aller Tage Abend* (s. Anm. 2), S. 108 f. — 17 Vgl. ebd., S. 343, S. 353, S. 432 f.

Sabine Rohlf

»Zuhause war ich nur noch an irgend einem Schreibtisch«

Autobiografie, Exil und Autorschaft in Texten von Irmgard Keun und Adrienne Thomas

»Zuhause war ich nur noch an irgend einem Schreibtisch«[1] – mit diesem Kommentar zu ihrer Odyssee durch verschiedene Exilländer macht Adrienne Thomas eine bemerkenswerte Aussage: Nicht die Liebe zu einem Menschen oder einem Land, nicht ein politisches Zuhause, eine Partei oder Widerstandsgruppe, sondern ein Tisch gibt Halt und bildet eine Art Heimatersatz. Nun ist es nicht irgendein Möbel, sondern eine für Frauen ihrer Zeit hart erkämpfte, symbolträchtige und gefährdete Positionierung: Der Arbeitsplatz der Schriftstellerin. Adrienne Thomas gehört wie ihre acht Jahre jüngere Kollegin Irmgard Keun zu jenen Autorinnen, die sich in der Weimarer Republik einen Namen machten und die ihre gerade begonnenen Karrieren nach 1933 jenseits der deutschen Grenzen fortzusetzen versuchten.

Wie schwierig das war, hat die Forschung an vielen Beispielen gezeigt: Die ohnehin schlechten Lebens- und Arbeitsbedingungen des Exils verschärften sich durch geschlechtsspezifische Benachteiligungen weiter, und gegenüber Nationalsozialismus und Krieg verblassten die in der Weimarer Republik geführten Diskussionen um Geschlechterrollen und »Neue Frau«. Die genauen Auswirkungen des Exils auf das Leben und Selbstverständnis von Frauen bleiben weiter zu analysieren, festzuhalten ist jedoch jetzt schon, dass viele weibliche Karrieren endeten und auch antifaschistische AutorInnen konservative Geschlechterbilder kultivierten.[2] Klaus Mann kritisierte Letzteres schon 1934 im Hinblick auf das Bild männlicher Homosexueller in antifaschistischen Texten.[3] Ein Beispiel für stereotype, möglicherweise gut gemeinte, aber doch abwertende Weiblichkeitsbilder, die den Beruf der Schriftstellerin betreffen, bietet er selbst in dem mit Schwester Erika gemeinsam verfassten Buch *Escape to life*, das in den USA Interesse und Sympathien für die Flüchtlinge aus dem deutschen Machtbereich wecken sollte. In einer Passage über den großen internationalen Erfolg der Kolleginnen Adrienne Thomas, Christa Winsloe, Gina Kaus und Irmgard Keun wird gefragt, »warum gerade diese weiblichen Talente den Ton und die Themen finden, von denen auch Leser in Istanbul oder in London, in Boston oder Rio de Janeiro berührt und gefesselt werden; während Männer, die ihnen an schriftstellerischen und intellektuellen Gaben weit überlegen sein mögen, oft abseits ste-

hen, ihre Werke nur für ein paar hundert Kenner schreiben oder sie gar nicht
mehr veröffentlichen können.«[4] Die Antwort nimmt traditionsreiche
Zuschreibungen vor: »Alle Frauen haben die entscheidenden Interessen-
sphären – ob es sich um Mutterschaft oder Küche, um Kleidung oder um
Flirt, um große Schmerzen oder kleine Freuden handelt – durchaus gemeinsam. Von den Männern läßt sich das gleiche kaum behaupten (...) Wenn eine
Berlinerin von dem erzählt, was ihr Herz bewegt, wird es auch das Herz einer
Dame in Kapstadt bewegen. Die Frauen sind natürlichere Wesen als die Männer. Die Natur verständigt sich überall mit sich selbst. Sie sind auch realisti-
schere Wesen als die Männer. Das gemeinsame Interesse für *Dinge* hebt die
geistigen Unterschiede und Spannungen auf. Die Männer, vom Geist beses-
sen, reden hartnäckig aneinander vorbei. Eine Frau spricht – ganz einfach
und ohne auf ›die Welt als Wille und Vorstellung‹, den ›kategorischen Imperativ‹ oder die ›Menschenrechte‹ irgend Bezug zu nehmen – davon, daß ihr
Kind die ersten Zähne bekommen hat, daß ›die Herren Blonde bevorzugen‹,
daß Katzen hübsch sind, daß die Liebe sehr wehtun kann – und alle Frauen
der Welt bekommen gleich feuchte Augen.«[5]

Die hier vorgenommene Unterscheidung zwischen männlicher Ratio und
weiblicher Natur zeigt an, wie geläufig diese Binarität Ende der 1930er
Jahre noch war. Obwohl die in Geschlechterfragen vergleichsweise differen-
zierten Geschwister Mann eine Seite zuvor Keuns *Nach Mitternacht* als
»stärkste, anschaulichste Darstellung des alltäglichen Lebens im Dritten
Reich«[6] rühmen, bleibt ihr wie den Kolleginnen keine Stereotype erspart:
Der ihnen neben ihrer vermeintlichen Naturnähe attestierte Realismus
beschränkt sich auf Küche, Kleider, Kinder, Männer und Katzen, während
Fragen der Moral und der Menschenrechte in der geistigen Sphäre des Mannes angesiedelt werden.

Wie positioniert eine Schriftstellerin sich in einem derart vorstrukturier-
ten Feld? Wie ordnet sie sich in einen Diskurs ein, der literarische und politische Autorität trotz aller Emanzipationserfolge zuerst und vor allem dem
männlichen Geschlecht zuschrieb? Wie bezieht sie den zeithistorischen Kontext ein, der sich ja keineswegs auf harmlose Themen einschränken ließ, formuliert sie gar so etwas wie eine ästhetisch-politische Position? Um diesen
Fragen nachzugehen, möchte ich zwei autobiografische Arbeiten von Autorinnen vorstellen, die laut Klaus und Erika Mann als Produzentinnen typischer »Frauenliteratur« gelten können.

Irmgard Keun wie Adrienne Thomas haben in kurzen Texten über ihre
Zeit als Exilautorin Auskunft gegeben, aus dem einen, dem 1944 verfassten
Vorwort zu Adrienne Thomas' Exilroman *Reisen Sie ab, Mademoiselle!*, wur-
de bereits zitiert und zwar ein Satz, mit dem Thomas ihrer Arbeit große
Bedeutung zumisst. Auch Keun rückt das Thema Schreiben in den Mittel-
punkt ihrer 1947 erstmals veröffentlichten *Bilder aus der Emigration* und

ordnet sich hier einem ganz anderem Terrain als dem der Populärautorinnen zu. Die beiden gegen Ende des Krieges bzw. in der unmittelbaren Nachkriegszeit veröffentlichten Texte geben Gelegenheit zu analysieren, wie sich zwei Schriftstellerinnen als Autorin im Exil, als schreibendes und im Reflex auf die historische Situation durchaus auch politisches Subjekt präsentieren.

Als kurze Texte, die sich auf einen Ausschnitt des Lebens, ja einzelne Aspekte konzentrieren, provozieren sie die Frage, ob sie überhaupt der Gattung »Autobiografie« zuzuordnen sind bzw. wie diese Gattung eigentlich zu definieren sei. Ich schließe mich in dieser Frage Georg Misch an, der im Jahr 1907 bemerkte: »Diese Literaturgattung entzieht sich einer Definition noch hartnäckiger als die gebräuchlichsten Formen der Dichtung. Sie läßt sich kaum näher bestimmen als durch Erläuterung dessen, was der Ausdruck besagt: die Beschreibung (*graphia*) des Lebens (*bios*) eines Einzelnen durch diesen selbst (*auto*)«[7]. Und füge hinzu, dass besagtes Selbst hier in beiden Fällen weiblich ist und nicht allein vom Leben, sondern auch vom Schreiben berichtet.

Irmgard Keun: *Bilder aus der Emigration*

Es gibt wohl kaum eine Autorin, deren Lebensgeschichte so viele Irritationen auslöste wie Irmgard Keun. Das um fünf Jahre geschönte Geburtsdatum wie die Falschmeldung über ihren Freitod im *Daily Telegraph* vom 16. August 1940 sind nur zwei Beispiele für die Fehlinformationen, die über ihr Leben kursieren. Ihre widersprüchlichen, lückenhaften und irreführenden Selbstauskünfte haben die Forschung zur Spekulation, aber auch zur akribischen Recherche getrieben und ganz unterschiedliche Keun-Bilder hervorgebracht: Während Jürgen Serke die Autorin in *Die verbrannten Dichter* als nicht nur verfolgte, sondern verhaftete und gefolterte Widerstandskämpferin wiederentdeckte und sich bei seinen Ausführungen vor allem auf Interviews stützte, fand in späteren Arbeiten Keuns ambivalentes Verhältnis zum NS-Literaturbetrieb besondere Aufmerksamkeit, denn ihr Exil begann 1936 nach vergeblichen Versuchen sich mit dem nationalsozialistischen Literaturbetrieb zu arrangieren. Es endete 1940 mit der Rückkehr nach Deutschland, wo sie den Krieg halb versteckt, halb geduldet, ohne jede Publikationsmöglichkeit verbrachte. Hiltrud Häntzschels Biografie, die auch Keuns Ehenamen Tralow und somit eine spezifische Überlieferungsklippe weiblicher Biografien berücksichtigte, brachte bisher die genaueste Darstellung hervor.[8]

Der 1947 erstmals veröffentlichte kurze Prosatext *Bilder aus der Emigration*[9] gilt als einzige autobiografische Veröffentlichung der Autorin, das heißt, als der einzige Text, in dem ein als Irmgard Keun identifizierbares »Ich« Auskunft über eine Phase seines Lebens, genauer: Frühjahr und Sommer 1935, gibt. Doch schon die historische Exaktheit versprechende Datierung erweist sich als doppelter Boden, denn Keun befand sich 1935 noch in Deutschland und betrieb die Aufnahme in die Reichsschrifttumskammer und die Verlagsverhandlungen mit dem Amsterdamer Allert de Lange Verlag. Der Text bringt ein kompromittierendes Jahr zum Verschwinden[10] und strapaziert jenen »referentiellen Pakt«, der laut Philippe Lejeune dafür sorgt, dass die Autobiografie als Verweis auf eine außertextuelle Realität imaginiert werden kann.[11]

Als eher literarisch gestalteter denn dokumentarischer Rückblick weist *Bilder aus der Emigration* sich neben der Fehldatierung durch weitere Merkmale aus: So ist seine Komposition nicht die eines fortlaufenden Erfahrungsberichtes, sondern ein in Jahreszeitenabfolge arrangiertes Set von Anekdoten, Reflektionen und Porträts. Schilderungen des Exilalltags und Stimmungsbilder aus dem belgischen Seebad mischen sich mit Gedanken zu Exil und Nationalsozialismus, mit der Beschreibung einzelner Menschen, skurrilen Episoden und Reflektionen über das Schreiben jenseits deutscher Grenzen. Die erzählte Zeit erstreckt sich von den Frühlingsstürmen bis in den Herbst, eingearbeitet sind Vor- und Rückblenden in spätere Exilzeiten und die Zeit vor der Abreise aus Deutschland. Den 25 Prosaseiten waren bei ihrer Erstveröffentlichung 1947 elf Gedichte zur Seite gestellt, Texte also, die ja nicht unbedingt als autobiografisches Genre gelten. Diese Gedichte reflektieren die Situation des Exils, kreisen um Themen wie Trauer, Heimatverlust, Wahnsinn und Schmerz und schlagen einen für Keun selten ernsten Ton an. Ich werde mich im Folgenden weitgehend auf den Prosatext konzentrieren.

Bilder aus der Emigration stellt zunächst das autobiografische Ich in den Mittelpunkt, schildert Zeitpunkt und Hintergrund der Abreise: »Im April 1935 fuhr ich nach Ostende. Ich verreiste nicht, ich wanderte aus, und ich war keineswegs sicher, daß ich noch einmal wiedersehen würde, was ich verließ« (5). Wer »ich« ist, wird übrigens nirgends gesagt. Die Verbindung zu Keun stellt sich über den Namen auf Buchdeckel und Deckblatt her, Hinweise auf ihre literarische Karriere vor 1933 fehlen vollständig, das Alter bleibt unbestimmt und selbst das Geschlecht erschließt sich nur aus wenigen Hinweisen. Die Verbindungen zur Autorin stellen sich im Text allein durch ihre tatsächlichen Bekanntschaften mit dort genannten Personen, ihre Exilstationen und Hinweise auf ihren Roman *Nach Mitternacht* her, der allerdings ebenfalls nicht namentlich genannt wird. Definiert wird dieses Ich zunächst über sein Verhältnis zum nationalsozialistischen Deutschland, daran werden erste Hinweise auf die eigene Arbeit (und besagten Roman) geknüpft, wenn es heißt: »Immer noch zögerte ich, nun selbst mit Schreiben anzufangen und für mein Buch ein Deutschland der Nationalsozialisten lebendig werden zu lassen mit braunen SA-Männern, fischäugigen Gestapo-Mördern und schwachsinnig-fanatischen Stürmer-Verkäufern« (4). Diese Arbeit bedeute eine Reaktivierung jenes Hasses, »den ich nie loswerden kann und will, den ich aber einmal für kurze Zeit vergessen wollte, denn ich hatte mich manchmal schon ganz zerfetzt gefühlt von Haß« (5).

Und so wechselt der Text auch zunächst das Thema und stellt den Lesern Keuns Kontakte der ersten Exilzeit vor – Madame Lorion, eine in Horoskopen versierte Toilettenfrau, die »Apotheker-Zwillinge«, zwei Greise, deren hervorstechendstes Merkmal ein absoluter »Mangel an Bösartigkeit« (8) sei und schließlich noch das Zimmermädchen Marguerite. Das Schöne an ihr: Sie klopft so ganz anders als die Gestapo, schreibt Keun, um sich dann auf anderthalb Seiten den teilweise kommerziell orientierten Liebesdingen der neuen Freundin zuzuwenden. So belanglos diese Begegnungen auf den ersten Blick erscheinen mögen, sie alle unterstreichen den mit einiger Ironie gestalteten Kontrast zwischen der gerade verlassenen, bedrohlichen und bedrückenden Heimat und einer befreiend-unspektakulären Normalität des Exilortes.

Die Kollegen

Einen großen Teil ihres Textes widmet Irmgard Keun ihren Kollegen Egon Erwin Kisch, Stefan Zweig, Ernst Toller und Joseph Roth, die sich nach und nach zu ihr gesellen. Während Kisch vor allem als freundlicher Mensch und – zusammen mit seiner Frau – als angenehme Gesellschaft auftaucht, werden die anderen drei in ihren persönlichen wie literarischen Eigenarten porträtiert: Keun beschreibt ihre Arbeitsplätze in unterschiedlichen Lokalen und beschwört eine Art Bohèmewelt im Exil: »Später, als noch mehr Kollegen nach Ostende kamen, hatte jeder ein bestimmtes Café, in dem er an einem stets gleichen Tisch eine Art Dauer-Büro errichtete. Man besuchte einander in den Büros, und besonders gern ließ Kesten sich besuchen, um sich mit heiterem Schwung in ein literarisches Gespräch zu stürzen« (13).

In den drei Autoren-Porträts erweist sich Keun als kundige, sensible und ernsthafte Kommentatorin der Arbeit und der Nöte ihrer berühmten Kollegen. Sie beschreibt die Melancholie Stefan Zweigs, den Humor Hermann Kestens, die Lebensfreude wie die Verzweiflung Ernst Tollers, die selbstzerstörerische Traurigkeit des Freundes Joseph Roth. Sie fasst eigenwillig, aber durchaus treffend zusammen, was und wie diese Männer schrieben. Und sie berichtet davon, wie Zweig, Roth und Toller am Exil zerbrechen, sich das Leben nehmen bzw. im Falle Roths »indirekte(n) Selbstmord« (20) begehen. Hiltrud Häntzschel macht darauf aufmerksam, dass Keun Stefan Zweig in einem Brief an Arnold Strauss viel weniger freundlich darstellt als in *Bilder aus der Emigration*.[12] Man kann hier eine weitere Keun-typische Inkongruenz zwischen zwei autobiografischen Zeugnissen feststellen. Gleichzeitig lohnt es, nach der Funktion des Geschriebenen zu fragen wie Thomas Unger, der *Bilder aus der Emigration* als Akt der Erinnerungsarbeit interpretiert, als an eine auf den Nachkriegsdiskurs um Exil und Innere Emigration weisende Würdigung toter Kollegen und als Ansatz einer »politischen Produktionsästhetik der Exilliteratur«[13]. Diese Ästhetik zeige sich in Keuns in engem Zusammenhang mit den Autorenporträts entwickelten Überlegungen über Traurigkeit und Hass: Nur wer hasst, so ihr Fazit, kann auf Dauer produktiv bleiben, ja überleben, und mit Hass beginnt ja auch ihr eigener Text.

Ergänzt wird diese wenig feminine Überlebensformel Keuns von einer Bewertung dessen, was unter den Bedingungen des Exils geschrieben wurde. Auf ihre Art formuliert sie in dieser Passage eine Antwort auf den mangelnden Erfolg von bekannten Exilautoren mit überlegenen »schriftstellerischen und intellektuellen Gaben«[14]. Keuns Aufzählung historischer Stoffe legt den schlichten Schluss nahe, dass die gewählten Themen zu gegenwartsfern waren: »Kesten schrieb einen Roman über Philipp II., Roth einen Roman über das alte Oesterreich, Zweig einen Roman über Erasmus von Rotterdam, Thomas Mann über ›Lotte in Weimar‹, Heinrich Mann über Henri IV., Feuchtwanger über Nero. Leonhard Frank hatte zuletzt den Roman ›Traumgefährten‹ geschrieben, der jenseits aller Zeit und Wirklichkeit mit kostbarer Zartheit das gespensterhaft grausame und blumenhaft unmenschliche Leben in einem Irrenhaus schilderte.

Alle diese Schriftsteller hatten früher einmal die gegenwärtige Wirklichkeit in ihre Sprache übersetzt und ihr die Kritik geschrieben, die ihnen ihr Temperament und ihre Persönlichkeit diktierten« (24).

Keun erklärt das diesen Projekten zugrunde liegende Dilemma, weist auf die strenge Zensur in und den wachsenden Abstand von Deutschland sowie den Umstand, dass der Offenheit auch im Exilland Grenzen gesetzt waren, sei es aus Dankbarkeit und Höflichkeit gegenüber dem Gastland, sei es aus Rücksicht gegenüber Schicksalsgenossen, denen man mit wirklichkeitsnahen Schilderungen ihrer Überlebensstrategien nur geschadet hätte (25 f.). Selbst noch nah genug an der deutschen Wirklichkeit, verfasste sie ihrerseits, das erfährt man im Verlauf des Textes, einen Roman über Nazideutschland. Hier kann es sich nur um *Nach Mitternacht* handeln, der 1937 bei Querido in Amsterdam erschien und in der Exilpresse sehr positiv aufgenommen wurde. Ihr Text stellt also klar, dass sie Ansprüche verwirklichte, die ihre Kollegen nicht (mehr) einlösen konnten. Doch sie räumt ein, dass sie danach vor den gleichen Problemen stand wie diese: »Was ich über das nationalsozialistische Deutschland, so wie ich es kannte, zu schreiben hatte, hatte ich geschrieben. Noch einen Roman konnte ich darüber nicht schreiben« (24). Was nun? – scheint sie zu fragen, eine Antwort gibt der Text nicht oder nur indirekt, wenn sie ihn mit dem französischen Kinderlied *Au clair de la lune* enden lässt, in dem es heißt:

Au clair de la lune
Mon ami Pierrot,
Donne moi ta plume
Pour écrire un mot.

Donne moi ta plume / Pour écrire un mot – diese Zeilen bilden, noch einmal wiederholt, einen Schluss, der die absurde, ja groteske Situation der ratlosen Autorin in einer melancholischen Pointe zusammenfasst. Mit der Bitte um die Feder des Harlekin also lässt Keun ihren einzigen autobiografischen Text enden – ein gar nicht so untreffendes Bild für eine Autorin, die von Kurt Tucholsky (dessen Freitod sie auch erwähnt) als humoristisch gepriesen wurde und die auch im Exil ihren Witz nicht vollständig verlor.[15]

Keun als Autorin

Auf den ersten Blick wirkt es so, als trete Keun in *Bilder aus der Emigration* hinter ihre männlichen Kollegen zurück: Erfahren die Leser doch viel mehr über deren »Dauerbüros«, Schreibhaltung und Bücher als über Keuns eigene Arbeit. Nach anfänglichen Schilderungen der Hemmungen zu beginnen, bleiben die Hinweise auf den Arbeitsprozess und sein Ergebnis spärlich. Titel und Erfolg von *Nach Mitternacht* werden ebenso wenig erwähnt wie ihre früheren oder folgenden Arbeiten. Bedenkt man, dass sie ihre *Bilder aus der Emigration* zu Beginn einer neuen Phase als Autorin – im endlich befreiten Deutschland – publizierte, hätte man sich durchaus andere Formen der Eigenwerbung vorstellen können.

Handelt es sich hierbei um eine typisch weibliche Bescheidenheitsgeste, mit der die eigene Leistung heruntergespielt wird? Selbstverkleinerung hat in autobiografischen Texten von Frauen Tradition[16], und zwar eine, die wie Vicki Baums viel zitiertes »ich bin eine erstklassige Schriftstellerin zweiter Güte«[17] zeigt, durchaus auch moderne Formen annehmen konnte. Und viele Frauen, unter ihnen auch Exilantinnen, stellten ihre Lebensgeschichten in den Dienst ihrer Männer bzw. präsentierten sie so der Öffentlichkeit, ein bekanntes Beispiel wäre hier der Titel von Marta Feuchtwangers Autobiografie *Nur eine Frau*. Weibliche Bescheidenheit (einerlei, ob ironisch, strategisch oder ganz ernsthaft in Szene gesetzt) ist Keun allerdings kaum zu attestieren, dazu stellt sie sich in ihrem autobiografischen Text zu selbstbewusst in den Kreis ihrer Kollegen. Sie beschreibt sich in engem Kontakt mit ihnen und kommentiert ihr Leben und Werk als gleichberechtigte und kompetente Person.

Auch finden sich keine Hinweise auf eine Unterordnung als Lebensgefährtin oder Geliebte. Zwar heißt es einmal im Zusammenhang mit Geldverlegenheiten »Roth und ich« (15), doch bleibt offen, in welcher Verbindung die beiden zueinander stehen. Auch das Gedicht *Für Joseph Roth*[18] sagt nicht, ob hier um einen engen Freund oder (ehemaligen) Geliebten getrauert wird. Es wirkt so, als habe Keun sehr genau gewusst, dass biografische Referenzen für Schriftstellerinnen eine heikle Sache waren und sind, und zwar umso mehr je privater diese Referenzen sich gestalten.[19] Entgangen ist sie diesem Fallstrick trotzdem nicht, die Keun-Rezeption zeigt eindringlich, wie die Texte einer Schriftstellerin zum Belegstellenarsenal für die Interpretation ihres Privatlebens werden können.

Bilder aus der Emigration vermeidet nicht nur eine feminine Unterordnung, sondern auch eine ausdrücklich weibliche Charakterisierung des autobiografischen Ich. Das heißt, es tritt nicht als Geliebte oder Ehefrau, nicht als Person, die Kleider und Badeanzüge trägt, sich für Küche und Kinder interessiert oder Aufmerksamkeit bei Männern erregt, auf. Keun schildert dieses Ich weder als besonders emotional noch als beziehungsorientiert (wie alle anderen Frauen des Textes), kurz, sie lässt es quasi geschlechtslos durch den Text gehen. Ein ganz anderes Bild entwirft Hermann Kestens Nachwort zu *Ferdinand, der Mann mit dem freundlichen Herzen*. Er beschreibt Keun hier als »hübsches junges Mädchen, blond und blauäugig, in einer weißen Bluse, das lieb lächelte und wie ein Fräulein aussah, mit dem man gleich tanzen gehen möchte«[20]. Auch ihre Lippen finden Erwähnung, bevor ihr politisches Temperament gewürdigt wird. Nun muss man nicht unterstellen, der Rekurs auf stereotype Weiblichkeitsmuster sei vollständig ernst gemeint, sei kein Kunstgriff, um Keuns intellektuelle und menschliche Qualitäten besonders hervorzuheben. Vielmehr erinnert Kestens Beschreibung an Kurt Tucholskys viel zitierten Kommentar: »Sie haben Humor wie ein dicker Mann, Grazie wie eine Frau, Verstand, Gefühl, Herz –«[21] der ebenfalls mit dem Kontrast »männlicher« und »weiblicher« Eigenschaften spielt. Doch bleibt zu bedenken, dass eine solche Kontrastierung nur bei Frauen funktioniert: Die typischen Eigenschaften gut aussehender junger Männer werden selten in Kontrast zu ihrer politischen Haltung oder ihren literarischen Talenten ausgemalt, hier passt in der Regel das eine zum anderen. Und es verdient Aufmerksamkeit, dass Keun in ihrer Selbstdarstellung auf solche Effekte vollständig verzichtet, obwohl sie durchaus imstande war, geschlechtsspezifische Eigenarten und die Interaktion der Geschlechter mit leichter Hand und treffsicher zu Papier zu bringen.

Weibliche Räume

Es ist aber nicht so, als habe Weibliches in diesem Text keinen Platz, ja es treten durchaus feminine Frauen auf: Da wären zunächst die schon erwähnten Madame Lorion und Marguerite. Beide konzentrieren sich auf Privates bzw. auf »Frauenthemen«: Die Toilettenfrau fühlt sich mit ihren Amuletten und Horoskopen nur für die Liebe und ihre Begleiterscheinungen zuständig. Marguerites Welt kreist um das männliche Geschlecht in zwar durchaus abgeklärter, aber eben auch klassischer Weise. Mit beiden führt das autobiografische Ich lange Gespräche. Es sitzt mit ihnen vor den Toiletten und in einer billigen Bar, schildert mit Witz ihre Macken und Qualitäten und entwirft im Falle Marguerites nebenbei eine kleine Studie zwischengeschlechtlicher Interaktion an der Grenze zur Prostitution. Über diese Kontakte wird Keun in diesem Text am deutlichsten zur Frau, zumal ihr Madame Lorion gegen Ende des Textes ein Amulett schenkt, das dazu präpariert sei, »der Trägerin reichen Kindersegen zu garantieren« (27). Dass sie aber keine Person ist, deren Leben ausgerechnet auf Kindersegen abzielt, wird gleich mitgesagt: »Auch das noch« (27) schreibt sie, und hat damit zugleich einen Witz gemacht und sich von der traditionellen Frauenrolle distanziert.

Was sollen diese beiden Belgierinnen in diesem Text, neben den »großen« Namen des Exils? Als getreuliche Abbilder wahrer Bekanntschaften, die nun einmal nicht weggelassen werden dürfen, sind sie kaum aufzufassen, denn Keuns Text ist keine getreuliche Schilderung ihres Exils. Ebenso wie sie ihre Exilzeit zu früh beginnen lässt und auf einen Sommer verdichtet, ihre komplizierte Liaison mit Roth ausklammert und Stefan Zweig anders schildert als im Brief, so kann man auch hier davon ausgehen, dass die beiden Geschlechtsgenossinnen zunächst einmal eine erzählstrategische Funktion übernehmen – und sei es nur jene, zwischen all dem Hass und Kummer der Exilautoren für einige unterhaltsame Episoden zu sorgen. Es wurde zudem bereits gesagt, dass die beiden und mit ihnen die greisen Apotheker zu Beginn des Textes eine Gegenwelt zur verschandelten und verlorenen Heimat repräsentieren. Sie stecken aber auch, so meine These, einen Gegenraum zum von Männern und ihrer Perspektive dominierten öffentlichen Leben ab. Madame Lorion wie Marguerite nehmen marginale und wenig attraktive Räume ein, die eine arbeitet in einer Toilette, die andere balanciert am Rande zur Prostitution. Beide agieren in halböffentlichen Sphären intimer Verrichtungen und repräsentieren eine liebenswürdige Lebensnähe, die Keun noch an einer dritten Frauenfigur – diesmal einer Exilantin ausarbeitet. Es handelt sich dabei um die Frau eines selbstmordgefährdeten Arztes, die dem Exil mit Mut und Vitalität begegnet: »Die Frau war tapfer, mit einer gesunden, ursprünglichen Lust am Leben. Sie besaß in sich alle Möglichkeiten, um auch unter schwierigsten Bedingungen einen Weg für sich zu finden. Sie war fleißig, praktisch, geschickt auf hunderterlei Art und ausgerüstet mit allen Erfahrungen einer erbarmungslos harten Jugend. Keinerlei Armut hätte ihr den Mut nehmen können, wohl aber wurde er allmählich zerstört durch die täglichen und nächtlichen Selbstmordgespräche des Mannes (...). Eigentlich gefiel ihr das Neue und Fremde mit all seinen Unsicherheiten und dunklen

Rätseln. Aber das wagte sie kaum noch sich selbst einzugestehen, und kaum
noch wagte sie, sich einmal verstohlen zu freuen, wenn die Sonne voll leuch-
tender Glut schien und das Meer in blanker Heiterkeit erglänzte« (11).

Diese Passage wurde im Zuge der Forschung über Frauen im Exil viel zitiert[22], gilt sie doch als Ausformulierung jener viel beschworenen Talente der
Exilantin, die flexibel, neugierig, zäh und offener auf die neue Umgebung
reagierte als ihre männlichen Schicksalsgenossen. In Keuns Text setzt sich
diese Figur über den suizidgefährdeten Ehemann in Beziehung zu den Exilschriftstellern bzw. deren Tod. Um im Exil zu überleben oder um ganz allgemein mit dem Leben klarzukommen, so könnte man schlussfolgern, ist es
hilfreich, sich »unmännlichen« Sphären zuzuwenden und Lebenstechniken
anzuwenden, die mit herkömmlichen männlichen Kompetenzen wenig zu
tun haben. Dazu passt Keuns auf Madame Lorion bezogene Überlegung, ob
»Zauberer und Kartenlegerinnen nicht zuweilen Psychiatern und Neurolo-
gen vorzuziehen seien. Sie verfügen meistens über eine frischere und un-
befangenere Menschenkenntnis und bieten einem eigentlich mehr. Zum Beispiel stellen sie einem fast immer eine größere Geldsumme in Aussicht« (6).
Die Toilettenfrau wäre somit medizinischen Experten überlegen – diese
scherzhafte Umkehrung gesellschaftlicher Hierarchien lässt sich auch auf
jene nicht sonderlich gebildete, aber lebenstüchtige Exilantin beziehen, deren Arztgatte an der Universität lernte, Leben zu retten, und nun selbst am
liebsten sterben will.

Offenbar scheinen die in diesem Sinne männlichen und weiblichen Sphären schwer aneinander zu vermitteln, Keuns Text führt sie in keiner Figur
zusammen, steckt sie aber immerhin ab. Beide haben Platz in ihrem Text,
der so auf jenem Thema zu bestehen scheint, das auch ihre Romane prägt:
Gemeint ist die Aufmerksamkeit für die Stärken einer »weiblichen« Sicht,
die sich in einer ganz anderen Logik entfaltet als die von großen Worten und
Visionen, das heißt, von männlich konnotierten Qualitäten geprägte Sphäre »großer« Literatur und Politik. Keun selbst ordnet sich in ihrer Selbst-
repräsentation dem Bereich der Schriftsteller zu, der öffentlichen, von Männern dominierten Sphäre. Doch hat sie Zugang zu und Interesse an einer
nichtmännlichen Welt, die ihr statt Antworten auf die professionellen Fragen des Exilschriftstellers Amulette für reichlichen Kindersegen zukommen
lässt, für ihren Beruf also nur begrenzt hilfreich erscheint.

Verschränkung von Biografie und Fiktion

Texte von Autorinnen werden, so der übereinstimmende Befund der femi-
nistischen Forschung, in aller Regel viel stärker biografisch ausgedeutet als
jene ihrer männlichen Kollegen. Da dies meist mit einer Abwertung der ästhe-

tischen Leistung verbunden ist, zwingt diese Rezeptionspraxis Autorinnen, so Anita Runge, »zu spezifischen Kunstgriffen im Umgang mit der eigenen Biographie«[23]. Unter dieser Prämisse gelesen erscheinen Keuns *Bilder aus der Emigration*, die schon im Titel einen direkten Bezug zur eigenen Person vermeiden, wie eine Präsentation eines Lebensabschnitts, der in mehrfacher Hinsicht vom gelebten Leben abgerückt ist: Alles, was die Neugier des Publikums auf private, wenn nicht intime Details anstacheln könnte, wird vermieden. Stattdessen finden sich kleine Episoden, die von anderen Frauen und deren Liebesverwicklungen erzählen, bei denen aber völlig unklar ist, ob sie realen Begegnungen oder der Phantasie der Autorin entsprungen sind.

Einige Figuren des autobiografischen Texts kennen Keun-Leser aus ihrem Roman *Kind aller Länder*: Zum einen den robusten Jungen, der Kisch besucht (und dem im Roman das Mädchen Kully entspricht), zum anderen den »Wiener Kollegen« (16), der Frau und Kind als Pfand für unbezahlte Hotelrechnungen nutzt und jede noch so abenteuerliche Gelegenheitsarbeit annimmt.[24] Ist die hier geschilderte Begegnung mit diesen Menschen der biografische Rohstoff des Romans? Oder fügt Keun umgekehrt fiktive Elemente in ihre Autobiografie? Eine genaue Recherche in den Erinnerungen Kischs und anderer Besucher Ostendes könnte hier zur Klärung verhelfen, doch man kann auch einfach festhalten, dass Keun hier selbst eine Nähe von Leben und Roman, eine verschwimmende Grenze markiert, dabei aber keineswegs sich selbst als »Stoff« inszeniert. Sie ist die Autorin, das Subjekt, nicht das Sujet ihres Schreibens, ohne dabei vollständig in den Autorisierungen und den Anfälligkeiten eines »männlichen«, von den Sphären des Trivialen, Alltäglichen, Weiblichen abgetrennten Schriftstellermodells aufzugehen.

Adrienne Thomas: *Nein und Ja*

Die Überlieferung der Lebensgeschichte von Adrienne Thomas erscheint auf den ersten Blick weniger doppelbödig als jene Keuns. Thomas' Selbstauskünfte sind weder widersprüchlich noch auffallend lückenhaft, es handelt sich hierbei vor allem um kürzere, teilweise unveröffentlichte Texte und Briefe, die Karin Sinhuber in ihrer Dissertation[25] erstmals präsentiert, vor kurzem wurde ihr Tagebuch aus dem Ersten Weltkrieg veröffentlicht.[26] Wie Irmgard Keun, so startete auch Adrienne Thomas ihre Schriftstellerinnenkarriere mit einem viel beachteten Debüt, das allerdings thematisch ganz anders gelagert ist: Während Keuns Erstling *Gilgi, eine von uns* (1931) das Trendthema »Neue Frau« aufgriff, widmete Thomas sich mit *Die Katrin wird Soldat* (1930) den Schrecken des Ersten Weltkriegs und verfasste einen pazifistischen Roman, der am 10. Mai 1933 Opfer der nationalsozialistischen Bücherverbrennungen wurde.

Adrienne Thomas, die Anfang der 1930er Jahre viel reiste, verließ Deutschland 1933 endgültig, um zuerst in die Schweiz und im Juli 1934 nach Wien zu ziehen. Nach dem »Anschluss« Österreichs floh sie nach Frankreich, wo sie 1940 in Gurs interniert wurde. Von hier aus gelang ihr die Flucht in die USA. Bis Kriegsbeginn war sie eine bekannte, finanziell abgesicherte Autorin[27] und verfasste Romane über junge Frauen, die nur wenige Bezüge zum Zeitgeschehen aufweisen, darunter zwei Kinderbücher. Neben ihrem pazifistischen Erstling beschäftigen sich vor allem Thomas' späte Exiltexte *Reisen Sie ab, Mademoiselle!* und *Ein Fenster zum East River* mit den politischen Katastrophen, die ihr Leben prägten. Dieser zeithistorisch-biografische Gehalt wurde von Gabriele Kreis dem »Kitsch« in Thomas' Werk gegenübergestellt. Sie konstatiert eine enge Verschränkung von Leben und Werk in jenen Büchern, die sie für die besseren hält, die anderen klassifiziert sie als »flott geschriebene Träume von der Wirklichkeit«[28] ab und schließt daraus einen tragischen Mangel an kreativem Potenzial: »Adrienne Thomas ist schnell an die Grenzen des ›lebensgeschichtlichen Schreibens‹ gestoßen. Sie sind für sie fatal und tragisch zugleich. Auf eine ebenso einfache wie dramatische Formel gebracht, heißt das: Je mehr sie erlebt, desto mehr schreibt sie. Und desto besser – und am besten, wenn die Wirklichkeit kaum noch Zeit zum Träumen läßt.«[29]

Die Frage nach dem literarischen Wert beschäftigt auf die eine oder andere Art den Großteil der nicht sehr umfangreichen Rezeption, wie bei Kreis wird Thomas' Bedeutung häufig im Rekurs auf die Biografie gesucht.[30]

Begünstigt wurde dieser – für den Umgang mit Autorinnen typische – Fokus dadurch, dass das lebensgeschichtliche Material im Falle Thomas' sehr interessant ist, schrieb sie doch »aus eigener Anschauung«[31] über Themen von weit reichendem historischen Interesse, sei es das Sterben in Kriegslazaretten, antisemitische Gewalt im »angeschlossenen« Österreich oder die Lagerhaft in Gurs. Zudem leugnete sie die Verschränkung von Leben und Werk keineswegs, ja ihr Vorwort zu *Reisen Sie ab, Mademoiselle!* um das es hier gehen wird, unterstützt durchaus eine biografische Rezeption. Allerdings fragt sich, ob der Rekurs auf die eigene Biografie auf eine Unfähigkeit zur kreativen Schreibleistung weist, wie Kreis mutmaßt, oder aber einer ästhetisch-politischen oder strategisch publikumsorientierten[32], also einer professionellen Entscheidung folgte.

Eine Autorin und ihr Manuskript

Mit ihrem Vorwort zum Roman *Reisen Sie ab, Mademoiselle!*, der zuerst 1944 in der schwedischen Übersetzung in Stockholm erschien, schlägt Thomas einen Bogen von ihrem Erfolgsbuch *Die Katrin wird Soldat* zu ihrem Exilroman. Den roten Faden bildet die Frage nach »Ja oder Nein« zum Krieg, die Thomas in beiden Fällen unterschiedlich beantwortet. Im Vorwort begrüßt sie den Kriegseintritt der USA und gibt Argumente für diese radikale Wende gegenüber ihrem pazifistischen Erstling. Anders als Keun, die in ihrem autobiografischen Text keine früheren Arbeiten erwähnt, erzählt Thomas bei dieser Gelegenheit die Geschichte ihres ersten Buches und – mit gut entwickeltem Selbstbewusstsein – zunächst auch die seines Erfolges: »›Die Katrin wird Soldat‹ wurde dann in 15 Sprachen übersetzt, und ich hatte in Deutschland den größten Bucherfolg, den eine Frau dort jemals hatte« (IV).

Damit wäre das »Ich« dieses Textes, sein Beruf und sein Status in einer Weise identifiziert, die an Klarheit nichts zu wünschen übrig lässt. Die Bescheidenheitsgeste folgt allerdings auf dem Fuße, in einer für Autorinnen typischen Figur: Thomas betont, nicht etwa aus persönlichem Ehrgeiz oder Begabung, sondern allein um der guten Sache willen geschrieben und darin letztlich versagt zu haben: »Trotzdem war es der größte Mißerfolg, den ein Buch dieser Art nur haben kann« (IV), denn es war nicht imstande, weitere Gewalt zu verhindern. Thomas bezieht sich mit dieser Anmerkung gleichzeitig auf die Aufgabe engagierter Literatur und auf die traditionsreiche Erwartung an schreibende Frauen, sich selbst nicht wichtig zu nehmen. Dies geschieht allerdings nicht, ohne ihre Verkaufszahlen zuvor klargestellt zu haben.

Im Folgenden wird die Geschichte jenes Buches erzählt, das die Leser in Händen halten, also ihres Exilromans *Reisen Sie ab, Mademoiselle!*. Man erfährt, wo und unter welchen Bedingungen er verfasst wurde, in der »Wohnküche einer kleinen Verkäuferin« (V), »auf einer schönen Besitzung im Wienerwald« (V), in einer »kleinen Stadt bei Paris« (VI) und im Freien, auf einem Flecken Gras im Internierungslager (VIII). Mehrfach wird das Manuskript von der Verfasserin getrennt und auf abenteuerlichen Wegen über Landesgrenzen geschmuggelt. Dies gelingt, wie mit Sinn für spannungsreiche Effekte erzählt wird, unter anderem durch den Mut von Köchinnen oder Offizierstöchtern; einmal wird es bei einer Hausdurchsuchung in Frankreich durch die Autorität eines prominenten Mannes gerettet: »Mein Manuskript hatte schon einer unterm Arm, als der Eintritt eines höheren Beamten es im letzten Moment rettete. Er blätterte in den französischen Ausgaben meiner Bücher und fand, daß mein illustrer Kollege, Jean Giraudoux, damaliger Propaganda-Minister von Frankreich, das Vorwort zu meinem ersten Buch geschrieben hatte. Der Beamte blies darauf die Hausdurchsuchung ab« (VII). Auch die Schilderung dieses Vorgangs unterstreicht die Qualität und Anerkanntheit des eigenen Schreibens.

Die größte Bedrohung für das wachsende Buch sind allerdings nicht derartige Zwischenfälle, sondern ist die Autorin selbst: Die wollte, so erfährt man zu Beginn, schon das Erstlings-Manuskript nach einer Reihe von Verlagsabsagen in den Ofen stecken. Ein nicht näher identifizierter »jemand« hinderte sie daran, und zwar mit dem Kommentar: »Ob das Buch gedruckt wird oder nicht – es ist das menschlichste Dokument aus dieser Zeit.« (IV) Thomas fügt hinzu: »Dies war meine erste Buchkritik« (IV). Auch dem Exilroman droht zweimal das Aus: Zunächst legt die Autorin ihn, von der Politik Frankreichs gegenüber NS-Deutschland frustriert, zur Seite, um Kinderbücher zu schreiben. »Vielleicht konnte man zu Kindern noch reden. Mit den Erwachsenen hatte ich keine gemeinsame Sprache mehr« (VI). Die Begegnung mit »dem Frankreich der kleinen Leute« (VII), »einfache(n), aufgeschlossene(n)« (VI) Menschen – die bereit sind, gegen Deutschland zu kämpfen, ermutigt sie jedoch zur Weiterarbeit. Enttäuscht von der französischen Flüchtlingspolitik will sie den Roman dann kurz vor ihrer Flucht aus dem Internierungslager Gurs noch verbrennen. Daran hindert sie eine Lager-Kameradin. Die Motive, den Exilroman nicht fertig zu stellen oder zu vernichten sind anders als beim Erstling nicht Zweifel am eigenen Talent, sondern Reaktionen auf äußere Bedingungen und zwar vor allem die »große Politik«.

Dem Schreiben wird, solange es von Hoffnung getragen ist, eine große persönliche und politische Bedeutung zugewiesen: Einerseits wird es als entschlossener Einsatz gegen die Gewalt der Nationalsozialisten charakterisiert (und ist nur so lange legitimiert, wie dieser Einsatz Erfolg verheißt). Andererseits bildet es eine Art Heimatersatz, es bekommt eine identitätsstiftende, stabilisierende Funktion, die selbst über die verstörende Lagererfahrung hinweghilft: »Irgendwo am Rand des Camps gab es zum Beispiel Reste einer Wiese, graues, starres Gras, und die Sonne schien, und das Manuskript war auch da. Ich konnte arbeiten. Zwischendurch, wenn ich aufsah, wunderte ich mich wohl über den seltsamen Arbeitsplatz und begriff oft nicht gleich, wo ich war. Aber ich fand mich« wieder, wenn ich in mein Buch schaute« (VIII).

Mit Gelingen der Flucht und wachsender Hoffnung gedeiht auch der Roman – seine Autorin wird zwar erneut von ihm getrennt und sehnt sich nach ihrem »Manuskript wie eine Kuh nach ihrem Kalb« (IX), führt es aber unter schwierigen Bedingungen weiter: »Während ich in den Pyrenäen Soldatenwäsche wusch, dachte ich nur an mein Manuskript, stellte in Gedanken einzelne Kapitel um, änderte, fügte neue hinzu, machte mit seifigen Händen und geschwollenen Gelenken Notizen über die Gespräche meiner Soldaten und meiner bäuerlichen Freunde, an deren Leben man viele Wochen teilnahm, als gehöre man dazu« (X). In den USA hat sie den Text wieder in Händen und zwar, »beinah um die gleiche Zeit, als man wieder im amerikanischen Repräsentantenhaus abstimmte über Krieg und Frieden« (X). Diesmal ist Thomas für ein klares Ja und so schließt sich der Kreis ihres Textes, in dem sich die Geschichte ihres Sinneswandels mit der Geschichte eines Romans und einer abenteuerlichen Flucht verschränkt.

Prominente Kollegen und »einfache« Menschen

Die Exile von Irmgard Keun und Adrienne Thomas unterscheiden sich stark voneinander, weisen aber auch einige Berührungspunkte auf: Während Thomas, als Jüdin und Pazifistin bedroht, Deutschland zu einem frühen Zeitpunkt verließ, versuchte Keun sich zunächst zu arrangieren, sie war nicht in akuter Gefahr. Beide traten ihr Exil mit einem Vertrag des Allert de Lange Verlages in der Tasche an, was viel über ihren Status als Autorin aussagt – sie waren bekannt genug, um gute Verkaufszahlen zu versprechen. Ihre Bekanntenkreise überschnitten sich. Beide kannten Hermann Kesten, Stefan Zweig, Joseph Roth und Ernst Toller, doch gehen sie in den hier behandelten Texten ganz unterschiedlich mit diesen Bekanntschaften um. Während Keun ihr Exil als eine Art Autorenkolonie am Nordseestrand schildert, konzentriert sich der Text von Thomas' auf die eigenen, größtenteils bedrohlichen Erlebnisse und das eigene Schreiben. Von Giraudoux abgesehen, tauchen keine bekannten Namen auf, die Autorin platziert sich nicht am Caféhaustisch, sondern in wechselnden Krisensituationen und Schreiborten, die auf andere Art provisorisch sind, als das für Literaten ja gar nicht unübliche Kaffeehaus. Und sie beschreibt sich größtenteils in Gesellschaft von Frauen: Köchinnen, Offizierstöchtern, Näherinnen oder Gefährtinnen im Internierungslager. Wie aus einem anderen autobiografischen Text hervorgeht, traf sie in Gurs Toni Kesten, Valéry Schwarzschild und Elsbeth Weichmann – alles Frauen bekannter Männer.[33] In *Nein und Ja* treten hingegen Kameradinnen auf, die nicht namentlich identifiziert werden, und ein anfangs erwähnter »bekannte[r] Schriftsteller« (III), der eine Empfehlung für ihr erstes Buch abgibt, bleibt ebenfalls anonym. Stattdessen bekommt »Großbäuerin Joséphine« (IX) aus den Pyrenäen einen Namen, als ziele der Text darauf ab, sie gegenüber prominenten Zeitgenossen hervorzuheben.[34]

Es fällt auf, wie nachdrücklich der Text die Nähe der Autorin zu »einfachen« Leuten, insbesondere zu Frauen betont, ohne sie zu leicht skurrilen Figuren zu machen, wie Keun es in ihrem Text unternimmt. In *Nein und Ja* interessieren sich auch Köchinnen, Arbeiterinnen oder Bäuerinnen für Politik, erweisen Widerstandsgeist und Mut. Das Schreiben, von dem Thomas erzählt, nährt sich aus Begegnungen mit Menschen, die keineswegs prominent sein müssen, um die Autorin zu ermutigen, nicht aus abstrakten Ideen und politischen Programmen. Wenn Thomas ihr Anliegen als Kampf gegen den »Antimensch« (IV f.) bezeichnet, wählt sie zwar ein großes, ja pathetisches Wort, doch diese Wendung modifiziert geläufigere Formulierungen auf vielschichtige Weise: Zum einen vermeidet sie es so, im Bildungsbürgerlatein von Humanismus zu sprechen[35], zum anderen weist sie die Rede vom »Antichrist« zurück.[36] Begründet wird dies mit der extremen Bösartigkeit der zu benennenden Politik, gleichzeitig kreiert sie so einen Begriff, der ganz anders als »Antichrist«, die Verfolgung der Juden und Jüdinnen einschließen kann. Beides passt zu jener Haltung, die sie in ihrem Roman als »Front der menschlichen Anständigkeit«[37] bezeichnet und von ideologischen, nationalen, religiösen, geschlechtlichen Zuordnungen und schichtspezifischen Bildungsgütern löst.

Zu einem solchen Politikkonzept passt eine Autorin, die am Waschtrog Notizen macht oder am Küchentisch einer Näherin sitzt, natürlich besser als eine, die mit einem bekannten Autor über Literatur diskutiert. Und auch die ihr von der ersten »Buchkritik« zuerkannte »menschliche« Haltung fügt sich in ein Bild, das anderen ästhetischen und politischen Kriterien folgt als jene von den Geschwistern Mann beschriebene abstrakte Rede über »die Welt als Wille und Vorstellung‹, den ›kategorischen Imperativ‹ oder die ›Menschenrechte‹«. Man könnte sagen, dass diese Selbstinszenierung das Schreiben aus traditionell männlichen Sphären der Bedeutungsproduktion (öffentliche Debatten, politische Institutionen, bürgerliche Kultur) in die marginalen Räume einer von Krisen heimgesuchten Alltagswelt überführt. Schreiben erscheint hier weniger als einsame intellektuell-künstlerische Leistung, denn als organischer, auf Kommunikation angewiesener Vorgang, der auch unter widrigen Bedingungen stattfinden kann, ja seine Energie zumindest teilweise aus der erzwungenen Entprivilegierung schöpft. Und so haben wir sie auch hier wieder: die krisentaugliche Exilantin, diesmal im Gewande der Schriftstellerin, die ihr Schicksal tapfer meistert und die als trivial apostrophierten Bereiche weiblichen Alltagslebens (und der Frauenliteratur) zum wichtigen Ort antifaschistischer Energie umwertet.

Autobiografie und Roman

Unterstützt wird der Eindruck des lebensnahen, von »eigener Erfahrung« durchtränkten, authentischen Schreibens durch die enge Verknüpfung von Leben und Roman, die das Vorwort nahe legt: Alle hier geschilderten Stationen und Eindrücke, von der Schreibarbeit abgesehen, finden sich auch im fiktiven Text. Die Stationen der Erzählung stimmen ebenso überein wie die zentralen Erlebnisse in Wien, Paris und Gurs und so wurde der Roman oft als Widerspiegelung von Thomas' Exil gelesen. Dass es aber auch hier womöglich umgekehrt sei, dass also die autobiografische Narration sich an den literarischen Text anlehnt, wurde weniger diskutiert. Dabei gibt es doch gute Gründe dies zu tun: Immerhin lässt Thomas in ihrem autobiografischen Vorwort wichtige Aspekte ihrer Exilzeit verschwinden, sei es die Veröffentlichung von fünf Romanen, seien es Reisen, darunter eine nach Palästina, seien es ihre beruflichen und privaten Kontakte zu Männern. Die Transporte unterschiedlicher Manuskripte werden zur abenteuerlichen Reise des *Reisen*

Sie ab, Mademoiselle!-Textes gebündelt[38], bekannte Schicksalsgenossen werden anonymisiert und zwar in einer Erzählung, die zum einen besser zum Romantext passt, zum anderen dessen antifaschistische These einer Menschlichkeit, die auch und gerade »einfache« Leute auszeichnet, unterstützt.

Thomas hebt ihren politischen Anspruch wie auch vergangene Erfolge hervor, ohne durch mangelnde Bescheidenheit aufzufallen. Wie Keun unterschlägt sie die intime Seite ihres Lebens vollständig, erwähnt weder ersten noch zweiten Ehemann, geschweige denn Walter Steinthal, mit dem sie eine längere durch Briefwechsel belegte Zusammenarbeit und wohl auch eine enge Beziehung verband.[39] So offen Thomas also auf den ersten Blick mit ihren Exilerlebnissen umgeht, Zweifel und Ängste nicht ausspart, so überlegt scheint die Auswahl auf den zweiten: Die Autorin schützt durchaus ihre Privatsphäre, behält Kompliziertes für sich und präsentiert eine Narration, die sich glatt in die Romanhandlung fügt.[40] Das stärkt ihre Position und macht das Buch interessant, und es scheint nicht übertrieben, hier eher von einem strategisch klugen Umgang mit Leseerwartung, zeitgenössischen Rollenbildern und der gerade überstandenen Krisensituation der Bedrohung, denn von unreflektiertem »Schreiben aus eigener Anschauung«[41] zu sprechen.

Fazit

Das autobiografische Ich konstituiert sich, wie Michaela Holdenried es ausdrückt, »in der stets neu zu erörternden Verknüpfung von ästhetischer Form und zeitgebundenen Subjektdiskursen«[42]. Formen und Subjektdiskurse variieren über die Jahrhunderte, konstant bleibt ihre Ausrichtung an männlich konnotierten Handlungs- und Erzählmustern. Für Frauen bedeutet dies allenfalls eine Nischen- oder Randposition. Ihr lebensgeschichtliches »Material« wie die Konventionen weiblichen Sprechens bildeten stets die Abweichung von männlichen Karrierewegen und Sinnstiftungspraktiken. Einfacher gesagt: Was sie zu erzählen hatten, und wie sie es taten, wurde in der Regel weniger wichtig genommen. Das gilt auch für Exilautorinnen. Zwar hatte sich in der Weimarer Republik ein öffentliches Interesse an einer weiblichen Sicht, weiblichem Berufsleben und der sich ändernden Frauenrolle entwickelt, doch blieb das Vertrauen in ihre ästhetische Leistungsfähigkeit begrenzt. Neben der traditionellen Zuständigkeit für Gefühl und Innerlichkeit wurden ihnen vor allem handwerkliche Qualitäten zuerkannt, die Weimarer Autorinnen bezugnehmend auf eine neusachliche Ästhetik eindrucksvoll zu entfalten wussten.[43] Von großer Kunstleistung – eine Kategorie, die alle modernen Sinnzertrümmerungsdebatten überstand – war allerdings seltener die Rede, sie blieb noch lange die Domäne des Mannes.

Schriftstellerinnen mussten also andere Formen der autobiografischen »Relevanzproduktion«[44] entwickeln als ihre Kollegen. Die hier vorgestellten Texte von Irmgard Keun und Adrienne Thomas sind zwei Beispiele, dies zu tun. Ihre Strategien ähneln sich in einigen Aspekten: Beide nehmen Bezug auf die Katastrophe des Nationalsozialismus, was ihren Texten einen zeithistorischen Wert verleiht und die männliche Domäne der Politik eröffnet, ohne sich allerdings – wie andere Autorinnen es taten – einer ideologischen oder parteipolitischen Linie anzuschließen. Beide beharren auf weiblich konnotierten Topoi und betonen weibliche Stärken in einer Weise, die sich in Texten männlicher Kollegen wohl seltener findet. Und schließlich zeugen beide von Rücksichtnahme auf zeitgenössische Geschlechterkonventionen, geben sich zurückhaltend, was die eigene Arbeit betrifft und bringen ihr Geschlechtsleben in einer Art narrativen Keuschheit zum Verschwinden.

In der Inszenierung als Autorin schlagen sie allerdings unterschiedliche Wege ein: Thomas etabliert in ihren Text ein starkes »Ich«, gibt ihm eine klar nachvollziehbare, mit handfesten Informationen zu Weltanschauung, Alter, Geschlecht und auch Gefühlen versehene Geschichte, die sich auch als eine Art Entwicklungserzählung (vom »Nein« zum »Ja«) lesen lässt. Der offensive Hinweis auf den Erfolg wird mit Einschränkungen versehen: Beschreibt Thomas sich doch nicht als »große« Schriftstellerin, sondern als Schriftstellerin mit großem Anliegen und großen Verkaufszahlen, die daran leidet, die Welt mit ihrem Erfolgsroman nicht gebessert zu haben. Als Qualitätsmerkmal wird nicht künstlerische Qualität, sondern Menschlichkeit ins Feld geführt.

Als Schriftstellerin stellt sie sich nicht in eine Reihe mit männlichen Kollegen, ja bringt Kontakte zu diesen Kollegen regelrecht zum Verschwinden. Stattdessen betont sie durch krisenhafte Situationen erzwungene, aber auch geförderte Kontakte zu Menschen, insbesondere Frauen. Neben der Funktion, die ihr Text als Vorwort ihres Romans in der direkten Adressierung an potenzielle Leser einnimmt und die eine gewisse Rücksichtnahme auf deren Lesererwartung und Bildungshorizont einschließt, kann man hierin auch eine selbstbewusste Verschiebung politischen Engagements (einschließlich Schreiben) weg von den bedeutsamen, männlich konnotierten Sphären hin zur »weiblichen« Praxis des Privaten, Alltäglichen lesen. Ihr Text politisiert traditionell weibliche Bereiche, denen sie sich selbst klar zuordnet, in einem Prozess, der Autorinnen, die keine Berührungsängste gegenüber den Sujets der »Frauenliteratur« hatten, sicherlich leichter fiel als Kollegen und Kolleginnen, die an avancierten Literaturdebatten und institutionalisierter Politik anknüpften. Einen Anspruch auf ästhetische Autorisierung erhebt *Nein und Ja* nicht. Allerdings wird diese Dimension der Literaturproduktion so nachhaltig ignoriert, als habe sie im Kontext der beschriebenen Katastrophen ohnehin keine Relevanz.

Im Unterschied dazu setzt Keun sich in ihrem Text durchaus in Beziehung zu prominenten Kollegen und bezieht sich erkennbar auf literarische Konzepte der Weimarer Republik. Sie tritt als kompetente Leserin und Kritikerin auf und formuliert eine klare ästhetisch-inhaltliche Position zu Inhalten und Entstehungsproblemen der Exilliteratur. Sie begegnet den Kollegen von gleich zu gleich und erweist ihnen eine Referenz, die neben Respekt auch eine wenn auch verständnisvolle Kritik formuliert. In diesem Zusammenhang weist sie, wenn auch nur indirekt, auf ihren eigenen Roman über NS-Deutschland als gelungenen Exiltext, der jenen Hass wie jene Gegenwartsnähe aufbringt, die so manchem Kollegen immer mehr abgeht.

Die Beziehungen zum eigenen Geschlecht bringt Keun in hintergründigen Szenen ins Spiel, sie beschreibt sich in Kontakt mit ganz konventionell männerfixierten, aber gutherzig-stabilen Frauen, darunter auch eine Exilantin, lässt ihren Auftritt als Autorin davon aber unberührt: Sie arbeitet nicht am Küchentisch, sondern im Café. Anders als Thomas, die mit den Widrigkeiten des Exils eine Ermächtigung weiblicher Praktiken, aber kein Scheitern männlicher Stärke beschreibt, zeigt Keun durchaus die Schwäche und Verletzlichkeit des männlichen (Schriftsteller-)Subjektes. Sie erzählt, wie so mancher Kollege mit hohem literarischen Anspruch im Exil zerbricht, und weist in gewisser Hinsicht durchaus ermächtigend auf ihr eigenes Überleben. Doch wie dieses Überleben genau aussah, wird nicht gesagt, stattdessen gibt es eine melancholische Bitte um die Feder des Harlekins. Das liest sich ganz anders als Thomas' zuversichtlicher Schluss.

Bilder aus der Emigration und *Nein und Ja* zeigen nur einen kleinen Ausschnitt der jeweiligen Lebensgeschichten. Beide verdichten, betonen, fiktionalisieren wie jeder autobiografische Text, wobei Keun mit ihrer »falschen« Datierung weiter geht als Thomas. Und beide formulieren eine klare ästhetisch-politische Position: Keun mit der Forderung einer kritischen, von Empörung, ja Hass getriebenen, wirklichkeits- und zeitnahen Literatur, Thomas mit der Schilderung einer bodenständigen Menschlichkeit, die ihre ethischen wie literarischen Qualitäten in einem engagierten, mit seiner Umwelt eng vernetzten Schreiben entfaltet.

Ich würde beide Texte nicht als Zeitzeuginnenberichte einstufen, das heißt, nicht in eine dokumentarische Autobiografieform einordnen, über die Frauen, die »etwas zu erzählen hatten«, in den vergangenen Jahrzehnten verstärkte Aufmerksamkeit erfuhren. Stattdessen möchte ich vorschlagen, sie im Kontext der literarischen Künstler- und Schriftstellerautobiografik zu lesen. Denn dies ist ein Feld, das auch und gerade im Hinblick auf die Erschütterungen, die das Exil auch in männlichen Autobiografien hinterließ, wichtige Aufschlüsse über ästhetische Konzepte, Subjektentwürfe und damit untrennbar verknüpfte Geschlechterbilder erlaubt. Und vielleicht sind die beiden »kleinen« Texte gerade in ihrer Kürze und in ihrer nicht ganz klassischen Form

gute Beispiele dafür, wie sich ein autobiografisches Autorinnen-Ich einen
Ort und eine Geschichte verschafft, die nicht unabhängig von einer männlichen Norm gelesen werden können, sich aber doch ein gutes Stück neben
ihr platzieren.

1 Adrienne Thomas: »Nein und Ja«. In: dies.: *Reisen Sie ab, Mademoiselle!* Hamburg 1982,
S. I–X, S. V. — **2** Die erste größere Untersuchung zu diesem Thema legte Heike Klapdor vor.
Vgl. Heike Klapdor: *Heldinnen. Die Gestaltung der Frauen im Drama deutscher Exilautoren
1933–1945.* Weinheim, Basel 1985. Neuere Aufsätze zu Geschlechterbildern in Exiltexten
finden sich in: Julia Schöll (Hg.): *Gender – Exil – Schreiben.* Würzburg 2002. — **3** Klaus
Mann: »Homosexualität und Faschismus«. In: ders.: *Zahnärzte und Künstler. Aufsätze, Reden,
Kritiken 1933–1936.* Hg. von Uwe Naumann, Michael Töteberg. Reinbek 1993, S. 235–
242. — **4** Erika und Klaus Mann: *Escape to Life. Deutsche Kultur im Exil.* Reinbek 1996,
S. 66. — **5** Ebd., S. 66 f. — **6** Ebd., S. 65. — **7** Georg Misch: »Begriff und Ursprung der Auto-
biographie«. In: Günter Niggl (Hg.): *Die Autobiographie. Zu Form und Geschichte einer litera-
rischen Gattung.* Darmstadt 1989, S. 33–55, S. 38. — **8** Vgl. Jürgen Serke: »Irmgard Keun
›Heil Hitler – bei mir nicht!‹«. In: ders. *Die verbrannten Dichter.* Weinheim, Basel 1977,
S. 160–175. Hiltrud Häntzschel: *Irmgard Keun.* Reinbek 2001 (Rowohlts Monographien).
Einen guten Überblick über die wichtigsten Publikationen zu Keuns Biographie liefert Häntzschel in einem Werkstattbericht. Vgl. Hiltrud Häntzschel: »Vom wissenschaftlichen Umgang
mit den Leerstellen im biographischen Material. Ein Werkstattbericht am Beispiel Irmgard
Keuns.« In: Irmela von der Lühe, Anita Runge (Hg.): *Biographisches Erzählen.* Stuttgart, Weimar 2001 (= Querelles. Jahrbuch für Frauenforschung 6), S. 115–125. — **9** Irmgard Keun:
Bilder und Gedichte aus der Emigration. Köln 1947, S. 3–27. Der Prosatext trägt in der Erstveröffentlichung keinen eigenen Titel. 1954 erschien er unter dem Titel *Bilder aus der Emigration* in dem Band *Wenn wir alle gut wären,* hier in Gesellschaft mit satirischen Texten. *Wenn
wir alle gut wären* wurde, orthografisch überarbeitet und ergänzt durch Briefe und Zeitungs-
texte Keuns, 1983 von Wilhelm Unger bei Kiepenheuer & Witsch neu herausgebracht. Im
Folgenden beziehe ich mich auf die Erstausgabe aus dem Jahr 1947. — **10** Laut Häntzschel
»die absichtsvolle Tilgung eines Jahres in NS-Deutschland, in dem ihre Aktivitäten nicht auf
Widerstand, sondern auf Anpassung gerichtet gewesen waren.« Häntzschel: *Werkstattbericht*
(s. Anm. 8), S. 117. — **11** Ob Keun diesen Pakt bricht bzw. wie genau die Referenzen sein
müssen, wäre eine längere Diskussion wert, ebenso wie die Frage, ob sie mit dem Leser einen
damit geknüpften »autobiographischen Pakt« abschließt. Vgl. Philippe Lejeune: »Der autobiographische Pakt«. In: Niggl: *Die Autobiographie* (s. Anm. 7), S. 214–257, S. 244 ff. —
12 Häntzschel: *Irmgard Keun* (s. Anm. 8), S. 66. — **13** Thorsten Unger: »Erinnerungsarbeit.
Irmgard Keuns Bilder und Gedichte aus der Emigration«. In: Stefanie Arend, Ariane Martin
(Hg.): *Irmgard Keun 1905/2005. Deutungen und Dokumente.* Bielefeld 2005, S. 241–257,
S. 243. — **14** Erika und Klaus Mann: *Escape to Life* (s. Anm. 4), S. 66. — **15** Wobei die Bitte nach dem Schreibgerät, der weitere, von Keun nicht zitierte, Liedtext, welcher dem
dem Schluss eine noch weniger optimistische Note verleiht. Im Hinblick auf die Selbstdarstellung als Exilautorin ist auch die Verknüpfung mit dem letzten Gedicht in *Bilder und
Gedichte aus der Emigration* interessant. Es heißt *Der Hofnarr* (S. 40) und schildert dessen Entlassung. — **16** Vgl. Michaela Holdenried: »›Ich, die schlechteste von allen‹. Zum Zusammenhang von Rechtfertigung, Schuldbekenntnis und Subversion in autobiographischen Werken von Frauen«. In: dies. (Hg.): *Geschriebenes Leben: Autobiographik von Frauen.* Berlin 1995,

S. 402–420. — **17** Vicki Baum: *Es war alles ganz anders. Erinnerungen.* Köln 1987, S. 377. — **18** Keun: *Bilder und Gedichte aus der Emigration* (s. Anm. 9), S. 35. — **19** Vgl. Anita Runge: »›Leben‹ – ›Werk‹ – Profession. Zum Umgang mit biografischen Elementen bei Schriftstellerinnen«. In: von der Lühe, Runge (Hg.): *Biographisches Erzählen* (s. Anm. 8), S. 70–84. — **20** Hermann Kesten: »Irmgard Keun«. In: Irmgard Keun: *Ferdinand. Der Mann mit dem freundlichen Herzen,* Düsseldorf 1950, S. 9. — **21** Kurt Tucholsky: »Brief an Irmgard Keun, 16. Juli 1932«. In: ders.: *Ausgewählte Briefe 1913–1935.* Hamburg 1962, S. 220. — **22** Sie bildet z. B. den Einstieg zu einem Aufsatz von Irmela von der Lühe: »›Und der Mann war oft eine schwere und undankbare Last‹. Frauen im Exil – Frauen in der Exilforschung«. In: *Exilforschung. Ein internationales Jahrbuch.* Bd. 14: *Rückblick und Perspektiven.* Hg. im Auftrag der Gesellschaft für Exilforschung von Claus-Dieter Krohn, Erwin Rotermund, Lutz Winckler und Wulf Koepke. München 1996, S. 44–61, S. 44. — **23** Runge: »›Leben‹ – ›Werk‹ – Profession.« (s. Anm. 19), S. 75. — **24** Dieser Mann fingiert im Roman *Kind aller Länder* überaus erfolgreich seinen eigenen Tod, was als weitere Verbindung zu Keuns Lebensgeschichte gelesen werden kann. — **25** Karin Sinhuber: *Adrienne Thomas. Eine Monographie.* Diss. phil. Wien 1990. — **26** Adrienne Thomas: *Aufzeichnungen aus dem Ersten Weltkrieg. Ein Tagebuch.* Hg. von Günter Scholdt. Köln u. a. 2004. — **27** Vor allem mit dem Erfolg des Romans *Katrin! Die Welt brennt!,* der ins Englische und Französische übersetzt wurde und 1938 bei Allert de Lange 10.000 Exemplare erreichte. Vgl. Sinhuber: *Adrienne Thomas* (s. Anm. 25), S. 129. — **28** Gabriele Kreis: »Adrienne Thomas. Das Leben und das Schreiben«. In: Thomas: *Reisen Sie ab, Mademoiselle!* (s. Anm. 1), S. 383–388, S. 384. — **29** Ebd. — **30** Eine weniger biografisch ausgerichtete, sondern von der Frage nach »Frauenbild« und sozialhistorischem Kontext geleitete Analyse findet sich in: Yun Jung Seo: *Frauendarstellungen bei Adrienne Thomas und Lili Körber.* Marburg 2003. Nach den Beziehungen von Thomas und ihren Romanen zum Judentum fragt Lisa A. Bilsky. Vgl. Lisa A. Bilsky: *Adrienne Thomas, Gertrud Isolani and Gabriele Tergit: Jewish Woman Writers and the Experience of Exile.* University of Wisconsin, Madison 1995. — **31** Gabriele Kreis: *Frauen im Exil. Dichtung und Wirklichkeit.* Düsseldorf 1984, S. 220. — **32** In diese Richtung geht auch die Einschätzung von Gabriele Mittag, die die Liebesgeschichte in *Reisen Sie ab, Mademoiselle!* als Konzession an den Publikumsgeschmack interpretiert. Vgl. Gabriele Mittag: »*Es gibt Verdammte nur in Gurs«. Literatur, Kultur und Alltag in einem südfranzösischen Internierungslager 1940–1942.* Tübingen 1996, S. 178. — **33** Vgl. Adrienne Thomas: »Eine Lebensrettung dank der stillen Résistance des französischen Volkes«. In: Walter Zadek (Hg.): *Sie flohen vor dem Hakenkreuz. Selbstzeugnisse der Emigranten. Ein Lesebuch für Deutsche.* Reinbek 1981, S. 101–105, S. 102. — **34** Dass Thomas auch über ihre bekannten Schicksalsgenossen zu berichten wusste, zeigen ihre *Exilerinnerungen* aus dem Jahr 1975, wo sie in New York gestrandete Exilant(inn)en porträtiert. Vgl. Adrienne Thomas: »Exilerinnerungen«. In: Dokumentationsarchiv des Österreichischen Widerstandes und Dokumentationsstelle für Neuere Österreichische Literatur (Hg.): *Österreicher im Exil. Protokoll des internationalen Symposiums zur Erforschung des österreichischen Exils von 1934 bis 1945.* Wien 1977, S. 509–514. — **35** Was sie an anderer Stelle durchaus tut, so 1969 in der Dankrede für die Ehrenmedaille der Stadt Wien. Hier sagt sie, es gelte, »das Humanum des Menschen über alles zu stellen«. Zitiert nach Erika E. Theobald: »Adrienne Thomas«. In: John M. Spalek, Joseph Strelka (Hg.): *Deutschsprachige Exilliteratur seit 1933.* Bd. 2. New York, München, Bern 1989, S. 905–913, S. 913. — **36** »Wieder kam Krieg. Ein ganz anderer diesmal, einer, der eigentlich nichts mehr mit dem bisherigen Begriff Krieg zu tun hatte. Das, was an dessen Stelle getreten ist, hat man oft als die Herrschaft des Antichrist bezeichnet. Es ist schlimmer. Es ist die Herrschaft des Antimensch.« (*Nein und Ja,* S. IV) — **37** Thomas: *Reisen Sie ab, Mademoiselle!* (s. Anm. 1), S. 112. Vgl. zur Ausarbeitung dieses Politikkonzepts im Roman: Sabine Rohlf: *Exil als Praxis – Heimatlosigkeit als Perspektive? Lektüre ausgewählter Exilromane von Frauen.* München 2002, S. 202 ff. — **38** So wird laut Erika E. Theobald nicht das Manuskript von *Reisen Sie ab, Mademoiselle!,* sondern von *Wettlauf mit dem Traum* von einer Offizierstochter, die hier als Cilly Dressler identifiziert ist, in Sicherheit gebracht. Vgl. Theobald: »Adrienne Thomas« (s. Anm. 35), S. 906. — **39** Vgl. Sinhuber: *Adrienne Thomas* (s. Anm. 25), S. 148 ff. — **40** Ein Beispiel hierfür ist die im

Romantext wie im Vorwort beschriebene Arbeit als Wäscherin, die sie an anderer Stelle gar nicht oder neben anderen Arbeiten erwähnt. Vgl. Thomas: *Eine Lebensrettung* (s. Anm. 33), S. 103. Dies.: *Schilderung eines Verfolgungsvorganges.* Typoskript im Nachlass, S. 2 f. Zitiert nach Sinhuber: *Adrienne Thomas* (s. Anm. 25), S. 172. — **41** Kreis: *Frauen im Exil* (s. Anm. 31), S. 220. — **42** Michaela Holdenried: *Autobiographie.* Stuttgart 2000, S. 53. — **43** Zu den Wechselwirkungen zwischen Neuer Sachlichkeit und weiblichem Schreiben: Vgl. Sabina Becker: »›... zu den Problemen der Realität zugelassen‹. Autorinnen der Neuen Sachlichkeit«. In: Walter Fähnders, Helga Karrenbrock (Hg.): *Autorinnen der Weimarer Republik.* Bielefeld 2003, S. 187–214. — **44** Holdenried: *Autobiographie* (s. Anm. 42), S. 66.

Marianne Kröger

Carl Einsteins Romanfragment *BEB II*
Epochenrückblick und Ich-Problematisierung

Konkrete Aussagen dazu, zu welchem literarischen Genre *BEB II* – so der Arbeitstitel des unvollendet gebliebenen Schreibprojekts Carl Einsteins nach dessen eigenen Aufzeichnungen – eigentlich gehören sollte, gibt es in dem Nachlasskonvolut[1] genügend; sie deuten auf die Gattung des Romans hin:

»Roman – der verfehlte Mensch« (M. 14, S. 12).
»in diesem Roman von der Wirkungslosigkeit des ›Geistes‹; Menschen in der luft, ohne milieu« (M. 37, Kap. G 41i Snob).
»ganz anders als in früheren romanen; keine familie, sondern ideologisch gebundene gruppen, oder gruppierung aus gemeinsamer langeweile oder verzweiflung oder leere« (M. 40).

An einer Stelle wird der Roman sogar als lyrischer Roman beschrieben:

»ein geschehen in mehreren sätzen dargestellt, gibt nur einen gedächtnishaften vergleich als resultat – (…) – der sterbende Mensch ist von den Zeichen des Ewigen – aus ihm selbst ausgestossen – eingezwängt, man muss also im geschehen selber sein, somit nur der lyrische roman kann dynamisch geschehnishaft sein. Da hier die identifikation ermöglicht wird statt des beobachtens, das dann vergleichend die summe zieht« (M. 30, ohne Seitenangabe).

Der Schriftsteller, Lyriker, Kunstkritiker und Kunsttheoretiker Carl Einstein verband mit dieser Fortsetzung seines 1912 erschienenen Romans *Bebuquin oder die Dilettanten des Wunders* hohe literarische Ansprüche hinsichtlich der Entwicklung neuer stilistischer Darstellungsformen und Sprachmuster. Er hatte sich nichts Geringeres vorgenommen als mit dem *BEB II* ein literarisch-ästhetisches Novum vorzulegen, das, wie er hoffte, eine ähnliche Wirkung entfalten sollte wie Cervantes' *Don Quijote*, an dem er sich orientierte. Er arbeitete an der – wie er es bezeichnete – »Erweiterung objektiver Kunstgesetze«, um »eine kunst (zu schaffen), die nicht einer laune unterworfen ist«[2], was bedeutete, bestimmte zeitspezifische Modeströmungen zu überdauern. Dies war nicht zu hoch gegriffen, denn bereits der erste *Bebuquin*-Roman gilt bis heute als eine Sprengung der Gattung, als neuartige

Reflexionsprosa[3] bzw. erster kubistischer Roman, und avantgardistisch orientierte Literaten und Poeten wie Helmut Heißenbüttel haben sich auf ihn berufen. Doch *BEB II* wurde nie realisiert.

Das Fragment ist uns als eine in über 40 Mappen aufbewahrte Materialsammlung aus rund 1.500 Einzelblättern in Hand- und Maschinenschrift überliefert geblieben. Sie enthalten surrealistisch wirkende narrative Passagen, Dialoge, Episoden, Gedichte, Liedertexte und Oden, philosophische und naturwissenschaftlich-theoretische Monologe des Protagonisten sowie vor allem zahlreiche in Schnipsel zerschnittene Notizen zum gesamten Gestaltungskonzept mit entsprechenden Inhaltsentwürfen. An dem Fragment, das die handschriftlichen Spuren wiederholter Revision und Modifikation aufweist, arbeitete er, wie ich in meiner Untersuchung[4] nachweisen konnte, zwischen 1922 und 1940. In diesem Zeitraum fallen die Emigrations- und Exilstationen Frankreich und Spanien, denn Einstein hatte Berlin bereits 1928 den Rücken gekehrt, weil er – wie er Moïse Kisling mitteilte – in Paris in Ruhe an seinen literarischen und theoretischen Projekten weiterschreiben wollte, ohne von antisemitischen Presseorganen und anonymen Briefeschreibern beschimpft und bedroht zu werden.[5] Auch befürchtete er, nach neuen Publikationen seiner die Zeitgenossen stets irritierenden Texte in Deutschland wie ein Hund totgeschlagen zu werden.[6] Als freiwillig lässt sich sein Umzug nach Paris daher nicht bezeichnen, treffender wäre hier der Begriff Vertreibung, doch war diese verfrühte Emigration lange Zeit ein wesentlicher Grund dafür, dass Einstein nicht zu den klassischen Exilautoren gerechnet wurde.

Wenn das literarische Projekt *BEB II* allerdings so eindeutig als Roman konzipiert war, stellt sich die Frage, weshalb seine Präsentation im Rahmen des Biografie- und Autobiografiethemas geschieht. Dazu muss man wissen, dass *BEB II* in der literaturwissenschaftlichen Rezeption unisono als »stark autobiographisch orientierter Romanentwurf«[7] gedeutet wird, wobei die Hauptfigur Bebuquin als Alter Ego des Autors gilt. Dabei wird die Schreibmotivation Einsteins in aller Regel psychologisiert und als ein Versuch der Selbsttherapie beschrieben; die Thematisierung von Tod und Selbstmord verschiedener Figuren in *BEB II* als Beweis für eine angeblich »destruktive, suizidäre Tendenz«[8] in Einsteins realem Leben und als Vorwegnahme seines späteren Freitods gelesen.[9] Vor diesem Hintergrund wurde die Fragmentarizität des Konvoluts als Beweis für das persönliche und beruflich-literarische Scheitern des Autors gewertet. Als »Thanatographie«[10] bezeichnete Klaus H. Kiefer gar das gesamte *BEB II*-Projekt und bezog sich dabei auf die Einstein'sche Notiz vom »Totenbuch des Ich« aus Mappe 17. Jenes »Ich« wurde und wird in der gegenwärtigen Rezeption fast ausnahmslos mit dem Autor gleichgesetzt.

Die klassische Differenzierung von Philippe Lejeune zwischen autobiografischem Pakt und Romanpakt ist insofern schlecht auf *BEB II* anwendbar, als der Roman in seiner narrativen Qualität letztlich gar nicht zustande kam, so dass man doch sehr stark auf Vermutungen und die Konzeptnotizen des Autors angewiesen ist.[11]

Dazu kommt, dass ich bei meinen biografischen Recherchen zu Carl Einstein tatsächlich auf Übereinstimmungen mit Figurennamen und Fakten aus *BEB II* gestoßen bin. Dennoch komme ich in meiner Arbeit zu dem Schluss, dass Einstein durch seine Fiktionalisierung und Verfremdung autobiografischer Fakten die Leser geradezu davon abhält, allzu vorschnell vom Protagonisten auf den Autor zu schließen. Die Einbeziehung autobiografischer Elemente und deren Dekonstruktion, ja die Brechung des scheinbar Authentischen, scheint vielmehr ein allgemeines literarisches Programm Carl Einsteins gewesen zu sein, wobei zu fragen wäre, weshalb bei ihm überhaupt auf die autobiografische Dimension zurückgegriffen wird.

Aus diesem Sachverhalt ergeben sich vor allem die beiden folgenden Fragestellungen, die nachfolgend erörtert werden sollen:

1. Welches sind die autobiografischen Elemente, die einen in *BEB II* stattfindenden Prozess der Selbststilisierung und Selbsthinterfragung vermuten lassen, und wie artikuliert sich ihre Brechung?

2. Wie äußerte sich der Autor selbst zum autobiografischen Schreiben und zu seinen Romanintentionen?

Die autobiografische Dimension in *BEB II*

BEB II folgt in seinem geplanten Aufbau chronologisch den tatsächlichen Lebensstationen Einsteins. Es thematisiert Kindheitserfahrungen in Karlsruhe, die Studienjahre und Barrikadenkämpfe während der Novemberrevolution in Berlin und schließt mit dem Exilaufenthalt in Frankreich. Im Karlsruher Umfeld lassen sich reale Personennamen und Ortsbeschreibungen verifizieren. Der Vater des Protagonisten Beb trägt den Vornamen von Einsteins Vater, Daniel, und stirbt ebenfalls in einer psychiatrischen Klinik. Allerdings erhält er einen anderen Beruf zugeschrieben, während die Mutter des Protagonisten weder namentlich noch hinsichtlich ihrer familiären Herkunft mit der realen Sophie Lichtenstein übereinstimmt.[12]

Obwohl manche Namen von Lehrern, Mitschülern und Bekannten Bebs nachweisbar sind, dienen sie anscheinend oft als Vorlage für Sozialcharaktere, wie die folgenden Beispiele zeigen:

»glatt die BRAUSERFIGUR bringen, das haus in reinickendorf« (M. 35).
»einen Waldschmidt bringen« (M. 37).

Oder, in Anspielung auf den eher mäßig begabten Schriftsteller Hugo Lück aus der Berliner Literatenbohème:

»einen lueck machen mit messianischem kitsch. ein mensch, der um von den weibern genährt zu werden, ein falsches pathos aufzeigt, sexuell sich verbraucht, mit schiebern rumsaufen muss und geistige oder intellektuelle suffvorträge halten muss, dann seinen eigenen schattenhaften glauben karikieren muss, um das fahrgeld nach hause zu haben« (M. 27, S. 5 / Snob).

Manche autobiografisch erscheinenden Erlebnisse aus der Karlsruher Kindheit und Jugend, stimmen bei genauer Prüfung jedoch keineswegs überein. Interessant sind in diesem Kontext die in *BEB II* häufig vorhandenen Hinweise darauf, dass man sich der eigenen Kindheit nicht erinnert, sondern sie sich im Nachhinein erdichtet:

»unsere kindheit ist uns geheimnis. wir kennen sie vor allem durch die berichte der Eltern, die hierin aus dem kind einen kleinen wilden oder ausserordentlichen fetisch hervorzuzaubern; oder die alten spielen und putzen sich selber als die uebergewaltigen helden unserer wehrlosen und sprachlosen kindheit auf. BEB wusste so kaum etwas von seinen fruehen jahren. und so konnte er diese seinen wuenschen und launen gemaess immer anbiegen und umfaerben, so dass er von beginn an kaum einen ursprung, sondern eine anzahl bilder und maerchen seiner jugend besass, die seinem wechselnden charakter, seinen wuenschen entsprachen; aber dies war alles (...)« (M. 7, S. 16).

»DAS KIND /
keiner weiss seine kind(heit); somit entbehren wir der elemente unseres lebens, das uns somit ganz unbekannt bleibt; darum als ersatz die anfangsmytologien von urgrund etc. kosmogonien etc. darum ueberhaupt erscheinen wir uns problematisch und aengstigen uns vor uns und dem leben. wir verlieren unsere kindheit und uns selber; statt dessen interpolieren ergreiste, allem kindsein fremde eltern uns ein kind schema und oktroyieren sich damit uns ein. darum zunaechst austreibung der eltern und entwurzelung.«[13]

Diese zentrale These Einsteins wird in *BEB II* auch tatsächlich literarischpoetisch umgesetzt. Dabei fällt auf, dass die sehr detailliert geschilderten Kinderspiele am Oberrhein Ritualhandlungen darstellen, die den magischen Praktiken von Naturvölkern gleichen, und eher dem ethnologischen Interesse des späten Einstein, das er mit dem engen Freund Michel Leiris teilte, als seinen authentischen Kindheitserfahrungen zuzuordnen sind. Dazu passt auch die Beschreibung der Natur rings um Karlsruhe als wilde Dschungel-

landschaft. Da werden Mädchen und vorbeikommende alte Frauen verge-
waltigt, geschehen Morde und physische Verstümmelungen, Kinder ertrinken im See und Mitschüler verschwinden spurlos. Nichts davon kann als
authentisch gelten. Man hat es hierbei weniger mit nachträglich enthüllter
Jugendkriminalität, als mit der Phantasie des erwachsenen Autors zu tun,
der einerseits versucht, eine Sprache für verschiedene Phasen menschlicher
Entwicklung, andererseits aber auch einen adäquaten Ausdruck für Formen
der ohnmächtigen Auflehnung gegen vorherrschende Zustände – wofür sich
das Motiv des Kindes immer eignet – zu finden:

»stadt und landschaft, alle die menschen muessen vom kind aus gesehen sein.
jeweils wechseln nach person« (M. 9, S. 16).

»dies darstellen: die völlige verlassenheit der kinder in der schule gesellschaft
etc.; die ihnen nichts bieten, sondern die kinder nur anpassen will. so ver-
wildern die kinder völlig; die gesellschaft zuechtet in ihnen geradezu den
wahnsinn, indem sie die kinder ueberanstrengt, so suchen diese gleicherweise
eine uebersteigerung im irrationalen und sexuellen« (M. 8, S. 12).

Auch im weiteren Verlauf der Erzählung, soweit sie ausgeführt oder ange-
deutet wird, geschehen oft surrealistisch anmutende Metamorphosen. Figuren, denen zunächst ein authentischer Name nachgewiesen werden kann,
begehen in *BEB II* Verbrechen, geraten ins Gefängnis, werden wahnsinnig,
treffen einander in Bordellen, begehen Verrat, sterben oder bringen sich um,
oder sie verschwinden spurlos oder werden getötet. Sie begegnen Gegenfi-
guren, sie bekämpfen einander in abgrundtiefer Konkurrenz, und es ist auffällig, dass ihnen oft lediglich eine bestimmte Charaktereigenschaft zugeschrieben wird, die sie innerhalb eines gesetzten szenischen oder thematischen
Rahmens ausagieren. Das Dualismusprinzip innerhalb seines Prosakonzepts
scheint Einstein unter anderem von Georg Simmel übernommen zu haben,
bei dem er Vorlesungen besucht hatte. Dieser Vorstellung von der Kontrastierung als entscheidender gestaltender Kraft im Kunstwerk begegnet man
in Einsteins Schriften häufig, etwa in folgendem Zitat aus dem Nachlass-
material:

»jede zeit ist doppelströmig – voll von gegensätzen – und wäre dies nicht der
fall träten stillstand u. langeweile ein.«[14]

Bei einem Gesamtüberblick über das erkennbar autobiografische Material
fällt ferner auf, dass nicht nur Einsteins Lebensweg darin sehr lückenhaft
nachgezeichnet oder ins Fiktionale verfremdet ist, sondern auch, dass kaum
etwas, was in Einsteins Privatleben von entscheidender Bedeutung gewesen

sein muss, in *BEB II* enthalten ist. Ausgespart bleiben die Reaktion des 14-Jährigen auf den frühen Tod seines Vaters, die damit verbundenen familiären Veränderungen, die Banklehre und deren Abbruch, die ersten Eindrücke von Berlin und Paris, die ersten literarischen Vorbilder und Mentoren, seine erste Frau und die gemeinsame Tochter, und nicht zuletzt die traumatischen Erfahrungen im Ersten Weltkrieg. Die Teilnahme an der Brüsseler Revolution fehlt ebenso wie die Umstände seiner nicht ganz ungefährlichen Verhaftung während der Novemberrevolution in Deutschland. Man vermisst die Erwähnung seines Aufsehen erregenden Gotteslästerungsprozesses von 1922, der Freundschaften mit Personen der russischen Avantgarde; ferner die Erwähnung seiner verschiedenen Zeitschriftenprojekte, später die Umsiedlung nach Paris, die enge Freundschaft mit Georges Braque, die zweite Heirat. Nicht erwähnt wird nach 1933 auch das Zusammenleben zu dritt mit seiner Tochter Nina, deren Mutter sie vorsorglich zum Vater nach Paris geschickt hatte, oder, nach der ersten Flüchtlingswelle aus Hitler-Deutschland, die Aufnahme von aus rassistischen Gründen verfolgten Freunden in der eigenen Wohnung. Es wird deutlich, dass es Einstein nicht darum ging, zu erzählen, »wie alles wirklich gewesen ist«[15]. Dies legt den Schluss nahe, dass die Einbeziehung autobiografischer Elemente andere Gründe gehabt haben muss.

Stellungnahmen Carl Einsteins zu *BEB II* und zum autobiografischen Schreiben

Liest man die Aufzeichnungen zu *BEB II* aufmerksam, wird daraus ersichtlich, dass der Erste Weltkrieg die entscheidende Zäsur darstellt, und zwar nicht nur für die Figur Bebuquin:

»hier die stellung vor dem Krieg; jeder verteidigt eine imaginäre individualität – abstraktion wie das kollektive, lediglich nur tendenz gegen den andern; epoche völliger verlassenheit und heimatlosigkeit; prototyp der socialist, der die massenkompensation sucht und der isolierte Jude. individualisten, also schicksallos ohne bindungen, sondern nur sitte, convention. DIE SUCHE NACH EINEM SCHICKSAL. ERGEBNISLOS (…)« (M. 7, S. 15).

»die verlorene Revolution – im Krieg – plötzliches Ende des Individuums – reaktion gegen, aber die Leute können sich nie von dem Schlag erholen – sie werden praktisch u. skeptisch – eine verlorene Generation« (M. 8, S. 7).

»MYTH / DIE VERLORENEN REVOLUTIONEN / UND DAMIT DER TOD EINER GENERATION / die verschwindet/etwas ganz anderes als dies geschlecht war lebendig, das die zukunft zu besitzen glaubte, doch diese generation ging an ihrer verneinung, womit sie zuviel vom leben ausgeschaltet hatte, zugrunde. jeder isolierte sich im Eisschrank des Alleinseins, jeder spielte auf die Reussite des Egos, – trotzdem ähnelten sie einander unheimlich; sie verwandten aber eine große Mühe – dies zu verbergen, indem sie sich mieden, hassten u. befehdeten (...)« (M. 7, S. 13).

In Zitaten wie diesen aus *BEB II* werden überindividuelle Phänomene zur Sprache gebracht, wobei die Generationserfahrung oft im Mittelpunkt steht. Mit dem in *BEB II* formulierten Hinweis auf eine kausale Verbindung zwischen der psychischen Abstumpfung durch die kollektive Traumatisierung im Krieg und dem ausgebliebenen Widerstand gegen die Hitler-Politik war Einstein seiner Zeit weit voraus. Vor dem Hintergrund des Massensterbens in den Materialschlachten des Ersten Weltkriegs erschien ihm zudem die Vorstellung von der Autonomie des bürgerlichen Individuums im Nachhinein als obsolet, zynisch und pur ideologisch.

Überindividuell ist ebenfalls der schmerzhafte Lernprozess des deutschen Staatsbürgers aus jüdischer Familie, dass seine vollzogene Abwendung vom religiösen Judentum und seine bereitwillige Assimilierung von der Mehrheitsgesellschaft offenbar weder registriert noch honoriert worden war, und er mitnichten als ernst zu nehmendes Individuum wahrgenommen wurde. Diese Thematik findet sich in *BEB II* wieder:

»er wird immer mehr fremder; denn nach dem krieg stiegen – selbst bei den internationalen – die nationalismen immer staerker« (M. 27, S. 21).

»Marschgesang
der einzelne ist eine sausende null
doch mehr besitze ich nicht
losgerissen und ohne boden
doch wo
könnte ich heute wurzeln.
ich spreche die sprache meiner feinde
und kenne nicht das wort der erzeuger«
(M. 34)

Dazu kommt in *BEB II*, aber auch in der Anfang der 1930er Jahre entstandenen Intellektuellenkritik *Die Fabrikation der Fiktionen*[16], die zunehmende Desillusionierung über die überschätzten Einflussmöglichkeiten der avantgardistischen Künstler, die mit ihren Mitteln zur Reflexion und Veränderung der gesellschaftlichen Zustände beitragen wollten:

»BEB versteht nun, dass er sein ganzes leben nur einer abgetrennten klique angehört hat, die in ästhetischer eitelkeit und erfolgsucht untereinander sich bekämpfte; also BEB war, wie er jetzt sieht, sein ganzes leben emigrant gewesen. sein ganzer effort war darauf hingegangen, emigrant, d. h. isoliert und ausnahme zu sein. immer war er auf der flucht vor einem bindenden milieu gewesen. jetzt begreift er, wo man ihn hinausgeworfen hat. (...)« (M. 29, S. 116).

Das vom Liberalismus gepriesene Individuum wird von Einstein – nicht nur in *BEB II* – zu einem aus purem ökonomischen Egoismus handelnden Wesen zurechtgestutzt, das die anderen Menschen nur noch als Konkurrenten und Feinde zu begreifen imstande ist und als Konsument von eingängigen Massenprodukten inzwischen selbst bereits jeglicher Originalität entbehrt. Einsteins Begriff für dieses Phänomen war, ebenso wie bei Fernand Léger und anderen Künstlern, der der »Standardisierung des Menschen«.

»die arbeit der zerstörung des individuums – abgesehen von der industrie, ihrer menschenverzifferung und der entpersönlichung durch geld – begann mit militär und krieg« (M. 38, o. S.).
»Individualität als Komödie« (M. 1, S. 7).
»Individuum als Fossil« (M. 19, S. 36).
»Das Ich, noch nicht einmal ein biologisches Vorurteil. Man lebte vielleicht leichter, glücklicher ohne den Zweckmythos des Ichs« (M. 17, S. 14 f.).

Demgegenüber läge die Bedeutung des künstlerischen Schaffens, wie er Anfang der 1930er Jahre ausführte, gerade in der Fähigkeit, »die kausale Standardisierung der Welt und die Suggestion des Gegebenen zerbrechen (zu) können. Und hierin ruht die geringe Chance unserer Freiheit«[17].

Da *BEB II* auch der Versuch war, die gesellschaftlichen Veränderungen zwischen Wilhelminismus und dem frühen NS-Staat in Deutschland unter politischen und sozialpsychologischen Gesichtspunkten darzustellen, repräsentieren seine Romanfiguren weit verbreitete schichtenspezifische und ideologische Denk- und Handlungsmuster. Sie treten als Sozialtypen auf: Da gibt es einen falschen Messias, einen Salonkommunisten, die kämpferische Proletarierin, den Demagogen (»Tribun«), den Bankier, den Populärkünstler (der »Pikmoderne«), die Diva, den jungen Nazianhänger und andere mehr. Thematisiert werden neben den Auswirkungen des Ersten Weltkriegs auch die Novemberrevolution in Berlin, die Rolle der Justiz in der Weimarer Republik, eine scharfe Kritik am Parteikommunismus und seinen Unzulänglichkeiten, die von den Freikorps ausgehende Putschgefahr, die Anhängerschaft der NSDAP sowie die Nachteile der Emigration, »dieses nirgendwosein(s)« (M. 38, S. 200).

Ein weiteres Leitthema von *BEB II* ist die Problematisierung der Rolle der Intellektuellen und Künstler sowie die Bedeutung der Kunst als Ort der Revolte gegen das Konventionelle. Mitte der 1920er Jahre hatte er dieses Motiv seines Schreibens wie folgt formuliert: »Einfach den Schulzes nachrutschen? Ist das alles, nichts besonderes reserviert? Und warum hat man gerade mich gemacht und ich will nicht in der auspolierten Rille nachkriechen. Ununterscheidbare Tiere. Der objektive Mensch oder der Uebermensch? Ich will doch nichts besonderes. Garnicht, es wäre mir peinlich. Einfach, man muss zuviel ausstehen. (...) Wenn ich nur verstünde, was die Leute mit ihren Gedanken wollen. Hohle Fässer, die sie lärmend vor sich her rollen. Und das rutscht die gleichen Gleise; also objektiv, wahr. Ich weiss wirklich nicht, woher ich meine Wut beziehe, aber sie ist da, dick.«[18]

Diesen ambitionierten Darstellungsabsichten für das Romanprojekt *BEB II* widerspräche eine Fokussierung auf die Leistungen und Niederlagen einer Einzelexistenz. Das trifft umso mehr zu, als Einstein zu denjenigen jüngeren Schriftstellern gehörte, die sich vehement gegen die Auffassung vom Künstler als Genie wandten, dem die Wörter oder Bilder wie im Schlafe kämen. Er betonte demgegenüber in Essays und Zeitschriftenaufsätzen, dass die »Fabrikation« von Kunst mit harter Arbeit – nämlich intensiver Denkarbeit und körperlichem Einsatz – verbunden sei. Darüber hinaus vertrat er die These, dass selbst neue künstlerische Strömungen zumeist nicht auf das Verdienst einer Einzelperson zurückzuführen seien, sondern dass in bestimmten historischen Konstellationen oft völlig unabhängig voneinander an ähnlichen Neuerungen gearbeitet würde, was man in der Kunstgeschichtsschreibung allerdings unterschlage. Ohnehin würden, so Einstein, die modernen Künstler den unbekannten, anonym gebliebenen Künstlern früherer Epochen das meiste verdanken. Eine Selbstthematisierung und Selbststilisierung, die er den Verfassern von Autobiografien als unangebrachte Eitelkeit vorwarf, war zu keiner Zeit Ziel seines Schreibens. Schon in jungen Jahren verspottete er in seinen Rezensionen sowohl die Heroisierung in Romanbiografien als auch die »intellektuelle Hochstapelei«[19] der Memoirenverfasser. Gute Literatur verlange, ganz im Gegenteil, das bewusste Ich in sich, das nach Aufmerksamkeit und Anerkennung verlange, zu überwinden. Schon 1912 riet er einem angehenden Schriftsteller in einem Brief zur Entpersönlichung seiner Prosa: »Sie dürfen nicht selbstsüchtig sein und Ihre Biographie bringen, keine Gedanken über Dinge und Aperçus (...), keine Philosophien und Privatgefühle. Sie müssen sich ganz dem Geschehen hingeben.«[20]

Das hier ausgedrückte ästhetische Prinzip geht auf die Theorie der *poésie impersonnelle* von Lautréamont, und teilweise auch auf Novalis zurück, die beide eine wichtige Vorbildfunktion für Carl Einsteins ästhetische Orientierung hatten.

1930 bat ihn der Gustav Kiepenheuer Verlag um Angaben zu seiner Person, woraufhin er eine *Kleine Autobiographie* einsandte. Die Literaturwissenschaftlerin Manuela Günter kam bei deren Analyse zu dem Schluss, sie »(...) als parodistischen Affront gegen die Biographie, die populärste Literaturgattung der Weimarer Republik, zu begreifen. Haben die ausladenden sozialen und historischen Biographien, die in den Jahren nach dem Ersten Weltkrieg enorme Verkaufserfolge erzielen, vor allem den Sinn, das Individuum gegen die instrumentelle Reduktion und die potentielle Auslöschung zu sichern und zu behaupten, so parodiert Einstein dieses Programm anhand der eigenen Lebensgeschichte. Statt die Einfühlung des Lesers zu ermöglichen, verhüllt er alles Persönliche in einem abweisenden Spott. (...) Zwar lassen sich solche Beschreibungen durchaus auf den realen Autor beziehen, (...), doch schrumpft in Einsteins ironischem Blick das biographische Geschehen zur belanglosen Anekdote zusammen, die nur noch von den Stilisierungen lebt, also von der Fiktivität, nicht aber vom autobiographischen Pakt. Der reale Autor verwandelt sich über die Ironie in eine fiktive Figur, der keine Bedeutung außerhalb der Literatur mehr zukommt. *Kleine Autobiographie* ist also Anti-Autobiographie im besten Sinne.«[21]

Selbst noch im Jahre 1936, kurz vor seinem Aufbruch nach Spanien, um der jungen Republik im Bürgerkrieg gegen die aufständischen Putschisten beizustehen, polemisierte Einstein in einer Rezension zu Louis-Ferdinand Célines Veröffentlichung *Tod auf Abzahlung*: »Jetzt holt er aus einem Stapel schmerzlachender Erinnerung seine Jugendgeschichte hervor. (...) Die Figuren stöhnen Monologe, die in gleichem Einton der Verzweiflung rollen. Die Adjektive wechseln, doch sie besagen immer das gleiche: den ewigen Reinfall. (...) Die Blickweise dieses Traumatikers ist familial verengt; hier klagt ein kleinbürgerlicher Anarchist. (...) ›Tod auf Abzahlung‹ lärmt als lyrischer Katalog privater Unfälle (...).«[22]

Obwohl die repressive Pädagogik um die Jahrhundertwende in *BEB II* ebenfalls ausführlich als ein zerstörerischer Prozess mit lebenslangen Folgen geschildert wird, versucht sein eigener literarischer Ansatz über die individuelle Klage hinauszugelangen und sowohl die Ursachen jenes Erziehungsstils als auch die Abwehrmechanismen der Kinder herauszuarbeiten. In Mappe 16 heißt es dazu unter anderem:

»wie die Kinder in eine überalterte sterbende Gesellschaft gezwungen werden – die um sich zu erhalten – das zerbrechen der Kinder fordert« (M. 16, S. 2).

Dies würde bedeuten, dass autobiografisches Material, falls es sich als nützlich erwies, benutzt, bearbeitet und in den literarischen Text eingewoben wurde; dass Einstein als Autor jedoch keine Anstalten machte, seinen Lesern die Dechiffrierung der autobiografischen Elemente zu erleichtern, zumal er bis zuletzt auf eine Langzeitwirkung seiner literarischen Arbeiten gehofft hatte, bei denen spätere Leser schon allein die zeitgeschichtlichen Anspielungen nicht mehr hätten nachvollziehen können. Einstein griff insbesondere auf dasjenige Erinnerungsmaterial zurück, das den Roman anschaulicher und lebendiger werden ließ oder spezifische, ihm wichtige Aspekte hervorheben half. Er scheint zu dem Schluss gekommen zu sein, dass autobiografische Erfahrungen ein wertvolles Stoffreservoir für den Autor darstellen, ohne an Authentizitätskriterien gebunden zu sein.

Wie gezeigt wurde, ist dem Romanfragment *BEB II* eine autobiografische Dimension nicht abzusprechen, doch macht sie nicht die Essenz des Romanprojekts aus, das mehr als eine »literarisierte Lebensbeschreibung« sein sollte. Ebenso wenig hat *BEB II* dokumentarischen Charakter. Auch sind Rückschlüsse von Figuren auf tatsächliche biografische Begebenheiten zu unzuverlässig angesichts der dichterischen Methode, die Figuren als exemplarische Typen in kontrastive Beziehungen einzubauen.

In *BEB II* wird zwar Zeitgeschichte vom Individuum aus betrachtet, aber ohne darüber hinwegzutäuschen, dass das Individuum erstens nicht Herr im eigenen Haus ist, dass es sich zweitens in der naturwissenschaftlich-technologisch dominierten Welt der Moderne nur noch unzureichend als eigenständiges und eigensinniges Subjekt entfalten kann, und dass es drittens historische Phasen gibt, in denen das Individuum den politischen Kräften machtlos ausgeliefert ist. Ferner spielt eine thematische Rolle, dass das Individuum als Hervorbringer qualitativ anspruchsvoller künstlerischer Werke schwer vermittelbare Entgrenzungserfahrungen macht, die seine Vorstellungen vom bewussten Ich noch zusätzlich destabilisieren; dass es aber letztlich dennoch keine andere Wahl hat als zu versuchen, sich – auch unter den ungünstigsten Umständen – als Subjekt nicht uneingeschränkt vereinnahmen, manipulieren und bestimmen zu lassen, sondern sich in den Wirren seiner Zeit zu behaupten.

Diese Dialektik wird in *BEB II* anhand eines Verfahrens demonstriert, das die tief gehende Krise im ersten Drittel des 20. Jahrhunderts literarisch zu gestalten suchte, indem anhand der Sozialisation und des weiteren Lebenswegs der Romanfigur Bebuquin, aus der etliche Erfahrungswerte seines Autors sprechen, in literarisch anspruchsvoller und unterhaltsamer Form eine allgemeine kritische Gesellschaftsdiagnose vermittelt werden sollte, die auch den Lesern einleuchtend erscheinen sollte. Dafür jedoch waren profunde Kenntnisse über die biografischen Details des Autors nicht unbedingt erforderlich und wurden ihnen – soweit man dies über ein Fragment aussagen kann – auch nicht geliefert.

1 Das Romanfragment *Bebuquin II* befindet sich im Carl-Einstein-Archiv der Stiftung Archiv der Akademie der Künste in Berlin. Momentan sind die Aufzeichnungen in 50 Mappen sortiert und im Findbuch *Carl Einstein 1885–1940*, bearbeitet von Carsten Wurm, Berlin 2002, vermerkt. Meine hier angewendete Mappennummerierung bezieht sich noch auf die frühere Aufteilung in 46 Mappen. Im Folgenden werden die Mappen, denen Zitate entnommen wurden, mit einem »M.« gekennzeichnet. Für weitere bio- und bibliografische Hinweise zu Carl Einstein vgl. auch die Homepage der Carl-Einstein-Gesellschaft/Société-Carl-Einstein e.V.: http://www.carleinstein.uni-muenchen.de (letzter Zugriff: Juni 2005). — **2** Beide Zitate aus: Carl Einstein: *Werke*. Bd. 4: *Aus dem Nachlaß I*. Hg. von Hermann Haarmann, Klaus Siebenhaar. Berlin 1992, S. 106. — **3** Vgl. Silvio Vietta, Hans-Georg Kemper: *Expressionismus*. München 1975, S. 167. — **4** Meine im Jahr 2003 eingereichte Dissertation trägt den Titel *Das »Individuum als Fossil« – Carl Einsteins Romanfragment BEB II. Das Verhältnis von Autobiographie, Kunst und Politik in einem Avantgardeprojekt zwischen Weimarer Republik und Exil*. Die Arbeit ist noch nicht erschienen. — **5** Vgl. Liliane Meffre: »Lettres de Carl Einstein à Moise Kisling (1920–1924)«. Texte établi, présenté et annoté par Liliane Meffre. In: *Les Cahiers du Musée national d'art moderne* (Hiver 1997) Nr. 62, S. 74–123, hier S. 112. — **6** »mais on me tuerait comme un chien.« Ebd. — **7** Sibylle Penkert: *Carl Einstein. Beiträge zu einer Monographie*. Göttingen 1969, S. 21. — **8** Klaus H. Kiefer: *Avantgarde – Weltkrieg – Exil. Materialien zu Carl Einstein und Salomo Friedlaender/Mynona*. Frankfurt/M. u. a. 1986, S. 184. — **9** Hierzu sei angemerkt, dass Einstein nach der Okkupation Frankreichs ohne gültigen Pass, ohne Visum, ohne irgendeine Protektion und ohne die Möglichkeit, über Franco-Spanien gen Lissabon auszuweichen, da er zuvor noch auf anarchistischer Seite gegen die Franco-Putschisten gekämpft hatte, in eine solch ausweglose Situation geraten war, dass ihn selbst der größte persönliche Optimismus nicht davor bewahrt hätte, von den deutschen Truppen ergriffen und später nach Auschwitz deportiert zu werden. — **10** Klaus H. Kiefer: »»BEB II« – Ein Phantombild«. In: *TEXT + KRITIK. Zeitschrift für Literatur* (1987) Heft 95: Carl Einstein, S. 44–66, hier S. 52, wobei er sich bei dem Begriff Thanatographie auf Bernd Mattheus bezieht, vgl. Bernd Mattheus: *Georges Bataille. Eine Thanatographie*. München 1984, S. 66. — **11** Vgl. Philippe Lejeune: Der autobiographische Pakt. Frankfurt/M. 1994. — **12** Zur familiären Herkunft vgl. auch Marianne Kröger: »Kunst und Literatur als innere Befreiung gegen Determinismus und Antisemitismus – Überlegungen zur jüdischen Identität Carl Einsteins«. In: Klaus H. Kiefer (Hg.): *Die visuelle Wende der Moderne. Carl Einsteins ›Kunst des 20. Jahrhunderts‹*. München 2003, S. 39–63. — **13** Zit. nach Kiefer: *Avantgarde – Weltkrieg – Exil* (s. Anm. 8), S. 13. — **14** Einstein: *Werke*. Bd. 4 (s. Anm. 2), S. 122. Das Zitat wird auf circa 1910 datiert. — **15** Manuela Günter: *Anatomie des Anti-Subjekts. Zur Subversion autobiographischen Schreibens bei Siegfried Kracauer, Walter Benjamin und Carl Einstein*. Würzburg 1996, S. 184. — **16** Vgl Carl Einstein: *Die Fabrikation der Fiktionen*. Hg. von Sibylle Penkert. Reinbek bei Hamburg 1973. — **17** Einstein: *Werke*. Bd. 4 (s. Anm. 2), S. 214. — **18** Ebd., S. 83. — **19** Einstein: *Fabrikation der Fiktionen* (s. Anm. 16), S. 92. — **20** Carl Einstein: *Werke*. Bd. 1: *1908–1918*. Hg. von Rolf-Peter Baacke unter Mitarbeit von ens Kwasny. Berlin 1980, S. 71. — **21** Günter: *Anatomie des Anti-Subjekts* (s. Anm. 15), S. 179. — **22** Carl Einstein: *Werke*. Bd. 3: *1929–1940*. Hg. von Marion Schmid, Liliane Meffre. Wien, Berlin 1985, S. 457 f.

Beatrix Müller-Kampel

Gespräch mit der Wiener Exildichterin Stella Rotenberg

Regelbruch und Respekt als Leitfaden für ein Interview

Die von den Sozialwissenschaften entwickelten Grundregeln für strukturierte Interviews haben sich in ihrem Grundbestand seit Jahrzehnten nicht geändert: Für diesen »Königsweg« der Sozialforschung (René König)[1] hat man sich mit einem Interviewleitfaden zu rüsten, der die Frageinhalte temporal und lokal möglichst genau eingrenzt und die Fragen in ihrer Reihenfolge festlegt. Anzuordnen sind die Fragen nach einem gewissen Fortentwicklungsprinzip, in dessen Folge der / die Befragte durch Steigerung des Interesses immer stärker am Interview teilnimmt. Einfache Fragen sollen in komplizierte überführt werden (können), sprunghafte Themenwechsel sind zu vermeiden, ebenso die allzu frühzeitige Konfrontation mit überraschenden oder intimen Themen.[2] Sprachlich ist doppeldeutigem Vokabular, langen Sätzen und einer Idiomatik auszuweichen, die Abwehrmechanismen erzeugen könnten.[3]

Entsprechend diesen sozialwissenschaftlichen Fragekriterien und -kategorien erfolgte die Durchführung eines exil- und wissenschaftsgeschichtlichen Forschungsprojekts, das u. a. mittels strukturierter lebensgeschichtlicher Interviews die Karrieren und Identitäten von 1933 bis 1945 vertriebenen Österreichern und Österreicherinnen in der germanistischen Literaturwissenschaft der Aufnahmeländer erfassen und zu einer Kollektivbiografie generieren sollte. Thematisch sprach der Interviewleitfaden an: Familie, Kindheit und Schule, Erleben und Einschätzung der zeitgenössischen politischen Situation, Emigrationsverlauf, Lebensbedingungen im Exil, Studiengang, Motive für den Weg in die germanistische Literaturwissenschaft, einflussreiche Lehrer und Lehrerinnen, berufliche Position(en), Lehrtätigkeit, Verankerung in wissenschaftlichen Organisationen, Publikationsschwerpunkte, Vortragsthemen, literaturwissenschaftliches Selbstverständnis, Literaturbegriff und Methodik sowie Funktion von Literatur für die psychische Identitätskonstruktion.[4] Im Umkreis eben dieses Projekts lernte ich im März 1999 in London die Autorin Stella Rotenberg kennen.

Stella Rotenberg, 1916 als Tochter des Textilkaufmanns Bernhard Siegmann und dessen Frau Regine geboren, besuchte in Wien die Volks- und Mittelschule und schlug ein Medizinstudium ein. 1938 musste sie nach dem

»Anschluss« als Jüdin das Studium abbrechen, flüchtete 1939 in die Niederlande und noch im selben Jahr nach Großbritannien, wo sie in Colchester (Essex) arbeitete. 1940 heiratete sie Wolf Rotenberg, einen Wiener Studienkollegen polnisch-jüdischer Herkunft, der sich bei Kriegsbeginn als
Freiwilliger zur britischen Armee meldete. Fortan folgte die Soldatenfrau
ihrem Mann in verschiedene Garnisonsstädte, arbeitete als Arzthelferin in
einem kleinen Ort in Somerset und schließlich, nachdem Wolf Rotenberg
nach Ägypten abkommandiert worden war, ein Jahr als Verkäuferin in einer
Apotheke in Darlington (Grafschaft Durham) und fünf Jahre als Buchhal-
terin in einem Büro. Nach 1945 erfuhr sie, dass die Eltern und fast alle Verwandten ermordet worden waren. Seit 1948 lebt Stella Rotenberg als Hausfrau in Leeds, wo ihr Mann eine Ordination führte; 1951 wurde Sohn Adrian
geboren. Erst spät begannen Rotenbergs Dichtungen zu erscheinen: »Die wir
übrig sind« (Lyrik, Darmstadt 1978), »Scherben sind endlicher Hort« (Lyrik
und Prosa, Wien 1991), »Ungewissen Ursprungs« (Prosa, Wien 1997), »Meine wahre Heimat/My True Homeland« (Lyrik, gemeinsam mit Gedichten
von Tamar Radzyner, deutsch-englisch, Klagenfurt 1999), »Shards« (Lyrik,
englisch, Edinburgh 2003) sowie – auf deutsch derzeit als einziges erhält-
lich – »An den Quell. Gesammelte Gedichte« (Wien 2003). Lyrik und Prosa loten thematisch aus, was Stella Rotenberg von Beginn an existenzielles
Bedürfnis und poetisches Anliegen war: zum einen an die Shoa zu erinnern,
das auf ewig eingebrannte Entsetzen der Überlebenden zu benennen, nach
Schuld, Schuldigen und Schuldgründen zu fragen; überdies auch Existenzielles im alltäglichen Detail aufzuspüren: die ebenso flüchtige wie beglückende Begegnung zwischen Ich und Du, die Verbundenheit mit der Kreatur, sei-
en es nun streitende Spatzen, eine verstorbene Katze oder eine verängstigte
Assel, und selbst alltägliche Dinge wie der »Tisch«, an dem zwei sich gegenüber sitzen, oder das Denkmal mit zwei Pferden, »deren Münder/sich
berühren. // Staunend betrachte ich/das Standbild lange, lange,/da wenden
beider Pferde/Köpfe sich mir zu.«[5]
   Stella Rotenberg, die Mutter, Hausfrau und Lyrikerin in Leeds, wollte
weder sozial noch beruflich noch charakterlich zu dem passen, worauf der
skizzierte Interviewleitfaden zugeschnitten war. Zudem hatte die Autorin
sich zu manchem darin bereits selber geäußert: zu ihrer familiären und welt-
anschaulichen Herkunft und vor allem zu ihrer Beziehung zur deutschen
Sprache als der Sprache der Mutter und als einziger Heimat überhaupt.[6]
Funktion und Ziel des Interviews wurden folglich neu bestimmt: Ohne Probleme der Samplebildung und der Vergleichbarkeit bedenken zu müssen, bot
sich die Möglichkeit, gänzlich entstandardisierte Fragen zu stellen und aus
dem Interviewleitfaden eine einzige Frage auszuwählen: jene nach der Funktion von Literatur für die psychische Identitätskonstruktion. Alles weitere
sollte dem Gesprächsverlauf überlassen sein. Um ein, sozialwissenschaftlich

gesprochen, »qualitatives Interview« im Sinne eines intensiven, detaillierten, nicht-gelenkten Interviews handelte es sich damit nach wie vor,[7] doch zugleich auch um einen systematischen Bruch der wichtigsten Regel: jener der formalen Kontrolliertheit. »Kontrolliert« war das Gespräch lediglich durch das Thema und die Lebensgeschichte der Bezugsperson.

Beschränkt sich das qualitative Interview auf ein einziges biografisches Thema, so kann ihm auch ein bekenntnishafter Charakter zuwachsen – sogar wenn es, wie hier geschehen, auf Tonträger gespeichert wird. Bestmögliche Bedingungen dafür bietet das Vertrauen in die Vorinformationen, Ankündigungen und Zusicherungen der Interviewenden. Stella Rotenberg wurde mehrmals versprochen, dass ihr das Gespräch – es wurde grammatikalisch, syntaktisch und strukturell redigiert – vor jeder Drucklegung zur Autorisierung vorgelegt werden würde (was auch geschah).

Autorisierung hat m. E. innerhalb der Exilforschung nicht nur eine juridische Kategorie, sondern moralische Selbstverständlichkeit zu sein – als Zeichen des Respekts vor dem Wort und dem Willen derer, denen man schon einmal das Wort zu verbieten, den Willen zu brechen versucht hatte. Die lässige bis besserwisserische Präpotenz, mit der mitunter InterviewerInnen oder EditorInnen an den Texten derer klittern (wollen), aus denen sie immerhin symbolisches Kapital schlagen (und nicht selten auch Projektgelder und Zuschüsse), hat die Exilforschung unter den Exilierten allzu oft in Misskredit gebracht. Auch Stella Rotenberg zählt zu den diesbezüglich Geschädigten, wich doch die gedruckte Fassung der gesammelten Gedichte *An den Quell* an rund 20 Stellen von dem ab, was von der Dichterin mündlich und schriftlich autorisiert war und ich als Mitherausgeberin dem Verlag vorgelegt hatte.[8] Nur gut, dass die poetische wie ethische Kraft von Stella Rotenbergs Gedichten auch das überstanden hat. In ihrer formalen Verknappung, rhetorischen Verdichtung und bildlichen Prägnanz zählen die Gedichte zum Besten, was die Exillyrik hervorgebracht hat. Das folgende Interview mit Stella Rotenberg ist autorisiert.

Die Literatur, die lieb ich[9]

MK: Frau Rotenberg, können Sie sich noch an das erste Buch, das sie gelesen haben, erinnern?
R: Ich nehme an, es wird ein Märchenbuch gewesen sein.
MK: Waren Sie von Märchen beeindruckt?
R: Ich denke, ich habe Märchen gerne gelesen – und habe sie *als Märchen* gelesen. Angst, glaube ich, hatte ich nicht davor. Es gibt ja ziemlich grausame Märchen. Mein Sohn sagt immer: »Die Brüder Grimm, die haben ja auch viel Grimmiges gebracht.« An eines erinnere ich mich, das mir schon

nahe gegangen ist: Da brachte ein Unhold Frauen um, und man fand abge-
hackte Finger mit Juwelen, mit Ringen dran.[10] Da habe ich schon ein bisschen Angst gehabt. Ich habe nie lesen gelernt, das Lesen ist mir sozusagen
zugeflogen. Mein Bruder ist älter als ich, und als er in die Schule ging, lernte er lesen. Ich bin nebenan gesessen und habe sozusagen mitgelesen. Ich
habe nie lesen lernen müssen, ich habe immer lesen können. Das hat mir
eigentlich nicht gut getan, denn wahrscheinlich nahm ich seither an, dass
mir alles zufliegen sollte und man nichts lernen müsste. Denn ich hab nichts
gelernt; ich wollte nichts tun als lesen! In der Schule war ich nur in Deutsch
gut, hab auch Preise dafür bekommen – so ein kleines Lesezeichen, weil ich
zum Beispiel wusste, dass sich beim Hauptwort, wenn der Artikel sich ändert,
auch die Mehrzahl ändert. »Die Gabel, die Gabeln«, aber »das Messer, die
Messer«. Da kann ich nicht sehr alt gewesen sein; es war in der Volksschule.
Ich erinnere mich auch daran, wie die Lehrerin nach der Mehrzahl von »der
Feuerwehrmann« fragte, und die Kinder sagten »Feuerwehrmänner«, ich aber
»Feuerwehrleute«. Sie hat gemeint, »Feuerwehrleute« sei besser. – Na schön,
dann bin ich eben ins Gymnasium gekommen.

MK: Wurde in Ihrem Elternhaus immer großer Wert auf korrekte Ausdrucksweise gelegt?

R: Nein, nein. Als ich älter war, war ich dann schon etepetete. Wenn meine
Mutter einmal was gesagt hat, was nicht richtig war, hat mir das nicht ge-
passt. Da war ich schon ekelhaft.

MK: Gab es Bücher, Literatur zu Hause?

R: Naja, schon. Es war nicht viel im Hause, und was im Hause war, habe
ich, denke ich, auch gelesen. Eines war sehr schön (obwohl ich heute denke, mein Vater wäre entsetzt gewesen, wenn er es gewusst hätte): das »Dekameron« von Boccaccio – das ist doch ein Meisterwerk![11] Ich las es nicht mit
sechs oder acht, sondern als ich schon älter war, und natürlich auf deutsch,
nicht im Original. Es waren sehr schöne Bilder darin; auf einem war ein schö-
ner Saal mit großen Fenstern und einem mit Marmorfliesen ausgelegten
Boden in zarthellem Grün dargestellt. Ich erinnere mich daran, dass mich
die *Literatur* im »Dekameron« beeindruckt hat.

MK: Was hat Sie daran beeindruckt: ein gewisses Mitleben mit der Sprache
oder das Leben in der fremden Welt?

R: Die Sprache. Natürlich war es eine fremde Welt: Die Leute ziehen weg
aus der Stadt, weil die Pest dort herrscht, und erzählen einander Geschichten. Ich habe das »Dekameron« seither nie wieder gesehen, aber ich erinnere mich an die Geschichte einer jungen Frau, die einen Liebhaber hat. Ihre
Brüder wollen diese Verbindung nicht, und der Liebhaber wird umgebracht.
Sie schneidet den Kopf ab, verbirgt ihn in einem Blumentopf mit Basilien-
kraut und wässert ihn mit ihren Tränen.[12] An diese Geschichte erinnere ich
mich eigentlich am besten. Das Sexuelle an den Geschichten habe ich schon

bemerkt, aber ich glaube, es ist ein bisschen an mir vorbeigegangen (ich war ja auch zu jung). Manchmal denke ich, mein Vater hat es des Sexuellen wegen gekauft, denn sehr viele Bücher gab es im Haus nicht. Es hat mich sehr beeindruckt.

MK: Wie war der Deutschunterricht im Gymnasium?

R: Als ich dann ins Gymnasium kam, war ich nur gut in Deutsch, wusste nicht, wie man lernt, und meinte eben, es müsste mir alles so zufliegen, wie mir das Deutsche zugeflogen ist. Deutsch habe ich ja nie gelernt, ich kann auch keine Grammatik, habe keine Ahnung davon. Nur hab ich nie was falsch gemacht, nie einen Beistrich falsch gesetzt (jetzt schon, aber ich bin doch schon seit einem Jahrtausend hier), und nie hat jemand was bemängelt. Kein Lehrer hat sich um mich gekümmert, denn ich habe ja ohnehin immer alles richtig geschrieben. Wie gesagt, habe ich nie gewusst, wie man lernt. Insgesamt, glaube ich, bin ich ein fauler Mensch. Ich bemüh mich nicht. Jeder meiner Deutschlehrer hat gleichzeitig Französisch unterrichtet (das war damals so), und obwohl ich nie Französisch konnte, hat man mich sozusagen durchgedrückt. Mit 15, 16 bin ich dann schließlich doch aufgewacht und habe gesehen, es geht dem Ende zu, ich glaubte, dass ich nie zur Matura kommen würde, weil ich weder Physik noch Mathematik noch Latein konnte. Da traf ich einen jungen Mann (er muss um die 20 gewesen sein), wir freundeten uns an, er hat dann gemerkt, dass bei mir was nicht stimmt, und sagte: »Nun höre mal zu, jetzt muss ich dich ein bissl unterrichten.« Er hat mir sehr viel beigebracht, und dafür war ich immer dankbar. Ich kann ja heute noch nicht gut rechnen und weiß nicht genau, wie viel eine Orange kostet, wenn sieben Orangen sechseinhalb Pfund kosten. Er hat mir geholfen zu begreifen, wie herrlich doch eigentlich die Mathematik ist – das Verlässlichste überhaupt. Auf die Mathematik kann man sich mehr verlassen als auf sonst irgend etwas. Die Literatur ist ja verschieden für jedermann, etwas ganz Persönliches, aber die Mathematik ... Schließlich habe ich eines Tages begriffen, um was es eigentlich geht bei der höheren Mathematik, dem Integral usw. Quadrieren habe ich im Leben nicht können, aber bei arithmetischen und geometrischen Reihen konnte ich kombinieren, und so kam es dazu, dass ich in Mathematik im Maturazeugnis ein Gut habe. Das ist mir eigentlich tatsächlich mein höchster Punkt im Leben; es bedeutet mir mehr als zum Beispiel das Ehrenkreuz[13] – weil ich plötzlich begriffen habe, um was es geht in der Mathematik. Die Mathematik erklärt mir irgendwie das Universum. Praktisch kann ich ja nichts mehr, hab alles vergessen, ich könnt heute überhaupt nichts mehr auflösen, keine Gleichung, nichts. Aber zu wissen, worum es geht – dafür bin ich dankbar.

MK: Die Mathematik als Disziplin, die die Ordnung der Welt vorführt und symbolisch abbildet?

R: Ja, ja, so ist es.

MK: Von Ihren Interessen her lebten sie also sehr zwiespältig – einerseits die Begeisterung für Literatur, andererseits für die Mathematik.

R: Nein. Die Mathematik erklärt mir irgendwie die Welt, zum Beispiel das Universum – dass es doch stabil ist: wann die Sonne kommt, wie weit sie von uns weg ist und vom Mond –, zum Beispiel auch die Schwerkraft. Aber Schwerkraft ist ja nur ein Wort, es erklärt ja eigentlich nichts, und auch die geometrischen Figuren in der Mathematik ... Das ist ja eigentlich der Kreislauf des Weltalls, und *das* bedeutet mir die Mathematik. Sie können es ja auch Religion nennen, diese Gesetzmäßigkeit. Man will ja, wenn möglich, nicht im Chaos sein, und mir ist die Mathematik sozusagen die Gegenkraft zum Chaos.

MK: Und die Literatur?

R: Die Literatur, die lieb ich. Die Literatur ist mehr: Wenn ich ganz verzweifelt bin, kann ich immer noch was lesen, und das hilft mir, das ist eine Medizin.

MK: Was lesen Sie da?

R: Ach, ziemlich wahllos. Brecht jederzeit gerne, Thomas Mann natürlich. Thomas Mann kann ganz dumpfe Gefühle, von denen ich kaum ahne, um was es geht, aussprechen; und das hilft. Es ist so eine Art Erlösung. Aber ich habe ja immer wahllos gelesen – es ist eigentlich alles sehr schlampig bei mir. Als ich eine schlechte Schülerin war, habe ich oft Schule geschwänzt, weil ich für die Prüfungen ja nicht vorbereitet war. Da bin ich irgendwo herumgesessen (ich konnte doch nicht zu Hause bleiben) und habe gelesen: Hamsun und Dostojewski ... Was da war, habe ich gelesen.

MK: Deutsch war dennoch Ihr Lieblingsfach?

R: *Lesen* war mein Lieblingsfach; die deutsche Grammatik hat mich eigentlich nicht interessiert.

MK: Was hat man denn im Gymnasium gelesen?

R: Wir haben »Faust« gelesen (das war aber dann schon in der siebten Klasse). Dabei erinnere ich mich an eines – und diese Frage blieb mir eigentlich bis heute unbeantwortet. Wir hatten einen jüdischen Lehrer, er war in die Nazi der Klasse verliebt (wir hatten ein Nazi-Mädchen in der Klasse). Also wir lasen »Faust« und waren über die Endszene im ersten Teil, als Gretchen stirbt, doch alle erschüttert. Er sagte dann: »Ja hätte Faust sie denn heiraten sollen?« Eine Frage, die ich bis heute nicht beantworten könnte. Wir lasen, glaube ich, auch »Die Marquise von O ...«[14] und ... Oh! »Das Fräulein von Scuderi.«[15] »Die Marquise von O ...« habe ich natürlich später wiedergelesen; ich finde sie aufregend und erschütternd, und irgendwie beschäftigt mich diese Novelle eigentlich heute noch. Durch diese Novelle bin ich eigentlich auf Kleist gekommen – nicht durch »Kohlhaas«.[16] »Michael Kohlhaas« finde ich erschütternd, aber irgendwie habe ich eigentlich immer Angst davor – die Art, wie Kohlhaas in sein Verderben geht. In Josef Roths »Geschichte von der 1002. Nacht«,[17] die mich auch fesselt, geht auch einer von Anfang an ins Verderben, doch ist sie nicht mit »Kohlhaas« zu vergleichen.

MK: Eine Logik, die unweigerlich ins Verderben führt, bedroht.

R: Ja. Auch im »Radetzkymarsch«[18] gibt es diesen Gang ins Verderben, doch dort wird er auch von außen beeinflusst. Aber in der »Geschichte der 1002. Nacht« geht, ja stürzt die Hauptfigur direkt auf das Ende zu (und die Geschichte selber eigentlich auch).

MK: Haben Sie eigentlich während des Gymnasiums schon geschrieben?

R: Ja schon, aber das war nix.

MK: Gedichte?

R: Nein, winzige Geschichteln (das war damals so modern, zum Beispiel »Nicht der Mörder, der Ermordete ist schuldig«[19]). Aber das war ganz bedeutungslos. Richtig zu schreiben begonnen habe ich erst hier in England.

MK: Warum haben sie Medizin zu studieren begonnen und nicht Germanistik?

R: Warum, weiß ich nicht.

MK: Waren Sie dann nach Ihrer Flucht im März 1939 abgeschnitten von Büchern?

R: Aber natürlich.

MK: Es gab überhaupt keine Bücher?

R: Nein. Als ich dann in Darlington lebte,[20] gab es eine Leihbücherei, aber da las ich englische Bücher. Das allererste Buch, das ich 1940 in Colchester[21] auf englisch gelesen habe (ich konnte ja kein Englisch, als ich nach England kam), war ein Theaterstück von George Bernhard Shaw: »Pygmalion«.[22] Das zweite war Warwick Deepings »Captain Sorrell and Son«,[23] also Prosa, und schließlich las ich auch englische Gedichte. Jetzt lese ich überhaupt nicht englisch – damals schon, und es ist mir nicht schwer gefallen, weder das Englischlernen noch das Englischlesen. Jetzt lese ich überhaupt viel zu wenig, und wenn, dann deutsch. Das *television* ist ein Malheur.

MK: Sind Sie ab und zu in der Literatur glücklich?

R: Ja.

MK: Wenn Sie selber schreiben oder lesen?

R: Beides. Lesen, das ist wie ein Balsam – aber auch nur manches Mal. Manches Mal bin ich richtig verstört, dann hilft mir eigentlich überhaupt nichts. Aber insgesamt gibt es einen Augenblick von Zufriedenheit oder Ruhe beim Lesen. Von *deutscher* Literatur.

MK: Gab es nach dem Krieg mehr Möglichkeiten, sich irgendwo deutsche Bücher zu beschaffen?

R: Oh, ja. In Leeds[24] gibt es große Leihbüchereien, wo man auch deutsche Bücher bekommt. Ich las deutsche, aber auch englische Literatur, zum Beispiel diese Geschichte von »Alice in Wonderland«[25] – also das ist ja ein Meisterstück. Jetzt gehe ich nur selten in Leihbüchereien, denn ich bekomme von

meinen österreichischen und deutschen Freunden deutsche Bücher ge-
schenkt, und da habe ich genug zum Lesen.

MK: Wann begannen Sie zu schreiben?

R: 1940.

MK: Gab es irgendeinen konkreten Anlass, oder hat es sich lange vorbereitet?

R: Ich erinnere mich daran: Es war in Colchester, im Frühling 1940 (um die
Zeit, als Italien in den Krieg eintrat, eh Frankreich gefallen ist[26]), so im Mai,
und ich erinnere mich auch daran, wo das war. Zufällig ist es ein gutes Gedicht – das ist eigentlich überraschend für den Anfang.

MK: Welches ist es denn?

R: »Ohne Heimat«.

Ohne Heimat

Wir sitzen auf Stühlen die nicht unser sind.
Wir essen von Tellern die nicht unser sind.
Wir sprechen die Sprachen die nicht unser sind.

Unser ist: Der Staub und der Steg.
Unser ist: Das Wandern und der Weg.
Unser ist das Leben das keinen Keim hat.

Wir haben keine Heimat.[27]

Dann schrieb ich einige Gedichte, und natürlich gab es oft Zeiten, in denen
ich gar nicht zum Schreiben gekommen bin. Ich hatte immer mit Woh-
nungslosigkeit zu tun und mit Umzügen, von einem Haus ins andere oder
von einem Ort in den anderen. Es gab große Pausen, dann schrieb ich wieder ein bisschen, und dann gab es wieder Pausen.

MK: Haben Sie die Gedichte jemandem gezeigt?

R: Nein. Wer war denn da?

MK: Sie hatten niemanden, mit dem Sie deutsch gesprochen haben?

R: Ja.

MK: Sie haben auch mit niemandem korrespondiert über die Gedichte? Sie
schrieben ganz für sich?

R: Ich habe ja niemanden gekannt; mit wem hätte ich denn korrespondie-
ren sollen? In Darlington habe ich dann andere Frauen von Soldaten im
Pioneer Corps getroffen, mein Mann war ja nicht der einzige in der Kompa-
nie, und seine Kollegen waren ja alle österreichische und deutsche Flüchtlinge,[28] und viele von ihnen hatten deutsche oder österreichische Frauen. Ich
habe dann schon einige von ihnen kennen gelernt und mit ihnen deutsch

gesprochen. Mit einer habe ich mich auch angefreundet – der Gerda. Ich
habe sie, glaube ich, nicht genug geschätzt (man merkt das immer erst nachher). Diese Gerda hatte kein Interesse an Literatur, ich habe nie darüber
gesprochen mit ihr und habe ihr nichts gezeigt. Aber wenn ich so heute an
sie zurückdenke ... Sie hat ein offenes Herz gehabt, sie war großzügig. Ich
hätte sie mehr schätzen sollen. Sie ist dann 1946, als ihr Mann freikam von
der Armee, nach London gezogen – und wir natürlich nicht. Also habe ich
auch diesen Anschluss verloren. Von den deutschsprachigen Frauen dort ist
ja niemand geblieben. Wir sind von Darlington nach Leeds gezogen, aber
sie alle sind nach London gezogen. Das hätten wir *auch* tun sollen, aber so
ist es nicht gekommen.
MK: Haben Sie mit Ihrem Mann deutsch oder englisch gesprochen?
R: Englisch.
MK: Sie sprachen sehr wenig deutsch, und es gab niemanden, mit dem Sie
über das, was Sie schrieben, sprechen konnten. Bauten Sie sich mit der Literatur in der deutschen Sprache eine Art von Heimat auf?
R: Ja, ja.
MK: Von wem war diese Heimat bevölkert? Von welchen Autoren?
R: Kafka habe ich erst in England kennen gelernt, Thomas Mann hatte ich
bereits in Wien gelesen. Ich erinnere mich an die Vorstudie zum Zauberberg,
ein kleines Reclam-Bändchen.[29] Es geht um ein Sanatorium mit Lungen-
kranken. Eine verheiratete junge Frau stirbt an Lungentuberkulose, und ihr
Ehemann, ein derber Industrieller, versteht das gar nicht. Diese Verfeinerung
bei Thomas Mann konnte, wollte ich als ganz junges Mädchen nicht begrei-
fen. Das hat mich aufgeregt und aufgebracht gegen Thomas Mann.
MK: Gegen Thomas Mann?
R: Ja: weil er mir zu nahe gekommen ist. Aber schließlich habe ich in England wieder Thomas Mann zu lesen angefangen; er ist ein sehr wichtiger
Autor für mich. Und eben auch Kafka.
MK: Es ist für mich ein großer Widerspruch: Thomas Mann fasziniert Sie, zu-
gleich auch Kafka. Ich kann mir schwer unterschiedlichere Autoren vorstellen.
R: Bei mir ist das eben so wahllos; ich bin ja keine geschulte Germanistin.
MK: Nein, das meine ich nicht. Was gefällt Ihnen, was fasziniert Sie an Thomas Mann, was an Kafka? Sind das zwei Facetten Ihres eigenen Lebens oder
fasziniert Sie das Widersprüchliche?
R: Ich weiß nicht, ich weiß nicht. Ich liebe auch Kleist.
MK: Was besonders?
R: Zum Beispiel »Michael Kohlhaas« und »Die Marquise von O ...«. Das
regt mich schon alles sehr auf und an. Eigentlich interessiert mich das Deutsch
bei allem; es interessiert mich mehr als die Situation. Als ich *wirklich* »Literatur« zu lesen angefangen habe, mit zwölf oder dreizehn, war es Klabund,
sein eigenes Werk und natürlich seine Nachdichtungen aus dem Chinesi-

schen und aus dem Persischen.[30] Die chinesischen Nachdichtungen von Klabund habe ich aus Wien auf die Flucht mitgenommen, auch zwei Bände Goethe in einer Dünndruckausgabe und noch einige Bücher. Aber ich kann mich erinnern, dass sie bei der Grenzkontrolle die Bücher kontrolliert haben. Klabund war ja als Kommunist bekannt gewesen, und ich habe noch befürchtet, sie könnten mir die Nachdichtungen wegnehmen.[31] Aber zum Glück hat er vielleicht nicht gewusst, wer Klabund ist, also habe ich sie heute noch, nach all den Jahren. Ich hatte sie zum 17. Geburtstag als Geburtstagsgeschenk bekommen. Heute sehe ich Klabund ja anders, aber mit zwölf, dreizehn war er mir unerhört wichtig: Er hat mir sozusagen die Literatur eröffnet. Ich mag ihn ja heute noch, aber nicht so wie zum Beispiel Brecht. Klabund war ein Freund von Brecht.[32]

MK: Wann begannen Sie, Brecht zu lesen?

R: Auch erst in England. In Wien, kann ich mich erinnern, hatte ich einen Freund, der mir Kästner vorstellte. Ich habe ihm gesagt: »Du, da habe ich was besseres, ich stelle dir Klabund vor.« Von Kästner mag ich einiges, aber nicht alles. »Emil und die Detektive« ist wirklich ausgezeichnet.[33]

MK: Was mögen Sie von Brecht besonders?

R: Die Gedichte. In seinen Theaterstücken kommen ja auch sehr viele Gedichte vor, zum Beispiel in »Der gute Mensch von Sezuan«.[34] Seine Gedichte, die bleiben. Von den Theaterstücken ... Ich gehe doch nie ins Theater, ich kenne ja nichts.

MK: Würden Sie diese Autoren auch als Vorbilder für das eigene Schreiben bezeichnen?

R: Nein. Wie kann jemand so schreiben ... Thomas Mann ist Thomas Mann, und bei Kafka ist es ebenso. Brecht ... Jemand hat mir gesagt: »Brecht muss Sie beeinflusst haben.« Eigentlich kann ich es ja begreifen; ja, das mag sein. Werfel auch, meinte jemand einmal – und ich habe gar nicht gewusst, dass Werfel Gedichte geschrieben hat! Sag ich: »Nein, Werfel kenne ich überhaupt nicht, nur zwei oder drei Romane.« Aber Brecht ... Der spätere Brecht hat doch irgendeine gerade, klare Linie, und mir sagt das persönlich sehr zu. Ich finde immer: Je weniger desto besser. Das ist vielleicht übertrieben, ich weiß es nicht. Mir fehlt ja auch viel im Deutschen, ich habe nicht den Reichtum der deutschen Sprache, ich leb doch schon beinahe seit 60 Jahren in England. Am 14. März [1999] waren es 60 Jahre, dass ich Wien verlassen habe. Also habe ich sozusagen 60 Jahre verloren, 60 Jahre österreichische und deutsche Literatur versäumt. Ist ja kein Wunder, dass ich nicht so schreibe wie die Heutigen.

MK: Sie stehen außerhalb des deutschsprachigen Literaturbetriebs und der dazugehörigen Moden und schreiben noch dazu deutsch in einem englischsprachigen Land. Haben Sie darunter gelitten, vom literarischen Betrieb im deutschsprachigen Raum abgeschnitten zu sein?

R: Aber natürlich. Nur wollte ich mit Deutschland und Österreich nichts zu tun haben. Mit der deutschen Sprache schon, nur – Gott behüte, nicht nahe kommen! Das hat sich aber geändert, denn wohin denn sonst mit den Gedichten, wenn nicht nach Österreich oder Deutschland? Wer will denn sonst deutschsprachige Gedichte? Deshalb kränkt's mich auch, dass es von mir keine Gedichte zu kaufen gibt.[35] Ich denke mir: Jetzt bin ich schon so alt, wie lange kann ich denn noch leben? Wenn ich sterbe, will ich ja doch wissen, dass es Gedichte von mir gibt in Deutschland. Österreich ist ein kleines Land, und ich kann mich über Österreich nicht beklagen. Man hat dort das eine Buch herausgebracht, das leider vergriffen ist: »Scherben sind endlicher Hort«. Es war eine große Anstrengung von diesen beiden Germanisten in Klagenfurt, Primus-Heinz Kucher und Armin A. Wallas.[36] Dann ist die Prosa erschienen, »Ungewissen Ursprungs«,[37] also ich kann mich wirklich nicht beklagen. Aber es sollte sich in Deutschland ein Verleger finden, ich kann nur an niemanden heran, ich lebe da in Leeds. Es gibt so viele Verlage in Deutschland, es ist ein reiches Land; die könnten sich doch erlauben, ein Bücherl von mir herauszubringen. Ehe ich sterbe, möchte ich das doch noch erleben. Aber ich weiß nicht, wie man das anfängt, wohin ich schreiben soll ... (mittlerweile erschienen: s. Anm. 5).

MK: Wie lange haben Sie überhaupt nur für sich geschrieben?

R: Von Anfang an, also 1940, bis zum Jahr 1970/71 (natürlich mit großen Unterbrechungen). Ich habe die paar Gedichte da herumliegen gehabt (es waren ja nicht viele), und im Jahre 1971 hatte ich eine Krankheit (sie war gar nicht übel, aber ich meinte damals, es könnte was Schlimmes sein), und ich dachte, sollte ich sterben müssen, will ich ja doch, dass die Gedichte irgendwo an die Öffentlichkeit kommen. In einer Zeitschrift stand, dass ein Wiener Historiker, Doktor Hugo Gold, einen kleinen Verlag in Tel Aviv hätte und deutsch druckte.[38] Da habe ich mich zusammengeklaubt, 50 Gedichte zusammengenommen und sie an den Herrn Doktor Gold geschickt. Er hat sie dann schließlich veröffentlicht.[39] Nur meine ich heute, dass sie nicht alle gut sind, aber immerhin hat er sie veröffentlicht. Wie so etwas nach Deutschland gekommen ist? Möglicherweise hat jemand in Deutschland das Buch rezensiert, und es ergab sich eine Verbindung mit Ingeborg Drewitz[40] (vielleicht auch über die Zeitschrift »Emuna«[41]). Jedenfalls hat sie mich ermutigt und gemeint, die Gedichte sollten doch in Deutschland bekannt sein, und mir einen Verlag vorgeschlagen: den Bläschke-Verlag. Ich schrieb dann an Bläschke, und dort erschien 1978 dann dieses zweite Büchlein, »Die wir übrig sind«.[42] Das ist dann im Jahre 1978 erschienen. Aber der Verlag ist kurz darauf eingegangen, und das Buch ist einfach vergriffen und verschwunden.

MK: Warum haben Sie eigentlich 30 Jahre lang gewartet mit Ihrem Schritt an die Öffentlichkeit?

R: Erstens waren die Gedichte für mich, und zweitens wollte ich ja mit Deutschland und Österreich überhaupt keine Verbindung eingehen. Deshalb ergab es sich erst spät – eben mit dieser Möglichkeit, etwas in Israel drucken zu lassen. Natürlich wollen die Israelis das Buch nicht, es ist ja auf deutsch. In der Sprache der Mörder, sagen sie, lesen wir nicht, ganz egal, was es ist. Ich nehme an, der Herr Gold hat nicht viel Glück mit mir gehabt. Viel Geld wird er nicht bekommen haben – ich jedenfalls habe nie Geld bekommen dafür. Es kam mir ja auch nicht darauf an; die paar Groschen hätten ja keinen Unterschied gemacht.

MK: Wie schreiben Sie: mit langer Vorbereitung, vielen Korrekturen oder nicht?

R: Das ist verschieden, manches Mal so und manches Mal so. Manches Mal ist es einfach, dann wieder dauert es eine Weile, da trage ich das vielleicht mit mir herum, und nach und nach »kommt es«.

MK: Kann es sein, dass Sie sich hinsetzen, ein Gedicht schreiben und sehen, dass es so gut wie fertig ist?

R: Meine Gedichte sind alle kurz, und da kann das schon vorkommen. So viele Gedichte habe ich ja leider nicht geschrieben. Aber, wie gesagt, manches Mal dauert's eine Weile, kann sein ein paar Wochen. Zum Beispiel hatte ich von einem Gedicht den letzten Satz: »Du sollst nicht auf dem Blut des Nachbarn stehen.« Diesen Satz hatte ich, sonst eigentlich nichts. Eines Tages hat es sich irgendwie ergeben, aber der letzte Satz war sozusagen der Anhaltspunkt. Ich hab dann in der Bibel, im »Levitikus« nachgeschlagen (ich hab ja eine deutsche und eine englische Bibel). Woher der Satz »Du sollst nicht auf dem Blut des Nachbarn stehen« gekommen ist, weiß ich nicht, denn im Buch steht es nicht so. Das ist möglicherweise mein eigener Satz. Ich muss ihn irgendwie herausgeklaubt oder den Rhythmus behalten haben (für mich ist Rhythmus wichtig), und so ist es eben der letzte Satz von diesem Gedicht geworden.

Ein Mann sinnt

Er war mein Nachbar. Zur Zeit der Verfolgung
floh er zu mir und flehte um Asyl.
Ich schloß die Tür. Zu Zeiten der Verfolgung
setzt man das eigne Leben nicht aufs Spiel.

Er ist zerbrochen. Mir war es beschieden
Kinder und Enkel noch wachsen zu sehn.
Ich lese. In der Bibel ist geschrieben,
du sollst nicht auf dem Blut des Nachbarn stehn.[43]

Aber manches Mal, ich weiß gar nicht wie, fliegt es mir zu wie ein Sprücherl (meine Gedichte sind ja oft nur vier Zeilen lang). Da habe ich wahrscheinlich einmal in den Garten geschaut, vielleicht die Vögel singen gehört, und dann: »Wenn im Morgengrauen in den Niederauen leichte Nebel schweben auf vom Grund / treffen Morgenstrahlen die ins Hohe fallen der Singvögel trillerreichen Schlund«.[44] Das ist mir so leicht gekommen. Wenn das Gedicht eine Idee enthält, wie zum Beispiel »Ahasver«, habe ich schon vorher viel nachgedacht, es im Sinn nachgedacht, sozusagen im Sinn gehabt.

> *Ahasver*
>
> *Ich bin das Geschehen –*
> *ich bin das Verfließen.*
> *Ich bin das Verwehen –*
> *ich bin das Ersprießen.*
>
> *Ich bin das Nachtbeginnen –*
> *ich bin das Lichterscheinen.*
> *Ich bin das Todentrinnen –*
> *ich bin das Seinbeweinen.*
>
> *Ich bin die Bewegung –*
> *die Botschaft aus dem All.*
> *So bin ich All-Erregung –*
> *das Schweigen und der Schall.*[45]

MK: Tragen Sie auch die Geschichten lange mit sich herum? Ich denke hier speziell an den Zyklus »Als meine Mutter ...« in »Ungewissen Ursprungs«.[46]
R: Also das mit den Geschichten ist überhaupt etwas ganz anderes.
MK: Inwiefern?
R: Ich weiß nicht, woher sie gekommen sind. Jeder meint, ich beschreibe Konkretes.
MK: Ich auch.
R: Es ist konkret und doch irgendwie anders. Zum Beispiel spreche ich in der Geschichte »Der Schweden-Karl« von einer Gegend im südlichen Teil des Reiches um den »Zinkgürtel«,[47] und eine Leserin nimmt an, das sei das alte Österreich und sagt zu mir: »Wo ungefähr ist das?« und nahm an, in Kärnten oder so. Aber das ist ja erfunden, ich weiß nichts von so was! Daher weiß ich eigentlich gar nicht, wo die Geschichten hergekommen sind. Natürlich ist viel von mir dabei, aber unterscheiden kann ich das nicht. Oder die Geschichte mit dem Lehrer, »Die schwarze Spinne«.[48] Ich habe einen solchen Lehrer nicht gekannt, die Sprüche darin habe ich erfunden. Das ist alles

erfunden! Oh! Das war interessant: In dieser Geschichte gibt es eine Stadt mit dem Namen Lambach – und dann finde ich sie.[49] Es gibt nämlich wirklich eine Stadt Lambach; das habe ich nachher erfahren. Wo ich diesen Namen hergehabt habe, weiß ich nicht. Ich war gar nicht froh, daß ich es gefunden habe. Die einzige Geschichte, die nicht erfunden ist, ist jene von der »Tochter der Witwe«: Das war eine Tante, aber das war doch alles viel später in Wien, ich war Kranzeljungfer bei der Hochzeit von der Tante, und der Bub hat wirklich Manfred geheißen.

Die Tochter der Witwe

Als meine Mutter ein Kind war, lebte im Dorf eine Witwe, deren Kinder alle bis auf eine Tochter verheiratet waren. Diese Tochter, eine große magere Person von etlichen vierzig Jahren, wohnte im Haus der Mutter und wurde von der ingrimmig »meine Tochter mit dem grauen Zopf« genannt. Sie war vor Jahren verlobt gewesen, aber ihr Bräutigam hatte das Verlöbnis kurz vor der Hochzeit gelöst und ein anderes Mädchen geehelicht. Seinen Ring hatte sie noch.

Sie machte Handarbeiten, Stickereien meistens. Man sah sie oft am Fenster sitzen und feines Leinen oder Batist in ein Tamburin spannen und mit weißen Seidenfäden besticken. Diese Stickereien verkaufte sie an einen Händler, der sie in der Kreishauptstadt vertrieb.

Manchesmal besuchte sie eine ihrer verheirateten Schwestern; ihre Nichten und Neffen nannten sie durchwegs beim Vornamen, nicht Tante.

Eines Osterfesttages sprach der Händler im Haus der Witwe vor. Mit ihm war ein Mann aus der nächsten Ortschaft. Der hatte einen großen Kopf mit abstehendem Haar, kornblumenblaue Augen, einen gedrungenen Körper und sehr kurze Beine und Arme. Man wußte viel von ihm, nur nicht recht, welchen Geschäften er nachging. Das viele, das man von ihm wußte, war, daß er verheiratet gewesen, seine Frau aber zu einem anderen Mann ins Haus gezogen war, und sie, als er darob Klage eingereicht, vor dem Gerichtshof behauptet habe, ihr Gatte sei impotent. Aber doch nur seit dem Tod unserer kleinen Tochter, hätte er sich gewehrt, und, meiner kleinen Tochter hätte sie schneidend geantwortet. Ob er jetzt impotent wäre, hätte der Richter mit belegter Stimme gefragt, und in die Stille hinein hätte der Mann, seine kornblumenblauen Augen fest geschlossen, genickt.

So war seine Klage abgewiesen und die Ehe auf späteres Ansuchen der Frau für ungültig erklärt worden.

Dieser Mann nun besuchte das Haus der Witwe regelmäßig, jedes Wochenende, und an Sonntagnachmittagen konnte man ihn mit der alternden Tochter der Witwe im Park spazieren gehen sehen. Das reizte die Lachlust vieler, denn die Tochter war groß und langsam und der Mann klein und zappelig auf seinen kümmerlichen Beinen; außerdem wußte man viel von ihm.

Als es dann im Frühherbst zur Hochzeit kam, war das ganze Dorf mit dabei. Das neuvermählte Paar zog bei der alten Witwe, die ihm ihr halbes Haus abgetreten hatte, ein.

Winter kam, es wurde still im Dorf, und Schnee bedeckte den Boden. Im Frühling gab es ein Gestaune und Geraune. Im Sommer gebar die Frau ein Kind, einen wohlgeratenen Knaben mit schönen Augen. Seine Eltern nannten ihn Manfred, und der Postmeister, der auch das Monopol für den Tabak- und Salzverkauf hatte, erläuterte: MAN bedeutet einer, und FRED komme von Frieden; so sei Manfred einer, der den Frieden gebracht.[50]

MK: Wollten Sie jemals nach Österreich zurückkehren?

R: Nie. Ich könnt auch jetzt nicht zurückgehen. Es ist eigentlich egal, wo ich bin, ich bin nirgendwo wirklich glücklich.

1 René König: »Vorwort«. In: *Das Interview. Formen – Technik – Auswertung.* Hg. von R. K. unter Mitarb. von Dietrich Rüschmeyer und Erwin K. Scheuch. (ED 1952.) 10. Aufl. Köln 1976. (= Studien-Bibliothek. Praktische Sozialforschung; 1) S. 7–11, hier S. 9, sowie ders.: »Praktische Sozialforschung«. In: ebd., S. 13–33, hier S. 27. — **2** Vgl. William J. Goode, Paul K. Hatt: »Beispiel für den Aufbau eines Fragebogens«. In: ebd., S. 115–124, hier S. 115. — **3** Vgl. Eleanor E. Maccoby, Nathan Maccoby: »Das Interview: Ein Werkzeug der Sozialforschung«. In: ebd., S. 37–85, hier S. 47. — **4** Daraus hervorgegangen: *Lebenswege und Lektüren. Österreichische NS-Vertriebene in den USA und Kanada.* Hg. von Beatrix Müller-Kampel unter Mitarb. von Carla Carnevale. Tübingen 2000. (= *Conditio Judaica.* Studien und Quellen zur deutsch-jüdischen Literatur- und Kulturgeschichte; 30) Der Band enthält u.a. Interviews mit und detaillierte Personalbibliographien von Evelyn Beck, Dorrit C. Cohn, Hans Eichner, Peter Heller, Ruth Klüger, Herbert Lederer, Egon Schwarz, Walter H. Sokel und Harry Zohn. Ein gesonderter Sammelband erschien zu: *Edith Rosenstrauch Königsberg. Von der Metallschleiferin zur Germanistin. Lebensstationen und historische Forschungen einer Emigrantin und Remigrantin aus Wien.* Hg. von Beatrix Müller-Kampel. Wien, Köln, Weimar 2001. (= Literatur und Leben; 56) Für das Interview »Unsere Zukunftsperspektive war immer dieselbe: Zurück nach Österreich« (S. 11-77) wurde ein erweiterter Interviewleitfaden verwendet. — **5** Stella Rotenberg: *Der Tisch. / Winterlandschaft.* Beides in: dies.: *An den Quell. Gesammelte Gedichte.* Hg. und mit einem Vor- und Nachwort von Siglinde Bolbecher und Beatrix Müller-Kampel. Wien 2003, S. 193, S. 173. — **6** Vgl. Stella Rotenberg: *Ferienaufenthalte. / Gott erhalte – das kleinere Übel.* Beides in: dies.: *Ungewissen Ursprungs. Gesammelte Prosa.* Hg. und mit einem Nachwort von Siglinde Bolbecher. Wien 1997, S. 57–60, S. 61–64. — **7** Bureau of Applied Social Research, Columbia University: »Das qualitative Interview«. In: *Das Interview* (s. Anm. 1), S. 143–160, hier S. 144. — **8** Weder die Autorin noch ich als Mitherausgeberin erhielten vom Verlag der Theodor Kraner Gesellschaft Korrekturabzüge, weshalb mir Richtigstellungen nicht mehr möglich waren (s. Anm. 5). — **9** Das Interview mit Stella Rotenberg wurde am 20. März 1999 im Österreichischen Kulturinstitut / Austrian Cultural Institute in London geführt. Transkription: Irmgard Holzschuster. Redaktion und Kommentar: Beatrix Müller-Kampel. – R: Stella Rotenberg, MK: Beatrix Müller-Kampel. — **10** Vgl. »Der Räuberbräutigam«. In: *Kinder- und Hausmärchen gesammelt durch die Brüder Grimm in drei Bänden.* Mit Zeichnungen von Otto Ubbelohde und einem Vorw. von Ingeborg Weber-Kellermann. Bd 1. Frankfurt/M. 1984 (= insel taschenbuch; 829), S. 243–247. — **11** Giovanni Boccaccio (vermutlich Florenz oder Certaldo 1313 – Certaldo bei Florenz 1375): *Il Decamerone*, entstanden zwischen 1349 und 1353. — **12** Vgl. Giovanni Boccaccio: *Das Dekameron*. Vierter Tag, Fünfte Geschichte: »Lisabettas Brüder töten ihren Liebhaber, der ihr im Traum erscheint und ihr zeigt, wo er verscharrt wurde. Darauf gräbt sie heimlich seinen Kopf wieder aus und begräbt ihn in einem Basilikumtopf, über dem sie jeden Tag lange weint. Als die Brüder ihr den Topf fortnehmen, stirbt sie vor Gram.« Aus dem Ital. von Ruth Macchi. Bd 1. Berlin, Weimar o. J., S. 482–488, hier S. 482. — **13** Stella Rotenberg erhielt 1996 das österreichische Ehrenkreuz 1. Klasse für Kunst. — **14** Heinrich von Kleist (Frankfurt a. d. O. 1777 – Berlin 1811): *Die Marquise von O...*, Novelle, entstanden um 1806/07, Erstdruck 1808. — **15** Ernst Theodor Amadeus Hoffmann (eig. E. T. Wilhelm H., Königsberg 1776 – Berlin 1822): *Das Fräulein von Scuderi. Erzählung aus dem Zeitalter Ludwigs XIV.*, entstanden 1818, Erstdruck 1819. — **16** Heinrich von Kleist: *Michael Kohlhaas*, Novelle, entstanden seit 1804, Teildruck 1808, Erstausgabe 1810. — **17** Joseph Roth (Brody, Ostgalizien – Paris 1939): *Die Geschichte von der 1002. Nacht*, Roman, Erstdruck Bilthoven 1939. — **18** Joseph Roth: *Radetzkymarsch*, Roman, Erstdruck Berlin 1932. — **19** Franz Werfel (Prag 1890 – Beverly Hills, Calif. 1945): *Nicht der Mörder, der Ermordete ist schuldig*, Novelle, Erstdruck 1920. — **20** In Darlington arbeitete Stella Rotenberg von Anfang 1941 bis Ende 1947 als Verkäuferin und Büroangestellte. – Darlington: Grafschaftsfreie Stadt in Nordostengland am Skerne, Grafschaft Durham, 20 km westlich von Teesside. — **21** In Colchester arbeitete Stella Rotenberg zu dieser Zeit als Pflegerin in einem Spital für psychisch Kranke. – Colchester: Hafenstadt am Colne, Grafschaft Essex, 80 km nördlich von London. — **22** George Bernard Shaw (Dublin 1856 – Ayot St. Lawrence, Herfordshire 1950): *Pygmalion*, Komödie, entstanden 1912, Erstdruck 1916, Uraufführung Wien 1913. — **23** Der Arzt und später viel gelesene englische Romanschriftsteller Warwick Deeping (Southend, Essex 1877 – Weybridge, Surrey 1950) begann mit romantisch-historischen Erzählungen über Themen der englischen Geschichte und schrieb nach dem Ersten Weltkrieg insgesamt über 60 Unterhaltungsromane. Sein populärster Roman *Captain Sorrell and Son*, in welchem Generationsprobleme durch eine echte Vater-Sohn-Kameradschaft gelöst werden, machte ihn in ganz Europa berühmt. – *Captain Sorrell and Son*, Roman, Erstdruck 1925. — **24** Stella Rotenberg lebt seit 1948 in Leeds. — **25** Lewis Carroll (eig. Charles Lutwidge Dodgson, Daresbury, Ches. 1832 – Guildford 1898): *Alice's Adventures in Wonderland*, Kinderbuch, Erstausgabe 1865; dt. *Alice im Wunderland*. — **26** Italien erklärte Frankreich und Großbritannien am 10. Juni 1940 den Krieg. – Zwischen dem 5. und dem 22. Juni 1940 rückten deutsche Truppen bis an die nord- und westfranzösische Küste vor. Aufgrund des Waffenstillstandsabkommens von Compiègne (22. Juni) besetzte Deutschland drei Fünftel Frankreichs. — **27** Stella Rotenberg: *Ohne Heimat*. In: dies.: *An den Quell* (s. Anm. 5), S. 69. — **28** Stella Rotenberg heiratete 1940 Wolf Rotenberg, einen Studienkollegen aus Wien. Nachdem er 1930 aus Polen ausgebürgert worden war, weil er keinen Militärdienst abgeleistet hatte, erhielt er ein Affidavit für einen Studienplatz in Chemie an der Universität Jerusalem. Mit einem Nansen-Pass gelangte Rotenberg nach Großbritannien und meldete sich nach Kriegsbeginn als Freiwilliger zur britischen Armee (*Pioneer Corps*). — **29** Thomas Mann: *Tristan*. Novelle. Mit einem Nachwort von Rudolf K. Goldschmit. Leipzig [1924]. (= Reclams Universal-Bibliothek; 6431). — **30** Klabund (d. h. Wandlung; eig. Alfred Henschke, Crossen a. d. O. 1890 – Davos 1928): *Dumpfe Trommel und berauschtes Gong*. Nachdichtungen chinesischer Kriegslyrik, Erstdruck Leipzig 1915. – *Li-tai-pe*, Erstdruck Leipzig 1916. – *Das Sinngedicht des persischen Zeltmachers*, Erstdruck München 1917. – *Die Geisha O-sen*. Geisha-Lieder nach japanischen Motiven, Erstdruck München 1918. – *Der Feueranbeter*. Nachdichtungen des Hafis, Erstdruck München 1919. – *Das Blumenschiff*. Nachdichtungen chinesischer Lyrik, Erstdruck Berlin 1921. – *Das Buch der irdischen Mühe und des himmlischen Lohnes von Wang-Siang*, Erstdruck Hannover 1921. – *Laotse: Sprüche*, Erstdruck Berlin 1921. – *Dichtungen aus dem Osten*, Erstdruck Wien 1929. – *Chinesische Gedichte*, Erstdruck Wien 1930. – Werkverzeichnis in: Klabund: *Der himmlische Vagant*. Eine Auswahl aus dem Werk. Hg. von Marianne Kesting. Köln 1978, S. 605–609. — **31** Klabund war literarisch auch Chronist und Ankläger sozialen Großstadtelends. 1917 hatte er in einem offenen Brief Kaiser Wilhelm II. aufgefordert abzudanken, um den Völkerfrieden zu ermöglichen. Weil man in ihm einen Spartakisten vermutete, sperrte man Klabund nach der Zerschlagung der Münchner Räterepublik (an der er schwerste Kritik geübt hatte) in Untersuchungshaft. Trotz pazifistischer, sozialkritischer und revolutionärer Akzente in seinen Gedichten wich Klabund jedem Engagement für den Marxismus aus, handelte sich jedoch die Häme der reaktionären Presse ein. Klabunds Werke gerieten zwar nicht in die nationalsozialistische Bücherverbrennung, doch durfte nur ein unpolitischer Teil seiner Bücher weiter ausgeliefert werden (vgl. Marianne Kesting: *Vorwort.* In: ebd., S. 9–20, hier S. 19 f.). — **32** Zur Freundschaft zwischen Brecht und Klabund vgl. ebd., S. 15–18. — **33** Erich Kästner (Dresden 1899 – München 1974): *Emil und die Detektive,* Kinderroman, Erstdruck 1928, 1930 dramatisiert und im selben Jahr durch Gerhard Lamprecht sowie 1931 (England), 1954 (Bundesrepublik Deutschland) und 1965 (USA) ver-filmt. — **34** Bertolt Brecht (Augsburg 1898 – Berlin/DDR 1956): *Der gute Mensch von Sezuan.* Ein Parabelstück, Uraufführung Zürich 1943, Erstdruck Berlin 1953. — **35** Zum Zeitpunkt des Gesprächs 1999 waren vergriffen: Stella Rotenbergs Gedichtband *Die wir übrig sind* (Darmstadt 1978) sowie die Anthologie *Scherben sind endlicher Hort.* Ausgewählte Lyrik und Prosa. Hg. v. Primus-Heinz Kuche, Armin Wallas. Wien 1991 (= Antifaschistische Literatur und Exilliteratur-Studien und Texte; 6). — **36** Die Herausgeber des Bandes *Scherben sind endlicher Hort,* ebd. – Primus-Heinz Kucher (geb. 1956) lehrt und forscht als Universitätsprofessor am Institut für Germanistik der Universität Klagenfurt. Hauptarbeitsgebiete: Österreichische Literatur im 19. und 20. Jahrhundert, deutsch-italienische Literatur- und Kulturbeziehungen, Triestiner Literatur und Interkulturelle Germanistik. – Armin A. Wallas (1962–2003) lehrte und forschte als Universitätsprofessor am Institut für Germanistik der Universität Klagenfurt. Hauptarbeitsgebiete: jüdische Geistesgeschichte und Literatur des 20. Jahrhunderts (u. a. Uriel Birnbaum, Eugen Hoeflich, Emil Szittya, Oskar Kokoschka, Peter Handke), Fragen der Bibelrezeption. — **37** Stella Rotenberg: *Ungewissen Ursprungs.* Gesammelte Prosa. Hg. u. mit einem Nachwort v. Siglinde Bolbecher. Bilder v. Hildegard Stöger. Wien 1997. — **38** Der Verleger und Publizist Hugo Gold (Wien 1895 – Tel Aviv 1974) studierte an der Universität Brünn (Promotion 1928), war 1924–1939 Leiter des Jüdischen Buch- und Kunstverlags seines Onkels Max Hickl in Brünn und Herausgeber z. T. populärer jüdischer Zeitschriften (u. a. *Jüdische Volksstimme, Hickls Illustrirter Jüdischer Volkskalender, Zeitschrift für die Geschichte der Juden in der Tschechoslowakei, Die Welt*). Gold flüchtete 1939 nach Palästina und eröffnete 1943 nach einer sechsmonatigen Internierung in Athlit den Verlag Olamenu Publishing House in Tel Aviv wieder, spezialisierte sich auf Bücher über mitteleuropäisches Judentum und verlegte bzw. redigierte 1964–1974 die *Zeitschrift für die Geschichte der Juden.* — **39** Stella Rotenberg: *Gedichte.* Tel Aviv 1972. — **40** Ingeborg Drewitz (Berlin 1923 – Berlin 1986) war ab 1945 als Schriftstellerin und daneben in (kultur-)politischen Zusammenhängen tätig. Ab 1965 Vorsitzende des Schutzverbandes Deutscher Schriftsteller, beteiligte sie sich an dessen kulturpolitischer Neuorientierung sowie an der Gründung des Verbandes Deutscher Schriftsteller, dessen stellvertretende Vorsitzende sie von 1969 bis 1980 war. Schriftstellerisch wie literaturpolitisch galten ihr die Verarbeitung des Faschismus sowie die Beschäftigung mit Formen des Widerstandes als zentrale Anliegen. — **41** *Emuna. Horizonte zur Diskussion über Israel und das Judentum* (Frankfurt/M.) 1966 ff., seit 1976: *Emuna, Israel-Forum.* Vereinigte Zeitschriften über Israel und Judentum (Rotenburg ob der Tauber). – Hebr. Emûna: Glaube. — **42** Siehe Anm. 35. — **43** Stella Rotenberg: *Ein Mann sinnt.* Entstanden 1971. In: dies., *An den Quell* (s. Anm. 5), S. 40. — **44** Stella Rotenberg: *Wenn im Morgengrauen.* In: ebd., S. 179. — **45** Stella Rotenberg: *Ahasver.* In: ebd., S. 111. — **46** Stella Rotenberg: *Als meine Mutter ...* [12 Geschichten.] In: dies.: *Ungewissen Ursprungs,* (s. Anm. 37), S. 9–53. — **47** Stella Rotenberg: *Der Schweden-Karl.* In: ebd., S. 34–37, hier S. 36. — **48** Stella Rotenberg: *Die schwarze Spinne.* In: ebd., S. 40–45. — **49** »Seine Ferien verbrachte Herr Patrias stets bei seiner verheirateten Schwester in Lambach.« (Ebd., S. 41) Lambach, Oberösterreich, Bezirk Wels, rund 3.500 Einwohner, bekannt vor allem für sein Stift (Benediktiner) und die Romanische Stiftskirche (1089 und 1233). — **50** Stella Rotenberg: *Die Tochter der Witwe.* In: ebd., S. 22 f.

Jutta Vinzent

»Auto«-text und Kon-text
Konzeptionelle Überlegungen zu Michel Foucault im Blick auf Exilkünstler

Obwohl die Sekundärliteratur zu Autobiografie[1] und Selbstbildnissen[2] unübersehbar ist, gibt es keine Monografie, die beides in Beziehung stellt, und
das, obwohl es durchaus eine Reihe von Autobiografien von Künstlern gibt.[3]
Dieser Beitrag stellt daher eher ein Versuch dar, Ergebnisse aus beiden Berei-
chen interdisziplinär zu nutzen, um Entwürfe von Identitäten in Autobiografien und Selbstbildnissen zu bedenken. Tatsächlich, wie noch gezeigt werden wird, sind sich beide Formen trotz aller Unterschiede darin ähnlich, dass
es sich um eine beschreibende Projektion einer Person handelt und damit in
der Problematik der Identität und Authentizität von Autor/Künstler und
dem Ich des Werkes stehen, sei es Schrift oder Bild. Dass eine Autobiografie Diskrepanzen zwischen Realität und Fiktion aufscheinen lässt, hat schon
Goethe in *Dichtung und Wahrheit* beschäftigt; allerdings geschah dies mehr
mit Blick auf Erinnerungen, die das Niederschreiben des eigenen Lebens
beeinflussen,[4] nicht auf die Relation zwischen Autor und Text bzw. die Funktion des Autors für den Text und umgekehrt.

Die Perspektive, die den vorliegenden Beitrag methodologisch bestimmt,
ist vor allem von englischen und amerikanischen Forschungsarbeiten zur
Autobiografie und zum Selbstbildnis, die auf Michel Foucaults 1969 gehaltenen Vortrag »Was ist ein Autor?« reagieren, beeinflusst.[5] In diesem Vortrag
beleuchtet Foucault die funktionale Beziehung zwischen Autor und Text,
die er dahingehend definiert, dass der Autor zwar wesentlicher Teil eines
Textes ist, aber Letzterem vorausgeht und »außerhalb« des Textes steht, also
Kon-text ist. Foucault hat in seinem Vortrag nicht die Autobiografie angesprochen. Vielleicht deshalb, weil man, wenn man Foucaults Position wei-
terdenkt, nur mehr von Biografien und Porträts, nicht mehr von Autobiografien und Selbstporträts sprechen kann, weil die Autobiografie und das
Selbstbildnis »Auto«-texte sind, bei dem – überspitzt formuliert – der Autor
zufällig mit dem »Ich« von Text und Bild übereinstimmt.

Nichtsdestoweniger aber legen Autobiografie wie Selbstbildnis mehr als
Nichtautobiografisches vermeintlich nahe, dass man als Leser dem Autor,
einem Individuum und einer historischen Person begegnet. Dieser Schliche
ist schwer zu entkommen, hat nicht doch auch Foucault, dem es ein Leben
lang um Objektivierung ging, kurz vor seinem Tod in einem amerikanischen
Interview wissen lassen, dass er ein Buch zum Thema »Technologies of the

self« plant, in dem er sich auch »the role of reading and writing in constitu-
ting the self« widmen wollte.[6] Und führt nicht gerade eine Konferenz, die
den Titel »Biografien und Autobiografien von Exilanten und Emigranten«
trägt,[7] den Text zurück auf den historischen Autor, den Emigranten? Anna
Plodeck hat festgestellt, dass gerade Autobiografien von Exilkünstlern häufig als dokumentarisches Material benutzt werden, das das Leben im Exil
(Kulturschock nach der Emigration, Internierung) aufschließt, ohne zu
hinterfragen, ob das »Ich« der Autobiografie konstruiert ist.[8] Und Ursula
Seeber hat darauf hingewiesen, dass es Emigranten gibt, von denen nur
Autobiografisches erhalten ist.[9]

Sicherlich ist nicht zu leugnen, dass der Autor als historische Person »außerhalb« des Textes steht, aber interessant ist doch das Begehren, der Wunsch,
den Text auf den historischen Autor zurückführen zu wollen.

Und das gilt nicht nur für die Rezeption, sondern auch für die Autoren
und Künstler selbst. Wie Richard Chritchfield feststellt, wollen Emigranten
ihre Autobiografie nicht nur als Zeitzeugenbericht, sondern auch als Selbst-
rechtfertigung und Selbststilisierung verstanden haben.[10] Beides, Selbst-
rechtfertigung und Selbststilisierung, nehmen immanent den Rückschluss
auf die historische Person des Autors an.[11] Nach Elisabeth Bronfen dienen
Autobiografien von Emigranten häufig dazu, ein diskontinuierlich empfundenes Leben als eine Einheit darzustellen, bewirken also einen post-psycho-
logischen Heilungsprozess für den Emigranten.[12] Das hat auch Volker Depkat in seinem Beitrag in diesem Band für Autobiografien von deutschen
Sozialisten feststellen können.

Die Spannungen sind offenkundig: Wie im Folgenden im Detail gezeigt
werden wird, baut der Autor / Künstler bewusst in seine Werke Elemente
ein, die einen Rückschluss auf die historische Person des Autors ermöglichen, ja erzwingen und damit Foucaults These entgegenarbeiten. Zum anderen aber wendet er Strategien an, die den Autor / Künstler zum Kontext
und so die Autobiografie und das Selbstbildnis als »Auto«-text erscheinen
lassen. Das wird exemplarisch an den nach Großbritannien emigrierten
Künstlern Alva (1901–1973), Jack Bilbo (1907–1967) und Oskar Kokoschka (1886–1980) gezeigt. Künstlerinnen hinterließen vom Exil in England
keine als Monografie veröffentlichte Autobiografie.[13]

Jack Bilbo publizierte zwei Autobiografien:[14] Die erste Autobiografie, 1948
in Englisch veröffentlicht,[15] dient unter anderem dazu, Identitäten, die er in
Romanen aufgestellt hat, zu berichtigen – sie ist also ein Beispiel dafür, dass
die Autobiografie die Identifizierung zwischen dem »Ich« des Textes und dem
Autor historisch korrigieren kann. In folgendem Passus reflektiert das »Ich«
des Textes gar über die Bedeutung des Kontexts für die »Ich«-Konstitutio-
nen und behauptet die Identität mit dem Autor – alleine eine Herausstel-
lung, die den Leser kritisch aufhören lässt: »I have used several names in my

life; as an author, it depended on the book I wrote or the circumstances I lived in. But I always was Jack Bilbo, nationality, stateless, citizen of the world, not knowing nor acknowledging any nationality, race, religion or class.«[16] Jack Bilbo, der an anderer Stelle schreibt, dass er als Hugo Cyrill Kulp Baruch geboren wurde und sich ab 13 Jack Bilbo nannte,[17] empfindet sich als Weltbürger. Als Al Capones Leibwächter veröffentlicht er – nach Auflagen und Übersetzungen zu urteilen – erfolgreich Bücher in den 1930er Jahren[18] und gesteht in der Autobiografie: »Man of Mystery Al Capone's Bodyguard? Sorry – never met Al Capone, never been to Chicago, just a post to please my publishers and public.«[19] Bilbo bezeichnet seine Autobiografie nicht nur als »Dokument«, sondern proklamiert auch in seinem Vorwort: »In this book I shall tell the truth, as far as it is possible for any human being to be truthful. I mean by truth, stating facts. Facts which happened in my life.«[20]

Kokoschka hatte eine andere Auffassung von »Wahrheit«. Im Gegensatz zu Bilbo, für den das Nennen von Fakten eine Versicherung von Authentizität zwischen Autor und dem autobiografischen Ich darstellt, distanziert sich Kokoschka zu Beginn seiner 1971 in deutsch veröffentlichten Autobiografie bewusst von Idealisierung: »Ich soll meine Biographie schreiben. Was heißt Biographie? Mit Daten jonglieren? Idealisieren? Das hieße eine Geschichte schreiben, die gar nicht wahr ist.«[21] Und er fährt fort mit kritischem Blick auf die Autobiografie als Zeitdokument: »Es ist unmöglich, zwischen dem, was einen verflucht selber angeht, und dem, was an Zeitgeschmack oder Zeitphilosophie etwa eine verwöhnte Dame in aller Naivität von einer Lebensgeschichte erwartet, eine Gleichung zu versuchen. Das ist mir klar. Als zunächst Beteiligter bleibt für mich gültig, daß ein Mensch das Maß aller Dinge ist, wie ein alter Grieche herausfand. Ich bin gerne bereit, zu sagen, was ich gesehen habe; denn ich bin ein Mensch, der mit den Augen die Welt erlebt und nicht mit den Ohren.«[22] Im Vertrauen auf das künstlerische Auge steigt Kokoschka in das Erzählen von Erinnerungen aus seiner Kindheit, Einstellungen zum Humanismus, Leben in Berlin, Wien, Prag, London und der Schweiz ein, was er alles auch mit Daten unterlegt, ohne auf die Problematik des Genres zurückzukommen. Bei all dem spielt die Interpretation seiner Werke eine große Rolle.

Wie Kokoschka gibt auch Bilbo, neben essayistisch erzählten Einstellungen und Berichten von Erfahrenem, Orte und Daten an, so etwa das der Geburt am 13. April 1907 in Berlin.[23] Auch in Alvas Autobiografie *With Pen and Brush*, 1973 veröffentlicht, findet man Orts- und Zeitangaben (wie etwa seinen Eintritt in das Konservatorium 1919 und seine Internierung auf der Isle of Man 1940),[24] die das Essayistische unterlegen und in einen Rahmen rücken. Gerade aber zeitliche Angaben und Hinweise auf Orte, die »außerhalb« der Autobiografie existieren, fordern dazu heraus, die Autobiografie auf den Autor zurückzuführen.

Das dokumentarische Material in Alvas Autobiografie wie Fotografien, Werkregister und Illustrationen sowie Zeitungsartikel über den Künstler,[25] das auch in Bilbos erster Autobiografie und vor allem in Kokoschkas deutscher Autobiografie zu finden ist,[26] dient dazu, auf die historische Realität zurückzuweisen. Das gilt auch für Bilbos zweite Autobiografie, die eine lose Übersetzung der ersten ist, allerdings auch die Jahre von 1948 bis 1962/63 beschreibt, mit dem Unterschied, dass der dokumentarische Anteil sich auf 14 Fotos und drei schwarz-weiß Abbildungen seiner Werke beschränkt. Einige der Fotos sind schon aus der ersten Autobiografie bekannt, andere neu, wie etwa das Bild von Bilbo mit Henry Miller, der auch das Vorwort zur Ausgabe geschrieben hat (Abb. 1).[27]

Bilbos Selbstporträts sind, wie Shearer West für Selbstbildnisse im 20. Jahrhundert allgemein feststellt, psychologische Studien.[28] Sie sind – trotz allem Expressivem – realistisch an den für Bilbo markanten Erkennungsmerkmalen wie Bart, stechenden Augen und schwarzem Krauselhaar gemodelt, wie etwa der Vergleich zwischen dem Selbstporträt von 1945 (Abb. 2) und einem Foto Bilbos in seiner Modern Art Gallery von 1946 (Abb. 3) belegt. Wie wichtig für Bilbo die Übereinstimmung mit der Realität war, zeigt das Selbstbildnis von 1939 (Abb. 4), bei dem, Bilbos Anmerkung auf der Rückseite des Bildes zufolge, erst 1943 der Bart hinzugefügt wurde. Tatsächlich hat Bilbo in der Fotomontage, die Bilbo zu verschiedenen Zeiten seines Lebens zeigt, mit 33 Jahren (also bis 1940) keinen Bart (Abb. 5).

Affirmation, Orts- und Zeitangaben und das dokumentarische Material der Autobiografie sowie die akkurate Wiedergabe im Selbstbildnis sind Strategien der Künstler, das Werk auf die historische Person zurückzuführen.

Aber gerade die Affirmationen in den Autobiografien von Bilbo und Kokoschka weisen darauf hin, dass deren Autoren eine Spannung zwischen erzähltem und historischem Ich sahen, und dass eigentlich jede Autobiografie und jedes Selbstporträt eine Fiktion ist, die sie als »Auto«-text ausweist, der den Kontext, den Autor, ausblendet. Im Folgenden wird inhaltlichen Elementen nachgegangen, die die Werke bewusst als Fiktion erkennen lassen.

Bei Bilbos Autobiografien stellt sich vermeintlich real Erzähltes nach Überprüfung mit historischen Fakten als Fiktion heraus. So etwa, und hier könnte man etliche Beispiele hinzufügen, Bilbos Erzählung, dass er sich, da ihm die britische Staatsbürgerschaft versagt blieb, ein Boot umgebaut habe, um die Welt zu erkunden.[29]

So wie in den Autobiografien ist das »Schwimmen« zwischen Fiktion und Realität im Selbstbildnis offensichtlich: da normalerweise frei von Auftragsarbeit, kann das Experiment und die existenzielle Verarbeitung im Vordergrund stehen. Alva etwa, der bis 1925 Solomon Siegfried Allweiss hieß und wenig Selbstbildnisse – keines während seiner Zeit in England – geschaffen hat, malt sich 1933, dem Jahr, in dem sein deutscher Pass ungültig wird und

Abb. 1: Bilbo mit Henry Miller

er nach Paris emigriert, in *Finis* (Abb. 6) als Erhängter, der offensichtlich keinen Ausweg mehr kennt.

Auch Kokoschka hat im britischen Exil kein Selbstbildnis gemalt. Nach seinem im tschechischen Exil entstandenen *Selbstbildnis als ›Entarteter Künstler‹* von 1937 (Scottish National Gallery of Modern Art, Edinburgh), kommt

Abb. 2: Jack Bilbo, *Selbstbildnis*, 1945

er erst 1946 auf dieses Genre zurück. Exil, nationalsozialistische Herrschaft und der Krieg ließen den eher narzisstisch angelegten Expressionisten, der einmal sogar als »ein gänzlich unpolitischer Mensch« beschrieben wurde,[30] vor allem in den 1940er Jahren zum politisch-aktiven Künstler werden. Das einzige Bild, das einem Selbstporträt nahe kommt – und das auch eine

Abb. 3: Jack Bilbo in seiner Modern Art Gallery 1946

Ausnahme gegenüber den zwar expressionistischen, aber alle auf Realismus basierenden Selbstbildnissen Kokoschkas darstellt –, ist *Die Krabbe* von 1939–40 (Abb. 7). Hier hat er dem – dem Ertrinken nahen – Schwimmer, der seine Arme in Verzweiflung nach oben hält und nach Hilfe zu schreien scheint, seine Züge gegeben. Kokoschka hat dieses Bild in Polperro gemalt, wo er zu Beginn seiner Emigration in England lebte. Es reflektiert die in seinen Briefen und seiner Autobiografie beschriebene menschliche Isolation und finanzielle Bedürftigkeit, die der Maler und Schriftsteller besonders zu Beginn seiner Zeit in England erfahren zu haben scheint.[31] Allerdings wirkt das Bild mit der überdimensionalen Krabbe im Vordergrund alles andere als realistisch. Tatsächlich identifiziert Kokoschka in seiner Autobiografie den

Abb. 4: Jack Bilbo, *Selbstbildnis,* 1939 (1943 Bart hinzugefügt)

Schwimmer als Symbol für die Tschechoslowakei und die Krabbe als den britischen Premierminister Neville Chamberlain; sie müsste nur eine ihrer Scheren ausstrecken, um den Schwimmer zu retten, tut es aber nicht.[32] Auch ohne Kokoschkas Interpretation zeigt dieses Bild eine Unschärfe zwischen mehr realistischen Bildelementen wie etwa der Küstenlandschaft, für die Polperro in Cornwall Pate stand, und dem Schwimmer, der Kokoschkas Züge hat, und der doch überproportional vergrößerten Krabbe im Vordergrund.

Bilbo »schwimmt« in anderer Weise zwischen Realität und Fiktion: Er entwirft vor allem in den 1950er Jahren Kompositionen mit nicht-realen Lebewesen, die das Porträtierten-Ich noch stärker als in der Autobiografie zwi-

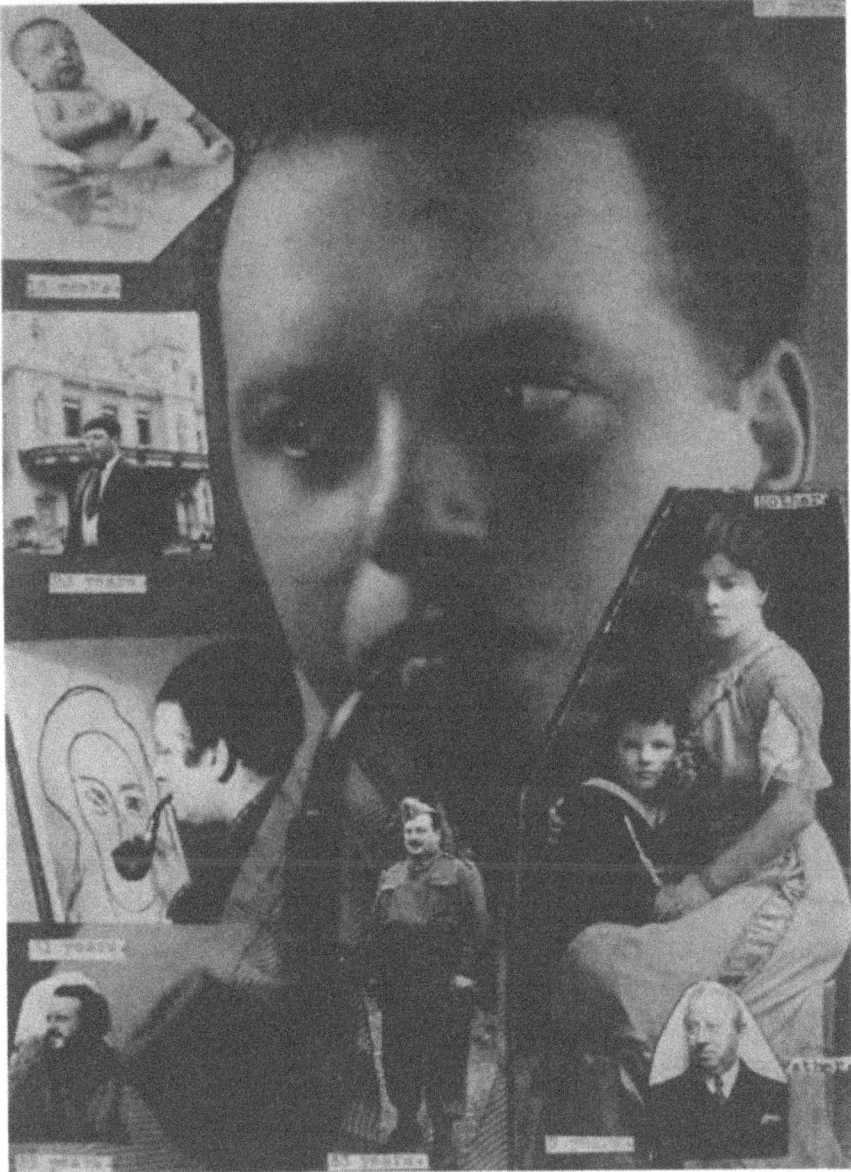

Abb. 5: Jack Bilbo, Photomontage (1948 veröffentlicht)

schen Realität und Fiktion schweben lässt. So etwa zeigt er sich in *Satyr und die Nymphe* von 1954 (Abb. 8) – in Anlehnung an den lüsternen Waldgeist und Begleiter des Dionysos in der griechischen Sage – als sexuell die Nymphe Begehrender, die wiederum die weibliche Naturgottheit im griechischen Mythos darstellt. In *Teufel im Paradies* von 1967 (Abb. 9) ordnet sich Bilbo

Abb. 6: Alva, *Finis*, 1933

in den Kreis von nackten Frauen ein. Mit Referenz zur Paradiesgeschichte des Alten Testaments, in der sich Adam und Eva hinter Bäumen verstecken (Erstes Buch Moses, Kap. 3), zeigt er sich als lüsterner »Teufel«. Wichtig scheint mir hier die bewusste, sich an die autobiografische Verfremdung anlehnende und diese noch übersteigende Transposition in den »Teufel« zu

Abb. 7: Oskar Kokoschka, *Die Krabbe*, 1939–40

sein, der im »Paradies« lebt, wodurch er im Selbstbildnis die ihm in der Autobiografie so wichtigen Themen wie »Wahrheit« und »Humanum« allerdings
auch pervertiert.

Zusammenfassend kann man feststellen, dass der Autor / Künstler – unabhängig von der Zeitspanne, die zwischen Autobiografie und Exil liegt – deutliche Zeichen im Werk setzt, damit der Rezipient den historischen Autor
durchaus mit dem »Ich« von Text und Bild identifiziert. Nichtsdestoweniger kreiert er auch Verfremdungen, die den Text und das Bild als »Auto«-text
wieder erkennen lassen und damit den historischen Autor / Künstler aus seinem Werk herausmanövrieren, ihn als Kontext erscheinen lassen. Auf diese
Weise wird Foucaults funktionale Bestimmung zumindest teilweise bestätigt,
so dass man als Endresultat für die Autobiografien und Selbstbildnisse von
Alva, Bilbo und Kokoschka feststellen kann, dass sie trotz gegenteiliger Intention »Auto«-texte sind und der Autor / Künstler immer auch Kontext bleibt.
Die Missachtung dieses Anliegens, das heißt die Nichtbeachtung des historischen Autors / Künstlers, was Elisabeth Bronfen in anderem Zusammenhang »Blindheit gegenüber dem Elend des Exils« nennt,[33] bedeutet allerdings
die Konstruktion eines Subjektes zum Objekt. Dies wirkt besonders im Hinblick auf erlebtes Leid im erzwungenen Exil zynisch.

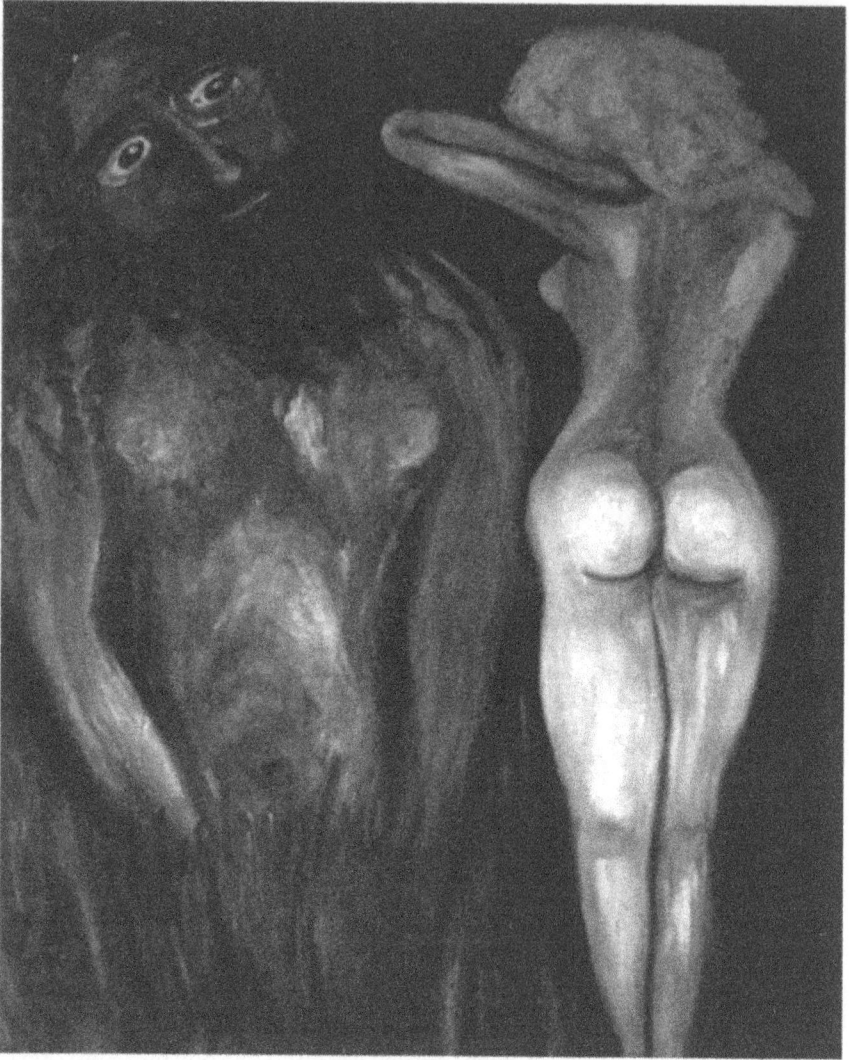

Abb. 8: Jack Bilbo, *Satyr und die Nymphe*, 1954

Abb. 9: Jack Bilbo, *Teufel im Paradies*. Berlin 1967, 1967

Abbildungsverzeichnis

1 Einschlägig für die Autobiografie im Exil sind einige der Aufsätze in Thomas Koebner u. a. (Hg.): *Erinnerungen ans Exil – kritische Lektüre der Autobiographien nach 1933 und andere Themen.* München 1984 (= Exilforschung; Bd. 2); Waltraud Strickhausen: »Schreiben in der Sprache des *Anderen.* – Eine Vorstudie zu den Publikationsmöglichkeiten und der Wirkung englischsprachiger Exilwerke in Großbritannien«. In: Dieter Sevin (Hg.): *Die Resonanz des Exils. Gelungene und mißlungene Rezeption deutschsprachiger Exilautoren.* Amsterdam, Atlanta 1991 (= Amsterdamer Publikationen zur Sprache und Literatur; Bd. 99), S. 369–382; Elisabeth Bronfen: »Exil in der Literatur: Zwischen Metapher und Realität«. In: *arcadia. Zeitschrift für vergleichende Literaturwissenschaft* Bd. 28 (1993) H. 2, S. 167–183. — **2** Obwohl es keinen Beitrag gibt, der speziell das Exil und das Selbstbildnis betrachtet, existieren einige Beiträge zum Selbstbildnis allgemein: Shearer West: *Portraiture.* Oxford 2004 (Kapitel 7); Katherine Hoffmann: *Concepts of Identity. Historical and Contemporary Images and Portraits of Self and Family.* New York 1996 (handelt mehr von Familienporträts als von Selbstporträts); Xanthe Brooke: *Face to Face: Three Centuries of Artists' Self-Portraiture.* Ausstellungskatalog (Liverpool 28. Oktober 1994 – 8. Januar 1995). Liverpool 1994; Jacques Derrida: *Memoirs of the Blind: The Self-Portrait and Other Ruins.* Chicago 1993; Joseph Koerner: *The Moment of Self-Portraiture in German Renaissance Art.* Chicago 1993; Richard Brilliant: *Portraiture.* London 1991 (besonders S. 45–88); Irit Rogoff: »The Anxious artist – ideological mobilisations of the self in German modernism«. In: ders. (Hg.): *The Divided Heritage. Themes and Problems in German Modernism.* Cambridge 1990, S. 116–147; Erika Billeter (Hg.): *Das Selbstportrait im Zeitalter der Photographie. Maler und Photographen im Dialog mit sich selbst.* Ausstellungskatalog. Bern 1985 (Auswahl). Daneben gibt es eine große Anzahl an Sekundärliteratur zu Selbstbildnissen bei Frauen (Frances Borzello: *Seeing Ourselves: Women's Self-Portraits.* London 1998; Marsha Meskimmon: *The Art of Reflection.* London 1996; Felicity Edholm: »Beyond the Mirror: Women's Self-portraits«. In: Frances Bonner u. a. (Hg.): *Imagining Women: Cultural Representations and Gender.* Cambridge 1995). — **3** Vgl. Gunter Schweikhart (Hg.): *Autobiographie und Selbstportrait in der Renaissance.* Köln 1998 (= Atlas. Bonner Beiträge zur Renaissanceforschung; Bd. 2) diskutiert nicht die Problematik des Vergleichs von Bild und Text, sondern nimmt beides als Resultat einer Veränderung von mittelalterlichen Persönlichkeitserwähnungen und Selbstdarstellungen, die »durchweg in einen traditionalen oder religiösen Kontext eingebunden« sind, zu solchen der Renaissance, die die »religiöse Bindung (...) vollständig auf die Selbstdarstellung verlagert« (Gunter Schweikhart: »Vorwort«. In: ebd., S. 7–11, hier S. 7); als Beispiel dient Dürers Selbstporträt von 1498 (Prado, Madrid). Jura Brüschweiler interpretiert ebenfalls das Selbstbildnis als Autobiografie, ohne auf Autobiografien der Künstler einzugehen (vgl. Jura Brüschweiler: *Ferdinand Hodler. Selbstbildnisse als Selbstbiographie.* Ausstellungskatalog. Basel 1979). Ein Artikel, der beides in Bezug stellt, allerdings in anderem Zusammenhang (nämlich das erzählende Moment eines Bildes mit Text vergleicht), ist Jens Brockmeier: »From the end to the beginning«. In: Jens Brockmeier, Donal Carbaugh (Hg.): *Narrative and Identity. Studies in Autobiography, Self and Culture.* Amsterdam, Philadelphia 2001, S. 247–280. — **4** Vgl. Johann Wolfgang von Goethe: *Dichtung und Wahrheit.* Bd. 1. Frankfurt/M. 1975, S. 15: »Wenn man sich erinnern will, was uns in der frühsten Zeit der Jugend begegnet ist, so kommt man oft in den Fall, dasjenige, was wir von andern gehört, mit dem zu verwechseln, was wir wirklich aus eigner anschauender Erfahrung besitzen.« — **5** Vgl. oben und des Weiteren Mary Rhiel, David Suchoff: *The Seductions of Biography.* New York, London 1996 und Brockmeier, Carbaugh (Hg.): *Narrative and Identity* (s. Anm. 3). Foucault publizierte den Vortrag als »Qu'est-ce qu'un auteur?«. In: *Bulletin de la Société française de philosophie* 63. Jg. (1969) Nr. 3, S. 73–104. — **6** Vgl. Paul Rabinow, Hubert L. Dreyfus: »How We Behave: Interview with Michel Foucault«. In: *Vanity Fair*, November 1983, S. 62 (zitiert in: »Introduction«. In: Luther H. Martin u. a. (Hg.): *Technologies of the Self. A Seminar with Michel Foucault.* London 1988, 3–8, hier S. 3). Zu diesem Thema gab es ein Seminar/Symposium an der University of Vermont; ausgewählte Vorträge wurden in ebd. veröffentlicht. Darin sind auch die von Foucault gehaltenen, aber wegen seines Todes nicht mehr von ihm edierten Beiträge erhalten (»Technologies of the Self«, S. 16–49 und »The Political Technology of Individuals«,

S. 145–162). In »Technologies of the Self« gesteht Foucault: »perhaps I've insisted too much on the technology of domination and power. I am more interested in the interaction between oneself and others (…), the history of how an individual acts upon himself, in the technology of self« (ebd., S. 19). Nichtsdestoweniger erwähnt Foucault weder die Autobiografie noch das Selbstbildnis, und das, obwohl er der geschichtlichen Entwicklung des Selbst in der griechisch-römischen Philosophie der beiden Jahrhunderte vor Christus und in der christlichen Spiritualität und den monastischen Prinzipien des vierten und fünften Jahrhunderts im spätrömischen Reich nachgeht (er lässt also auch eine der ersten Autobiografien aus, die *Bekenntnisse* des Hl. Augustinus aus dem Jahr 397). Er fasst zusammen: »My hypothesis from looking at these two techniques [d. h. »disclosure of the self, dramatic or verbalized« und »renunciation of self«, Anm. d. Verf.] is that it's the second one, verbalization, which becomes the more important. From the eighteenth century to the present, the techniques of verbalization have been reinserted in a different context by the so-called human sciences in order to use them without renunciation of the self but to constitute, positively, a new self. To use these techniques without renouncing oneself constitutes a decisive break« (ebd., S. 48 f.). Im zweiten Vortrag, »The Political Technology of Individuals«, bezieht sich Foucault auf seine früheren Forschungen und stellt fest, dass »through studying madness and psychiatry, crime and punishment, I have tried to show how we have indirectly constituted ourselves through the exclusion of some others: criminals, mad people, and so on.« (ebd., S. 146). Hier allerdings untersucht er die Beziehung zwischen Individuum und Regierung (»government«). — 7 So der Titel der Jahresversammlung der deutschen Gesellschaft für Exilforschung, die vom 11.–13. März 2005 in der Deutschen Bibliothek in Frankfurt am Main stattfand. Der vorliegende Beitrag ist eine leicht abgeänderte Form des dort gehaltenen Vortrags. — 8 Wie etwa Anna Plodeck für Fred Uhlmans Autobiografie feststellt. Vgl. Anna Plodeck: *The Making of Fred Uhlman. Life and Work of the Painter and Writer in Exile.* PhD Dissertation. University of London (Courtauld Institute) 2004, S. 221. — 9 Ursula Seeber im Gespräch mit der Autorin auf der Jahresversammlung der deutschen Exilgesellschaft (»Biografien und Autobiografien von Exilanten und Emigranten«), Frankfurt am Main, 11.–13. März 2005. — 10 Vgl. Richard Critchfield, »Einige Überlegungen zur Problematik der Exilautobiographik«. In: Koebner (Hg.): *Erinnerungen ans Exil* (s. Anm. 1), S. 41–55, S. 43 f., S. 49. Plodeck: *The Making of Fred Uhlman* (s. Anm. 8), S. 223 f., weist das Erstere (Autobiografie als Zeitzeugenbericht) auch bei Fred Uhlman nach. Das kann man auch in Bezug auf Jack Bilbo sagen: zum Beispiel verbindet er Erinnerungen an die Eröffnung seiner zweiten Ausstellung (Zwemmer Gallery, London, 1940) mit weltpolitischen Ereignissen wie dem Einmarsch Hitlers in Holland (Jack Bilbo: *An Autobiography.* London 1948, S. 216). — 11 Der Zeitzeugenbericht, in dem das »*Ich* des Autobiographen« hinter dem »*Wir* einer Generation« zurücktritt (vgl. Critchfield: »Einige Überlegungen zur Problematik der Exilautobiographik« (s. Anm. 10), S. 49), kann wohl so verstanden werden, dass der Autor wohl eher zum Kontext wird. — 12 Vgl. Bronfen: »Exil in der Literatur: Zwischen Metapher und Realität« (s. Anm. 1), S. 170. Das weist auch Plodeck für Uhlman nach (vgl. Plodeck: *The Making of Fred Uhlman* (s. Anm. 8), S. 224. — 13 Das entspricht dem, was Elke Ramm (»Warum existieren keine ›klassischen‹ Autobiographien von Frauen?«. In: Michaela Holdenried (Hg.): *Geschriebenes Leben. Autobiographik von Frauen.* Berlin 1995, S. 130–141) und Ortrun Niethammer (*Autobiographien von Frauen im 18. Jahrhundert.* Tübingen, Basel 2000, S. 9) in anderem Zusammenhang festgestellt haben. Weitere autobiografisch Tätige unter den etwa 350 Malern, Bildhauern und grafischen Künstlern, die nach England emigrierten (vgl. Liste in Jutta Vinzent: *Identity and Image. Refugee Artists from Nazi Germany in Britain, 1933–1945.* PhD Dissertation. University of Cambridge 2004), wären André Drucker: *An Empty Suitcase. An Autobiography of the Early Years.* London 2000 (postum von seinem Sohn veröffentlicht); Josef Herman: *Related Twilights. Notes from an Artist's Diary.* London 1975; Alfred Lomnitz: *Never Mind, Mr. Lom! Or the Uses of Adversity.* Mit Illustrationen des Autors, London 1941 (behandelt nur die Zeit im Internierungslager Huyton und auf der Isle of Man von 1940 bis 1941; Fred Uhlman: *The Making of an Englishman*, London 1960 (mehrere Übersetzungen; in Deutsch erschienen als *Erinnerungen eines Stuttgarter Juden*, Stuttgart 1992). Uhlmans Autobiografie wurde ausführlich besprochen von Plodeck: *The Making of Fred Uhlman* (s. Anm. 8), S. 221 ff. Diese Künstler haben zwar Autobiografien veröffentlicht, aber keine Selbstbildnisse aus der Zeit des Exils hinterlassen. — **14** Bilbo: *An Autobiography* (s. Anm. 10) und Käpt'n Bilbo: *Rebell aus Leidenschaft. Abenteurer – Maler – Philosoph.* Herrenalb / Schwarzw. 1963 (= Käpt'n Bilbo: *Rebell aus Leidenschaft. Ein Leben für das Abenteuer.* München 1965, Taschenbuchausgabe). Siehe zum Vergleich dieser Publikationen weiter oben und Anm. 27. — **15** Zur Thematisierung des Schreibens in der »Exilsprache« vgl. Strickhausen: »Schreiben in der Sprache des *Anderen*« (s. Anm. 1). — **16** Bilbo: *An Autobiography,* (s. Anm. 10), S. 67. — **17** Ebd., S. 261: »I had called myself Jack Bilbo since I was thirteen years old.« In seiner deutschen Autobiografie (Käpt'n Bilbo: Rebell aus Leidenschaft. [s. Anm. 14], S. 11) nennt Bilbo den Grund für seinen Namenswechsel: Weil er von zu Hause davongelaufen ist, hat sein Vater eine Suchanzeige gestartet. Daher mußte er seinen Namen wechseln. »Hugo Baruch mußte ein für allemal verschwinden. Die wunderbaren Geschichten von Jack London fielen mir ein: Da wußte ich, daß ich fortan Jack Bilbo heißen würde. Und mit Nachnamen? Das Wort ›Bilbao‹ fiel mir ein; so hieß ein Schiff, das ich einmal in Rotterdam gesehen hatte. Und dann dachte ich daran, daß ›Baruch‹ ein hebräisches Wort ist, das ›gesegnet‹ bedeutet; so hatte es mir ein jüdischer Religionslehrer erklärt, und er hatte hinzugefügt, daß ich besser ›Bilbo‹ heißen müsse, ›der Verfluchte‹. Baruch – Bilbao – Bilbo ... Gut, beschloß ich, von jetzt an werde ich Jack Bilbo sein.« — **18** Vor seiner Emigration schrieb Bilbo zwei Bücher (*Chicago-Schanghai: Gangster in besonderer Verwendung.* Berlin 1932 und *Ein Mensch wird Verbrecher: Aufzeichnungen des Leibgardisten von Al Capone.* Berlin 1931). Letztgenannter wurde in Englisch als *Carrying a Gun for Al Capone: The Intimate Experiences of a Gangster in the Body-guard of Al Capone* (London, New York 1932; London 1943, 1945) und in Französisch als *Memoirs d'un Gangster* (Paris 1932) publiziert. Bilbos Erfolg gerade in England, wo das Buch 1943 und 1945 nochmals aufgelegt wurde, ist außergewöhnlich im Vergleich zu vielen Autoren, deren im Exil veröffentlichte Romane – nach den Rezensionen zu urteilen – es schwer hatten, sich durchzusetzen (nicht so sehr wegen der Sprache, aber wegen des Stils) (vgl. Strickhausen: »Schreiben in der Sprache des *Anderen*« [s. Anm. 1], S. 375). — **19** Bilbo: *An Autobiography* (s. Anm. 10), S. 11. — **20** Ebd. — **21** Oskar Kokoschka: *Mein Leben.* München 1971, S. 31. Ins Englische übersetzt von David Britt und publiziert als Oskar Kokoschka: *My Life.* London 1974. — **22** Kokoschka: *Mein Leben* (s. Anm. 21), S. 31. — **23** Bilbo: *An Autobiography* (s. Anm. 10), S. 42. — **24** Vgl. Alva: *With Pen and Brush. Autobiography of a Painter.* London 1973, S. 7, S. 17. — **25** Alvas Werkverzeichnis, Bilder und Zeichnungen, Nachdruck von Artikeln über ihn und Bibliografie nehmen sogar etwa Dreiviertel der gesamten Autobiografie ein (vgl. ebd., S. 25–100). — **26** Die deutsche Version von Kokoschkas Autobiografie ist mit einer Chronologie versehen sowie mit Abbildungen (schwarz-weiß und in Farbe) von neun Werken, 17 Fotografien von ihm selbst, seiner Familie und Freunden und einer Fotografie von der Aufführung eines seiner Stücke. Sie hat allgemein weniger Dokumentationsmaterial (etwa kein Werkregister oder Rezensionen) als Bilbos erste Autobiografie und Alvas Autobiografie und etwas mehr als die deutsche Version von Bilbo. — **27** Die Taschenbuchausgabe von Bilbos deutscher Version (s. o.) bietet zwar den gleichen Text (mit Vorwort), hat aber keine Abbildungen und kein dokumentarisches Material. Das Bild zeigt Miller und Bilbo in Bilbos Berliner Kneipe. — **28** Zum Selbstporträt als psychologische Studie siehe West: *Portraiture* (s. Anm. 2), S. 165. — **29** Vgl. Bilbo: *An Autobiography* (s. Anm. 10), S. 326. — **30** Werner Haftmann: *Verfemte Kunst. Bildende Künstler der inneren und äußeren Emigration in der Zeit des Nationalsozialismus.* Köln 1986, S. 69. — **31** Vgl. Oskar Kokoschka: »Brief an Anna Kallin, Polperro, Cornwall, 1 Oct. 1939«. Abgedruckt in: Oskar Kokoschka: *Letters. 1905–1976.* London 1992, S. 159 und Kokoschka: *My Life* (s. Anm. 21), S. 161. — **32** Oskar Kokoschka: »Interview with Edward Beddington-Behrens«. In: Edward Beddington-Behrens: Look Back, Look Forward. London 1963, S. 168. — **33** Bronfen: »Exil in der Literatur: Zwischen Metapher und Realität« (s. Anm. 1), S. 183.

Perdita Ladwig

Venedig als Norm
Spuren einer Selbstthematisierung im Werk Percy Gotheins

»Tag und Nacht wird das ehrwürdige Florenz durch Luftalarm geschreckt. An der nahen Küste rasen die feindlichen Flieger und wüten mit ihren Bomben. Aber wenn auch im Arnotal die Sirenen heulen – hier oben herrscht bisher noch tiefster Friede.«[1] Es ist eine Momentaufnahme des Stillstandes, die dieser Tagebucheintrag Percy Gotheins im Mai 1943 fixiert. Ein kleines Landhaus mit einem blühenden Garten in Arcetri oberhalb von Florenz ist der Rückzugsort für den »wunderlichen Dottore« aus Deutschland[2] – und der hier herrschende Friede steht im Gegensatz nicht nur zur Unruhe der Kriegszeiten, sondern ebenso zu einem Leben, das sich bisher in innerer und äußerer Ruhelosigkeit verfangen hatte. Nur einige Tage vor dem zitierten Eintrag hatte Gothein an seinem 47. Geburtstag mit dem Führen eines regelmäßigen Tagebuchs begonnen. Soweit es überliefert ist, gewährt es einen gewissen Einblick in sein Alltagsleben. Doch seine Aufzeichnungen sind vor allem eine Rückschau, sie münden in Reflexionen zu Leben und Werk, die sich dem Bedürfnis nach Selbstvergewisserung und Standortbestimmung unterordnen.[3]

Das italienische Tagebuch ist ein kleiner Mosaikstein in dem nur fragmentarisch dokumentierten Lebensweg Gotheins.[4] Seit sechs Jahren ist er in Florenz ansässig. Hier arbeitet er als Privatgelehrter an einer Briefhandschrift aus dem 15. Jahrhundert. Der Text stammte von dem venezianischen Staatsmann Lodovico Foscarini, über den Gothein anscheinend eine Darstellung vorbereitete.[5] Doch der Kriegsverlauf zwingt ihn, Florenz zu verlassen und nach Deutschland zurückzukehren. 1944 begibt er sich nach Amsterdam, um sich dort niederzulassen. Während einer Fahrt durch Südholland wird er verhaftet und ins Konzentrationslager Neuengamme verbracht, wo er im Dezember stirbt. Die nicht mehr publizierte Studie über Foscarini war Gotheins letzter Beitrag zur Erforschung des venezianischen Humanismus, die mit der Biografie des Francesco Barbaro in der Weimarer Republik ihren Ausgang genommen hatte. Aber auch ohne den Schlussstein spricht das wissenschaftliche Werk Gotheins nicht nur für sich selbst, sondern es wirft ebenso ein Licht auf die Geschichte seines Verfassers.

Neben den Studien und der Erinnerung sind es die Möbel aus dem Elternhaus, die Gothein in seinem Florentiner Domizil mit der eigenen Vergangenheit verbinden. Sein Vater, der Kulturhistoriker und Nationalökonom

Eberhard Gothein, schaltete sich mit einer nationalliberalen Gesinnung auch aktiv in wirtschaftliche und politische Probleme der Zeit ein. Eberhard Gotheins wissenschaftliche Produktion war aber weitgehend auf kulturgeschichtliche Fragestellungen gerichtet. Ein Vorbild in thematischer und methodischer Hinsicht sollte für ihn Jacob Burckhardts *Kultur der Renaissance in Italien* sein.[6] 1886 erschien seine Monografie *Die Culturentwicklung Süditaliens in Einzeldarstellungen,* die sich mit der bis dahin kaum beachteten Renaissance im Süden Italiens befasste. Es liegt auf der Linie solcher Interessen, dass er dann eine Studie zur Geschichte Venedigs plante, die jedoch nicht mehr zur Ausführung kam.[7] Die Mutter, Marie Luise Gothein war eine ausgesprochen moderne Frau, die eine Vorliebe für die englische Literatur und Kultur hatte, was sich in der Namensgebung Percys niederschlug. Überdies pflegte sie ihre eigenen schriftstellerischen Neigungen, mit ihren Werken – darunter die immer noch verbreitete *Geschichte der Gartenkunst* von 1914 – erwarb sie sich wissenschaftliches Ansehen und sogar die Ehrendoktorwürde.[8] »Marianne Weber bezeichnet sie als ›exceptionell gescheidt‹ und schreibt mit Bewunderung, ›daß Frau G. sozusagen alles thut, was man sich denken kann: wissenschaftlich arbeiten, Musik, Rodeln, Ski, Tennis, Tanz – viele Freunde hat, mit denen sie regelmäßig korrespondiert, viele Freunde hat, von denen täglich jemand bei ihr ist – (lauter Männer, denn die Frauen sind ihr zu langweilig) etc. etc. Dazu ein wunderschönes Haus und 4 Kinder, die ›von selbst‹ aufwachsen. Es ist märchenhaft.‹«[9]

So wurde Percy Gotheins Jugend von einem Elternhaus geprägt, das allgemein als gesellschaftlicher Anziehungspunkt galt und in dem ein offenes geistiges Klima herrschte. Hinzu kamen weitere Einflüsse, die sich einerseits mit dem familiären Milieu verbanden, ihm andererseits aber entgegenstanden. Denn nachdem Eberhard Gothein 1905 den Ruf auf einen Lehrstuhl für Nationalökonomie in Heidelberg erhalten hatte, siedelte die Familie in das »Weltdorf« um.[10] Hier sollte das entscheidende Erlebnis für den heranwachsenden Percy die Bekanntschaft mit dem Lyriker Stefan George werden, die er im September 1910 nach einer zufälligen Begegnung auf der Straße machte. George fühlte sich von dem Anblick des Jungen an ein »archaisches Relief« erinnert und wünschte eine Fotografie.[11] Georges Aufmerksamkeit für Percy fand das Entgegenkommen der Eltern, die damit an den beiden intellektuellen Zentren im damaligen Heidelberg, nämlich dem Kreis Max Webers und dem Stefan Georges, Anteil hatten.[12]

Der Kontakt mit George entfaltete eine wesentliche Prägekraft für die Persönlichkeit Percy Gotheins. Offensichtlich gab die Anteilnahme Georges dem durch Zeitstimmung und Pubertät verunsicherten Jungen einen gewissen Halt, auch wenn er des »Meisters« Meinung nicht unangefochten übernahm. Georges nicht gerade origineller Auffassung, dass die »Jugend nicht mehr so viel aushalten will«, begegnete er etwa mit dem Verweis auf die »stark indi

viduellen Gefühle schon der Kinder« und machte dabei sich selbst zum Kron-
zeugen.[13] »Was diese Richtung der stark betonten eigenen Persönlichkeit
Gutes und Erfreuliches in mir hervorgebracht hat, weiß ich nicht, (...) nur
das eine sehe ich daß ich durch meine ganze Erziehung durch Lehrer, Eltern
und Einzelunterricht stark in diese Richtung hineingedrängt worden bin.
Klar erkennen kann ich nur die nächsten Nachteile und schlimmen Folgen.
Ich bin sehr von meinen Launen abhängig.«[14]

Die extreme Neigung zum Kreisen um das eigene Ich wurde von George,
der sich im Übrigen viel von Percy versprach, als Undiszipliniertheit ausgelegt. Darüber hinaus erscheint Gothein in seiner Selbstbeschreibung geradezu als Wildfang. Auch gegenüber George trat er nach dem Überwinden
einer anfänglichen Befangenheit recht vorlaut auf.[15] Dessen Eindruck war
jedoch stark genug, um das eigene Verhalten in Frage zu stellen. Obendrein
mochte das von George propagierte Gleichmaß und das in seinem Kreis
geschätzte Prinzip der Gefolgschaft eine Befreiung von der als problematisch
empfundenen »Betonung des einzelnen Individuums« versprechen.[16] Doch
die Richtschnur des Dichters führte letztlich zur Konfrontation mit den ver-
innerlichten Idealen des Vaters: »Das bedeutete kampf für viele jahre. Kampf
der loslösung von dem alten kult der selbständigen ›persönlichkeit‹, jener
lieblingsschöpfung der väterlichen welt, kampf gegen die neue welt des Dichters mit ihren gestrengen forderungen, unter die ich mich nicht freiwillig
beugen wollte.«[17] Das war nicht nur das Empfinden Percy Gotheins, der sich
in einen nahezu unauflöslichen inneren Konflikt verstrickte. Vielmehr führte das zu Unstimmigkeiten mit den Eltern. Im George-Kreis fanden dann
trotz der regen gesellschaftlichen Beziehungen zum Hause Gothein deutliche Abgrenzungen statt. Zwar brachte man dem alten Gothein Respekt entgegen, doch im Grunde galt er als Vertreter eines abgelebten Jahrhunderts.[18]
Percy, der sich von den elterlichen Maßstäben nicht lösen wollte oder konnte, und der sich trotzdem George verbunden fühlte, flüchtete sich in eine
Rebellion gegen beide.

Dem Leiden an der eigenen Individualität, das gleichwohl mit deren trot-
ziger Selbstbehauptung einherging, wurde zunächst durch den Beginn des
Ersten Weltkriegs Einhalt geboten. Gothein, der kurz zuvor das Abitur abge-
legt hatte, meldete sich als Freiwilliger. Vom Krieg erhoffte er sich, wie so
viele andere auch, ein neues Gemeinschaftsgefühl. Die Realität der Schüt-
zengräben rief jedoch neue Konflikte hervor, die ein Bedürfnis nach Abset-
zung von der Masse nur verstärkten.[19] Ein Kopfschuss im Juni 1915 führte
zu einem zeitweiligen Verlust der Sprache und zu seiner vorzeitigen Entlassung aus dem Militärdienst. So begann er nach seiner Genesung ein Studium
der Philosophie in Heidelberg. Im Gegensatz zu den Eltern stand George
den Studienplänen Gotheins skeptisch gegenüber. Da dessen erste univer-
sitäre Erfahrungen nicht sehr positiv ausfielen, sah er die Zweifel Georges

bestätigt. Die konkreten Probleme Gotheins im Universitätsbetrieb sind unbekannt. Es scheint aber, als hätte seine eigene, von George genährte Skepsis, ihn derart bestimmt, dass er sich von einem als gefährlich empfundenen Intellektualismus distanzierte.[20] In der Folge begegnete er dem akademischen Establishment mit einer provokativen Haltung.

Daraus ergab sich freilich keine Antwort auf die Frage, wer denn nun Recht hatte, der Vater oder der Dichter. Die damit verbundene Verunsicherung wusste Percy Gothein leidlich zu verbergen. Hatte die elterliche Erziehung ihm ein starkes Selbstgefühl vermittelt, so manifestierte sich dies in dem nach außen getragenen Selbstbewusstsein. Waren es Arroganz und Hochmut, die sich hinter der Überspanntheit des George-Jüngers verbargen, wie viele aus seiner Umgebung meinten?[21] Eine zur Schau getragene Überlegenheit Gotheins rief allgemein Befremden hervor, um so mehr als seine Selbstdarstellung der Wahrnehmung von außen zumeist widersprach.[22] Anstößig war schon seine Erscheinung, »dessen Ungewöhnlichkeit« für viele »etwas Abstoßendes oder Beängstigendes hatte«.[23] Die vorhandenen Fotografien geben ein widersprüchliches Bild. Einige lassen verstehen, dass George in ihm Adel erkannt haben wollte.[24] Manche aber zeigen einen eher ungeschlachten Menschen, eine »skythische« Gestalt.[25] Man kann sich gut vorstellen, dass dieser großgewachsene »Bär« Aufsehen erregte.[26] Dass Gothein dann so bereitwillig den Bürgerschreck spielte, mag »im Verachten aller gesellschaftlichen Konventionen« einen Grund gehabt haben.[27] Doch wäre zu bedenken, ob das unkonventionelle Auftreten nicht auch ein Schutzschild für Gothein war auf der Suche nach der eigenen Identität.

So folgte ein verschlungener Weg: die Fortsetzung des Philosophie-Studiums in Berlin und Göttingen; nach Ende des Ersten Weltkriegs studierte er dann Romanistik in München. Dabei sollte es bleiben, allerdings entzog Gothein sich den landläufigen akademischen Anforderungen weitgehend und verlor sich in selbstbestimmten Aktivitäten. So hielt er etwa Vorträge in Landschulheimen über Oswald Spenglers *Untergang des Abendlandes*, die von »weltanschaulicher« Ablehnung getragen waren.[28] Zudem begann er, sich dichterisch zu betätigen. Ein Gedicht von 1921, an einen Freund gerichtet, lässt sich auch als Selbstbeschreibung lesen. Die Mahnung »Und all dein tag verrinnt in nacht«[29], die Folge tatloser Säumnis, scheint dem rast- und ziellosen Treiben Gotheins den Spiegel vorzuhalten. Auch ein längerer Aufenthalt in Italien zu Studienzwecken hatte seine Unstetigkeit nicht kuriert.

Doch endlich beugte er sich dem Druck, das Studium zu beenden. Was Gothein dann aber als Doktorarbeit vorlegen wollte, fand keine Gnade vor den Augen der Gutachter und erforderte eine Nachbesserung.[30] Die eigentlichen Beanstandungen sind nicht im Einzelnen bekannt, aber Gotheins Verhalten und seine Äußerungen legen nahe, dass er den George-Stil – etwa eine konsequente Kleinschreibung und den Verzicht auf Anmerkungen – adaptiert hatte und vor allem damit Widerstand hervorrief. Im Oktober 1923 wurde er dann mit einer Arbeit über *Die antiken Reminiszenzen in den Chansons de Geste* bei Leonardo Olschki in Heidelberg promoviert.[31] Auch diese Arbeit wurde als kein Glanzstück angesehen. So monierte sein alter Hauslehrer Georg Karo später, dass Gothein »nur rite promoviert hat – auch dieser sehr bedingte Erfolg war im Wesentlichen der Verehrung zuzuschreiben, die sein Vater in Heidelberg genoss.«[32]

Dennoch plante er im Anschluss eine Habilitation über Dante. Von George wurde sie ihm nun als eine Art Bewährungsprobe abverlangt. Man kann darin eine quasi erzieherische Maßnahme sehen. Dazu passte, dass der von Gothein eingeschlagene Weg eine Lücke im Kreis schließen konnte, denn diesem fehlte ein Romanist ebenso wie ein gültiges Dante-Buch, war doch der Kult um den italienischen Dichter ein elementarer Bestandteil in der Welt Georges.[33] Es gelang dann, mit Gutachten Eduard Wechsslers aus Berlin und Viktor Klemperers aus Dresden, Gothein ein Stipendium der Notgemeinschaft der deutschen Wissenschaft zu verschaffen.[34] Dieser vermochte die in ihn gesetzten Hoffnungen erneut nicht zu erfüllen. Statt wissenschaftlich zu arbeiten, beschäftigte er sich mit der Niederschrift seiner Autobiografie.[35] Den Forschungsaufenthalt in Italien brach er ab, im Sommer 1925 war er bereits wieder in Heidelberg, um wenig später ein halbes Jahr als Lehrer an der Odenwaldschule zu arbeiten.

Auch George verlor nun die Geduld mit ihm. Was folgte, war die Verstoßung Gotheins aus der Umgebung des Dichters, der er längst schon zum Ärgernis geworden war.[36] George nahm zwar weiterhin Anteil am Schicksal Gotheins, doch kam es zu keiner persönlichen Begegnung mehr. Die weitere Entwicklung könnte glauben lassen, dass der George'sche Bann eine gewisse befreiende Wirkung hatte. Noch in Italien hatte Gothein sich in ethische und Staatsschriften von Platon und Aristoteles vertieft und berichtete hernach, dass ihn »seine wissenschaftliche arbeit täglich mit der suche nach dem normhaften leben antreibt.«[37] In diesem Kontext könnte er den venezianischen Humanismus als Arbeitsthema entdeckt haben. Wahrscheinlich konnte er hier auf Anregungen seines Vaters zurückgreifen.[38] Dass der Vater 1923 in seiner Anwesenheit friedvoll gestorben war, mochte es ihm erleichtert haben, sich zu dessen geistigem Erbe zu bekennen. Als sich dann auch die Umklammerung durch den George-Kreis gelöst hatte, schien Gothein zu sich selbst zu finden.

Richtungweisend wurde dabei die Beschäftigung mit lateinischen Humanistenbriefen, die Gothein neue Habilitationspläne schmieden ließ.[39] Dabei bleibt unklar, wieweit die ursprüngliche Arbeit mit der späteren Monografie über den venezianischen Patrizier Barbaro übereinstimmte. Gotheins Studie mit Francesco Barbaro im Zentrum ist in klassischer Weise biografisch angelegt und folgt ihrem Protagonisten von der Geburt bis zum Tod. Der biografische Ansatz stützt sich auf eine »geheime wahlverwandtschaft«[40] und ist zugleich Ausdruck des Gothein'schen Bedürfnisses nach Orientierung. Aber Gothein begnügte sich nicht damit, das Schicksal einer Einzelperson darzustellen. Durchaus reflektiert wird das Leben des venezianischen Humanisten in eine enge Verbindung mit dem Zeithintergrund gestellt: »Eine monographie über eine sonder-gestalt ist wie ein einbaum, der, um seetüchtig zu werden und um die balance zu halten, ausleger braucht, also eine gewisse verbreiterung seiner basis im meer der zeit.«[41] Man kann den *Francesco Barbaro* damit nicht nur als Biografie lesen, sondern ebenso als eine Kulturgeschichte Venedigs in der Frührenaissance. Darüber hinaus kann man dieses Buch aber auch als eine Selbstthematisierung Gotheins lesen. Der humanistisch geschulte Venezianer des frühen 15. Jahrhunderts war zweifellos ein Leitbild für ihn. Barbaro wurde als »typischer Venezianer« seiner Zeit vorgestellt, aber nicht im Sinne des Idealtypus, wie Gothein anmerkte, sondern als Verkörperung einer »Norm«, die »das höchste erreichbare Maß anzeigt.«[42]

Wie Gothein feststellt, stand Barbaro für die humanistischen Anfänge in Venedig, wo er sich zur herausragenden Gestalt entwickelte. Dennoch wurde er von einer allgemeinen Bewegung getragen, es ist »das Beglückende, daß Barbaro nicht vereinzelt dasteht«.[43] Seine Neigung zu den klassischen Studien machte ihn zum Träger der humanistischen Idee. Die allein ist der Urgrund für die sich entwickelnden Freundschaftsbande unter den Humanisten. Auf diese Weise begründet sich Gemeinschaft – deren Ebenbild sich im Kreis der George-Jünger findet.[44] Dass Barbaros Rezeption der Antike in einer Staatsbürgerlehre kulminiert, die sich in den Dienst der Adelsrepublik Venedig stellt, fügt sich in dieses Muster ein. Als Tatmensch, den eine »heroische Haltung im Leben« auszeichnet[45], ist Barbaro darüber hinaus der ideale Prototyp seiner Lehre. Dahingehend wirkt auch das Erziehungsideal, auf das er die humanistische Gemeinschaft verpflichtet.

Dieser von Gothein analysierte Erziehungsgedanke im venezianischen Humanismus, der auf die Formung einer heroischen Persönlichkeit hinausläuft, weist weitere Anklänge an das Wirken Georges auf.[46] In Sonderheit beglaubigt Barbaro das Erzieheramt, das Gothein willig als eine Aufgabe von George übernommen hatte. Obschon ihm der direkte Kontakt zu George verwehrt war, fühlte er sich weiterhin an den »Meister« gebunden. So hatte er seinerseits einen Kreis junger Männer um sich geschart, denen er die Welt Georges nahe zu bringen gedachte. In diesem Sinne sind ihm die Venezianer »Vorbilder für das, was Menschenerziehung vermag. Der liebende Erzieher wird immer bestrebt sein, seine heranwachsenden Jungen vor Schicksalsschlägen zu bewahren, die sie aus der Bahn werfen und ihr ebenmäßiges Wachstum gefährden.«[47]

Ein wichtiger Anziehungspunkt, den Barbaros Venedig für Gothein bot, war offenbar das dortige »Bewußtsein des einzelnen, nicht allein zu stehen und alles von sich aus aufbauen zu müssen, sondern seinen sicheren Platz inne zu haben«.[48] Darauf beruhte nach seiner Auffassung die »Selbstsicherheit solcher Aristokratie«.[49] Diesen sicheren Standpunkt scheint Gothein letztlich für sich selbst vermisst zu haben. Denn die Unordnung seines eigenen Daseins hebt sich ab von der Lebenswelt des Patrizier-Humanisten: »Venedig war damals die erste Stadt der Welt (...) dessen vorbildliche Ordnung im staatlichen Leben mit unbedingter Ruhe im Innern um die Wende des XIV. zum XV. Jahrhundert grell von der Unruhe ringsum in Europa abstach.«[50] Die Venedig zugeschriebene Vorrangstellung konkurriert mit der Position, die in der zeitgenössischen Renaissanceforschung gemeinhin Florenz zufiel. Wenn Gothein solchen Ruhm nun umstandslos auf Venedig übertrug, mochte sein Forscherstolz daran beteiligt sein. Doch das Urteil über die florentinische Republik und ihre Helden zeigt ziemlich deutlich, worauf sich seine Vorliebe für Venedig gründet. Gegenübergestellt werden die »florentinische Demokratie« und die »venezianische Aristokratie«.[51] Auf welcher Seite die Vorzüge liegen, ist leicht zu erkennen. Die Republik Florenz in ihrer demokratisch dysfunktionalen Verfasstheit erinnert wohl auch an die ungeliebte Weimarer Republik. Ausschlaggebend ist jedoch, dass Florenz für einen schrankenlosen Individualismus steht, während Venedig das Prinzip der Gemeinschaft vertritt. So sind denn auch die Florentiner Dante und Machiavelli als Entwurzelte zu beklagen.[52] Die Stabilität, die Barbaro hingegen genießt, beruht auf der letztlich unangefochtenen Machtstellung einer aristokratischen Führungsschicht. Eine solche weist durchaus wieder Ähnlichkeiten mit der Selbstwahrnehmung des George-Kreises auf.

Die Sehnsucht nach Gemeinschaft hat mutmaßlich Gotheins Anschluss an George sehr gefördert. Dass dieser Wunsch dann für Gothein ein unerfülltes Versprechen blieb, lag nicht nur an seiner eigenen Anstößigkeit, sondern war gewissermaßen unvermeidbar, insofern im Kreise selbst in zeitgenössischer Gestimmtheit von der erhofften Volksgemeinschaft nur geträumt wurde.[53] Diese prophetische Erwartungshaltung machte Gothein sich aber mit *Francesco Barbaro* zu Eigen: »In heutiger Zeit, in der man einzusehen beginnt, daß über alle Einzelfähigkeiten hinaus dem Staatsmann eins not tut: die Fähigkeit, die geistige Haltung eines ganzen Volkes unverfälscht zu verkörpern, wird sich eine Gestalt wie Francesco Barbaro nicht nur erneut Achtung erwerben, die ihn aus dem Dunkel der Vergessenheit heraushebt, sondern es wird auch Barbaros geheime Sehnsucht, die manchmal aus seinen Briefen spricht, in Erfüllung gehen, daß er von neuem unter lebenden Menschen zu wirken beginne. Longo postliminio in patriam redeat, in ein erweitertes Vaterland, das an seiner Humanitas teilhat, dessen Raum nicht durch Politik eingeengt, sondern einen wiederaufblühenden Humanismus erfüllt wird.«[54] Mit Blick auf die eigene Zeit verkörpert Barbaro mithin eine Hoffnung, die auf einen (geistigen) Führer zuläuft.

Damit war die Vorbildhaftigkeit der klugen Venezianer aber noch nicht erschöpft. So manifestiert sich in Gotheins Einleitung seiner deutschen Übersetzung von Barbaros *De re uxoria* ein Unbehagen bezüglich des weiblichen Geschlechts, dessen unheilvolle Kraft unter den Bedingungen der Moderne besonders eindrucksvoll geschildert wird: »In Zeiten des Luxus und der bürgerlichen Behäbigkeit (...) verliert die Frau die sinngebende Bindung in dem ihr zugehörigen Umkreis, sie verliert die Ehrfurcht vor dem Vater der Familie, und war sie vorher der kostbare zur Weiterzeugung erwählte Leib, dessen Wahl die Verantwortung vor dem Blut der Sippe forderte, oder die Matrone, die schweigsam, gütig und weise die Sitte des Hauses wahrte und der höchsten Ehrfurcht der Söhne gewiß war – nun wurde sie die beutelustige, ewig spielerische Eroberin der jungen Männer, die Virtuosin des Flirts oder die geistige Nebenbuhlerin, einzig von dem Willen beseelt, Besitzerin des Mannes zu werden, dem sie keinen nur ihm bestimmten Bezirk mehr gönnen wollte, durch ihr verehrungsdurstiges Verlangen, überall dabei zu sein, in Geselligkeit und öffentlichem Leben von gefährlich feminisierendem Einfluß.«[55] Dass ausgerechnet der Sohn der emanzipierten Marie Luise Gothein derartige Klagen vernehmen ließ, ist auffällig. Um so mehr, als er offenbar schätzte, dass seine Mutter kein »betuliches Hausweibchen« war und sie für ihren Tatendrang bewunderte.[56] Wenn sich demgemäß die Frage stellt, inwiefern der bekundete Antifeminismus Gotheins mit dem mütterlichen Beispiel zu vereinbaren ist, so taucht ein solches Problem vor dem Hintergrund des George-Kreises kaum auf. Der Jünglingskult, der hier betrieben wurde, und der sich mit einer unterschwelligen Homophilie verband, vertrug sich gut mit einer Vorstellung, die die Frau, vor allem die so genannte moderne, als Bedrohung empfand.

Am Ende vermittelt *Francesco Barbaro* den Eindruck, Gothein habe hier eine umfassende Kulturkritik im Sinne Georges betrieben. Die Republik Venedig erscheint als Kontrastfolie für einen Antimodernismus, hinter dem Gotheins Angst vor einer »Atomisierung der Gesellschaft« steht.[57] Durch die Schilderung der Welt Barbaros bricht die für Gothein bestimmende Sehnsucht nach Gebundenheit und Ganzheit durch. Dabei ist das Schreckbild der Moderne vor allem ein allgemeines, obgleich auch spezifisch deutsche Befindlichkeiten verhandelt werden, die mitunter sogar nationale Beiklänge aufweisen.[58] Gotheins Vorstellungen berühren sich mit dem *Dritten Humanismus*, so der Titel eines Buches des ihm befreundeten Wolfgang Frommel, das im selben Jahr und im selben Verlag wie der *Francesco Barbaro* erschien.[59] Frommel war zudem der Mitbegründer des Runde-Verlages, in dem bereits 1931 der anonyme Gedichtband *Huldigung. Gedichte einer Runde* publiziert worden war. Hinter diesem Bekenntnis zu George standen Gothein und Frommel neben weiteren Autoren, wobei Gothein ganz im Einklang mit der angenommenen Erzieherrolle als Führer hin zu George agiert hatte.

Letztlich behält der Einfluss Georges das Übergewicht im *Francesco Barbaro*, auch wenn Gothein thematisch zweifellos auf den Spuren des Vaters wandelte. Immerhin stellte sein Protagonist auch eine bedeutende Personifikation des humanistischen Bildungsideals dar, in der sich gleichfalls Gotheins Nähe zum Vater ausdrückte.[60] Das Eindringen in das Leben Barbaros hatte ihm geholfen, die Frage zu beantworten, »wie auch die zweite hälfte des lebens normativ verlaufen kann«[61] und schließlich das Schwanken zwischen den Werten des Vaters und den Normen des Dichters stillgestellt. Die Vorbildhaftigkeit Barbaros weist dennoch auf der persönlichen Ebene eine Widersprüchlichkeit auf. Nimmt man die Charakterisierung Barbaros als Selbstbeschreibung, erscheint er als Abbild, soweit es das pädagogische Selbstverständnis und das humanistisch geprägte Persönlichkeitsideal betrifft. In dieser Hinsicht konnte Gothein sich mit Barbaro vollkommen identifizieren. Andererseits wird Barbaro als Gotheins Wunschbild sichtbar, das eine ihm verschlossene heile Welt der Sicherheit und Stabilität repräsentiert. Vor diesem Hintergrund scheint *Francesco Barbaro* eine Selbstverpflichtung zu sein, die zugleich Orientierung bietet. Doch bleibt am Ende eine latente Spannung zwischen Sein und Sollen bestehen, die sich auch in Barbaro als Gegenbild zu der ihm eigenen Zerrissenheit und Ruhelosigkeit ausdrückt und sich nicht aufheben lässt.

Wenn Gothein also einen sehr persönlichen Bezugspunkt für seine wissenschaftliche Arbeit gefunden hatte, so sollte er mit der Untersuchung des venezianischen Humanismus Forschungsneuland betreten.[62] Es bleibt etwas rätselhaft, warum die Habilitation in Bonn 1927 dann scheiterte, angeblich fand man die Arbeit »spezialistisch akzeptabel«, vermisste aber die allgemeine Überschau und Gelehrsamkeit.[63] Eine umgearbeitete Fassung der Schrift legte Gothein Ende 1929 vor, zog das Gesuch dann aber wieder zurück, vermutlich weil er nun bei Leo Spitzer in Köln habilitieren wollte. Doch wurde sein Werk erneut abgelehnt. War es wirklich der Mangel an der »Grundausrüstung eines Gelehrten«, nämlich »philologische Sorgsamkeit, Arbeitsethos und vor allem Selbstdisziplin«, der ihn scheitern ließ?[64] Die spätere Haltung Leo Spitzers scheint ein solches Urteil zu bestätigen.[65] Auch wenn man eine derartige Charakterisierung Gotheins für realistisch hält: Die Monografie *Francesco Barbaro*, die 1932 erschien, ist ein wissenschaftliches Werk und wurde als solches rezipiert.[66]

Insofern könnte es zutreffen, dass der Berliner Historiker Hermann Oncken bereit war, Gothein doch noch zu habilitieren.[67] Entsprechende Pläne müssten sich jedenfalls bis in die Zeit der nationalsozialistischen Machtübernahme erstreckt haben. Vielleicht ist dies der Grund für das Gerücht, Gothein habe sich den neuen Machthabern angedient.[68] Vorstellbar ist, dass er angesichts der Habilitationsaussichten eine zweideutige Haltung an den Tag legte. Aber recht bald wurde klar, dass ihm das neue Deutschland nicht behagte. So war der kaum mehr erwartete Erfolg des *Francesco Barbaro* nicht das Ende seines ruheloses Lebens. Neben der Distanz zur deutschen Realität war es die Fortsetzung seiner wissenschaftlichen Arbeit, die ihn zu längeren Auslandsreisen, insbesondere nach Italien, veranlasste. 1936 wandte er ein Hilfsgesuch an die englische Society for the Protection of Science and Learning. Ein solcher Schritt war vielleicht auch dadurch motiviert, die nach wie vor prekären materiellen Grundlagen seiner Existenz zu verbessern. Mit den Arbeiten, die er dann in Italien publizierte, mehrte sich die wissenschaftliche Anerkennung, die ihm bereits für *Francesco Barbaro* zugefallen war. Gothein blieb auf dessen Spuren, indem er sich weiterhin mit dem venezianischen Humanismus beschäftigte. Als Helden hatte er nun Zacharias Trevisan, den geistigen Ziehvater Barbaros, entdeckt. Dieser zeigt sich nicht weniger vorbildhaft als Barbaro, wie die 1942 publizierte Studie *Zaccaria Trevisano il Vecchio. La vita e l'ambiente* bezeugt.[69] Allerdings lässt sich konstatieren, dass der Bruch von 1933 dem Umfeld des neuen Protagonisten eine nüchternere Färbung verleiht. Venedig ist immer noch ein mustergültiges Gemeinwesen, doch alle Hoffnungen auf eine unmittelbare Wirkung seines Geistes sind dahin. Um so wichtiger ist es, dass Trevisan als Wahrer einer humanistischen Tradition erscheint, die als »geistige Klammer« eine Verbindung zu den nachfolgenden Generationen schafft[70] und Gothein in seiner Rolle als Erzieher der Jugend bestätigt. Dass er hier auf die »geistige Überlieferung« so viel Gewicht legt[71], reflektiert die Situation eines Exilanten, der auf eine andere deutsche Zukunft zu warten scheint. In dieser Haltung fiel dem Bekenntnis zu George immer noch Bedeutung zu. Wie Barbaro ist auch Trevisan ein Mann »der maßvollen Mitte« und verkörpert mithin das George'sche Ideal des Gleichmaßes.[72] Und wenn Gothein wieder betont, dass hinter dem Venezianer das »Staatsprinzip«[73] steht, so scheint er nun Trost und Hoffnung aus diesem Gegensatz zur eigenen Vereinzelung und Einsamkeit in seinem Florentiner Refugium zu schöpfen.

Gotheins Hoffen auf neue Gemeinschaft sollte sich noch einmal im Geiste Georges erfüllen. Nachdem er im September 1943 Italien verlassen musste, war es der Kontakt mit Wolfgang Frommel, der zu seiner Übersiedlung nach Amsterdam führte. Frommel hatte sich vor dem NS-Regime nach Holland zurückgezogen, wo er seit 1942 in einem Amsterdamer Haus jüdische Jugendliche versteckte. In dieser Fluchtburg konnte sich unter seiner Führung der pädagogische Eros Georges entfalten und hier fand auch Gothein einen Platz.[74] In diesem Kontext ist die Entstehung von Gotheins Dichtung *Tyrannis. Scenen aus altgriechischer Stadt* zu sehen. Darin offenbart sich nicht nur eine gewisse Distanzierung vom Hitlerregime, vielmehr werden Sorge und Trauer um das Schicksal einer männlichen Jugend deutlich, die dem Krieg zum Opfer gebracht wurde.[75] Aus dieser Kritik am Nationalsozialismus ergaben sich Berührungspunkte zum deutschen Widerstand.

In Verbindung mit Theo Haubach, der ihm das Visum für die Niederlande beschafft hatte, übernahm Gothein einen Auftrag als Kontaktmann für die Männer des 20. Juli.[76]

Dass er zuvor in Italien einen Frieden gefunden hatte, in dem die einstigen Gegenspieler – der Vater und der Dichter – in versöhnlicher Synthese als geistiges Erbteil akzeptiert werden, kann Gotheins wissenschaftliches Werk glaubhaft bezeugen. Man könnte versucht sein, die Selbsteinschreibung in das wissenschaftliche Werk als eine biografische Illusion abzufertigen angesichts der Diskrepanz, die zwischen seinem Dasein und dem seiner Protagonisten besteht. Jedoch erweisen sich gerade diese Vorbilder als Rückhalt, der es Gothein erlaubt, die als problematisch empfundene Spannung zwischen Individuum und Gemeinschaft zu bewältigen. Diese erweist sich als zentrales Thema, das hinter seinem Aufbegehren stand. Allerdings sollte man nicht vergessen, dass die letztlich erfolgreiche Selbstverpflichtung auf ein gelungenes Leben, wie sie sich in der Auseinandersetzung mit Francesco Barbaro spiegelt, gerade in dieser einen Schatten wirft. »Venedig als Norm«, das ist eben nicht nur das persönliche Leitbild Gotheins, sondern es ist in der zweiten Hälfte der 1920er Jahre auch das dem George-Kreis verpflichtete Wunschbild gesellschaftlicher Entwicklung. Es ist nach wie vor strittig, ob die George-Jünger zu den Wegbereitern des »Dritten Reiches« gehören. Was sich aber nicht bestreiten lässt, ist ein antidemokratisches und antimodernes Potenzial in Gotheins venezianischer Erzählung, dem man kaum Vorbildcharakter zugestehen mag. Als Retter der verwirrten Einzelseele mochte *Francesco Barbaro* taugen, aber als Retter Deutschlands möchte man ihn sich lieber nicht vorstellen.

---

1 Percy Gothein: »Aus dem Florentiner Tagebuch«. In: *Castrum Peregrini* (1954) Heft 16, S. 16. — **2** Vgl. ebd., S. 20. — **3** Dabei sollte alles Private möglichst ausgelassen werden. Vgl. ebd., S. 19. — **4** Vgl. Hans Helmut Christmann, Frank-Rutger Hausmann: *Deutsche und österreichische Romanisten als Verfolgte des Nationalsozialismus*. Tübingen 1989, S. 278 ff. Gotheins unsteter Lebenslauf erschwert es erheblich, diesen zu verfolgen. Im Übrigen sind nur Teile seines Nachlasses zugänglich. Vgl. Stephan Schlak: »Der motorisierte Percy Gothein. Anmerkungen zu einem bewegten Fall im George-Kreis«. In: Barbara Schlieben, Olaf Schneider, Kerstin Schulmeyer (Hg.): *Geschichtsbilder im George-Kreis. Wege zur Wissenschaft*. Göttingen 2004, S. 333 f. — **5** Vgl. Gothein: »Aus dem Florentiner Tagebuch« (s. Anm. 1), S. 16 f; Castrum Peregrini (Hg.): *Die Gedichte*. Amsterdam 1945, S. 7. — **6** Zu Eberhard Gothein vgl. Peter Alter: »Eberhard Gothein«. In: Hans-Ulrich Wehler (Hg.): *Deutsche Historiker*. Bd. VIII. Göttingen 1982, S. 40–55. Burckhardt selbst soll in ihm seinen legitimen Nachfolger gesehen haben. Vgl. Edgar Salin: »Biographische Einleitung«. In: Eberhard Gothein: *Die Renaissance in Süditalien*. 2. Aufl. Leipzig, München 1924, S. XIV. — **7** Ebd., S. XXVII. — **8** Vgl. Sven Limbeck: »Marie Luise Gothein. Porträt einer Heidelberger Gelehrten«. In: *Metamorphosen. Literatur – Kunst – Kultur* 7. Jg. (1997), S. 17–20. — **9** Ingrid Gilcher-Holtey: »Modelle ›moderner Weiblichkeit‹. Diskussionen im akademischen Milieu Heidelbergs um 1900«. In: Bärbel Meurer (Hg.): *Marianne Weber. Beiträge zu Werk und Person*. Tübingen 2004, S. 40 f. — **10** Vgl. Camilla Jellinek: »Georg Jellinek. Ein Lebensbild«. In: *Georg Jelli-*

nek: Ausgewählte Schriften und Reden. Bd. 1. Aalen 1970, S. 85. — **11** Vgl. Karlhans Kluncker: *Percy Gothein, Humanist und Erzieher. Das Ärgernis im George Kreis.* Amsterdam 1986, S. 5. — **12** Vgl. Christa Krüger: *Max und Marianne Weber. Tag- und Nachtansichten einer Ehe.* Zürich, München 2001, S. 156 ff; Dirk Hoeges: *Kontroverse am Abgrund: Ernst Robert Curtius und Karl Mannheim. Intellektuelle und ›freischwebende Intelligenz‹ in der Weimarer Republik.* Frankfurt/M. 1994, S. 22 ff., S. 48. — **13** Stefan-George-Archiv Stuttgart, Percy Gothein an Stefan George, Juni 1913. — **14** Ebd. — **15** Vgl. Percy Gothein: »Erste Begegnung mit dem Dichter. Aus einem Erinnerungsbuch«. In: *Castrum Peregrini* (1951) Heft 1, S. 9 ff. — **16** Stefan-George-Archiv Stuttgart, Percy Gothein an Stefan George, Juni 1913. — **17** Percy Gothein: »Die Halkyonischen Tage. Aus einem Erinnerungsbuch«. In: *Castrum Peregrini* (1953) Heft 11, S. 9. — **18** Vgl. Edgar Salin: *Um Stefan George. Erinnerung und Zeugnis.* 2. Aufl. München 1954, S. 104 f. — **19** Vgl. Stefan-George-Archiv Stuttgart, Percy Gothein an Stefan George, 8. Februar 1915. — **20** Vgl. Percy Gothein: »Letzte Universitätsjahre. Der Tod des Vaters«. In: *Castrum Peregrini* (1956) Heft 26, S. 10 f. u. 14 ff. — **21** Vgl. Salin: *Um Stefan George* (s. Anm. 18), S. 52 ff. — **22** Vgl. ebd. Vgl. auch Victor Klemperer: *Leben sammeln, nicht fragen wozu und warum. Tagebücher 1918–1932.* Hg. von Walter Nowojski, Christian Löser. Berlin 1996. Bd. 2, S. 635 f. — **23** Karl Löwith: *Mein Leben in Deutschland vor und nach 1933. Ein Bericht.* Frankfurt/M. 1989, S. 18. — **24** Vgl. Kluncker: *Percy Gothein* (s. Anm. 11), S. 8 ff. — **25** Vgl. Percy Gothein: »Das Seelenfest. Aus einem Erinnerungsbuch«: In: *Castrum Peregrini* (1955) Heft 21, S. 26. — **26** Ebd., S. 20. — **27** Löwith: *Mein Leben in Deutschland vor und nach 1933* (s. Anm. 23), S. 19. — **28** Vgl. Salin: *Um Stefan George* (s. Anm. 18), S. 307. — **29** Percy Gothein: »An P.W.S.«. In: *Castrum Peregrini* (1953) Heft 14, S. 70. — **30** Vgl. Gothein: »Letzte Universitätsjahre« (s. Anm. 20), S. 26 f. — **31** Vgl. Percy Gothein: »Die antiken Reminiszenzen in den Chansons de Geste«. In: *Zeitschrift für französische Sprache und Literatur* 49. Jg. (1927), S. 39–84. — **32** Stefan-George-Archiv Stuttgart, Georg Karo an Stefan George, 17. Juni 1925. — **33** Vgl. Kluncker: *Percy Gothein* (s. Anm. 11), S. 40 f. — **34** Vgl. Stefan-George-Archiv Stuttgart, Georg Karo an Stefan George, 17. Juni 1925. Klemperer zeigte sich durchaus reserviert gegenüber Gothein, auch wenn dieser das bezeichnenderweise ganz anders wahrnahm. Vgl. Victor Klemperer: *Leben sammeln, nicht fragen wozu und warum. Tagebücher 1918–1932.* Hg. von Walter Nowojski, Christian Löser. Berlin 1996. Bd. 1, S. 881 f. — **35** Vgl. Kluncker: *Percy Gothein* (s. Anm. 11), S. 57 ff. — **36** Man begegnete Gothein geradezu mit Häme, was sich schon in der Salin'schen Darstellung andeutet, vgl. Salin: *Um Stefan George* (s. Anm. 18), S. 309 ff. Vgl. auch Schlak: »Der motorisierte Percy Gothein« (s. Anm. 4). — **37** Stefan-George-Archiv Stuttgart, Percy Gothein an Stefan George, 5. April 1925. — **38** Vgl. Kluncker: *Percy Gothein* (s. Anm. 11), S. 77. — **39** Vgl. Stefan-George-Archiv Stuttgart, Percy Gothein an Werner Kirchner, 13. Januar 1927. — **40** Gothein: »Letzte Universitätsjahre« (s. Anm. 20), S. 17. — **41** Stefan-George-Archiv Stuttgart, Percy Gothein an Werner Kirchner, 1. September 1932. — **42** Percy Gothein: *Francesco Barbaro. Früh-Humanismus und Staatskunst in Venedig.* Berlin 1932, S. 9. — **43** Ebd., S. 80. — **44** Dass Gothein die Humanisten-Gemeinschaft in Venedig in Analogie zum George-Kreis sieht, findet ein Vorbild in der hier üblichen Zeichnung Platons. Vgl. Jürgen Paul Schwindt: »(Italo)Manie und Methode. Stefan Georges und Ulrich von Wilamowitz-Moellendorffs Streit um das ›richtige‹ Antikenbild«. In: Wolfgang Lange, Norbert Schnitzler (Hg.): *Deutsche Italomanie in Kunst, Wissenschaft und Politik.* München 2000, S. 36. Vgl. auch Karlhans Kluncker: »*Das geheime Deutschland«. Über Stefan George und seinen Kreis.* Bonn 1985, S. 45. — **45** Gothein: *Francesco Barbaro* (s. Anm. 42), S. 58. — **46** Insbesondere die betonte Verbindung zwischen humanistischer Erziehung und heroischem Ideal spiegelt eine persönliche Erfahrung, hatte doch George seine pädagogische Aufgabe gegenüber Gothein als »Heldenerziehung« verstanden. Vgl. Kluncker, *Percy Gothein* (s. Anm. 11), S. 11. — **47** Percy Gothein: »Italienische Schicksalsbrechungen im staatlichen Sehen der Renaissance«. In: *Italien. Monatsschrift für Kultur, Kunst und Literatur* 1. Jg. (1927/28), S. 388. — **48** Gothein: *Francesco Barbaro* (s. Anm. 42), S. 11. — **49** Ebd. — **50** Ebd., S. 8 f. — **51** Gothein: »Italienische Schicksalsbrechungen im staatlichen Sehen der Renaissance« (s. Anm. 47), S. 382. — **52** Vgl. ebd., S. 389. — **53** Vgl. Stefan Breuer: *Stefan Geor-*

ge und der deutsche Antimodernismus. Darmstadt 1995. — **54** Gothein: *Francesco Barbaro*
(s. Anm. 42), S. 326. — **55** Percy Gothein: »Vorrede«. In: *Francesco Barbaro. Das Buch über
die Ehe (De re uxoria).* Berlin 1933, S. 9. — **56** Percy Gothein: »Aus dem Florentiner Tagebuch«. In: *Castrum Peregrini* (1952) Heft 6, S. 16. — **57** Percy Gothein: »Die Dichtung im
Weltbild großer Staatsmänner«. In: *Logos* 18. Jg. (1929) Heft 1. Wiederabdruck in: *Castrum
Peregrini* (1959) Heft 38, S. 15. — **58** Dazu gehört neben der auf die Endphase der Wei-
marer Republik bezogenen Führersehnsucht eine spezifische Vorliebe für die griechische
Antike. Vgl. Gothein: *Francesco Barbaro* (s. Anm. 42), S. 40 ff. — **59** Vgl. Thomas Karlauf:
»Castrum Peregrini. Stationen der Vorgeschichte«. In: *Castrum Peregrini* (1981) Heft 150,
Jg. 30, S. 31 ff. Hier tauchen auch Parallelen zum Werk des Altphilologen Werner Jaeger auf.
Vgl. Klaus-Dieter Eichler: »Politischer Humanismus und die Krise der Weimarer Republik.
Bemerkungen zu Werner Jaegers Programm der Erneuerung des Humanismus«. In: Wolfgang
Bialas, Georg G. Iggers (Hg.): *Intellektuelle in der Weimarer Republik.* Frankfurt/M. u. a. 1996,
S. 271 ff; Schwindt: »(Italo)Manie und Methode« (s. Anm. 44), S. 37. — **60** Auch die 1931
verstorbene Mutter wird hier einbezogen. *Francesco Barbaro* ist denn auch seinen Eltern als
»Wahrern der lebendigen humanistischen Überlieferung« gewidmet. — **61** Stefan-George-
Archiv Stuttgart, Percy Gothein an Werner Kirchner, 1. September 1932. — **62** Dies wusste
auch die zeitgenössische Kritik zu würdigen. Vgl. Werner Kaegi: »Francesco Barbaro. Früh-
humanismus und Staatskunst in Venedig«. In: *Neue Zürcher Zeitung,* 7.2.1932; Heinrich
Kretschmayr: »Rezension von ›P. Gothein, Francesco Barbaro. Früh-Humanismus und Staats-
kunst in Venedig, Berlin 1932‹«. In: *Historische Zeitschrift* 47. Jg. (1933), S. 408 f. — **63** Vgl.
Kluncker, *Percy Gothein* (s. Anm. 11), S. 67 f. — **64** Vgl. Schlak: »Der motorisierte Percy
Gothein« (s. Anm. 4), S. 332. — **65** Vgl. Frank-Rutger Hausmann: *Aus dem Reich der seeli-
schen Hungersnot. Briefe und Dokumente zur romanistischen Fachgeschichte im Dritten Reich.*
Würzburg 1993, S. 145. — **66** Vgl. Karl August Fink: »Rezension von ›P. Gothein, Frances-
co Barbaro. Früh-Humanismus und Staatskunst in Venedig, Berlin 1932‹«. In: *Quellen und
Forschungen aus italienischen Archiven und Bibliotheken* 23. Jg. (1931/32), S. 290 f. Auch in
Italien bemerkte man, dass Gothein mit der Entdeckung Barbaros einen der bedeutendsten
Patrizier-Humanisten der Vergessenheit entrissen hatte. Vgl. Natale Carotti: »Un politico
umanista del Quattrocento: Francesco Barbaro«. In: *Rivista storica italiana,* ser. 5, 2 (1937),
S. 18 f.; Lino Lazzarini: »Un libro su Francesco Barbaro«. In: *Archivio storico italiano,* ser. 7,
20 (1933), S. 97–104. In der neueren Renaissanceforschung wurde Gotheins Arbeit eben-
falls gewürdigt, vgl. Margaret L. King: *Venetian Humanism in an Age of Patrician Dominance.*
Princeton 1986. Dies.: »Humanism in Venice«. In: Albert Rabil (Hg.): *Renaissance Humanism:
Foundations, Forms and Legacy.* Bd. 1: *Humanism in Italy.* Philadelphia 1988, S. 209–233. —
67 Vgl. Society for the Protection of Science and Learning, Correspondence file Percy Gothein,
MS 493/1, Lebenslauf vom 22. April 1936. — **68** Vgl. Salin: *Um Stefan George* (s. Anm. 18),
S. 312; Löwith: *Mein Leben in Deutschland vor und nach 1933* (s. Anm. 23), S. 19. — **69** Vgl.
Percy Gothein: *Zaccaria Trevisano il Vecchio. La vita e l'ambiente.* Venedig 1942. Die Veröffentlichung der deutschsprachigen Ausgabe war Grund für Gotheins erste Reise nach
Amsterdam im November 1943. Einige Jahre zuvor hatte er bereits einige Dokumente aus
der Feder Trevisans publiziert, vgl. Percy Gothein: »Zaccaria Trevisan«. In: *Archivio Veneto*
21. Jg. (1937), S. 1–59. — **70** Percy Gothein: *Zacharias Trevisan. Leben und Umkreis.* Amsterdam 1944, S. 109. — **71** Ebd., S. 151. — **72** Ebd., S. 50. Vgl. Gothein: *Francesco Barbaro*
(s. Anm. 42), S. 8. — **73** Gothein: *Zacharias Trevisan* (s. Anm. 70), S. 50. — **74** Vgl. Kluncker:
»*Das geheime Deutschland*« (s. Anm. 44), 136 ff. — **75** Vgl. *Tyrannis. Scenen aus altgriechischer Stadt,* aus dem Griechischen übertragen v. Peter von Uri [d. i. Percy Gothein], 1939
[eigentlich Amsterdam 1944]. In: Castrum Peregrini (Hg.): *Die Gedichte* (s. Anm. 5),
S. 40–47. — **76** Die Verhaftung Gotheins hat mit dieser Verbindung nichts zu tun. Anscheinend war hier ausschlaggebend, dass er keine Angaben über seinen Aufenthaltsort machen wollte, vgl. Karlauf: »Castrum Peregrini« (s. Anm. 59), S. 52. Dass er als »Halbjude« verhaftet wurde, ist eher unwahrscheinlich. Zwar hatte Eberhard Gothein jüdische Vorfahren,
Percy Gothein scheint aber deswegen keine Probleme gehabt zu haben. Letztlich bleibt aber
auch dieses ungewiss, wie so manches andere im Leben Gotheins.

Irme Schaber

Hoffnung und Zeugenschaft

Die biografische Konstruktion der Fotografen Gerda Taro[1] und
Robert Capa im Spanischen Bürgerkrieg

> »Geschichte zerfällt in Bilder,
> nicht in Geschichten«.
> Walter Benjamin, Passagen-Werk

Authentisch ist fast ein magisches Wort, wenn es um Fotografie geht. Schon
Siegfried Kracauer brachte die Magie der Bilder mit Todesfurcht zusammen
und Roland Barthes schrieb: »Das Datum ist Teil des Photos (…) weil es auf-
merken, das Leben, den Tod, das unausweichliche Verschwinden der Generationen überdenken läßt«.[2] Für Richard Lindner dagegen erzeugte bereits
die Hervorhebung eines Ausschnitts der Wirklichkeit Magie: »Ich rahme ein
Bild, um klarzustellen, dass es sich nicht um die übliche diffuse Welt handelt, sondern um einen magischen Bezirk, um etwas außerhalb des Alltags«.[3]
Es waren die Fotografinnen und Fotografen, die in den 1930er und 1940er
Jahren des vergangenen Jahrhunderts versuchten, die diffuse Welt in Bilder
zu fassen und ein visuelles Protokoll der realen Erfahrungen der Menschen
zu erstellen.[4] Fotografische Bilder vom Krieg, mit ihrem dem Medium eingeschriebenen Augenzeugencharakter, sollten dabei schon bald eine herausragende Stellung einnehmen. Im industrialisierten Krieg des 20. Jahrhunderts
entwickelte sich die Fotografie zu einem tragenden Moment.[5] Insbesondere
dem Spanischen Bürgerkrieg als dem militär- und medientechnischen Vorläufer des Zweiten Weltkriegs kam hierin eine wichtige Schlüsselrolle zu.

Der Schriftsteller Louis Aragon, ehemaliger Chefredakteur des französischen Abendblattes *Ce Soir*, bei dem Robert Capa und Gerda Taro während
des Spanienkriegs unter Vertrag standen, erinnert in seinem »Œuvre poéti-
que« an die Rolle der Fotografen für die der Front Populaire nahe stehende
Zeitung: »Um zu wissen, woran man mit diesem Krieg war, musste man *Ce
Soir* lesen, das ist wahr. (…) Mit Georges Soria als Korrespondenten war man
gut informiert, und dann hatten wir ein Fotografenteam, da hätten die anderen schlafen gehen können! Dank ihm [dem Fotografen Henri Cartier-
Bresson, der sie empfohlen hatte] konnten wir ein außergewöhnliches Team
nach Madrid entsenden. Und zwar in jeder Hinsicht: Sowohl in politischer –
das scharfe Gespür dafür, was die Phantasie beflügelt (…), in fotografischer
wie auch in politischer Hinsicht (…) die Kunst des Fotos, die Avantgarde
jener Zeit (…) Und dann dieses Draufgängertum! Dieser Mut (…) Robert
Capa, Gerda Taro, Chim (…)«.[6] Das von Louis Aragon gerühmte Foto-

grafenteam war eine typische Hervorbringung der fotografischen Emigration des NS-Exils. Robert Capa und Gerda Taro waren etwa zur gleichen Zeit nach Paris emigriert. Robert Capa hatte bereits als 17-Jähriger nach einer Verhaftung durch die politische Polizei des Horthy-Regimes seine ungarische Heimat verlassen müssen; nach Hitlers Machtantritt flüchtete er aus Berlin, wo er in der Bildagentur »Dephot« vom Laufburschen zum Fotografen aufgestiegen war.[7] Gerda Taro war im März 1933 von einem Rollkommando der SA verhaftet worden. Nach knapp drei Wochen war sie aus der Schutzhaft im Leipziger Frauengefängnis frei gekommen. Sie emigrierte nach Paris, wo sie als Lebensgefährtin und »Lehrling« von Capa ebenfalls zu fotografieren begann. »Chim« war das Kürzel, unter dem David Shymin seine Fotos publizierte. Der gebürtige Pole hatte bis 1932 in Leipzig Drucktechnik, Grafik und Fotografie studiert und war zeitweise der Dritte im Bunde, der jedoch an dieser Stelle unerörtert bleiben muss.[8] Alle drei waren Emigranten, waren jüdischer Herkunft, alle drei waren im Spanischen Bürgerkrieg von Anfang an offiziell akkreditierte Fotojournalisten auf Seiten der Republik und alle drei Fotografen sollten bei ihrer Arbeit als Kriegsberichterstatter ums Leben kommen.[9]

In diesem ersten modernen Medienkrieg der Geschichte wurde erstmals ein Krieg für eine Illustriertenpresse mit Millionenauflagen und damit für ein ganz neuartiges Massenpublikum festgehalten. In der Pressefotografie bedeutete der Spanische Bürgerkrieg den Durchbruch eines investigativen Bildjournalismus des Krieges mit einer Mischung aus humanitärem Appell, dokumentarischer Sachlichkeit, Propaganda und Sensationsbedienung der aufstrebenden Massenmedien.[10] In Spanien wurde für ein internationales Publikum fotografiert, das die Bilder als Teil öffentlicher Geschichtsschreibung konsumierte. In der massenmedialen Visualisierung von Revolution und Krieg stand die Augenzeugenschaft hoch im Kurs. In den 1930er Jahren hatte die Fotografie das technische Potenzial erlangt, um in Verbindung mit einer internationalen Öffentlichkeit substanzielle Aufnahmen des Krieges zu erstellen, die durch eine momenthafte Verdichtung der Gewalt faszinierten.[11] Robert Capas im September 1936 bei Cerro Muriano aufgenommene Bild vom *Tod eines spanischen Loyalisten* ist ein solches Referenzbild des modernen Krieges und zugleich ein archetypisches Symbol heldenhaften Kriegstodes.[12] Für den damaligen Illustriertenleser war nicht nur der festgefrorene Augenblick schockierend. Capa hatte etwas fotografiert, was eigentlich nicht sichtbar ist: den Moment des Todes. Sensationell war den Zeitgenossen außerdem, dass sich der Fotograf zweifellos in Lebensgefahr begeben hatte, um dieses Bild zu machen.[13]

Capas Aufnahme vom *Tod eines spanischen Loyalisten* steht am Anfang der Kriegsfotografie als eigenständigem Genre. Die darin sichtbar gewordene Bereitschaft zum Tod als letztem Ausweis von Authentizität beglaubigte von

Abb. 1: Der Bildband *Death in the Making. Photographs by Robert Capa and Gerda Taro* erschien 1938 in New York. Capa widmete ihn Gerda Taro: »Who spent one year at the Spanish front, and who stayed on«. Das Cover zeigt Robert Capas *Tod eines spanischen Loyalisten*, die Rückseite des Umschlags zeigt ein Foto von Taro.

nun an die Arbeit des Kriegsfotografen. Der Fotograf trat damit aus der Anonymität der Agenturen heraus und wurde namentlich genannt. Von nun an bürgte er mit seinem Namen, »dass ein identifizierbarer Beobachter die Bilder gemacht hat, einer, der Rechenschaft ablegen kann über seine Bilder.«[14]

Dass sich Robert Capa für die Aufnahme in Lebensgefahr begeben hatte, war spektakulär. Als dann seine Kollegin und Lebensgefährtin Gerda Taro während eines fotografischen Kriegsberichts im Juli 1937 an der Madrider Front ums Leben kam, wurden in den Zeitungsredaktionen Lebensgefahr und Tod definitiv zu Garanten von Authentizität. »Sie ist wahrscheinlich die erste Fotografin, die jemals gefallen ist«, hieß es 1937 in der amerikanischen Illustrierten *Life.* »Welche Bilderwelt kann wirklicher sein, als eine, in der der Fotograf sterben kann?«, fragt denn auch Reinhold Görling anhand der medialen Verwertung von Taros Tod in seiner Studie über ästhetische Praxis im Spanischen Bürgerkrieg.[15] Die Gründe, weshalb ihre Bilder über den Schauplatz Spanischer Bürgerkrieg hinaus von Interesse sind, betreffen allerdings nicht allein die mediengeschichtlichen Entwicklungen jener Jahre. Vielmehr berührt die Frage nach dem Warum, Wie und Weshalb ihrer Fotografie elementare Belange des Exils der NS-Zeit. Denn beide Emigranten reagierten mit ihren fotografischen Berichten von der spanischen Front nicht allein auf die aktuellen Ereignisse vor Ort, sondern auch auf die eigene Vertreibung und Entwurzelung.

Gerda Taro hatte sofort nach Bekanntwerden des konservativen Militärputsches in Spanien gegen die kurz zuvor gewählte Volksfrontregierung ihre Anstellung als Bildredakteurin bei »Alliance Photo« gekündigt.[16] Am 5. August 1936 kamen sie und Robert Capa in Barcelona an. Wenige Monate zuvor hatten die beiden ihrem Pariser Umfeld auf unkonventionelle Weise zur Kenntnis gebracht, dass sie die Definitionsmacht über ihr Leben zurückgewonnen hatten. Einige Jahre nach ihrer jeweiligen Emigration hatte das junge Paar der Negation und der Herabwürdigung, die die Nazis über sie verhängt hatten, einen Selbstentwurf entgegengesetzt, der als Antwort auf die Gewalt der Nazis an vorderster Stelle die zugewiesene Rolle als Flüchtlinge verweigerte. Endre Ernö Friedmann und Gerta Pohorylle hatten die Chuzpe, sich im Pariser Frühling des Jahres 1936 gemeinsam neu zu erfinden. Auch um andere Emigranten – Reporter, Künstler – haben sich Legenden gebildet. Taro und Capa aber brachten sich selber hervor, anfangs augenzwinkernd mit einer fiktiven Identität und einer recht durchsichtigen Legende. Im April 1936 schrieb Friedmann an seine Mutter, dass er unter einem neuen Namen arbeite: »Man könnte beinahe sagen, dass ich noch einmal geboren bin, aber diesmal hat es niemandem weh getan.«[17] Als angeblich vermögender amerikanischer Fotograf namens Capa und als Fotoagentin namens Taro entzogen sie sich dem Stigma des Flüchtlings und reagierten mit einer durchdachten »produktiven Einheit« auf ihre angespannte finanzielle Situation. Die französische Hauptstadt war ein Zentrum der fotografischen Emigration und die beiden waren bei weitem nicht die einzigen, die versuchten, vom Fotografieren zu leben. »Die Fotografie war bei den Emigranten so beliebt, dass sich der Berufsverband der französischen Fotografen

Abb. 2: Die obere Aufnahme stammt von Robert Capa, die untere von Gerda Taro. 1937 hat
der Historiker Oto Bihalji-Merin diese Anordnung unter der Kapitelüberschrift »Kleiner Weltkrieg – große Generalprobe« in seinem Buch Peter Merin: *Spanien zwischen Tod und Geburt*
(Zürich 1937) verwendet.

(Chambre syndicale française de la photographie) bereits im Oktober 1933 über die zahlreichen deutschen Konkurrenten beschwerte«.[18] Eine schlichte Anpassung an ihr Pariser Lebensumfeld schien den aus Deutschland und Ungarn Vertriebenen keineswegs ausreichend. Die Namen wurden nicht französiert, sondern gleichsam den Gang der Geschichte antizipierend Hollywood tauglich gestaltet. Künstlernamen und Legende schufen eine Projektionsfläche, die sie selber bespielten, anstatt als »réfugiés« den Einheimischen als Zielscheibe zu dienen.[19] In der Biografieforschung weiß man zunehmend, dass Leben nicht einfach gelebt wird, sondern etwas Gestaltetes ist. Im Falle der kreativen Partnerschaft von Robert Capa und Gerda Taro entstand die Konstruktion einer Paar-Vita als Ausdruck ihrer inspirierenden und impulsgebenden Liebe. Offenbar konnten sie zusammen mehr.

Die wirkliche Verwandlung fand freilich erst im Laufe ihrer Arbeit statt. Allerdings überraschend schnell, da sich der Selbstentwurf im Spanischen Bürgerkrieg unter dem Druck der Ereignisse innerhalb eines Jahres zur ultimativen Lebensform entwickeln sollte. Sie erkannten damals die Zeugenschaft als ihr zentrales Anliegen. Wie Jahrhunderte zuvor Goya mit seinem »Ich habe es gesehen« – nur diesmal gegenüber der Weltöffentlichkeit und mit der Idee von konkretem Druck auf die politischen Verantwortlichen.[20] Robert Capa und Gerda Taro hatten bereits vor der Zerstörung der baskischen Stadt Guernica erkannt, dass dieser Krieg ein Zivilisationsbruch war. Das moderne Gesicht des Krieges zeigte sich im Spanischen Bürgerkrieg an der deutschen Legion Condor. »Allein die Feuerkraft dieser Fliegereinheit übertraf das Gesamtpotential sämtlicher Luftverbände im Ersten Weltkrieg.«[21] Taro und Capa dokumentierten die unfassbare Zerstörung der Lebenszusammenhänge der daheimgebliebenen Bevölkerung, die durch die Bombardierungen in bislang ungekannter Weise ständig in die militärischen Aktionen einbezogen war. Genau diesen Aspekt moderner, technisch-überlegener Kriegsführung machten die Fotoreporter deutlich: Es gab keinen privaten, keinen zivilen Schutzraum mehr. Die Menschen wurden zur Flucht gezwungen. Ihre Bilder in die aufgerissenen Wohnungen hinein, auf Tapeten, Schrank und Erinnerungsfotos, die da noch hängen, sind legendär. Die zerstörten Städte, die Flüchtlinge wurden zu einem ihrer zentralen Themen. (Abb. 2)

Mit der Zeit rückten immer mehr auch die Schlachtfelder und das direkte Frontgeschehen in den Vordergrund. Die hohe Risikobereitschaft an der Front, die Gerda Taro und Robert Capa zeigten, ist, außer ihrem Blick auf die Zivilbevölkerung, ein weiterer Grund, warum ihre Spanienbilder Fotografiegeschichte gemacht haben. Man kann durchaus die Vermutung anstellen, dass die lebensbedrohenden Erfahrungen mit der NS-Diktatur es Gerda Taro geradezu unmöglich machten, in Spanien einen distanzierten Standpunkt einzunehmen, wie das herkömmliche Beobachter und Berichterstatter taten. Ihr war der Kampf gegen den Faschismus ein existenzielles Anliegen. Sie und Capa hofften, wie viele Emigranten, mit ihrem Einsatz Hitler zu treffen. Taros Eltern hatten zu diesem Zeitpunkt längst ihren Betrieb und ihre Wohnung verloren, lebten in einem der späteren »Judenhäuser« von Leipzig und bemühten sich mit Hilfe des jüdischen Sozialamts um Auswanderung.[22] Das ist der Hintergrund für das unbedingte Engagement und die vielfach berichtete extreme Risikobereitschaft, wenn Gerda Taro etwa in Angriffswellen mit nach vorne ging, wie es der Offizier der Internationalen Brigaden, Alfred Kantorowicz, in seinem Kriegstagebuch berichtet: Überaus wagemutig und romantisch zugleich, so empfand er die junge Frau.[23]

Die persönliche Bedrohung, die Fluchterfahrung und die Bomben der Legion Condor ließen Gerda Taro und Robert Capa in Spanien innerhalb weniger Monate zu seismografisch wachen Fotografen werden: Mittels ihrer Kameraarbeit transformierten sie von Flüchtlingen zu Beobachtern von Flüchtlingen und zu Zeugen davon, wie Flüchtlinge gemacht werden. Ihre Kameras waren dabei nicht allein eine »Waffe« im Kampf gegen den Faschismus, entsprechend dem Verständnis der damaligen linken Bildpublizistik. Sie gebrauchten ihre Apparate auch nicht nur als äußeren Schutzschild, wie das zahlreiche Fotografen aus gefahrvollen Situationen berichten.[24] Vielmehr dürfte die ichstabilisierende Trennung in ein beobachtendes Subjekt und ein zu dokumentierendes Objekt, die dem Akt des Fotografierens innewohnt, diesen Prozess angeregt haben. Der Akt des Fotografierens bestätigte ihre Kreativität und die neue Identität. Weil sie fotografierten, weil sie erfolgreich agieren konnten, empfanden sie sich nicht als ohnmächtig, wenngleich sie potenzielle Opfer blieben. Im kämpferisch-utopischen Klima des spanischen Kriegsschauplatzes vollzog sich die eigentliche Metamorphose der heimatlosen, ins Exil gezwungenen Antifaschisten Pohorylle und Friedmann zum Prototyp der modernen Kriegsfotografin, des engagierten Kriegsfotografen.

Die Herausbildung einer solchen als aktiv und wehrhaft erlebten Position ist allerdings ohne das internationale Interesse am Spanienkonflikt und ohne die Internationalität der Verteidiger der Spanischen Republik kaum denkbar. Die Internationalität als Teil antifaschistischer Identität wurde im Spanischen Bürgerkrieg idealisiert. Nicht nur von Emigranten wie Robert Capa und Gerda Taro, die die Internationale der Verteidiger nicht als ein politisches Gebilde begriffen, sondern als ihre Schicksalsgemeinschaft.[25] Hier fanden sie ihre Gewährsleute und Wahlverwandtschaften: Angefangen von Freiwilligen wie Hans Schaul und Hans Kahle, von Schriftstellern und Filmemachern wie Ernest Hemingway, Roman Karmen und Joris Ivens, die sie persönlich und beruflich stärkten, bis hin zu militärischen Verantwortungsträgern wie General Walter.[26] Die Hoffnungen der weltweiten Solidaritätsanstrengungen bildeten die utopische Kraft und den Motor ihrer Transformation. Die Fotoreporter Capa und Taro waren beides, eine Hervorbringung des Zeitungsbooms der 1930er Jahre und der internationalistischen Solidaritätsbewegung für die Verteidigung der Spanischen Republik. Ihre von Anfang an sehr freigiebige Unterstützung mit Fotos für die propagandistischen Initiativen, die die Spanische Republik über die Kulturabteilungen ihrer Botschaften unternahm, verschaffte ihnen zwar keine Einkünfte, sicherte aber Renommee durch eine große Popularität ihrer Spanienfotografien.[27]

Der Humanismus und die moralische Empörung der Kriegsfotografen waren weder Ideologie noch einfach sentimentales Interesse, das sich vermarkten ließ. Ein wesentliches Element ihres in Spanien gemeinsam entwickelten Arbeitsethos war ein Bemühen um »Nähe«. Ihre Solidarität, das Vor-Ort-Sein, Zeugesein und ihre Risikobereitschaft erwuchsen aus dem Bewusstsein vom historischen Augenblick und eben ihrer existenziellen Betroffenheit durch den Epochenkonflikt Demokratie – Diktatur. »Wenn deine Bilder nicht gut genug sind, dann bist du nicht nahe genug dran.« Dieses berühmte Diktum von Robert Capa wird meist benutzt, um Kraftmeierei und plumpes Draufgängertum eines Kriegsfotografen zu illustrieren, ohne den Impetus der Solidarität darin zu entdecken. Denn obwohl Taro und er bewiesenermaßen gefährlich »nah ran« gingen, ist seine Aussage nicht einfach auf räumliche Nähe und Berufseifer zu reduzieren. Das Verlassen des distanzierten und sicheren Beobachterstandpunkts entsprang dem Bedürfnis nach Teilnahme und Teilhaben, war gleichsam konsequent praktizierte Solidarität mit den zahlreichen Freunden und Bekannten, die als Kombattanten in den Brigaden und Milizen kämpften. Wie die Freiwilligen engagierten sie sich in der Hoffnung und mit dem Bewusstsein, den drohenden Weltkrieg verhindern zu können. Auch deshalb, so eine Freundin, wollten die Fotografen »schnell sein, vorne sein«.[28] Ihrem Standpunkt entsprechend strebten Taro und Capa bei ihrer Arbeit am Schauplatz direkter Kampfhandlungen einen Blickwinkel als Teilnehmer des Krieges an. Sie versuchten immer wieder selbst die reduzierte Distanz des Augenzeugen aufzulösen. Die Aufnahmen machen den Betrachter glauben, dass er selber Teil des Geschehens sei – etwa indem Personen seinen Blick verstellen oder die Dramatik der Situation durch Unschärfe verdeutlicht wird.[29] Robert Capa hatte bereits im August 1936 damit begonnen, die Visualisierung des Krieges mit Fotos zu erweitern, die gemeinhin als schlecht und verwackelt galten. Von Gerda Taro stammen derartige Aufnahmen voller Unruhe und Dynamik unter anderem von der misslungenen Offensive an der Segoviafront im Frühjahr 1937, die auch den Hintergrund für Ernest Hemingways Roman *Wem die Stunde schlägt* bildete.[30]

Als Paar mit ähnlicher Erfahrungsgeschichte und einer gemeinsamen biografischen Konstruktion befanden sie sich in einem erfolgreichen Aufbruch, der von der Aufbruchstimmung der Spanischen Revolution gespiegelt und verstärkt wurde. Aus dieser intensiv erlebten Kongruenz von Privatem und

Politischem rührt wohl die zeitlose Lesbarkeit vieler Aufnahmen her. Beispielsweise präsentieren ihre im Sommer 1936 entstandenen Bilder den Krieg
und die Revolution als identisches Ereignis und sie sind augenscheinlich auch
das Vehikel für ein neues Lebensgefühl. Taro und Capa erstellten in der Früh-
phase gleichsam eine fotografische Dokumentation politischer Hoffnungen.
Diese Momentfixierungen von bewaffneten Frauen oder von Milizionären
mit ihren ritualisierten Drohgebärden und Intentionsposen, wie sie seit jeher
zur Präsentation soldatischer Tugenden zählen, trugen vermutlich nicht
wenig zur Rezeption des Spanienkriegs als romantischem Krieg bei.[31] Dass
Fotografien nicht nur Spuren der Vergangenheit sind, die unser historisches
Denken beeinflussen, sondern dass durch Bilder nonverbale Erfahrungen
vermittelt werden, wird hier über Jahrzehnte hinweg deutlich. Die Fotografen wandten sich an ein internationales Publikum und strebten eine große
Verständlichkeit an. Um über Geschlecht, Klasse oder Nationalität hinweg
zu einem Erkennungswert universeller Zeichen zu gelangen, schuf insbe-

Abb. 3: Gerda Taro: *Milizionärinnen am Strand*, Barcelona 1936. Aus: *La Revue du Médecin*
vom 30.9.1936.

sondere Robert Capa eine Bildsprache von fast scherenschnittartiger Karg-
heit und Einfachheit. Der auffällige Mangel an situativem Kontext scheint
die emotionale Aussagekraft in der Momentfixierung noch zu steigern.
Nicht nur der »Fallende Milizionär« findet sich einsam zwischen Himmel
und Erde; in zahlreichen weiteren Fotografien stehen Gesten, Haltungen und
Handlungen symbolhaft im Mittelpunkt, ohne dass Orte definiert oder
Zusammenhänge erzählt würden.[32]

Gerda Taro und Robert Capa fokussierten im Spanischen Bürgerkrieg in
überaus riskanter Manier das Individuum vor der Kamera und brachten
dadurch das Pendant, das Individuum hinter der Kamera, ins Blickfeld des
öffentlichen Interesses. Geraume Zeit nach der sensationellen Veröffentlichung von Capas *Tod eines spanischen Loyalisten* und seinen Aufsehen erregenden Fotoserien aus dem belagerten Madrid im Winter 1936/37 kam es
deshalb zu einer Spaltung und Erneuerung in der Selbstinszenierung des
Fotografenpaares anhand ihrer urheberrechtlichen Präsentation. Bis dahin
hatten sie sämtliche Aufnahmen unter dem gemeinsamen Copyright »Capa«
veröffentlicht. Doch der fiktive »reiche amerikanische Fotograf« eignete sich
nicht mehr als Autorisation ihrer beider Fotos, seit das erfolgreiche Copyright in der Öffentlichkeit untrennbar mit dem unter Lebensgefahr foto-
grafierenden Mann Robert Capa verbunden war. Dass sich hinter »Capa«
ein Team verbarg, wäre in Agenturen, Redaktionen und vor allem in der
Öffentlichkeit nur schwerlich klarzustellen gewesen. Sie entwarfen deshalb
für die weitere Zusammenarbeit das Signet »Reportage Capa & Taro« für
gemeinsam erstellte fotografische Berichte. Es nutzte sinnvoll das bekannte
»Capa«-Image, um nun Gerda Taro aus dem Schatten treten zu lassen. Gleichzeitig begannen sie ihre jeweils eigenen Arbeiten unter »Photo Taro« beziehungsweise »Photo Robert Capa« zu publizieren.[33] Mit dem eigenen Stempel beendete Taro in gewisser Weise die »Lehrzeit« bei ihrem Partner und
begann damit, nicht nur in das Team, sondern auch in eine eigene Karriere
zu investieren. Freilich war die Transparenz, die sie mit diesem Schnitt erreicht hatten, nicht von langer Dauer. Während die Spanienbilder von Robert
Capa Teil des kollektiven Bildgedächtnisses wurden, war bereits wenige Jahre nach ihrem Tod nicht nur ihre fotografische Arbeit in Vergessenheit geraten, sondern auch Gerda Taro selber.[34] Als Robert Capa nach dem Ende
des Zweiten Weltkrieges und der Gründung der legendären Fotoagentur
Magnum seinen ersten autobiografischen Text veröffentlichte, stand er im
Zenit seiner Karriere. In *Slightly Out of Focus* präsentiert er sich als überraschend vielschichtige Figur mit lebensgeschichtlichen Brüchen, Emotionen,
Ängsten. Gleichwohl schrumpfen der Spanische Bürgerkrieg und Gerda Taro
im Schatten seines spektakulären Einsatzes im Zweiten Weltkrieg zur Anekdote. Dass die Autorisation in der Kriegsfotografie kurioserweise mit einer
Legende und seiner fiktiven Identität begann, die bei den Zeitgenossen durch

sein Foto vom *Tod eines spanischen Loyalisten* und durch Gerda Taros Tod die höchste Glaubwürdigkeit besaß, war Capa nicht wichtig. Wie in den Anfängen mit Gerda Taro ein dutzend Jahre zuvor, zelebrierte er seine Legende mehr als dass er sie versteckte.[35]

Für das 21. Jahrhundert, das an diesen Krieg aus historischer Distanz und ohne Zeitzeugen wird erinnern müssen, werden Fotografien als Gedächtnisträger und als Vermittler nonverbaler Erfahrung für nachfolgende Generationen von großer Wichtigkeit sein. Allerdings unterliegt die Visualisierung und Imagination des »Ereignisses« Spanischer Bürgerkrieg einem mediengeschichtlichen Wandel. Seit der klassischen Zeit der Dokumentarfotografie hat es eine entscheidende Bedeutungsverschiebung gegeben. Es ist eine bereits fotografierte, zum Bild gewordene Welt, »ein anderer Erfahrungsraum, den sich Fotografen heute dokumentarisch zu eigen machen.«[36] Am ehesten vergleichbar mit der Arbeit des Schriftstellers, da es in der Literatur seit jeher geläufig ist, bekannte Themen neu zu verhandeln. Bilder werden heute jedoch nicht nur anders gemacht als früher, sie werden notwendigerweise auch anders gelesen. Der Versuchung, ein Bild für die Realität zu nehmen, wurde in den frühen Tagen der modernen Kriegsfotografie wenig entgegengesetzt. Spätestens seit dem Irakkrieg 2003 scheint es dagegen ein Gemeinplatz zu sein, dass fotografische Dokumente, die als Quelle für aktuelle oder historische Informationen dienen, zugleich Ideologien transportieren und dass sie eben keine Wirklichkeit zeigen, sondern Konstrukte und Fragmente sind, die eine Interpretation der Realität anbieten.[37]

Gleichwohl fesseln Bilder. Die visuellen Medien besitzen ungeachtet ihrer Unzuverlässigkeit eine Art von Autorität über unsere Vorstellungskraft. Sie sind Teil eines Deutungsrahmens, der als Geschichte empfunden, beziehungsweise als Veranschaulichung von Geschichte wahrgenommen wird. Unser Blick von heute auf die Bilder von damals, auf das Exil von Gestern verlangt daher die stete Anstrengung der Erörterung ihrer medialen Geschichte und ihres Bedeutungswandels. »Ihre ›Relektüre‹ dient (deshalb) weniger dazu, neue Antworten zu geben, als in Kenntnis des Publikationskontextes ihre Geschichte und Bedeutung neu zu entschlüsseln.«[38] Dies ist meines Erachtens hinsichtlich der Fotografien aus dem Spanischen Bürgerkrieg besonders vonnöten, da in der massenmedialen Präsentation dieses Konflikts seit Jahrzehnten vielfach die immer gleichen Bilder – vornehmlich jene von Robert Capa – reproduziert werden.[39] Unter der vorgeblichen Absicht historisches Wissen zu vermitteln, produziert dieses Recycling von Gedächtnisträgern gewissermaßen Palimpseste der modernen Medienwelt. Je nach kommerzieller oder vergangenheitspolitischer Interessenslage ergeben sich je neue Bewertungen und Kontextualisierungen.[40]

Die Spanienbilder von Taro und Capa stammen aus einer Zeit, der Stereotypen der Pressefotografie noch relativ fremd waren und die die heutige

Erfahrung von der unendlichen Dehnbarkeit fotografischer Bedeutungs-produktion nicht kannte. Nicht ohne Grund propagiert Susan Sontag in ihrem Essay über Kriegsberichterstattung *Das Leiden anderer betrachten* die »Verteidigung der Wirklichkeit und der gefährdeten Maßstäbe für eine adä-quate Auseinandersetzung mit ihr.«[41] Um den Fotografen gerecht zu werden, müssen die Bildfindungen in ihrem zeitgenössischen Konnex behandelt wer-den. Insbesondere vor dem Hintergrund von Digitalisierung und Virtuali-sierung des Alltagslebens und der Tatsache, dass die Mehrzahl der Menschen Kriege und Katastrophen nur mehr als Medienereignis wahrnehmen, stellt sich zunehmend die Frage, wie Berichte und Erfahrungen aus der primären Realität von damals überhaupt noch transportiert und diskutiert werden können.

1 Bezüglich der Schreibweise des Vornamens von Gerda Taro befürworte ich mittlerweile eine andere Interpretation als in meiner 1994 verfassten Biografie, in der ich Taros eigentlichen Vornamen Gerta auch auf ihren Künstlernamen übertrug: Gerta Pohorylle – Gerta Taro. Sie selber unterschrieb zwar stets mit Gerta, da sich jedoch in der zeitgenössischen Presse, in Capas Briefen und auch auf ihrem Grabstein das populärere Gerda findet, scheint es mir hilfreich, die damals wie heute verbreitetere Schreibweise generell anzuwenden. Irme Schaber: *Gerta Taro – Fotoreporterin im Spanischen Bürgerkrieg.* Marburg 1994. — **2** Roland Barthes: *Die hel-le Kammer.* Frankfurt/M. 1989, S. 93. — **3** Zitiert aus »Dieter Asmus über Richard Lindner und das Wesen von Schlüsselreizen«. In: *Kunstzeitung* (2004) Nr. 97, S. 12. — **4** Gisèle Freund: *Photographie und Gesellschaft.* Reinbek bei Hamburg 1979; Ute Eskildsen (Hg.): *Fotografie-ren hieß teilnehmen. Fotografinnen der Weimarer Republik.* Ausstellungskatalog. Essen 1994; Diethart Kerbs, Walter Uka (Hg.): *Fotografie und Bildpublizistik in der Weimarer Republik.* Bönen 2004. — **5** Bernd Hüppauf: »Ground Zero und Afghanistan. Vom Ende des fotogra-fischen Bildes im Krieg der Unschärfen«. In: *Fotogeschichte.* 22. Jg. (2002) H. 85/86, S. 9. Vgl. auch Anton Holzer: »Das fotografische Gesicht des Krieges«. In: ders. (Hg.): *Mit der Kamera bewaffnet. Krieg und Fotografie.* Marburg 2003, S. 16 ff. — **6** Michel Lefebvre: »Capa und der Spanische Bürgerkrieg. Die Fotografie als Waffe«. In: Laure Beaumont-Maillet (Hg.): *Robert Capa. Retrospektive.* Ausstellungskatalog. Berlin 2005, S. 95. Taro war bereits vor Er-scheinen der Nullnummer am 1. März 1937 eingestellt worden, Capa kurze Zeit später; Scha-ber: *Gerta Taro* (s. Anm. 1), S. 131. — **7** Richard Whelan: *Die Wahrheit ist das beste Bild. Robert Capa, Photograph.* Köln 1989, S. 48 ff. — **8** Chim, d. i David Shymin resp. David Sey-mour. Inge Bondi: *Chim. The Photographs of David Seymour.* London 1996. — **9** Gerda Taros Tod im Spanischen Bürgerkrieg 1937 steht am Anfang einer langen Reihe von Fotografinnen und Fotografen, die unter dem Einsatz ihres Lebens die Welt mit sensationellen Bildern von Kriegsschauplätzen versorgten. Unter ihnen ihre engsten Freunde: Ihr Lehrmeister und Lebensgefährte Robert Capa starb 1954 im Indochinakrieg, ihr Kollege Chim 1956 im Suez-krieg. — **10** Gerhard Paul: *Bilder des Krieges – Krieg der Bilder. Die Visualisierung des moder-nen Krieges.* München 2004, S. 174. — **11** Mitte der 1920er Jahre waren technisch gereifte, leicht transportable Kameras auf den Markt gekommen und lichtempfindlichere Filme ent-wickelt worden, die den Presse- und Illustriertenfotografen ein spontanes Fotografieren bei natürlichem Licht erlaubten. Vgl. Jan Brüning: »Kurzer Überblick zur Technik der Presse-fotografie in Deutschland von 1920–1940«. In: Kerbs, Uka (Hg.): *Fotografie und Bildpubli-zistik* (s. Anm. 4), S. 11–26; Freund: *Photographie und Gesellschaft* (s. Anm. 4), S. 133 ff. —

12 Martin Hellmold: »Warum gerade diese Bilder? Überlegungen zur Ästhetik und Funktion der historischen Referenzbilder moderner Kriege«. In: Thomas F. Schneider (Hg.): *Kriegserlebnis und Legendenbildung. Das Bild des modernen Krieges in Literatur, Theater, Photographie und Film.* Bd. 1. Osnabrück 1999, S. 35–50. — 13 Zur Rezeptionsgeschichte des Bildes, das in der deutschen Fotoliteratur auch unter »Fallender Milizionär«, »Spanischer Loyalist« und »Loyalist Soldier« bekannt ist: Caroline Brothers: *War and Photography. A cultural history.* London, New York 1997, S. 178–184; Hans-Michael Koetzle: *Photo Icons. Die Geschichte hinter den Bildern.* Bd. 2. Köln 2002, S. 20–27. Knapp 60 Jahre nach Capas Aufnahme vom 5.9.1936 in Cerro Muriano wurde die Identität des Gefallenen geklärt und der Vorwurf, dass das Bild inszeniert sei, scheint mittlerweile durch akribische Recherchen des Capa-Biografen Richard Whelan haltlos zu sein. Richard Whelan: »Zum Beweis der Authentizität des Bildes ›Tod eines spanischen Loyalisten‹ von Robert Capa«. In: Beaumont-Maillet: *Robert Capa* (s. Anm. 6), S. 51–65. — 14 Holzer: »Das fotografische Gesicht des Krieges« (s. Anm. 5), S. 10. — 15 »The Camera Overseas: The Spanish Civil War Kills Its First Woman Photographer«. In: *Life*, 16.8.1937. Vgl. Reinhold Görling: »*Dinamita Cerebral«. Politischer Prozess und ästhetische Praxis im Spanischen Bürgerkrieg (1936–1939).* Frankfurt/M. 1986, S. 106. — 16 »Alliance Photo« gilt als Vorläufer der 1947 von Capa mitgegründeten genossenschaftlichen Fotoagentur »Magnum«. Die Fotoagentur war 1934 von der aus Berlin emigrierten Maria Eisner gegründet worden, die später Schatzmeisterin von Magnum wurde. *Alliance Photo. Agence Photographique 1934–1940.* Ausstellungskatalog. Paris 1988. — 17 Whelan: *Die Wahrheit* (s. Anm. 7), S. 116. — 18 Julia Franke: *Paris – eine neue Heimat? Jüdische Emigranten aus Deutschland 1933–1939.* Berlin 2000, S. 150. — 19 Schaber: *Gerta Taro* (s. Anm. 1), S. 90 ff. Whelan: *Die Wahrheit* (s. Anm. 7), S. 116 ff. — 20 Carlos Serrano: »El pueblo en armas: Robert Capa y la guerra de Espana«. In: *Fotografias de Robert Capa sobre la Guerra Civil espanola.* Ausstellungskatalog. Madrid 1990, S. 17 f. — 21 Barbara Kornmeier: »›Menschheit, an Dich geht der Ruf‹. Kunst und Propaganda im Spanischen Bürgerkrieg«. In: *Magazin. Mitteilungen des Deutschen Historischen Museums.* 9. Jg. (1999) H. 23, S. 10. — 22 Als Zielorte sind in der Mitgliederkartei der Israelitischen Religionsgemeinde zu Leipzig von 1935 mit Bleistift Palästina und England notiert. Niemand von den Pohorylles erreichte diese Ziele. Die gesamte Familie wurde nach dem Einmarsch der Wehrmacht in Jugoslawien ermordet. Schaber: *Gerta Taro* (s. Anm. 1), S. 208 ff. — 23 Alfred Kantorowicz: *Spanisches Kriegstagebuch.* Frankfurt/M. 1982, S. 334 f. — 24 Robert Capa, Carl Mydans und Margaret Bourke-White berichten darüber. Christoph Ribbat: *Blickkontakt. Zur Beziehungsgeschichte amerikanischer Literatur und Fotografie (1945–2000).* München 2003, S. 81. — 25 Taro wurde von Pablo Neruda und von dem katalanischen Kritiker Vicente Salas-Viu als Inbegriff einer Internationalistin gepriesen. Allerdings half den Fotografen die gerne besungene Internationalität unter Umständen auch dabei, den Einfluss der stalinistischen Sowjetunion mitsamt chauvinistischen und antisemitischen Tendenzen zu bagatellisieren. Die Binnenkonflikte im republikanischen Lager wurden von ihnen jedenfalls ignoriert. Das Fotografenpaar verkehrte als offiziell akkreditierte Kriegsberichterstatter spätestens ab dem Kriegswinter 1936/37 im tonangebenden kommunistischen Milieu der spanischen Hauptstadt. Vicente Salas-Viu: »Gerda Taro, nuestra camerada, ha muerto«. In: *El Mono Azul*, Nr. 26 vom 29.7.1937. Pablo Neruda würdigte in seiner Antrittsrede als Präsident der chilenischen »Alianza de intelectuales para la defensa de cultura« Gerda Taro und Federico Garcia Lorca als Vorbilder für den Intellektuellenverband. Manuel Aznar Soler: *Il congreso internacional de escritores para la defensa de la cultura (1937).* Bd. 2. Valencia 1987, S. 136 f. — 26 Das ist der Pole Karol Swierczewski, Offizier der Roten Armee. In Spanien als General Walter Kommandant der 35. Division. Gerda Taro war mit ihm und seinem ebenfalls polnischen Adjudanten Alexander Szurek befreundet. Alexander Szurek: *The Shattered Dream.* New York 1989, S. 171. — 27 Ihre Bilder fanden dadurch nicht nur in wichtigen Zeitschriften und Illustrierten Verbreitung, sondern vor allem auch in zahlreichen zeitgenössischen Bildbänden und Büchern wie in: Ramos A. Oliveira: *The Spanish People fight for Liberty.* London 1937. Wichtigste Drehscheiben bei der Verbreitung waren die Botschaften in London und Paris, u.a. mit Hilfe von Willy Münzenberg, der die Gründung von *Ce Soir* und *Agence Espagne* entscheidend mit

auf den Weg brachte. Lefebvre: »Capa und der Spanische Bürgerkrieg. Die Fotografie als Waffe« (s. Anm. 6), S. 94. — **28** Ruth Cerf Berg im Interview mit der Autorin, Zürich 13.8.1991. — **29** Wolfgang Ullrich: *Die Geschichte der Unschärfe.* Berlin 2002, S. 92. — **30** *Regards* Nr. 183, vom 14.7.1937. Schaber: *Gerta Taro* (s. Anm. 1), S. 156. — **31** David Mellor: »Death in the Making: Representing the Spanish Civil war«. In: *No Pasaran! Photographs and Posters of the Spanish Civil War.* Ausstellungskatalog. Bristol 1986, S. 27. Die unterschiedliche Wahrnehmung der Spanienbilder und eine dem entsprechende Ausbildung unterschiedlicher Erinnerungskulturen in England und Frankreich behandelt Caroline Brothers insbesondere im Kapitel »Women-At-Arms«. Brothers: *War and Photography* (s. Anm. 13), S. 76–98. — **32** Die Fotografie bedient sich generell der gesamten überlieferten Bildsprache, verändert und zitiert diese. Görling: »*Dinamita Cerebral*« (s. Anm. 15), S. 97. — **33** »Reportage Capa & Taro« in: *Regards* Nr. 166, vom 18.3.1937, *Regards* Nr. 168, vom 1.4.1937; »Photo Taro« und »Photo Capa« in: *L'illustré du Petit Journal,* Numéro Spécial vom 24.1. 1937. — **34** Schaber: *Gerta Taro* (s. Anm. 1), S. 211 ff. — **35** Robert Capa: *Slightly out of Focus.* New York 1947. Vgl. dazu: Ribbat: *Blickkontakt* (s. Anm. 24), S. 91–101. — **36** Zu Lebzeiten von Capa und Taro wurde gewissermaßen festgehalten, was sonst unsichtbar geblieben wäre. Heute wird dokumentiert, was ansonsten unbeachtet bliebe. Ludwig Seyfarth: »Restmenge des Möglichen. Die fotografierte, zum Bild gewordene Welt«. In: Andreas Baur, Ludwig Seyfarth (Hg.): *Recherche – entdeckt! Bildarchive der Unsichtbarkeiten.* Ausstellungskatalog. Esslingen 2004, S. 29. — **37** Sigrid Schneider, Stefanie Grebe (Hg.): » *Wirklich wahr! Realitätsversprechen von Fotografien«.* Ausstellungskatalog. Essen 2004. — **38** Agnes Matthias: »›A Memorable One‹. Fotografien von Robert Capa (1913–1954)«. In: *Zeithistorische Forschungen/Studies in Contemporary History.* Online-Ausgabe. 1 (2004) H. 2, URL: http://www. zeithistorische-forschungen.de/16126041-Matthias-2-2004, 1 (letzter Zugriff: Juni 2005). — **39** Dank einer Schenkung von Robert Capas Bruder Cornell Capa an das International Center of Photography/ICP in New York werden im Dezember 2006 erstmals in größerem Umfang Fotografien von Gerda Taro in einer Ausstellung präsentiert werden. — **40** Diese Umschreibung der Symbolizität der Aufnahmen führt im Laufe der Zeit wiederum vermehrt zu Reflexionen über den Bildstatus und deren Konstruiertheit in den Geschichtsdarstellungen selbst. Vgl. dazu die Ausführungen der Medienwissenschaftlerin Judith Keilbach, die diese Problematik anhand von Filmaufnahmen aus dem Nationalsozialismus untersucht. Tagungsbericht von Marcus Sandl: »Medialität der Geschichte und Historizität der Medien«. In: http://hsozkult.geschichte.hu-berlin.de/index.asp?id=124&pn=tagungsberichte (letzter Zugriff: Juni 2005). Vgl.: Eva Hohenberger, Judith Keilbach (Hg.): *Die Gegenwart der Vergangenheit. Dokumentarfilm, Fernsehen und Geschichte.* Berlin 2003. — **41** Susan Sontag: *Das Leiden anderer betrachten.* München, Wien 2003, S. 126.

Joachim Schlör

Dinge der Emigration
Eine Projektskizze

Am 10. Mai 1936 muss Leopold Frank, Vertreter für Strümpfe in Bayern und Württemberg, Ehemann, Vater zweier Kinder, in der Stadt Stuttgart, wo er erst seit kurzer Zeit wohnt, einen »Lift« (Container) packen und ein genaues Inhaltsverzeichnis all der Habseligkeiten anfertigen, die er mit sich nehmen will. Mitnehmen – nach Palästina, wohin zu reisen, womöglich für immer, bis dahin nicht im Horizont des Leopold Frank und seiner Familie vorgesehen war. Das ist die Geschichte, von der ich berichten will.[1]

Sie steht in einem komplexen Netz von Zusammenhängen. Wer sie »verstehen« will, wer sie zum Gegenstand einer – ausdrücklich: kulturwissenschaftlichen – Analyse machen will, muss dieses kontextuelle Netz zumindest ansatzweise sichtbar machen. Auswanderungen sind extreme Einschnitte im Leben von Menschen. Flucht, Vertreibung, Migration, Wanderschaft – das sind Gegenstände einer weit verzweigten Forschungslandschaft, Themen historischer Untersuchung ebenso wie soziologischer Analyse wie auch Gegenstand der Literatur und der Literaturwissenschaft, nicht erst in den letzten zwei Jahren. Unter einem übergreifenden Konzept der »Migrationsforschung« wurde oft das Thema und das Schicksal »Migration« paradigmatisch für die Erfahrung des Menschen in der Moderne dargestellt; der »Migrant« wurde zu einer sozialen Figur konstruiert, die stellvertretend etwas erlebt – Heimatverlust, Bindungslosigkeit, transitorische Existenz, aber auch Mobilität –, was Individuen und Gesellschaften im Zeitalter der Globalisierung insgesamt bevorsteht.

Welthistorische Zusammenhänge wurden in das Bild von Flucht und Vertreibung gefasst und Ketten von Kausalitäten entwickelt, die tatsächlich das Bild einer großen Erzählung des 20. Jahrhunderts entwerfen: die Vertreibung der Juden aus Deutschland und Europa als Beginn der Deportationen und des Völkermords; die Vertreibung der Deutschen aus den osteuropäischen Ländern und die Umsiedlungen im stalinistischen Regime; die Vertreibung der Palästinenser aus Haifa und Jaffa und der Konflikt im Nahen Osten. Kann es gelingen, so wäre zu fragen, diese »Vorgänge« nicht allein auf ihre Bedeutung für die historische Entwicklung und die politische Situation Europas und des Nahen Ostens zu befragen, sondern sie »unter dem Gesichtspunkt ihrer *Kulturbedeutung*«[2] zu untersuchen?

Dann würden uns etwa weniger die Ereignisse selbst beschäftigen als die Form ihrer Überlieferung in Erzählungen, Berichten, Dokumentationen;

dann würden wir nach den Medien dieser Überlieferung und ihrer Verdichtung in symbolische Formen fragen; dann könnten wir beginnen zu untersuchen, an Beispielen, wie individuelle und kollektive Formen der Erinnerung das Ereignis speichern, verändern, bearbeiten. Dann könnte, was wir tun, im Sinne Max Webers »Kulturwissenschaft« heißen. Für Weber gehörten ja die Sozialwissenschaften unbedingt zu diesen Disziplinen, »welche die Vorgänge des menschlichen Lebens unter dem Gesichtspunkt ihrer Kulturbedeutung untersuchen«.[3]

Die Vielzahl von Diskussionen, die sich »rund um den Begriff der Kulturwissenschaften« im letzten Jahrzehnt entwickelt haben, die Versuche, verschiedene theoretische und methodische Ansätze aus den Geisteswissenschaften, aber auch aus den Sozialwissenschaften miteinander ins Gespräch zu bringen, bilden, so Lutz Musner vom Internationalen Forschungszentrum Kulturwissenschaften (IFK) in Wien, einen »nach vielen Seiten offenen Prozeß«. Diese Debatte »sorgt mittlerweile eben nicht nur an den Rändern, sondern unmittelbar im Zentrum der wissenschaftlichen Ausbildungsstätten für produktive Unruhe.«[4] Interdisziplinarität und Transdisziplinarität sind programmatisch für kulturwissenschaftliche Vorhaben. Die einzelnen Disziplinen öffnen sich nicht allein zueinander, suchen nach Formen der Zusammenarbeit, sondern sie öffnen auch das Blickfeld für Gegenstände jenseits des traditionellen Kanons der Hochkultur.

1. Die *Cultural Studies* britischer Tradition fragen danach, wie das alltägliche Leben der Menschen durch und mit »Kultur« definiert wird; sie wollen (nicht viel anders übrigens als die älteren Studien einer »Sociology of Culture«) herausfinden, wie Kultur »gemacht« wird, wie sie praktiziert wird, in welcher Beziehung sie zum sozialen Wandel steht, welche Machtverhältnisse sie bedingen und wie sie, die Kultur, diese Machtverhältnisse beeinflussen oder sogar verändern kann. Und sie fragen nach dem Anteil der Wissenschaft an all diesen Prozessen. Ihr Arbeitsgebiet findet sich vorwiegend im Bereich der Arbeiterklasse und, nach deren Dahinschwinden, im Bereich der sozialen und ethnischen Minderheiten. Migration ist hier jedenfalls Thema.

2. Auf Migration richtet sich auch, politisch vielleicht weniger eindeutig links, aber auf andere Weise doch radikaler, das Interesse der US-amerikanischen *Cultural Studies*. Sie setzen ihre wissenschaftlichen Projekte dem – nach ihrer Einschätzung (ich füge hinzu: angeblich) – traditionellen, konservativen, dem militärisch-industriellen Komplex nahe stehenden Wissenschaftsbetrieb und dessen Idealen von Homogenität und Elitenkultur entgegen: *Women Studies* und *Gender Studies*, *Native American* und *African American Studies*. Als ideologisches Instrument der Manipulation der unterdrückten Klassen durch die Herrschenden (da ist der Einfluss der Frankfurter Schule unüberhörbar) wird »Massenkultur« Gegenstand wissenschaftlicher Unter-

suchung, *Media Studies* arbeiten in diesem Bereich. Auch hier ist Migration Thema – und oft persönliches Schicksal der Forschenden.

3. Auf der anderen Seite kann die Entstehung der neuen Kulturwissenschaften in Deutschland in erster Linie als »eine wissenschaftspolitische Reformbotschaft an die traditionellen Geisteswissenschaften« angesehen werden. Ihre »Modernisierungsfunktion« liegt »in der Öffnung gegenüber den internationalen Entwicklungen«, im »Bereitstellen einer lebensweltlichen Orientierungsfunktion« und im »interdisziplinären Zugriff«.⁵ Dieser Aufruf, von Wolfgang Frühwald formuliert, hat dazu geführt, dass traditionell bestehende Disziplinen sich als »Kulturwissenschaften« neu zu definieren begannen. Interessant ist, nebenbei bemerkt, die Frage, auf welche Seite die Jüdischen Studien oder *Jewish Studies* geschlagen werden – Susannah Heschel hat sich für ihre Integration in die *Cultural Studies* eingesetzt und Abraham Geiger als ersten »post-colonialist« bezeichnet;⁶ andererseits zählen sie in der Regel in den USA durchaus zu den etablierten Fächern – in Deutschland scheint die Entwicklung noch offen.

4. Vertreter eines eigenständigen Fachs Kulturwissenschaft wie Hartmut Böhme präferieren vor allem Aufgabenfelder wie Historische Anthropologie, Historische Medienkulturforschung, die Erforschung von Wissenskulturen, Historische *gender studies* oder Natur und Technik als historische Kulturformationen. Da scheint sich ein Konfliktfeld aufzutun zwischen den textorientierten Wissenschaften, den Philologien zumal, und den historischen, anthropologischen, ethnologischen Disziplinen. Nach der Ansicht der Autoren in Metzlers Lexikon der Literatur- und Kulturtheorie – in diesem Fall des Herausgebers Ansgar Nünning – zeichnen sich diejenigen Disziplinen, die zu den Kulturwissenschaften zählen, vor allem durch »ein der Kulturanthropologie und der Kultursemiotik verpflichtetes Verständnis von ›Kultur als Text‹« aus.⁷ Dies geht mit einer unverständlichen Arroganz gegenüber anderen Disziplinen einher: »Der begrifflichen Klarheit wenig förderlich ist es, auch die Volkskunde oder Europäische Ethnologie als Kulturwissenschaft zu bezeichnen.«⁸ Diese bewusste Ausblendung anderer Auffassungen und Begriffe davon, was Kultur und wie sie wissenschaftlich zu untersuchen sei, schränkt die Disziplin meines Erachtens zu sehr ein. Dabei ist die hohe Zeit von »Kultur als Text« ja längst vorbei. »Der jüngste Ansatz, Kultur als Praxis und nicht als Symbolsystem oder Diskurs zu verstehen«, sagt die Historikerin Paula Hyman, »erlaubt der historischen Analyse wieder die Berücksichtigung sozialer Faktoren und konkreter Erfahrung.«⁹ Kultur als Praxis und als Prozess – damit werden eben die zeitlichen und räumlichen Dimensionen wieder wahrnehmbar, die im Verständnis von »Kultur als Text« verloren gehen.

Im politischen Engagement liegt wohl der hauptsächliche Unterschied zwischen *Cultural Studies* und Kulturwissenschaften: »Die kritische Auseinandersetzung mit Marginalität, Diskriminierung und damit korrespondierenden Selbst-Bildern ist ein wesentlicher Topos der *Cultural Studies* und bestimmt ihr eigentliches, ihr politisches Credo.«[10] Sie sind, mit einem der wichtigsten Theoretiker der *Cultural Studies*, Lawrence Grossberg, gesprochen: »interventionistisch«[11] und versuchen, theoretische Arbeit in politische Praxis zu übersetzen. Wie die Kulturanthropologie eines Clifford Geertz (oder etwa die Konsumsoziologie eines Dan Slater) bemühen sich *Cultural Studies* um eine stete Kontextualisierung von Begriffen wie »Klasse« oder »Geschlecht« und widmen dem Verhältnis zwischen Produzent und Rezipient eines Textes oder einer anderen »medialen Botschaft« große Aufmerksamkeit – das prägt ihre methodischen Ansätze und ihren Umgang mit Quellen. Die unterschiedliche Entstehungsgeschichte hat auch dazu geführt, dass die beiden Bereiche tendenziell – so ganz eindeutig sind die Unterschiede nicht – mit verschiedenen Methoden arbeiten: »Während wesentliche Strömungen der Kulturwissenschaft, die um Schlüsselthemen wie ›Gedächtnis‹, ›Symbol‹, ›System‹ und ›Medialität‹ zentriert sind, sich oft philologischer, hermeneutischer und historiographischer Methoden bedienen, geht es in vielen Arbeiten der *Cultural Studies* um die Analyse von Diskursen und kulturellen Praktiken, ohne daß dem historischen Kontext im eigentlichen Sinn allzu viel Mühe zugeeignet wird.«[12]

Gerade in Deutschland, wo die Erinnerung an Nationalsozialismus und Holocaust immer präsent ist und die Forschung mitbestimmt, stehen Fragen von Gedächtnis und Erfahrung im Mittelpunkt kulturwissenschaftlicher Forschung. Sie befasst sich deshalb häufig mit den Ursachen des Zivilisationsbruchs, ausgehend von den »subjektfragmentierende(n) Widersprüche(n) von Moderne und Modernisierung«, wie sie von Freud oder Proust beschrieben wurden. Sie stellt auch häufig »die dem Gedächtnis verwandten Fragen nach dem Archiv und seinen Speicherlogiken«. Wenn wir versuchen wollen, der doppelten Falle zu entgehen und solche Fragestellungen und Methoden zu entwickeln, die historisch *und* erinnerungsgeschichtlich relevant sind, die »gelebte Erfahrung« *ebenso* ernst nehmen wie die Deutung symbolischer Formen, dann ändert sich vielleicht unser Blick auf die Dinge, die Leopold Frank im Mai 1936 zusammenpackt.

Kulturwissenschaft fragt danach, welche *Bedeutung* bestimmte Kulturgüter für eine bestimmte soziale Gruppe oder für einzelne Akteure haben, in welche *sozialen Gebrauchsweisen* die Dinge eingebettet wurden, welche *Kontexte* »auf diese Weise generiert, transformiert bzw. reproduziert« werden. Dabei ist wichtig, festzuhalten, dass sich in den Gesellschaften, die wir untersuchen, Akteure und soziale Gruppen nicht nur »antagonistisch gegenüberstehen« – auf diesem Feld des Dissens' bewegen sich vorzugsweise die *Cultural Studies* –, sondern dass sie auch »Bedeutungen und Vorstellungen miteinander teilen«. Das wird beim Blick auf die spezifische Situation eines deutschen Juden, der im Mai 1936 seine Koffer packt, weil man ihn zum Fremden gemacht hat, und der dabei ist, eine neue Heimat zu finden, die ihm noch fremd ist, besonders augenfällig.

In einer Analyse der »Dinge der Emigration«, wie ich sie hier ganz ansatzweise versuche, fließen also zwei Forschungstraditionen zusammen: Einerseits ist ein zentrales Thema auch hier Gedächtnis und Erinnerung. Die Auseinandersetzung mit den individuellen und kollektiven Formen von Erinnerung ist ein klassischer Gegenstand der Kulturwissenschaft, wie er etwa von Jan Assmann, Aleida Assmann und anderen – durchaus eng und konstruktiv-kritisch an Durckheim und Maurice Halbwachs, also an eine sich als Kulturwissenschaft verstehende Soziologie anschließend – untersucht wurde. Andererseits reden wir aber von einer sehr konkreten Erfahrung der Marginalisierung und Ausgrenzung, die zur Emigration führte. Das sind klassische Arbeitsgebiete der sozialwissenschaftlichen Migrationsforschung, aber auch der *Cultural Studies*, wie sie etwa von dem Kulturanthropologen James Clifford bearbeitet wurden. Die üblich gewordene Trennung von »forced« und »unforced migration« erweist sich als nicht besonders hilfreich; ohne die Verfolgung durch die Nationalsozialisten wäre Leopold Frank nicht gegangen; andererseits kann man ihn, denkt man an die Schicksale der später Ausgewanderten oder derjenigen, die nicht mehr auswandern konnten, fast zu den Glücklichen zählen.

Er konnte sein Leben und das seiner Familie retten, und er konnte seine »Sachen« mitnehmen. Wir haben bei Eugene Halton und Mihaly Csikszentmihalyi von der Bedeutung der Dinge erfahren: Ihr Projekt »The Meanings of Things: Domestic Symbols and the Self« untersuchte »the ways people carve meaning out of their domestic environment«; aber wir müssen noch einen Schritt weitergehen. Was geschieht, wenn das »domestic environment«, das Zuhause, bedroht, zerstört, aufgelöst wird? Was geschieht mit den Dingen und ihren Be-Deutungen? Viele Emigranten beschreiben in ihren Erinnerungen die Wohnungen, die Möbel, die Gegenstände, die sie zurücklassen mussten, fast ebenso liebevoll wie die Mitglieder ihrer Familie – ein Thema für die Literaturwissenschaft, die für die Exilforschung schon sehr viel getan, aber diesen Aspekt (wie die Geschichtswissenschaft) nahezu ausgeblendet hat. Der »private Besitz« hat für die individuelle wie für die kollektive Erinnerung eine tiefe emotionale Bedeutung. Die Ausgrenzung der Juden aus der deutschen Gesellschaft begann mit der »Arisierung«, der Wegnahme von Besitz. Wer auswandert, muss die private Wohnung, die gegenüber der Straße, der Öffentlichkeit noch Schutzraum geboten hatte, verlassen, hinter sich lassen. Damit verliert man mehr als den bloßen Gegenstand; der britische Rechtstheoretiker Jeremy Bentham hat, um die Mitte des 19. Jahrhunderts, besonders auf die wichtige Bedeutung der *Beziehung* zwischen einem Gegenstand und seinem Besitzer hingewiesen: Besitz ist die Basis einer Hoffnung. Nur das Gesetz kann dafür sorgen, dass die Beziehung in die Zukunft, zur nächsten Generation, weitergetragen werden kann – »an assurance of future ownership«. Wird diese Sicherheit angegriffen oder bedroht, steht eben mehr zur Debatte als der bloße Gegenstand: »Every attack upon this sentiment produces a distinct and special evil, which may be called a *pain of disappointment.*«[13] In unserem Zusammenhang ist dieser Enttäuschungsschmerz besonders offensichtlich: Die »Sachen« sind Leopold Franks *kulturelles* Kapital. Ihr drohender Verlust steht symbolisch für die Hoffnungslosigkeit einer weiteren Existenz in Deutschland und als Deutscher, die Verbindung mit der Zukunft – in der seine Kinder das Erbe »erwerben, um es zu besitzen« – wird abgebrochen. Arisierungen und Konfiszierungen stehen symbolisch für die Wegnahme einer Identität. Auch das Gesetz ist nicht (mehr) in der Lage, das Recht auf Eigentum zu schützen.[14] Wer rechtzeitig emigrierte, konnte wenigstens einen Teil seines Besitzes mitnehmen. Mir scheint, es bestehe zwischen Arbeiten aus dem Bereich der neuen, textorientierten, an Fragen der Diskursivität und der Performativität interessierten *Cultural Studies* auf der einen und den Arbeiten einer eher traditionellen, an der ruhigen Interpretation archivalischer Quellen festhaltenden Form wissenschaftlicher Forschung so etwas wie eine Lücke. Leopold Franks persönliches Schicksal, zufälligerweise gut dokumentiert, ist ja tatsächlich nur eines von vielen, die sich zusammenfassen lassen unter dem Begriff einer deutsch-jüdischen Geschichte nach der Erschütterung des Jahres 1933, oder eben auch unter dem einer Migrationsgeschichte, die sich unter diesen speziellen Umständen abspielt. Listen von Sachen! Was kann damit, so höre ich manchen traditionellen Historiker fragen, schon gezeigt werden? In die romantische Variante einer Kulturwissenschaft, die ihre Aufgabe in der Bewahrung von »Kulturen« vor jedwelcher Assimilation mit westlicher Zivilisation sieht (Roger Sandall hat ihr mit seiner Kritik am »Culture Cult« kürzlich eine überzeugende Absage erteilt[15]), will die Geschichte auch nicht recht passen.

Zurück also zum 10. Mai 1936. Vor unseren Augen entfaltet sich eine Geschichte: Ein Mensch packt seine Sachen zusammen, räumt eine Wohnung, nimmt die Familie mit zum Bahnhof, fährt von der Stadt Stuttgart über München (eine Strecke, die er gut kennt) und dann aber weiter (ins Unbekannte) nach Mailand und Triest. Dort besteigt er ein Schiff und kommt nach einer knappen Woche in einer Stadt an, die Jaffa heißt, wo man ihn und die Frau Betty und die Kinder Adolf (noch Adolf, bald wird er Abraham heißen) und Hannah und das Gepäck vom großen Schiff in ein kleines Boot hievt, unter einer heißen Sonne, die ihn blendet. Von dort fährt er mit einer Kutsche in die Stadt Tel-Aviv, die er aber bald wieder verlässt, um in eine landwirtschaftliche Siedlung am See Genezareth zu gelangen. Diese Geschichte

kommt uns bekannt vor, weil wir verschiedene Versionen davon schon gelesen haben, weil sie uns erzählt wurde, weil sie fast schon wie ein Film ist für
uns. Leopold Frank ist nur einer von vielen, denen es so erging. Und wir sind
schnell bereit, diese Geschichte einzuordnen in eines der Paradigmen, die
wir uns ausgedacht haben.

Ich möchte den Film, der sich vor unseren Augen abspult, noch einmal
anhalten: in dem Moment, da Leopold Frank in seiner Stuttgarter Wohnung
sitzt und damit beginnt, die Gegenstände zusammenzutragen, die er mitnehmen will – und, zugleich, andere Gegenstände auszusondern, die er
zurücklassen wird. Ganz unvorbereitet hat er sich nicht an diese Aufgabe
gemacht. Seine Schwägerin Netta Fürth berichtete in einem Brief, der am
23. Januar 1936 aus Tel-Aviv nach Stuttgart gerichtet wurde, von den Gegenständen und ihrer Tauglichkeit für das Unterfangen der Auswanderung: »Es
ist sehr schwer, Eure Anfrage wegen Mitnehmen von Sachen zu beantworten, da man ja jetzt noch nicht weiß, ob Ihr in der Stadt wohnen werdet oder
auf dem Land, ob Ihr zwei Zimmer haben werdet oder drei, ob Ihr Neben-
räume haben werdet (Trockenboden, Keller gibt es hier nicht). So ist es schwer
zu raten. (...) Da es sein kann, dass Ihr doch mit zwei Zimmern vorlieb nehmen müßt, so würde ich mir an Eurer Stelle kein direktes Schlafzimmer mitnehmen, sondern mir Stahlcouch oder Betten kaufen und ein oder zwei
moderne Kleider- bzw. Wäscheschränke. (...) Mehr als höchstens einen
großen Teppich nicht mitbringen, dazu die Läufer, evtl. könnt Ihr einen
großen Teppich in Brücken umtauschen. Elektrizität ist hier 220 Volt, Staubsauger auf diese Stärke kann man hier gebrauchen, ebenso Bügeleisen, elek-
tr. Kochtöpfchen.«[16] Bügeleisen und Staubsauger? Offenbar plant man ein
Leben, das so normal sein soll wie irgend möglich. Die religiöse Familie Frank
steht vor einem weiteren Problem, dem der Haltung einer kosheren Küche,
die eine Trennung der »milchigen« und der »fleischigen« Speisen und Gerät-
schaften verlangt; vielleicht wirkt das Problem von Stuttgart aus größer als
in der palästinensischen Realität: »Ob ich mich an Eurer Stelle mit gutem
und täglichem Geschirr abschleppen würde, weiß ich nicht. Wir haben
Milchding nur eins und Fleischding zwei. Doch gebraucht habe ich es nicht.«

Wichtig ist, was praktisch ist. »Um es noch einmal zusammenzufassen: Ihr
müsst Euch überlegen, wie Ihr drei mittelgroße Zimmer mit Euren Sachen
einrichtet und nicht ein Stück mehr mitbringen als nötig sind. Auch an Vasen
und unnötige Dinge wie z. B. Weinbowle nur mitbringen was Ihr denkt nötig
zu haben. Axt, Säge, Eimer, evtl. Waschbrett sind mitzubringen.«

Die »Sachen«, die man in Besitz hat, beginnen ganz langsam, ihren Wert,
ihre Funktion, ihre Bedeutung zu verändern. Was hier, in Stuttgart, wertvoll
und funktional ist, was einem wie Herrn Frank etwas *bedeutet*, das kann auf
der anderen Seite, dort wohin die Reise gehen soll, ganz überflüssig sein. Und
umgekehrt gewinnt das Waschbrett gegenüber der Weinbowle deutlich an –

ja, eben nicht nur an Funktion, sondern auch an Sinn. In der Wohnung von Leopold Frank ereignet sich in diesen Tagen eine Art Umwertung, eine Form der Neubestimmung des Werts und des Sinns der Gegenstände, die bis dahin ein wohl respektables und geordnetes, aber weithin unbemerktes Dasein führten. Er sieht sie, könnte man sagen, jetzt anders an.

Bei den Unterlagen von Leopold Frank findet sich eine vervielfältigte Liste, die am Rand, mit Bleistift geschrieben, die Aufschrift »Frank« trägt, und von der Stuttgarter Zweigstelle des Palästinaamts in Berlin an Auswanderer verschickt worden war: »Vor allen Dingen ist zu betonen, dass alle mitgenommenen Gegenstände in besten Zustand vorher versetzt werden.« Dann folgen lange Aufstellungen der mitzunehmenden Dinge: Haushaltartikel zuerst, von Mülleimern mit Fußhebeln über Standgläser, Milchhäfen – eine in Süddeutschland erstellte Liste, eindeutig – über Satzschüsseln, Eimer, Leitern, Mausefallen, Nägel, Werkzeug, »viele Bürsten in bester Ausführung« bis zu Arzneimitteln, Verbandwatte und Fußabstreifern, »aber nicht in Drahtgeflecht, sondern mit Eisenstäben«. Dann folgt eine Auflistung elektrischer Artikel, danach Wäsche- und Kleidungsstücke – »es empfiehlt sich, auch noch schlechtere Wäsche und besonders Kleidungsstücke mitzunehmen, weil bei der Arbeit auch die schlechtesten Stücke noch gebraucht werden«. Dann Gartengeräte, »nur bestes Material!« Schließlich folgen einige allgemeine Ratschläge:

»1) Alle Betten und Kissen und Wolldecken reinigen und in Ordnung bringen lassen (möglichst zeitig erledigen)
2) Matratzen auffrischen lassen
3) Holzbretter, Wäschestangen mitnehmen, nicht verschenken. Das Holz in Palästina ist sehr schlecht
4) Eventuell vorhandene Stuben- oder Kinderwagen sind sehr gut als Fahrgestell für Waschkörbe etc. zu verwenden
5) In Blechbüchsen, mit Leukoplast verschlossen, etwas eigenes Backwerk mitnehmen, an dem man anfangs sehr froh ist
6) Nicht vergessen:
Gebetbücher aus der Synagoge holen
Pelze von der Aufbewahrung holen
Thermometer von den Fenstern entfernen
Mesussot entfernen
Türschilder entfernen
Zeitungen rechtzeitig abbestellen
Elektrisches Licht, Wasser, Gas rechtzeitig abmelden
Telefon abbestellen
Vereine abmelden.«

Da könnte auch stehen: Ein Leben auflösen. Sich auf etwas Schwierigeres einstellen – etwa mit dem Satz (Punkt 19 auf der Liste, zwischen »alle Klein-

möbel mitbringen« und »Sofakissen mit waschbaren Überzügen versehen«),
der wenig Mut macht: »Nicht viele Empfehlungsschreiben mitbringen, sie
haben doch keinen Wert.« Das ist eine aus Erfahrung, sicher auf der Grundlage der Berichte von Einwanderern, geschriebene Liste, sie berichtet von
dem, was die künftigen Neuen erwarten wird; aber sie berichtet auch von
einem Leben in Deutschland, von Standards, die nicht unterschritten werden sollen: »Gute Farbstifte für die Kinder mitnehmen. Gibt es nicht in Palästina«, oder »Amerikanische Arbeitsanzüge aus Drill (gibt es bei Breunin-
ger in Stuttgart)«.
Sehen wir noch einmal auf die Liste: Das ist schon beinah ein Gedicht, in
einem a-b-b-a-Rhythmus, die beiden »b« sprechen von der einen, der deutschen Hälfte des Lebens, die beiden »a« von der anderen, der jüdischen:
    »Gebetbücher aus der Synagoge holen
    Pelze von der Aufbewahrung holen
    Thermometer von den Fenstern entfernen
    Mesussot entfernen«
Poetische Absichten sind dem Verfasser der Liste kaum zu unterstellen, aber
für den Leser ist hier die »andere Seite« von, vielleicht auch die Voraussetzung *für* Günter Eichs berühmtes Gedicht »Inventur« zu erkennen, eine
Aufzählung der wenigen Besitztümer, die einem aus dem Krieg zurückkeh-
renden Soldaten geblieben sind. Nur: »Synagoge« und »Mesussot« sagen
eben: Ein jüdisches Leben in Deutschland wird zu Ende gebracht. Die Koffer werden gepackt. Wir stellen uns Leopold Frank vor, wie er in seiner Stuttgarter Wohnung steht und die Liste betrachtet.
    Er erfährt am eigenen Leib die doppelte Fremdheit, als Deutscher, als deut-
scher Jude, der sein Land verlassen muss; aber auch als künftiger Bewohner
eines Landes, das ein Staat werden will. Die historische Situation verdichtet
sich, ist symbolisiert in den Dingen, die er mitnimmt, die er zurücklässt, und
in den Listen, die er davon anfertigt. Die Dinge werden zu Trägern von Be-
Dingungen, von Erinnerungen, von Hoffnungen. Und diese Medien der Erinnerung führen ein eigenes Leben. Sie verändern »sich« – also die Bedeutung, die sie tragen – im Lauf der Jahre; im Wandel der Generationen; und
natürlich auch, diese Form der Selbstreflexion kann Kulturwissenschaft aus
der Ethnologie lernen, durch die Arbeit des Forschers, der sie findet und nach
ihnen fragt.
    Was Leopold Frank, neben vielem anderen, mitnimmt, und was offenbar
so wichtig für die familiäre Erinnerung ist, dass der Sohn, Abraham, es aufbewahrt, ist ein Rechnungsbuch. Im Konvolut liegt obenauf ein Heft mit
Blättern, die für Einträge von Einnahmen und Ausgaben gezeichnet sind.
Der Stempel auf dem Titelblatt lautet: »Leo Frank, Stuttgart, Bismarckstr.
118, Tel. 60726.« Wer selbst nicht als Vertreter oder Verkäufer unterwegs
ist, braucht eine Weile, um sich einzulesen. Das erste Blatt stammt von 1934,

trägt die knappen Rubriken »Gut«, »Tages« und »Total«. Am Ende des Jahres ist eine Summe von 11.100 Reichsmark erreicht. Das stammt noch aus der alten Zeit – ob sie »gut« war, ist kaum zu beurteilen. Das Jahr 1935 folgt eine Doppelseite später, in die Lücke sind – mit Bleistift – schon Eintragungen aus dem »Dezember 1936« eingeschoben: Zeichen einer Unordnung, die sich ereignet hat, die dem üblichen ordentlichen Gang der Dinge dazwischen geriet. Mit dem Januar 1937 befinden wir uns schon ganz weit weg von Stuttgart, handgeschriebene Zettelchen sind der Seite angeheftet, sie tragen neue Kriterien: »Anschaff.«, »Parzelle«, »Krankenkasse«. Und: »Umzug«. Irgendwann dazwischen ist die Entscheidung gefallen, die ein ordentliches Leben verwandelt hat. Für jeden folgenden Monat des Jahres 1937 sind solche Zwischenrechnungen auf Zetteln notiert, der Posten »Anschaffungen« wird immer größer, auch »Diverses« (was es zuvor wohl kaum gab) wächst an, im März kommt »Haushalt« dazu und »Bau«, im Mai bereits: »Schule«, »Bananen«, und dann auch: »Kuh«. Nicht Kühe, nein, eine einzige Kuh wird offenbar einem Haushalt – und seinem Rechnungsbuch – hinzugefügt. Die Unterlagen stammen von Abraham Frank. Im Rechnungsbuch seines Vaters ist er anfangs noch der Posten »Adolf Schule«. Von Adolf zu Abraham, von Deutschland nach Israel. Herr Frank hat die Papiere seines Vaters aufbewahrt und übergibt sie dem Neugierigen mit einer Gefühlsmischung, die nicht nur ihm zu Eigen ist: Was wollt ihr damit? Wollt ihr uns, oder doch unsere Väter, für euch reklamieren? Das kann nicht gelingen. Wollt ihr wirklich wissen, wie es mit uns gegangen ist? Aber könnt ihr euch denn überhaupt vorstellen, wie es damals war? Nein, das können wir nicht. Wir rekonstruieren. Ein Mann trägt in ein Buch, in dem bis dahin selbstverständlich Einkünfte aufgenommen wurden, mal gut, mal schlechter, unversehens Dinge ein wie »KKL« (die Abgabe an den Bodenfond »Keren Kajemeth Le'Israel«) oder eben auch: »Wasseruhr«, »Bodenzins«, »Dachdecker«, dann »Samen« und »Mais«. Die Kategorien verschieben sich. »Schule« rückt an den Anfang, dann folgen – im April 1937 – aber schon »Bananen«, »Kuh«, »Hühner«, dann erst kommen die »Anschaffungen«. Allein für die einsame Kuh ist viel auszugeben: Bretter, Holz, Bürste, Futter. Warum macht er das, fragt sich auch sein Sohn 60 Jahre später. Warum behält er eine Übung bei, die für solche Gelegenheiten nicht vorgesehen war? Welche Sicherheit verspricht ihm das Festhalten am Eintrag? Wenn »Kalb« zu »Kuh« kommt, im Juni schon, lesen wir daraus einen Erfolg oder nur eine neue Belastung? Immerhin erscheint in der Spalte »Einnahmen« jetzt die Kategorie »Milch«.

Erinnerungen, und davon handeln wir mit unseren Listen und unseren Dingen, schreiben sich in Medien ein, sie ändern ihre Bedeutungen und Zuschreibungen im Lauf der Jahre, im Wechsel der Generationen. Herrschende Ideologien und Diskurse, aber auch politische und gesellschaftliche Veränderungen oder persönliche Erfahrungen, umschließen und umformen

das Original »Erinnerung« (wenn es jemals in »reiner« Form existierte) wie
der Bernsteinharz die Fliege, aber in diese Hülle der Überformung nisten
sich sozusagen Fremdkörper ein: »Spuren anderer Texte, die Spuren von Differenzen und Alteritäten, von Konfrontationen mit dem Fremden und von
nicht verarbeiteten Traumata«.[17] Kulturwissenschaft sucht nach einem »rela-
tionale(n), prozeßorientierte(n) Begriff von Kultur, der das Soziale jenseits
funktional-strukturalistischer bzw. simplifizierend materialistischer Zugän-
ge konzeptualisiert«. Sie will, wenn ich das in meinen Worten zu formulieren suche, mit ihren Arbeiten durchaus zu einem Bild von Gesellschaft beitragen; sie will aber kein statisches Bild dieser Gesellschaft zeichnen (indem
sie sich etwa auf die Analyse ihrer Strukturen konzentriert oder den Stellenwert von Ökonomie und Macht zu beschreiben sucht), sondern sie will die
den gesellschaftlichen Zuständen innewohnende Entwicklung und Veränderung sichtbar machen. Eine Möglichkeit, das zu tun, liegt eben darin, »in
den Lebenspraxen der Menschen und in den mannigfaltigen Artefakten ihrer
Lebenswelten« nach den symbolischen Inhalten zu suchen, »wodurch Handlungen, Rituale und Artefakte überhaupt erst mit Sinn aufgeladen und mit
Bedeutung versehen werden.«[18] Die Nebengeschichten, die Fußnoten, die
hineinmontierten Zitate und Kommentare, die Perspektivenverschiebungen,
die Trümmer der Geschichte finden sich auch in unseren Listen und unseren Gegenständen. Es ließe sich daraus wohl das Konzept für ein Museum
entwickeln, aber Musealisierung scheint mir nicht die einzige – und nicht
einmal die beste – Form des Umgangs mit den Dingen der Emigration zu
sein. Erinnerung braucht eine Balance zwischen Verfestigung (im Museum,
im Denkmal) und Verflüssigung: in der fortgesetzten Erzählung und einer
immer neuen, neu verhandelten, Sinn-Gebung. Wir interpretieren die Geschichte und Erfahrung des Exils heute nicht mehr allein unter dem Gesichtspunkt der Verfolgung und der Exklusion; die Erforschung der (E)Migration
gibt unter dem Aspekt der transnationalen Wanderung und Wandlung auch
den Blick auf länder- und grenzüberschreitende Erfahrungen frei.[19]

Bei seiner Untersuchung der privaten Besitztümer einer amerikanischen
Familie hat mein Mit-fellow am Collegium Budapest, Bill Christian, folgende Muster herausgearbeitet: »Dimensions that differentiate between
households in keepsake accumulation; objects handed down through male
or female lines, exotica, the impact of wars and family trauma, gendered
displays – public and private, collection, storage, and display rotation, and
systems of memory transmission.«[20] Wenn ich versuche, gerade vor dem
Hintergrund dieses letzten Begriffs – »systems of memory transmission« –
einige der Dimensionen herauszuarbeiten, die in diesen Gegenständen verborgen sind, komme ich auf die folgenden Modelle:
– Gegenstände können, wie im Bernstein eingeschlossene frühere Lebewesen, als *nuclei* eines Narrativs angesehen und untersucht werden – wenn es

gelingt, die äußeren Schichten einer Überlagerung durch Aufbewahrung, Besitzerwechsel, Vergessenheit zu entfernen;

– Gegenstände – solange sie nicht musealisiert sind – wechseln ihre Besitzer (in unserem Zusammenhang kann das auch heißen: werden geraubt, zerstört, versteckt, verkauft oder eingetauscht, womöglich restituiert), sind damit Träger verschiedener Narrative, verschiedener Erinnerungen, sind nicht versteinert, sondern sozusagen flüssig;

– Gegenstände verändern ihre Be-Deutung mit den historischen Umständen und haben an verschiedenen Orten unterschiedliche Wertigkeiten;

– Gegenstände, Dinge, erzählen gelegentlich – wenn wir sie zu befragen verstehen – das *Andere* einer historischen Erzählung, sie können ihren Besitzern widersprechen;

– Gegenstände »erzählen« allerdings selbst kaum; es bedarf der Interpretation und ihrer sorgfältigen Erläuterung;

– Gegenstände sorgen für die Aufrechterhaltung einer bestimmten Ordnung (und Gewohnheit); sie werden langsamer »fremd« als ihre Besitzer;

– erstaunlich viele Menschen fassen, nicht erst im Angesicht einer bevorstehenden räumlichen Veränderung (wie etwa einem Umzug ins Altersheim) oder gar nach dem Tod von Verwandten, sondern geradezu ständig und mitten im Leben, ihre Gegenstände in Listen zusammen: Hochzeitslisten, Geburtstagslisten, Versicherungslisten, Listen der verschenkten Gegenstände, Listen der zurückerhaltenen Gegenstände, Listen von Listen.

Es geht um mehr als ein bloßes technisches »Verhältnis« zu den Dingen; in den Worten von Gottfried Korff: »Sachen bilden nicht nur ab, sondern sie formen auch, weil sie da sind.«[21] Und wir müssen wieder hinzufügen: auch, wenn und weil sie nicht mehr da sind, nicht mehr gebraucht werden, nicht mitgenommen werden können, weil sie zu groß, zu sperrig, zu »deutsch« sind für ein neues Leben. Das Anfertigen von Listen besorgt selbst eine erste Systematisierung, von der man sich wohl nicht allzu schnell beeindrucken lassen darf, sind doch diese Listen sehr zeit- und situationsgebunden. Aber das Bild der *Liste* verweist doch auf die Idee einer beginnenden Ordnung, in die der einzelne Gegenstand integriert wird; aus vielen Listen und Findbüchern über Listen und Katalogen zum Erschließen der Findbücher, der Listen und der einzelnen Gegenstände entstehen beispielsweise Museen und Archive: Orte, an denen die Erinnerungen aufbewahrt werden. Erst in den letzten Jahren – viel zu spät wohl – wurde damit begonnen, auch die persönlichen Dokumente und Zeugnisse derjenigen zu bewahren, die nicht zu den Prominenten zählen.

Unsere Studierenden gehören längst einer dritten Generation an, wie ihre Altersgenossen in Israel oder den USA, sie werden nur noch wenig Gelegenheit haben, mit den Großvätern und Großmüttern über deren Erlebnisse während der Zeit des Nationalsozialismus und des Krieges zu sprechen.

Die Medien der Vermittlung von Geschichte, und damit auch die Gegenstände, werden an Bedeutung gewinnen. In seiner hymnischen Rezension von Gabriele Goettles alltagsneugierigen »Erkundungen im Lande« schreibt Frank Schirrmacher über den zuerst in der *taz* veröffentlichten Text »Nachlaß eines Lehrers, geordnet von seiner Schwester«: »Dieser Artikel (...) ist pure Statistik. Kein literarischer oder auch nur journalistischer Ehrgeiz ist in ihm zu spüren. Und doch ist er suggestiver, atemberaubender als irgendeine komplexe Kunstprosa. (...) Er ist Literatur im ursprünglichsten Sinne. Er *zählt* auf. Je weiter der Leser in diese sonderbare *Erzählung* vordringt, desto stärker wird das Gefühl, eine Grenze der Intimität überschritten zu haben. Es ist, als würde er gar nicht mehr den Text, sondern die herrenlose Habe selber mustern. Und je länger er bei ihr verweilt, desto deutlicher treten auf dem Papier die Gebrauchsspuren des abgebrochenen Lebens wieder hervor. Plötzlich verbinden sich mit den Dingen Geschichten, Hoffnungen, Absichten – und das Fragmentarische dieses Lebens wird wieder sichtbar.«[22]

Die der Volkskunde immer wieder vorgeworfene »Andacht zum Unbedeutenden« hat also wenigstens ihre literarische Weihe erhalten. Auch wenn die »Wiederkehr der Narrativität« in den Debatten über »historische Wahrheit und die Erzählstrukturen der Geschichtsschreibung« konstatiert wird,[23] kann sie doch am Befund des Fragmentarischen nicht vorbei. Dass es schier unmöglich geworden ist, wieder ganze Geschichten zu erzählen, zeugt auf einer ersten, oberflächlichen – aber nicht zu unterschätzenden – Ebene vom Versagen der Institutionen der Erinnerung. Weder die Leo Baeck Institute in New York, London, Jerusalem und inzwischen Berlin noch die »Central Archives for the History of the Jewish People« sowie die zionistischen Zentralarchive haben es vermocht, das Erbe der scheinbar Unbedeutenden, die keinen großen Namen tragen, zu retten und zu erhalten.

Dabei ist, was wir hier aus einem historischen Interesse zusammengetragen haben, auch für die Erforschung der heutigen Situation von Migranten nutzbar: In einem der Projektseminare des Tübinger Ludwig-Uhland-Instituts für Empirische Kulturwissenschaft hat Bernd Jürgen Warneken mit einer Gruppe von Studierenden die »Bewegliche Habe« von 23 Migrantinnen und Migranten, die seit einiger Zeit im Raum Tübingen leben, untersucht und daraus eine Studie »zur Ethnographie der Migration« entwickelt.[24] Auslöser der Studie war ein Besuch im Einwanderungsmuseum von Ellis Island in New York und die Konfrontation mit dem »Berg aus Übersee- und Handkoffern, aus Bündeln und Säcken«. Zwei Eindrücke drängen sich auf: »Die Bandbreite vom großen Eichenkoffer bis zum kleinen Stoffbündel signalisiert soziale Unterschiede zwischen deren einstigen Besitzern; die Unterschiede in Material, Form, Aufschrift deuten auf die verschiedenen Kulturen und Regionen, aus denen diese kamen. Zugleich kann man diesem Kofferensemble entnehmen, daß es trotz der sichtbaren Größen- und Wert-

differenzen des Mitgebrachten letztlich wenig war, was die meisten Migrant/
inn/en aus ihrer alten in die neue Welt transferierten.« Und genau aus dieser Beobachtung entwickelt sich die Frage, die uns auch im Falle von Leopold Frank beschäftigt, »welche Dinge denn bei der Migration als für das
materielle und kulturelle Überleben unentbehrlich ausgewählt wurden«.[25]

So wurden die 23 Gesprächspartner nach den »besonders wichtigen« Gegenständen, nach ihren »Lieblingsdingen« befragt. Tilman Habermas nennt
verschiedene Kategorien: »Reflexionsgegenstände« können die Einnahme
einer selbstreflexiven Haltung unterstützen; »Souvenirs« helfen die persönliche Kontinuität sichern; »Identitätssymbole« unterstreichen die »Gefühle
der Übereinstimmung« – oder den Mangel daran – in der neuen Umgebung.[26] Persönliche Gegenstände können zum Auslöser von Erinnerungen
und Erzählungen werden. Die Frage nach der »Dingbedeutung« legt Spuren
zu biografischen Fragmenten, die anders vielleicht nicht erzählt worden
wären. Auch die Tübinger Projektgruppe bestätigt die These vom »Bedeu-
tungszuwachs«, den einzelne Gegenstände erfahren; sie stehen jetzt stellvertretend für »eine einstmalige oder eine gefährdete soziale Identität«, sie ersetzen symbolisch die Präsenz von Menschen, von Situationen, die jetzt
»abwesend« sind. Eine wichtige Rolle spielen religiöse Gegenstände, da viele der Befragten wegen ihrer Religionszugehörigkeit verfolgt oder bedroht
waren. Unter den jüdischen Migranten aus den GUS-Staaten sind – nicht
anders als bei den deutsch-jüdischen Einwanderern im Palästina der 1930er
Jahre – »berühmte Werke aus Wissenschaft, Literatur oder Musik« stark vertreten. Das sind Migranten, so die These, »die ein kosmopolitisches Selbstverständnis und vielfältige Kontakte zu anderen Weltbildungsbürgern haben – ein Umstand, der Migration erheblich erleichtern, aber auch derb
enttäuschbare Erwartungen mit sich bringen kann.«[27]

In diesem Sinne scheint mir die Untersuchung der Dinge als Erinne-
rungsträger ein gutes Beispiel für Forschungen zum Thema des Kulturtransfers: »Das Gedächtnis«, so Michel Espagne, »verdichtet sich an bestimmten Orten und im Umkreis bestimmter Denkgebäude oder auch bestimmter
gesellschaftlicher Rituale.«[28] In unserem Beispiel könnten wir die Gegenstände, die Leopold Frank mitnimmt oder zurücklässt, als solche Verdich-
tungsform ansehen. Durch seine Emigration kommen tatsächlich »mehrere
nationale Räume« ins Spiel – und diese beiden so unterschiedlichen nationalen Räume Deutschland und Palästina verfügen, wenn wir sie mit der
Geschichte dieser Emigranten lesen, über mehr »gemeinsame Elemente« als
zunächst angenommen. Sie zu analysieren, »ohne die Betrachtungen über sie
auf eine Konfrontation, einen Vergleich oder eine simple Addition zu
beschränken«,[29] kann tatsächlich im Rahmen einer Analyse des kulturellen
Transfers geschehen. Hier wie dort finden wir – allerdings »verdichtet« in
dieser Person Leopold Frank (und seiner Generation) – den »parallelen Bezug

auf einen Werte- und Symbolhorizont, der aus einer als gemeinsame kon-
struierten Vorgeschichte stammt«.[30] Leopold Frank musste diese Transferleis-
tung allerdings in seiner eigenen Person vollbringen! Die »Bereitschaft zum
Import« war in Palästina nicht sonderlich ausgeprägt. »Individuelle und kollektive Erfahrungen, Ideen, Texte, kulturelle Artefakte bekommen eine völlig andere Funktion im neuen, dem Aufnahmekontext, sie werden als Fremdes dem Eigenen inkorporiert.«[31] Es handelte sich dabei um einen langen
Prozess, der erst in diesen Jahren die verdiente Anerkennung erfahren
hat – solange sie ausgeblieben war, solange die deutschen Juden sich in der
jüdischen Gesellschaft Palästinas isoliert und fremd gefühlt hatten, waren die
Dinge, die sie mitgebracht hatten, Garanten ihrer erschütterten – aber nicht
verlorenen – Identität. Auch hier stellt sich, und zwar dringend, die Frage
nach dem Archiv »als unumgehbarer Ausgangspunkt bei der Erforschung
eines Kulturraums oder auch der Verbindung zweier Kulturräume«.[32] Was
wird mit den Dingen geschehen?

»Brückenobjekte« halten die Verbindung zur Herkunft aufrecht, es gibt
aber auch das Phänomen eines für sinnvoll befundenen »Loslassen(s) von
Besitztümern, das eine Leere schafft, in welche Neues einströmen kann«.
Daraus könnte sich ein Projekt entwickeln lassen, das dem Dazwischen der
Ein- und Auswanderung, dem Gefühl der Passage, des Unterwegsseins mehr
Raum lässt als die musealen Inszenierungen, in denen die Lebensgeschich-
ten hinter den präsentierten Gegenständen zu verschwinden drohen.

1 Grundlage dieses Textes ist der wissenschaftliche Vortrag im Habilitationsverfahren des
Verfassers vor der Philosophischen Fakultät der Universität Potsdam am 24. April 2003. —
2 Max Weber: »Die ›Objektivität‹ sozialwissenschaftlicher und sozialpolitischer Erkenntnis«.
In: Johannes Winkelmann (Hg.): *Gesammelte Aufsätze zur Wissenschaftslehre.* Tübingen 1988,
S. 146–214; hier S. 165. — 3 Ebd. — 4 Lutz Musner: »Kulturwissenschaften und Cultural
Studies: Zwei ungleiche Geschwister?« In: *KulturPoetik. Zeitschrift für kulturgeschichtliche Literaturwissenschaft.* Göttingen 2001, S. 262–271, hier S. 264 f. — 5 »Die alte Einheit der philosophischen Fakultät kann nicht mehr hergestellt werden.« Zu diesem ernüchternden Fazit
war 1990 eine Arbeitsgruppe namhafter Forscher gekommen. An der Denkschrift »Geisteswissenschaften heute« hatten im Auftrag des damaligen Bundesministeriums für Forschung
und Technologie neben Wolfgang Frühwald auch der Philosoph Jürgen Mittelstraß und der
Historiker Reinhart Koselleck mitgearbeitet. Schon damals empfahlen die Autoren, den humanistischer Tradition verpflichteten Begriff der Geisteswissenschaften fallen zu lassen und ihn
durch den neuen, umfassenderen Titel der Kulturwissenschaft zu ersetzen. »Die Absicht war,
eine Einheit in der Vielfalt der Disziplinen durch übergreifende Problemstellungen zu erhalten«, sagt Frühwald. Die erneuerten Geisteswissenschaften sollten Antworten auf globale Veränderungen innerhalb und außerhalb der Wissenschaft geben. Sie sollten der modernen Gesellschaft ein kulturelles Gedächtnis verschaffen und sie so vor drohender Geschichtslosigkeit
bewahren. Auch versprachen sich die Autoren von der begrifflichen Neuschöpfung wieder

einen Anschluss an die internationale Wissenschaftsgemeinschaft. (SZ vom 19.10.1998: »Die
Natur des Menschen ist die Kultur«. Die Vision einer fächerübergreifenden Kulturwissenschaft ist zu wünschen, gegenwärtig aber nur unter Vorbehalten zu verwirklichen). — 6 Vgl.
David Biale, Michael Galchinsky, Susannah Heschel (Hg.): *Insider/Outsider: American Jews
and Multiculturalism.* Berkeley 1998; sowie Susannah Heschel: *Der jüdische Jesus und das Chris-
tentum. Aybraham Geigers Herausforderung an die christliche Theologie.* Berlin 2001. — 7 Doris
Bachmann-Medick (Hg.): *Kultur als Text. Die anthropologische Wende in der Literaturwissenschaft.* Frankfurt/M. 1996. — 8 AN, d. i. Ansgar Nünning: Eintrag »Kulturwissenschaft«. In:
Ansgar Nünning (Hg.): *Metzler Lexikon Literatur- und Kulturtheorie,* Stuttgart, Weimar 1998,
S. 299. — 9 Paula Hyman: »Die Theorie und ihre Grenzen«. In: Michael Brenner, David N.
Myers (Hg.): *Jüdische Geschichtsschreibung heute. Themen, Positionen, Kontroversen.* München
2002, S. 163–171; hier S. 168. — 10 Musner, Kulturwissenschaften und Cultural Studies
(s. Anm. 4), S. 263. — 11 Lawrence Grossberg: »Was sind Cultural Studies?«. In: Karl H.
Hörning, Rainer Winter (Hg.): *Widerspenstige Kulturen. Cultural Studies als Herausforderung.*
Frankfurt/M. 1999, S. 55. — 12 Musner, Kulturwissenschaften und Cultural Studies (s. Anm.
4), S. 265. — 13 Jeremy Bentham: *The Theory of Legislation.* Translated from the French of
Etienne Dumont by R. Hildreth, Second Edition, London 1871, S. 111. — 14 Lisa Silver-
man, Junior Fellow am Internationalen Forschungszentrum Kulturwissenschaften Wien, hat
mir die Information über Bentham zukommen lassen und das Verhältnis von »owner« und
»property« selbst in einem noch unveröffentlichten Vortrag behandelt: »Repossessing the Past?:
Property, Memory, and Austrian Jewish Narrative Histories«. — 15 Roger Sandall: *The Culture Cult. Designer tribalism and other essays.* Oxford 2002; vgl. Raymond Tallis: »Dreamers
of Para-dise«. In: *Times Literary Supplement,* 16.8.2002, S. 6. — 16 Brief im Besitz von Abraham Frank, Jerusalem, dem ich auch an dieser Stelle für seine Bereitschaft danken möchte,
die Erinnerung an seine Familie mitzuteilen. — 17 Die SZ versah ihre Rezension eines neuen,
von Vittoria Borso, Gerd Krumeich und Bernd Witte herausgegebenen Bandes zum Thema
*Medialität und Gedächtnis. Interdisziplinäre Beiträge zur kulturellen Verarbeitung europäischer
Krisen* mit einem hübschen Seitenhieb gegen die Dominanz der Assmann'schen gedächtnis-
theoretischen Überlegungen: »Ein Gespenst geht um in deutschen Landen. Entwichen aus
einer Heidelberger Gelehrtenstube, regiert es über die wildwuchernden kulturwissenschaftlichen Erinnerungsdiskurse. An allen Orten, in allen Disziplinen ist vom kulturellen Gedächtnis die Rede. Die ganze Gelehrtenrepublik verfiel den Assmanns. Die ganze Republik? Ein
kleines Widerstandsnest ...« – mit diesem Anschluss an die Asterix-Hefte (eine in der neuen
Kulturwissenschaft durchaus übliche Verbeugung vor dem Trash) weist der Rezensent auf die
in dem Widerstandsnest Düsseldorf begründete Notwendigkeit einer Kritik, sogar einer Historisierung des Assmann'schen Konzepts hin, zugleich auch auf die von mir wirklich geteilte
Hoffnung, man möge Walter Benjamin »aus den esoterischen Verliesen der Benjaminfor-
schung befreien«. — 18 Lutz Musner, Gotthard Wunberg: »Kulturwissenschaft/en – eine
Momentaufnahme«. In: *Beiträge zur historischen Sozialkunde,* Sondernummer 1999: *Kulturwissenschaften.* Wien (Verein für Geschichte und Sozialkunde) 1999, unpag. — 19 Im März
2003 ging am Tübinger Ludwig-Uhland-Institut eine Ausstellung zu Ende, die sich diesem
Thema in seiner Aktualität widmete: »Bewegliche Habe. Zur Ethnographie der Migration«.
Das Forschungsprojekt untersuchte das »kulturelle Gepäck« von 23 Menschen aus 12 Ländern und zeigte die mitgebrachten Gegenstände als »Schlüsselsymbole für Migrations-
situationen und individuelle Bewältigungsstrategien«. — 20 Bill Christian: *Households as
Memory-Arrays.* Vortrag im Collegium Budapest, 7.3.2002. — 21 Gottfried Korff: »Dinge:
unsäglich kultiviert. Notizen zur volkskundlichen Sachkulturforschung«. In: Franz Griesho-
fer, Margot Schindler (Hg.): *Netzwerk Volkskunde. Ideen und Wege.* Wien 1999, S. 273–290;
hier S. 279. — 22 Frank Schirrmacher: »Aus dem Nachtgebet der Genoveva Kraus«. In: *Frankfurter Allgemeine Zeitung,* 8.10.1991. — 23 Gérard Noiriel: »Die Wiederkehr der Narrativität«. In: *Frankfurter Rundschau,* 15.1.2002. — 24 *Bewegliche Habe. Zur Ethnographie der
Migration.* Begleitband zur Ausstellung, Projektgruppe Ludwig-Uhland-Institut, Leitung
Bernd Jürgen Warneken, Tübingen 2003. — 25 Bernd Jürgen Warneken: »Einleitung«. In:
ebd., S. 7. — 26 Tilman Habermas: *Geliebte Objekte. Symbole und Instrumente der Iden-*

titätsbildung. Berlin, New York 1996, S. 328; die Formulierung des Begriffs der Identität als »Gefühl der Übereinstimmung mit sich selbst« stammt von Hermann Bausin-ger (»Identität«. In: ders. (Hg.): *Grundzüge der Volkskunde.* Darmstadt 1978). — **27** Ebd., S. 13. — **28** Michel Espagne: »Der theoretische Stand der Kulturtransferforschung«. In: Wolfgang Schmale (Hg.): *Kulturtransfer. Kulturelle Praxis im 16. Jahrhundert.* Wien 2003, S. 63–75; hier S.71. — **29** Michel Espagne: *Les transfers culturels franco-allemands.* Paris 1999, S. 1. — **30** Matthias Middell: »Kulturtransfer und Historische Komparatistik – Thesen zu ihrem Verhältnis«. In: *Comparativ* 10 (2000), S. 7–41; hier S. 17. — **31** Ebd., S. 20 f. — **32** Michel Espagne: »Archiv und Interkulturalität«. In: Michel Espagne, Katharina Middell, Matthias Middell (Hg.): *Archiv und Gedächtnis. Studien zur interkulturellen Überlieferung.* Leipzig 2000, S. 331–348; hier S. 331 u. 335.

Rezensionen

Deutschsprachige Exilliteratur seit 1933. Bd. 3: *USA. Teil 1 bis 5.* Hg. von John M. Spalek, Konrad Feilchenfeld und Sandra H. Hawrylchak. Zürich, München (K. G. Saur) 2000 – 2005, ca. 2.800 S.

Das in fünf Teilbänden erschienene Werk ist Fortsetzung und zugleich Abschluss der vom Hauptherausgeber John Spalek zuvor edierten Bände über die deutschsprachige Exilliteratur in Kalifornien (Bd. 1) und New York (Bd. 2) sowie eines bereits als Bd. 4 erschienenen dreiteiligen Bibliografienbandes. Wie jene umfasst auch der neue Band mehrheitlich biografische Einträge aus der Feder unterschiedlicher VerfasserInnen zu einzelnen Autoren und Autorinnen in Aufsatzstärke, außerdem Sammel- und thematische Beiträge. Bei den Individualporträts ist wiederum der Referenzrahmen »deutschsprachige Exilliteratur« weit gefasst, so dass neben Literaten auch Wissenschaftler (u. a. E. Bloch, W. Gurian, P. Tillich, E. Voegelin), Künstler (G. Grosz) oder Politiker (Karl Frank / Paul Hagen) aufgenommen worden sind. Neben solchen und anderen bekannteren Namen enthält der neue Band ebenfalls eine große Zahl von Einträgen zu Exilschriftstellern, die nahezu unbekannt sind. Wie bei den bereits 1976 und 1989 erschienenen Bänden 1 und 2 dürfte das Verdienst also auch von Bd. 3 darin zu sehen sein, auf solche Persönlichkeiten aufmerksam gemacht zu haben. Damals Unbekannte, mehrheitlich aus der älteren Generation, zählen inzwischen zum festen Kanon der Forschung, so dass Gleiches für die jetzt Vorgestellten, zumeist aus der jüngeren Generation, zu erwarten ist.

Eine wichtige Voraussetzung für die Zusammenstellung des Bandes war die Entdeckung und Akquisition von neuen Nachlässen, bei deren Aufspüren John Spalek schon seit einigen Jahrzehnten Pionierleistungen vollbracht hat; Dank seines mehrbändigen Nachlassverzeichnisses für die USA ist die Forschung für dieses Hauptzufluchtsland überhaupt erst möglich geworden. Auf diese Weise fanden u. a. der Psychotherapeut Ernst Angel, die Schriftstellerinnen Ruth Landshoff-Yorck, Hilde Marx, Nomi Rubel und der Chansonier Jimmy Berg (Simson Weinberg) Eingang in den Band, der ursprünglich auf lediglich 3 Teile konzipiert war, nach laufend neuen Funden dann aber auf die vorliegenden 5 angewachsen ist. Nicht zu übersehen ist, dass dieses Verfahren zu gewissen Zufälligkeiten und Inkonsistenzen geführt hat; darauf verweist etwa die Tatsache, dass Jan Valtin nach einem Eintrag im New York-Band von 1986 jetzt erneut mit einem Aufsatz vertreten ist, während die ehemaligen kommunistischen Renegaten Ruth Fischer und Willi Schlamm zusammen mit Hans Sahl, der dort ebenfalls schon berücksichtigt worden war, etwas versteckt in einem thematisch zentrierten Beitrag (Bd. 3/4) vorgestellt werden.

Neben den Einzelbiografien haben die Herausgeber eine glückliche Hand bei der Auswahl der thematischen Beiträge gehabt, die vor allem ab Teilband 3 erscheinen. Neben einigen bekannteren Themenfeldern wie die Anti-Nazi-Filme exilierter Regisseure, die so genannte AmGuild oder die Künstler am Black Mountain College stechen vor allem die die Forschung weiter führenden Beiträge über Konfessionswechsel im Exil (Rob. McFarland), Rechts-nationale Literatur im Exil (Uwe-K. Ketelsen), das Roosevelt-Bild im Exil in den USA (Rich. Critchfield, W. Koepke), die Hollywood Anti-Nazi League 1936–40 als »Volksfront« in Amerika (Johanna W. Roden) ins Auge. Originell sind ebenfalls die Aufsätze von E. Fischer über deutschsprachige Verleger und Antiquare, während der Erkenntniswert eines Beitrags von R. Neugebauer über deutschsprachige Buchillustratoren im US-amerikanischen Exil nicht recht erkennbar ist. Wer was illustriert hat bleibt recht diffus, der Leser wird auf Werkverzeichnisse des genannten Personencorpus verwiesen, dessen Zuverlässigkeit auch nicht ganz klar ist. Abgerundet wird der Band im letzten Teil mit einem Blick auf den internationalen Kontext durch Beiträge über französische, italienische und spanische Exilschriftsteller in den USA.

Mit seinen Hinweisen auf vielfach noch unbekannte, gleichwohl nicht unbedeutende Biografien und den zahlreichen exemplarischen thematischen Systematisierungen ist das umfangreiche Werk nicht nur ein exzellentes Nachschlage- und Informationskompendium, sondern es gibt auch diverse Anregungen für weitere Forschungen.

Claus-Dieter Krohn

Ursula Langkau-Alex: *Deutsche Volksfront 1932–1939. Zwischen Berlin, Paris, Prag und Moskau*, Erster Band: *Vorgeschichte und Gründung des Ausschusses zur Vorbereitung einer deutschen Volksfront.* Zweiter Band: *Geschichte des Ausschusses zur Vorbereitung einer deutschen Volksfront.* Dritter Band: *Dokumente, Chronik und Verzeichnisse.* Berlin (Akademie Verlag) 2004, 358, 590, 544 S.

Im Jahre 1977 gab Ursula Langkau-Alex erstmals einen Band zur Geschichte der Bemühungen um eine deutsche Volksfront heraus. Jetzt ist das gesamte Werk – man muss wohl sagen: Lebenswerk – der Autorin abgeschlossen. In den dazwischen liegenden fast drei Jahrzehnten hat die Autorin neuere Forschungsergebnisse und früher nicht oder schwer zugängliche Quellen ausgewertet, sodass die Neuauflage des ersten Bandes sich von seiner Urfassung in manchen Aussagen, Bewertungen und Einschätzungen unterscheidet. Der zweite Band betritt Neuland und untersucht die Geschichte des Volksfrontausschusses bis zu seinem Scheitern; der dritte Band enthält eine Quellensammlung, verstreute und / oder schwer zugängliche Texte zur Diskussion um die deutsche Volksfront in den 1930er-Jahren.
Band 1 greift in die Vorgeschichte zurück und beginnt mit den – vergeblichen – Bemühungen der Arbeiterparteien, aber auch liberaler und republikanisch-bürgerlicher Kreise der späten Weimarer Republik, durch einen gemeinsamen Kandidaten für die Wahl eines neuen Reichspräsidenten 1932 den drohenden Vormarsch der NSDAP zu verhindern. Von Bedeutung für die folgende Entwicklung war die Tatsache, dass sich vor der NS-Zeit bestimmte politische Netzwerke gebildet hatten, in denen der Schriftsteller Heinrich Mann eine zentrale Rolle spielte. Die meisten in den Bemühungen um eine deutsche Volksfront engagierten Einzelpersönlichkeiten und politischen Gruppen waren nach Frankreich emigriert oder verfügten in Paris über eine starke Präsenz. Frankreich war es auch, das in den ersten Jahren des Exils günstige Bedingungen für politische Aktivitäten bot und wo 1936/37 der von linken und linksbürgerlichen Kräften getragene bzw. unterstützte Front populaire unter Léon Blum regierte. Die Autorin schildert minutiös das Klima des Exils, den Kosmos der exilierten Parteien und Organisationen, das wechselseitige Misstrauen und die objektiven, materiellen Schwierigkeiten des Exils ebenso wie die großen weltpolitischen Ereignisse, die die Bemühungen um eine deutsche Volksfront beeinflussten: der Beginn der Stalin'schen »Säuberungen« 1934, die Saarabstimmung im Januar 1935, der Weltkongress der Komintern im Sommer 1935, die Volksfrontwahlen im Februar und der Beginn des Bürgerkrieges in Spanien im Juli 1936. Vor diesem Hintergrund konstituierte sich im Februar nach etlichen komplizierten und konfliktgeladenen Vorläufen der Ausschuss zur Vorbereitung einer Deutschen Volksfront.
Im zweiten umfangreicheren Band schildert die Autorin die verschiedenen, meist kontroversen Diskussionen innerhalb dieses Ausschusses, in denen außer der Gegnerschaft gegen das NS-Regime fast kein einziger Programmpunkt auf einen breiten Konsens stieß, ja nicht einmal die Frage, ob man sich ein festes Programm geben sollte. Taktik versus gemeinsame Grundsätze, verdeckte und offene Führungsansprüche (vor allem der Kommunisten), verschleppte Konflikte aus der Weimarer Zeit und das durch sie begründete tiefe Misstrauen zwischen den Exilparteien sowie die vor dem Hintergrund der Moskauer Prozesse und der Ereignisse im Spanischen Bürgerkrieg sowie von den Kommunisten betriebene »Trotzkistenhatz« gegen kleinere linke Gruppierungen und Parteien – all dies führte im Februar 1938 zu einem Scheitern der Volksfrontbemühungen. Nachfolgende Wiederbelebungsversuche in den folgenden anderthalb Jahren scheiterten ebenfalls – nicht zuletzt an den Kontroversen um den Hitler-Stalin-Pakt – und wurden schließlich durch den Beginn des Zweiten Weltkrieges überholt.

Im dritten Band dokumentiert die Autorin die Vorgeschichte und Geschichte des Volksfrontausschusses durch wichtige, größtenteils aus dem Internationalen Institut für Sozialgeschichte in Amsterdam stammende Schriftstücke: Aufrufe, Manifeste, Entwürfe, Programme und Denkschriften. Die ersten 13 Dokumente hatte sie bereits in der Erstfassung des ersten Bandes veröffentlicht. Die Dokumente Nr. 14–38 sind neu. Die sorgfältig bearbeitete Edition vermerkt Fundort und Quelle, Vorlagen und eventuelle Textvarianten und erläutert durch informative Fußnoten Sachverhalte, die dem Leser ohne näheres Hintergrundwissen verborgen blieben.

Die grundlegende und in ihrer umfassenden Fragestellung sicher abschließende Studie über das Thema schildert das Versagen des deutschen politischen Exils, das sich in vielem als Fortsetzung des Versagens der Weimarer Republik darbietet. Ursula Langkau-Alex bereichert die Exilforschung um ein Standardwerk, das durch das breite Spektrum seines Inhalts weit über das engere Thema hinaus Fragen stellt und definitiv beantwortet.

Hans-Gisbert Giesebrecht

Boris Schilmar: *Der Europadiskurs im deutschen Exil 1933–1945* (= Pariser Historische Studien, hg. vom Deutschen Historischen Institut Paris, Bd. 67) München (Oldenbourg) 2004, 406 S.

Kampf gegen die Nazis implizierte auch, für die Neuordnung Europas zu kämpfen; so ließe sich der Tenor von Schilmars Studie zusammenfassen, mit der er an der Universität Münster promoviert wurde. Doch was unter Europa im Einzelnen zu verstehen sei, wurde von den diversen Exilgruppen unterschiedlich beantwortet. Der Autor hat dieses Gestrüpp der Positionen und Haltungen mit ordnender Hand durchforstet, wobei er vor allem die Vorstellungen der politischen Exilorganisationen im Blick hat, in der diskursanalytischen Darstellung im zweiten Teil allerdings auch repräsentative andere Analysen, so die des Politikwissenschaftlers Arnold Brecht, mit heranzieht.

Zwar kann die Studie auf gesicherte Quelleninformationen wie die von Walter Lipgens

und Klaus Voigt zurückgreifen, die jedoch nur die Zeit nach 1939 berücksichtigen. Schilmar dagegen geht von den zeitgenössischen Diskussionen der 1920er Jahre etwa über die Defizite des Versailler Vertrages, des mit ihm kodifizierten Völkerbundes und der damit verbundenen Fragen von Friedenssicherung, Modernisierung des Souveränitätsbegriffs und der Supranationalität aus. Diese Gegenstände hätten auch die Auseinandersetzungen der Exilanten nach 1933 geprägt – mit Ausnahme die der Kommunisten, in deren welthistorischer Perspektive Europa keine Rolle spielte. Zunächst seien die Europaideen allerdings recht vage geblieben und auch nur im Kontext der Diskussionen um den Widerstand bzw. die Überwindung der Hitlerdiktatur thematisiert worden. Das gelte sogar für die Sozialdemokraten, deren Heidelberger Programm von 1925 immerhin schon die »Vereinigten Staaten von Europa« als Fernziel genannt hatten.

Substanzieller wurden die Auseinandersetzungen erst ab 1938 nach dem »Anschluss« Österreichs und dem Münchener Abkommen, als erkennbar war, dass die Beseitigung des Nationalsozialismus ein europäisches – und ab 1941 sogar ein globales – Problem geworden war, wobei die Diskussionen spätestens nach der Niederlage Frankreichs unter den Herausforderungen der pervertierten Europaidee der Nationalsozialisten geführt werden mussten. Die Jahre 1938 bis 1940 setzt der Autor als Phase der Suche unter den politischen Emigranten nach einer neuen europäischen Identität, die in verschiedenen Konzepten eines europäischen Sozialismus zur Verhinderung künftiger ökonomischer und politischer Krisen und damit zur Friedenssicherung ihren Niederschlag gefunden hatten oder vom bürgerlichen Exil in christlichen Abendland-Visionen gefasst wurden. In den Jahren danach seien diese Ideen zunehmend pragmatischeren Überlegungen gewichen, die auf den Aufbau europäischer Wirtschaftsunion zielten und daran anknüpfend in diversen Modellen souveränitätsbeschränkender Föderationen unterschiedlicher Reichweite gipfelten.

Wenngleich alle diese Pläne, die auch als Gegenkonzepte zur Revitalisierung nationalstaatlicher Optionen nach Ende des Krieges gedacht waren, mit den Konferenzen von Jalta und Potsdam Makulatur geworden sind, so bleibt unübersehbar, dass der mit der Montanunion seit Anfang der 1950er eingeleitete europäische Einigungsprozess in vielem das realisierte, was auch von den Exilanten konzipiert worden war. Mögliche informelle Einflüsse ihrer Planungen auf die alliierte Deutschlandpolitik nach 1945, vermittelt über ehemalige Exilanten in den Diensten der Anti-Hitler-Koalition, gehören nicht zu den Fragen der Studie. Ihre Qualität mindert das nicht, da sie Ideenpotentiale des politischen Exils konzise freigelegt hat, die angesichts der heutigen Diskussioen etwa um die europäische Verfassung nichts von ihrer Aktualität verloren haben.

Max Stein

Marietta Bearman, Charmian Brinson, Richard Dove, Anthony Grenville, Jennifer Taylor (Hg.): *Wien – London, hin und retour. The Austrian Centre in London 1939 bis 1947.* Wien (Czernin Verlag) 2004, 288 S.

Der vorliegende Band ist ein wichtiges und längst überfälliges Unternehmen. In zehn Beiträgen und einem Vorwort von Emil Brix, dem ehemaligen Direktor des Londoner Austrian Institute sowie einer Einleitung von Richard Dove werden 1) die Anfänge des Austrian Centre und dessen politische Tätigkeiten; 2) die österreichische Kulturpolitik im Exil, Pressearbeit des Austrian Centre, die Reihe »Free Austrian Books«, das Exilkabarett Laterndl sowie Musik am Austrian Centre; 3) die Beziehungen zwischen dem Austrian Centre und dem Free Austrian Movement sowie den britischen Gastgebern (insbesondere den zuständigen Regierungsstellen), die Planungen für ein Nachkriegsösterreich sowie letztendlich die Umstände der Schließung des Austrian Centre vorgestellt.

Nicht alles ist Neuland, was hier – insbesondere in den einleitenden Abschnitten – geboten wird; vieles lässt sich anderswo – und teils auch wesentlich detaillierter – nachlesen, wie überhaupt ein erhebliches Manko dieses Bandes die zögerliche – um nicht zu sagen vernachlässigende – Einarbeitung bereits existierender wissenschaftlicher Arbeiten zu diesem Thema ist. Zwar werden mit teils bewundernswerter Akribie Quellen aus allen Berei-

chen des österreichischen Exils während des Zeitraumes 1939 bis zur Nachkriegszeit herangezogen, die der Forschung so noch nie gebündelt zur Verfügung standen; Querverweise auf die Sekundärliteratur der neueren Zeit fließen jedoch nur spärlich und punktuell in die Texte ein, so dass eine gewisse Schieflage entsteht und der Leser und Kenner dieser Literatur sich fragt, ob sie wohl gezielt ignoriert wurde bzw. welche Gründe die fünf Autoren zu dieser selektiven Vorgehensweise bewogen haben könnten. Dazu gehört auch die unbefriedigende Platzierung der Anmerkungen als Anhang des Textes (ab S. 242), die die Lektüre zu einer mühseligen Blätterei macht.

Der gravierendste Mangel des Bandes ist sicher die Zitierweise, welche wiederum mit einem zweitem Problem verbunden ist: der Tatsache, dass es sich um eine Übersetzung handelt. Da aus deutschen wie aus englischen Dokumenten zitiert wird (die englischen Zitate jedoch ohne ausdrücklichen Hinweis ebenfalls durchgehend ins Deutsche übersetzt worden sind), wird kaum nachvollziehbar, ob es sich im jeweils vorliegenden Fall um ein deutsches oder englisches Original handelt (und auch die Überprüfung des Quellenhinweises in den Anmerkungen liefert nicht immer schlüssige Auskunft). Es ist eigentlich nicht nachvollziehbar, warum der Sammelband – alle fünf VerfasserInnen sind englische Muttersprachler! – in deutscher Übersetzung veröffentlicht wurde. Die Übersetzung von Miha Tavčar ist nämlich auch nicht besonders gut gelungen. Tavčar ist offensichtlich kein Exil-Forscher, was in zahlreichen Übersetzungsschwächen zum Ausdruck kommt, erwähnt seien nur die bei der Internierung eingesetzten »aliens tribunals«, die man nicht mit »Gerichtsverfahren« (S. 26) übersetzen kann. Das führt zu einer weiteren Schwachstelle des Buches, der schlechten Lektorierung, wobei nicht nachvollziehbar ist, wieso fünf Mitarbeiter die zahlreichen Druck-, gelegentlich auch Sach-Fehler nicht erkannten. So, wenn Ben Jonsons *Volpone* nicht als Überarbeitung Zweigs deklariert wird, wenn die Rolle Ernst Lothars bei der Wiederaufnahme der Salzburger Festspiele ignoriert wird, wenn man bei der Nennung Norbert Brainins dessen spätere Berühmtheit als Führer des Amadeus-Quartetts zu erwähnen vergisst, wenn man endlich scheinbar nicht gewusst hat, dass Armin Wallas' Lehrstuhl in Klagenfurt zum

Zeitpunkt der Fertigstellung der Druckvorlage dieses Buches nach dessen plötzlichem Tode gar nicht mehr existierte.

Dennoch enthält der Band so wertvolles und neues Material, dass man solche Schwächen übersehen kann. Das gilt speziell für die Beiträge von Jennifer Taylor über den *Zeitspiegel*, *Young Austria* sowie die *Austrian News*, alles Presseorgane der österreichischen Exilszene, die bis heute komplett nur sehr schwer zugänglich sind; ferner den gemeinsamen Beitrag von Charmian Brinson und Richard Dove über die Publikationsreihe »Free Austrian Books«, deren meisten Bände ebenfalls bibliophile Raritäten sind, oder Charmian Brinsons Ausführungen zur Exil-Musikszene (das scheint mir in der Tat Neuland zu sein). Faszinierend sind insbesondere der dritte Teil des vorliegenden Buches, der die Beziehungen zwischen dem Austrian Centre bzw. dem FAM, beides ganz offensichtlich kommunistisch unterwanderte Organisationen, vis-à-vis den britischen Behörden zum Gegenstand der Erörterung macht (auch hier wird wirklich viel Neues geboten), sowie die beiden abschließenden Beiträge über die Planungen des FAM für ein Nachkriegsösterreich (von Marietta Bearman) und die Umstände der Schließung des Austrian Centres im Januar 1947. Es ist in der Rückschau bedrückend zu lesen, wie sich die hochgesteckten Pläne der aus dem englischen Exil heimgekehrten Polit- und Kulturfunktionäre im Nachkriegsösterreich äußerst schnell als Illusion entpuppten, wobei zu bedauern ist, dass im abschließenden Beitrag von Bearman und Brinson all den Autoren nicht mehr Raum gewährt wurde, die beschlossen, *nicht* nach Österreich zurückzukehren.

Das Gesamturteil fällt trotz aller Einschränkungen somit durchaus positiv aus, und man darf den KollegInnen vom Londoner Research Centre for German and Austrian Exile Studies – inklusive dem Nestor der britischen Exilforschung, J. M. Ritchie (Sheffield) – gratulieren, dass sie es gewagt haben, dieses Projekt überhaupt in Angriff zu nehmen. Es handelt sich hierbei zweifelsohne um einen Meilenstein in der Erforschung des österreichischen Exils in Großbritannien und dürfte zugleich zukünftigen Exilforschern als Anreiz für weiterführende Arbeiten dienen, um die hier vorgelegten Ergebnisse weiter zu vertiefen.

Jörg Thunecke

Jurists Uprooted. German-speaking Emigré Lawyers in Twentieth-century Britain. Ed. by Jack Beatson and Reinhard Zimmermann. Oxford (Oxford University Press) 2004, 850 S.

Der voluminöse Band liefert einen bedeutenden und originellen Beitrag zur Geschichte der Wissenschaftsemigration. Von den im Wintersemester 1932/33 knapp 500 an deutschen Universitäten lehrenden Rechts-Professoren sind 132 entlassen worden, von denen 69 emigrierten, davon 15 auf Dauer nach Großbritannien; hinzu kamen noch einige nach dem »Anschluss« Österreichs sowie verschiedene jüngere Gelehrte, die erst in der Emigration mit ihrer Karriere begonnen haben. Diese Zahlen entsprechen in etwa denen auch anderer Disziplinen. Außergewöhnlich ist allerdings der hohe Anteil derjenigen, die ihre Karriere fortsetzen konnten, erklärlich nur durch den insgesamt kleinen Personenkreis, der in die britischen Universitäten integrierbar war. Das Land verstand sich im übrigen als Transitland und auch die Hilfskomitees agierten entsprechend. Verdienst des Bandes ist es, die intellektuellen Leistungen dieser Gelehrten in detaillierten biografischen Porträts herauszuarbeiten und damit die für die Wissenschaftsemigration zentrale Frage nach den Wirkungen des intellektuellen Transfers zu beantworten. Für die Rechtswissenschaftler ist das keinesfalls so selbstverständlich, da sie sich in ihrem Zufluchtsland in eine ganz andere Rechtskultur einpassen mussten, anstelle des deutschen Rechtspositivismus in das britische System des common law.

Umfassende Einleitungen stecken den Rahmen ab; einerseits zu den Ausgangsbedingungen der Vertreibung in Deutschland mit zum Teil weiten Rückblicken etwa zur Wissenschaftsentwicklung oder zur Judenemanzipation im 19. Jahrhundert, die vor allem der Information britischer Leser dienen dürften, andererseits über die neue Lebenswelt der Flüchtlinge in England, d. h. die universitären Arbeitsbedingungen, die Stellung der Juden in der britischen Gesellschaft, die Aktivitäten der zahlreichen professionellen Hilfskomitees sowie die Internierungs- und Deportationspolitik nach 1939. Es folgen Sachartikel zu den wichtigsten Rechtsmaterien, die die Ankömmlinge vertraten und in denen sie erfolgreich werden sollten, vor allem Römisches Recht und Rechtsgeschichte, für die international bekannte Gelehrte wie David Daube, Fritz Pringsheim oder Fritz Schulz sowie Hermann Kantorowicz und Walter Ullmann stehen; sodann Rechtsvergleichung und Völkerrecht mit Namen wie Friedrich A. Mann, einem international angesehenen Finanzrechtler, Gerhard Leibholz, einem der wenigen Remigranten nach 1945, der neben seinem Lehrstuhl in Göttingen auch ein Richteramt am Bundesverfassungsgericht innehatte oder Martin Wolff, dem in Deutschland vielleicht berühmtesten Lehrer des Zivilrechts. An das All Souls College in Oxford war Wolff erst 1938 mit 66 Jahren gekommen, wo er ohne Lehrverpflichtung als produktiver Forscher wirkte; seine Studien über das internationale Privatrecht in Deutschland und in England beispielsweise wurden zu Standardwerken mit jeweils mehreren Auflagen bis in die 1950er Jahre. Zu den weiteren Feldern zählten schließlich Internationales öffentliches und Privatrecht mit Vertretern wie Georg Schwarzenberger, Rudolf Graupner, Lassa Oppenheim und Hersch Lauterpacht – die letzten beiden gehörten nicht zu den Flüchtlingen aus Nazi-Deutschland, sondern waren bereits nach der Jahrhundertwende bzw. in den 1920er Jahren nach England gekommen und stehen damit quasi für die Kontinuität rechtswissenschaftlicher Transfers aus Deutschland. Einige Flüchtlinge konnten gar als Impulsgeber ganz neuer Teildisziplinen wirken. Dafür stehen insbesondere Hermann Mannheim, der mit seinen emigrierten Kollegen Max Grünhut und Leon Radzinowicz die Kriminologie aus medizinischen Einbindungen löste und zu einem eigenen Fach machte, oder Otto Kahn-Freund, Schüler des Frankfurter Arbeitsrechtlers Hugo Sinzheimer, der zum Schöpfer des britischen *labor law* wurde. Für Mannheim und Kahn-Freund wie auch zahlreiche andere Emigranten gilt zudem, dass sie die britische Wissenschaft um rechtssoziologische Methoden bereicherten.

Claus-Dieter Krohn

Placeless Topographies: Jewish Perspectives on the Literature of Exile. Hg. von Bernhard Greiner. Tübingen (Niemeyer) 2003, 232 S.

Eine jüdische und eine israelische Perspektive auf die Exilliteratur zu entwickeln, ist das erklärte Ziel dieses von Bernhard Greiner in der verdienstvollen Reihe *Conditio Judaica* herausgegebenen Tagungsbandes. Das Oxymoron des Titels lässt die Komplexität des Unterfangens bereits ahnen. Auf der einen Seite hinterfragen die Beiträge die nationale Situiertheit der Exilliteratur, auf der anderen Seite versuchen sie das Verhältnis von Exil, Subjekt und Schreiben aus einer jüdischen Perspektive neu zu fassen. Die dabei angesprochenen Konzepte sind komplex, die Vielfalt der Bezüge lässt sich stellenweise nur schwer unter einen Hut bringen. Gewidmet ist der Band Jürgen Nieraad, dessen Erbe »trotz der anderen Akzentuierung« fortgesetzt werden soll.

Während Nieraad die historischen Umstände zu bestimmen suchte, die das Forschungsfeld Exil konstituieren, und danach trachtete, den jüdischen Anteil der (deutschsprachigen) Exilliteratur sichtbar zu machen, liegt der Hauptgedanke des vorliegenden Bandes auf der Entortung und Entgrenzung des Exils. Dies geschieht einerseits durch die Kontrastierung eines deutschen und eines israelischen Exilbegriffs (Letzterer besonders im Beitrag von Sidra DeKoven Ezrahi), andererseits durch die Verknüpfung von konkreter Exilerfahrung und Entortung als Grundvoraussetzung moderner Subjektivität sowie als Vorbedingung jeglichen Schreibprozesses. Die Frage danach, ob sich Juden in Deutschland im (nachbabylonischen) Exil befinden oder die Exilerfahrung sich auf Deutschland bezieht, erlaubt den prozesshaften Charakter der Exilerfahrung zu thematisieren. Anhand der Biografien und Schriften von Gerschom Scholem (Pierre Bouretz), Else Lasker-Schüler (Doerte Bischoff) und Fritz Baer (Christoph Schmidt) lässt sich konkret festmachen, wie sich für Individuen der Exilbegriff im Laufe ihres Lebens ändert, wie dieser Umdeutungsprozess, der auch als spezifisch deutsch-israelische Erfahrung interpretiert werden kann, vor sich geht. Dass dies kein automatischer Prozess ist, zeigt Adi Gordon am Beispiel der Zeitschrift »Orient«: Denn jene Juden, die aus schierer Not und nicht aus ideologischen Gründen nach Palästina auswanderten, verorteten sich auch nach ihrer Ankunft als im Exil befindlich. Einen weiteren gescheiterten Umdeutungsprozess legt Mark H. Gelber vor, wenn er die Exilidentität Stefan Zweigs beschreibt: von den romantisierenden Anfängen zum selbstzerstörerischen Ende.

Doch die unterschiedlichen national geprägten Konzepte von Exil bergen auch ein Konfliktpotenzial in sich, das in den Einzelbeiträgen nicht besprochen wird, da die national situierten Aneignungsprozesse in den jeweiligen Biografien aufgehoben erscheinen. Dabei wäre interessant zu sehen, wie und wo sich deutsche und israelische Herangehensweise ergänzen und wie und wo sie sich widersprechen. Solch ein kritischer Zugang würde auch ermöglichen, Guy Sterns Beitrag, der die Geschichte der Exilforschung aus US-amerikanischer Perspektive beschreibt, in diesen Dialog einzubeziehen.

Wie ist es um das Verhältnis von Exil, Subjekt und Schrift bestellt? Bernhard Greiners Beitrag sei an dieser Stelle beispielhaft hervorgehoben. Er zeigt am Beispiel Anna Seghers', wie das Exil zur Schreibweise wird, und versucht, deren Herleitung aus einer jüdischen Tradition zu beschreiben. Diese versteht er als aus drei Herangehensweisen bestehend, einer allegorisch-messianischen (sichtbar etwa bei Walter Benjamin), einem Zuhausesein in der Fremde – der Denkfigur einer immanenten Transzendenz – und im Moment der Präsenz in der Re-Präsentation. Damit meint Greiner »das Bilden und Tradieren von Zeichen einer humanen Welt in der Perspektive ihrer ›Materialisierung‹« (164). Diese Materialisierung kann dabei ebenso eine Hinwendung zum Marxismus wie zum Zionismus bedeuten. Diese Austauschbarkeit der Ideologien macht stutzig, zumal sich Greiners Herleitung wesentlich auf Bibelzitate stützt. Dagegen gelingt es Greiner, in seiner literaturwissenschaftlichen Analyse erfolgreich eine Poetik des Exils herauszuarbeiten, die er in der gestalteten konkreten und allegorischen Textwelt Seghers' erkennt und die sich aus der zirkulären Struktur ihrer Werke ergibt. Auch die Beiträge über Heine (Jakob Hessing), Kafka (Philipp Theisohn), Celan (Rochelle Tobias) und Hélène Cixous (Carola Hilfrich) entwerfen jeweils beispielhaft eine Poetik des Exils. Diese zu untersuchen, wurde bislang zwar in der Exilforschung oftmals eingefordert, aber selten verwirklicht.

Allerdings birgt die Konzentration auf einzelne Autoren, deren Position erst durch oftmals langatmige, manchmal schwer verständliche (hier wäre Übersetzungsarbeit vonnöten) und nicht immer sinnvolle Theoriegebilde erklärt werden kann, die Gefahr der Mythenbildung in sich. Letztere wird nur im Beitrag von Frank Stern thematisiert, der den Mythos »jüdisches Hollywood« untersucht und zu dem Schluss kommt, dass sich die Filmindustrie allein aus einer jüdischen Perspektive nicht erklären lässt.

Insgesamt bleibt aber ein guter Eindruck. Der Sammelband ist ein Beitrag zur jüdischen Exilliteratur, der Neues versucht und durchweg interessante Artikel enthält. Deswegen hätte der Band von Seiten des Verlags eine bessere Redaktion verdient. Es gibt keinen Grund, die Originalreferate (mit Bemerkungen über die Aussicht in Jerusalem) abzudrucken. Ein Thesaurus hätte dazu beitragen können, die Lesbarkeit der Studien zu erhöhen und sie für ein breiteres Publikum verständlicher zu machen.

Birgit Lang

Zwischen Pruth und Jordan. Lebenserinnerungen Czernowitzer Juden. Hg. von Gaby Coldewey, Anja Fiedler, Stefan Gehrke u.a. Köln, Weimar, Wien (Böhlau) 2003, 176 S., 64 Abb.
Deutsche Literatur in Rumänien und das »Dritte Reich«. Vereinnahmung – Verstrickung – Ausgrenzung. Hg. von Michael Markel u. Peter Motzan (= Veröffentlichungen des Instituts für deutsche Kultur und Geschichte Südosteuropas, Wiss. Reihe Bd. 94). München (IKGS Verlag) 2003, 326 S.

Stand der Exilforschung bis 1989 die nur partielle Zugänglichkeit der Archive und Quellen in den Gebieten des früheren Sowjetsystems entgegen, so hat mit dessen Zusammenbruch sich die Möglichkeit eröffnet, die spezifischen Bedingungen, unter denen sich die Mechanismen von Ausgrenzung, Kollaboration, Flucht, Emigration, Deportation und Vernichtung während des Zweiten Weltkriegs durchsetzten, genauer zu untersuchen.

Eine Forschungsgruppe unter Betreuung der Osteuropa-Historikerin Mariana Hausleitner hat sich insbesondere des Schicksals der Juden in der nach 1919 rumänisch gewordenen Stadt Czernowitz angenommen, einer Stadt, die durch ihre Multiethnizität und als früherer östlichster Vorposten der k.u.k.-Monarchie noch immer einen eher legendenhaften Ruf genießt. Dieser beruht u.a. auch auf der Tatsache, dass in rumänischer Zeit dort eine Reihe von deutschsprachigen jüdischen Autoren wie Paul Celan, Rose Ausländer, Moses Rosenkranz, Alfred Margul-Sperber u.v.a. aufwuchs und/oder debütierte, die heute zu Klassikern der Moderne gehören. Hat die Germanistik zumindest bei den bekannteren Namen sich deren intensiveren Erforschung angenommen, so ist bis heute wenig über das Leben der jüdischen Bevölkerung unter rumänischer Herrschaft und unter den Bedingungen des Krieges bekannt. Hier stellt der ansprechend aufgemachte Band eine wirkliche Bereicherung dar. Er hat als Quellenbasis die in Israel aufgenommenen Interviews mit über 50 aus Czernowitz stammenden Emigranten (unter ihnen Ileana Shmueli, die Jerusalemer Begleiterin Paul Celans bei seinem späten Israel-Besuch 1967 und Rita Pistiner, die Tochter des sozialdemokratischen Czernowitzer Abgeordneten und Verlegers des »Vorwärts« Jakob Pistiner). Zugleich wird anhand der Forschungsliteratur eine Darstellung der historischen Entwicklung der Stadt nach dem Ersten Weltkrieg gegeben, in die sich die Aussagen der ehemaligen BewohnerInnen integrieren. So erschließt sich mehr als die lediglich private Sphäre einer Stadt und zugleich wird deutlich gemacht, wie die historischen Brüche in das Leben seiner BewohnerInnen eingegriffen haben. (Czernowitz gehörte im 20. Jahrhundert nicht weniger als 4 unterschiedlichen Staaten an!) Da die Mehrzahl der heute noch Lebenden in oder nach dem Ersten Weltkrieg geboren wurde, ist das prägende Kindheitserlebnis in der Rumänisierung der Stadt zu erkennen. In Schule, Universität, Berufsleben wurden die meist aus deutschsprechenden jüdischen Familien stammenden Jugendlichen mit einer ihnen eher am Rande geläufigen Sprache konfrontiert. Insbesondere die Universität bildete dann in den 1920er und 1930er Jahren einen Hort des Antisemitismus, in dem die Absonderung jüdischer Studierender bereits zur Realität wurde und der die Auseinandersetzung um den Zionismus innerhalb des Judentums intensivierte.

Den ersten tiefen Einschnitt in das Leben der jungen Czernowitzer bildete dann 1941 der Einmarsch der sowjetischen Truppen, die gemäß dem geheimen Zusatzprotokoll zum Hitler-Stalin-Pakt die Nordbukowina besetzten. Dieses »Russenjahr« wird zumeist im Zusammenhang mit seinen Deportationen von dem neuen Regime politisch unzuverlässig erscheinenden Bürgern und sozialen Gruppen nach Sibirien erwähnt; eine Reihe von Äußerungen der Interviewten zeigen allerdings, dass neben der Flucht vor den unbekannten drohenden Veränderungen, angesichts der erlebten krisenhaften rumänischen Entwicklung einige durchaus gewisse Erwartungen gegenüber dem neuen Regime hegten. Mit der nach einem Jahr durch den Überfall auf die Sowjetunion bedingten Wiedereinnahme Czernowitz' durch rumänische und deutsche Truppen wurde die Existenz der jüdischen Bevölkerung durch die Ghettoisierung, Erschießungen und schließlich Deportationen nach Transnistrien gefährdet. In diesem ausführlichsten Teil des Bandes werden Details des »stillen« rumänischen Holocausts jenseits des Dnjestr zur Sprache gebracht, die zahlreiche der vorgestellten oder erwähnten Familien zerrissen oder gar vernichteten. Die Befreiung durch die Rote Armee und die Rückkehr nach Czernowitz verstärkte bei den meisten nach den Erfahrungen mit der ersten sowjetischen Besetzung die Überzeugung »hier bleiben wir nicht« (S. 94). Der Stadt entfremdet, der Vernichtung entronnen fand nun nach der Abwendung von der k.u.k. Vergangenheit der Eltern und der Distanzierung von den Romanisierungszwängen des rumänischen Staates jene endgültige Identitätsfestigung statt, die in den Berichten über die oft schwierige Emigration und Etablierung in Israel zu erkennen ist.

Hervorzuheben ist an dem informativen Band neben der sorgfältigen und kundigen Montage von Interviewauszügen und historischem Diskurs die gute Ausstattung mit zahlreichen Fotos, informativen Kurzbiografien der InterviewpartnerInnen, hilfreichem Glossar und Literaturverzeichnis.

Welche Mechanismen der Ausgrenzung in Czernowitz wirksam waren, kann an dem Aufsatz von Peter Motzan über den Celan-

Mentor und Dichter Alfred Margul-Sperber im Sammelband des Münchner IKGS zum Verhältnis von deutschsprachiger Literatur in Rumänien und nationalsozialistischem Deutschland auf dem literarischen Feld studiert werden. Motzan, ein ausgewiesener Kenner dieser Literatur, zeigt eine zunehmend spannungsgeladene Entwicklung des Verhältnisses des deutschen zur jüdischen Minderheit unter den Bedingungen der rumänischen Dominanz. Hatten die jüdische Gemeinde vor den 1930er Jahren noch an gemeinsamen kulturellen Unternehmungen mit den Deutschen teilgenommen, änderte sich nach 1933 das Bild durch die Orientierung der Deutschen an den Ereignissen in Deutschland. Als Beispiel führt Motzan die Reaktion auf die Exilierung der jüdischen und oppositionellen Schriftsteller aus Deutschland an: Während die deutsche Presse der Bukowina sie ignorierte, trafen die ExilautorInnen in der jüdischen Czernowitzer Presse auf vielfache Resonanz. Zwar gab es einige positive Reaktionen in Deutschland auf die vereinzelten Produktionen der Czernowitzer jüdischen Dichter, aber gerade in der Abwendung insbesondere der siebenbürgischen Zeitschriften von den Bukowiner Dichtern zeigte sich deren unabwendbare Isolation. Die Frage ihres Überlebens wurde nach Ausbruch des Krieges Teil der Zufälle innerhalb der Shoa.

Wie schwierig die Identitätsbildung und Durchsetzung einer Literatur unter solchen Umständen eines »Dazwischen« sein musste, kann auch aus dem Blickwinkel von Gregor v. Rezzoris Entwicklung belegt werden, wie sie der Experte der Bukowinaer Literatur, Klaus Werner (vgl. ders., *Erfahrungsgeschichte und Zeugenschaft. Studien zur deutsch-jüdischen Literatur aus Galizien und der Bukowina*. München 2002), in seiner kritischen Reflexion vorführt. Werner rekurriert auf das Rezzori'sche Südosteuropa als »Scheuerstelle« zweier Zivilisationen, um die Umstände des Sozialisation des »Balkanesen« zu kennzeichnen. Die Kritik Werners entzündet sich an v. Rezzoris auch im Nachhinein unreflektiert gebliebenem Einlassen auf die nationalsozialistische Propagandamaschinerie und die Bemäntelung der eigenen Realitätsflucht gegenüber der nationalsozialistischen Politik. Handelt es sich bei dem Bukowiner aus der deutschen Minderheit sicher um einen eher milde zu betrachtenden Fall, so gehen weitere Beiträge des Bandes auf die Biografien und Publikationen siebenbürgischer und Banater Autoren ein, die sich an der Durchsetzung des Nationalsozialismus und Gleichschaltung der deutschen Minderheiten in Rumänien beteiligten.

So geht Horst Schuller der Tätigkeit des Journalisten und Dichters Erwin Neustädter als Leiter der Schrifttumsabteilung der nationalsozialistischen »Deutschen Volksgruppe in Rumänien« nach. Sie zeigt einen ästhetisch konservativen Agenten der ideologischen Manipulation, dem einerseits bescheinigt wird, dass er eher skeptisch oder sogar »nicht ohne Selbstzweifel« (S. 191) seiner Arbeit nachging und gar durch die Hilfe Margul-Sperbers nach dem Krieg aus der Haft frei kam. Er publizierte nach der Ausreise in die Bundesrepublik noch Erinnerungstexte, aber lediglich solche, die – wie Schuller formuliert – »nicht auf seine Zeit als Funktionär der Volksgruppe sich beziehen« (S. 175). Auch die anderen literarischen Nutznießer der von den rumänischen Behörden geduldeten nationalsozialistischen Gleichschaltung in Rumänien – Adolf Meschendörfer, Hermann Zillich und Erwin Wittstock sind die bekanntesten und auch noch nach 1945 in BRD und DDR verlegten Autoren – werden in ihren Beziehungen zur Literatur des nationalsozialistischen Deutschland untersucht.

Im Vergleich Meschendörfers und Zillichs sieht Stefan Sienerth deren »Sympathie für das nationalsozialistische Deutschland außer Zweifel« (S. 87), wiewohl sie unterschiedlichen Gruppierungen und Richtungen in Deutschland ihren Erfolg als besonders geschätzte Vertreter des ewig »bedroht« erscheinenden »Auslands- oder Grenzdeutschtums« zu verdanken hatten. Zillichs Entwicklung ist hierbei von besonderem Interesse, da die von ihm gegründete Zeitschrift *Klingsor* (1924 bis 1939) zunächst einen der wenigen Publikationsorte der jüdischen Dichter der Bukowina außerhalb von Czernowitz darstellte und sich allmählich der antisemitischen und nationalsozialistischen Linie anglich.

An der Sprache des *Klingsor* liest Gudrun Schuster die Militarisierung des öffentlichen Diskurses ab, dessen andere Seite in einer sinnlosen appellativen Emotionalisierung und Manipulation der Begriffe bestand. Joachim Wittstock zeigt die literarische Entwicklung des Autors Erwin Wittstock, seines

Vaters, der ästhetisch sich an den Poetiken etwa des George-Kreises orientierte, aber sich dadurch nicht davon abhalten ließ, in den nationalsozialistischen Literaturkreisen sein Fortkommen zu suchen. Ob man dabei die von dem Sohn herangezogenen ökonomischen Zwänge als Erklärung oder gar Entschuldigung gelten lassen mag, sei dahingestellt. Wie der Sohn festhält, »verfiel (in seinen öffentlichen Äußerungen) Wittstock nicht – zumindest nicht ostentativ – in die typische Diktion von ›Propagandisten‹ des ›Dritten Reiches‹, sondern bemühte sich um eigenen Ausdruck. (…) Zwar wird das Deutsche über anderes Volkstum gestellt, es wird in dem Maße überwertet, in dem es heutzutage oft Beurteilungen im Minusbereich erfährt (!), doch fehlt die, bei anderen Autoren mitunter anzutreffende, Bekundung von Gehässigkeit auf das ›Undeutsche‹« (S. 137 f.). An solchen und ähnlichen Bekundungen lässt sich die Differenz ablesen, die Siebenbürger Geisteswissenschaftler sowohl von der zeitgenössischen Wahrnehmung des faschistischen Terrors als auch von der seit den 1960er Jahren in Westdeutschland in Gang kommenden klärenden und im psychologischen Sinne verarbeitenden Auseinandersetzung der Nachkriegszeit mit diesem Epochenkomplex auch heute noch trennen können. Das Festhalten an der betulichen Sprache einer vom Gegenstand scheinbar völlig unabhängigen Analyse und Darstellung, die Verleugnung der ja unweigerlich sich stellenden Frage nach der Haltung des Literaturwissenschaftlers gegenüber der Person des Vaters und den politischen Implikationen seiner literarischen Karriere, die fehlende Diskussion der realen Umstände und Gründe, unter denen sich siebenbürgische Autoren so bereitwillig und tief auf das nationalsozialistische Regime und seinen Apparat der Literaturlenkung einließen, ja die simple Distanzierung von dem, was war, scheint in solchen Beschäftigungen mit Vergangenheit überhaupt nicht in Betracht gezogen zu werden. Wie Alexander Ritter in einem programmatischen Aufsatz festhält, ist »die Beschäftigung mit dem Nationalsozialismus (…) keine freundliche Angelegenheit« (S. 50).

Führt die Auseinandersetzung mit der Vergangenheit der deutschen Minderheit in Rumänien in vielen Fällen zur Bagatellisierung der Beteiligung an historischen Verbrechen, so weist Sienerth kritisch darauf hin, dass auch im kommunistischen Rumänien »man – wohl auch aus Solidarität mit den seit etwa Mitte der 1950er Jahre in den kommunistischen Literaturbetrieb integrierten Autoren und deren Nachkommen – nicht unbedingt darauf aus (war), die kompromittierten Schriftsteller der Kumpanei mit dem Nationalsozialismus zu bezichtigen« (S. 85). Ebenso sei aber in der BRD eine differenzierte Darstellung ausgeblieben. In diesem Zusammenhang muss als wichtiges sozialpsychologisches Faktum die Krise der siebenbürgischen Identität durch den Verlust der Autonomie im österreichisch-ungarischen Ausgleich 1867 betont werden, die sich in der rumänischen Epoche als ein Generationskonflikt zwischen den Jungen, zum Nationalsozialismus abfallenden, und den patriarchalisch-nationalen Alten fortsetzte und den Untergang der fast 600 Jahre währenden Kultur der Siebenbürger im Karpatenbecken einläutete.

Welche Brüche und/oder Anpassungen der Identität unter den historischen Veränderungen des 20. Jahrhunderts entstehen konnten, zeigt ein detaillierter Aufsatz von Eduard Schneider zu Robert Reiter alias Franz Liebhard und seiner Funktion als Leiter des Feuilletonteils der Temeswarer Ausgabe der *Südostdeutschen Tageszeitung* (1941–1944), die die *Banater Deutsche Zeitung* fortführte. Reiter hatte von 1929 bis 1941 als Chefredakteur diese bürgerlich-nationale Zeitung geleitet, bevor sie die Funktion des gleichgeschalteten Organs der Nationalsozialisten im Banat übernehmen musste. Er hatte als Radikaler begonnen, »in seiner Jugend, während des Studiums in Budapest und Wien, hatte der Handwerkersohn enge Beziehungen zu linksorientierten und kommunistischen Intellektuellenkreisen, trat als Lyriker und Theoretiker der ungarischen Avantgardezeitschrift *Ma* (Heute) hervor und arbeitete in Temeswar zeitweilig für deutsche wie auch für ungarische Blätter der sozialdemokratischen Arbeiterschaft« (S. 251). Auch Schneider erwähnt die materiellen Sorgen als möglichen Grund für Reiters Übernahme der Funktion des Redakteurs in der gleichgeschalteten Zeitung. Zieht man in Betracht, dass die Zeitung während des Krieges vornehmlich die Militarisierung durch Artikel z.B. über die Einbeziehung der jungen männlichen Bevölkerung in die Waffen-SS begleitete, mutet Reiters

Schwerpunkt auf der lokalen und regionalen Geschichte eher seiner Zeit abgewandt an. Schneider stellt denn auch fest: »Den von den Nazi-Ideologie propagierten rassischen Wahn hat er durch seine Beiträge nicht unterstützt« (S. 267). Und dass er sich der Risse und Brüche seiner Position und Entwicklung bewusst war, scheint ein unpubliziert gebliebenes Gedicht nahe zu legen, in dem es heißt: »Niemand kann das Bild narbenlos wieder zusammensetzen / das er selbst zerrissen hat / das Gefunkel eines Gestirns das er selbst ausgeblasen / von neuem anfachen / mit schweigengelähmten Lippen« (S. 268). Eine einheitliche literarische Identität dieses Autors lässt sich nur schwer vermuten, wenn man weiß, dass er im rumänischen Stalinismus wieder als propagandistischer Autor innerhalb der deutschen Minderheit der Banater Schwaben auftrat. Auch der Bukowiner Margul-Sperber sollte nach dem Krieg sein physisches und publizistisches Überleben durch die scheinbar vollkommene Anpassung an den »sozialistischen Realismus« erkaufen und dafür die Verachtung der jungen Generation auf sich ziehen, wobei zu bedenken ist, dass sein Arrangement mit dem Regime aber vor dem Hintergrund einer überlebten realen Verfolgung und Bedrohung der jüdischen Bevölkerung zu verstehen ist.

Was sich in den bisher erwähnten Aufsätzen bereits andeutete, belegt ein Beitrag von Edith Konradt zur literarischen Auseinandersetzung mit der nationalsozialistischen Vergangenheit der Siebenbürger Sachsen nach dem Krieg. Die Autorin deutet die Kontexte der historischen Ereignisse an und untersucht Romane von Dieter Schlesak, Hans Bergel und Eginald Schlattner. Es zeigt sich bei der Analyse der Voraussetzungen, dass »das geistige Zerstörungspotenzial, das der Nationalsozialismus schon Anfang der 1930er Jahre auch bei den Siebenbürger Sachsen offenbart hat« (S. 269), zu entsprechenden Weiterungen führte: nämlich zu »eine(r) Desintegration, deren historische Tragweite immer wieder verkannt, wenn nicht verdrängt worden ist, führte sie doch unausweichlich in die Dichotomie von behaupteter Identität und gelebter Realität, die während der zweiten Hälfte des 20. Jahrhunderts eine allmähliche Selbstauslöschung, nämlich den schrittweise vollzogenen Exodus dieser Ethnie aus der eigenen Geschichte nach sich zog« (S. 269).

Letztlich ist nur dem Roman »Vaterlandstage und die Kunst des Verschwindens« von Dieter Schlesak eine ästhetisch überzeugende Thematisierung der nationalsozialistischen Vergangenheit der Siebenbürger Sachsen zu attestieren, indem sein Buch, wie »ein einziges langes Verhör und Selbstverhör« (Schlesak, S. 276), Identitätsverlust, Exil, Lebenslügen, Traumata und Glücksverlangen gleichermaßen zur Sprache bringt. Ähnliches beschreibt René Kegelmann am außerordentlichen Werk Herta Müllers. Für Schlesak ist jeder Versuch der Identitätssuche mit der Erfahrung des »LEEREN ORTS« (Schlesak, S. 279) verbunden, die auch im Schreiben nicht geheilt werden kann. Die Erkenntnis der Brüche und ihre klare Benennung machen eine ästhetische Haltung aus, in der das, was war, nicht bagatellisiert, sondern in seiner Schwere für die Gegenwart angenommen wird. Es ist erfreulich, dass mit den kritischer werdenden Publikationen des Münchner Instituts, die an von Alexander Ritter formulierten Forschungsleitlinien zur Minderheitenliteratur (S. 50–54) sich orientieren können, nun eine offenere und in die Zukunft führende wissenschaftliche Beschäftigung mit der Präsenz deutscher Minderheiten in Südosteuropa auch auf dem Gebiet der Exilierung und Migration sich abzeichnet.

Markus Bauer

Katja Schubert: *Notwendige Umwege. Voies de traverse obligées. Gedächtnis und Zeugenschaft in Texten jüdischer Autorinnen in Deutschland und Frankreich nach Auschwitz.* Hildesheim, Zürich, New York (Georg Olms Verlag) 2001, 438 S.

Katja Schuberts Dissertation beschäftigt sich mit dem Schreiben jüdischer Autorinnen nach Auschwitz und knüpft dabei an feministische Fragestellungen wie an Diskussionen über die Überlieferung des Holocaust an. Sie behandelt sechs Texte aus drei Generationen und zwei Sprachräumen: Grete Weils *Meine Schwester Antigone*, Ruth Klügers *weiter leben. Eine Jugend*, Esther Dischereits *Joëmis Tisch*, Barbara Honigmanns *Eine Liebe aus nichts*, Anna Langfus' *Le sel et le soufre*, Sarah Kofmans *Rue Ordener Rue Labat* und Cécile Wajsbrots *La trahision*. Die Arbeit ist ein entsprechend breit angelegtes Projekt, das neben der Geschlechterdifferenz auch deutsch-französische sowie generationsspezifische Unterschiede und Korrespondenzen nachzeichnet. Das übergreifende Interesse bildet die Frage nach einer literarischen Gedächtnisarbeit, die in einem einleitenden Kapitel mit Blick auf Erinnerungspolitiken in Deutschland und Frankreich wie auf einschlägige Theoretisierungen der Überlieferung des Holocaust fundiert wird.

Bezug nehmend auf antike und jüdische Erinnerungskulturen und auf Texte u. a. von Adorno, Benjamin, Ricœur, Derrida, Halbwachs und Lévinas steckt Schubert den theoretischen Kontext einer Gedächtnisarbeit ab, die sich der Verstörung immer wieder aussetzt, die den Holocaust vergegenwärtigt anstatt ihn als extremen, aber vergangenen Schrecken zu neutralisieren. Sie hebt die Rolle der Zuhörenden, Lesenden hervor, die am Vorgang des Erinnerns und Bezeugens Anteil nehmen. Er wäre somit kein isolierter Akt, sondern ein gemeinschaftlicher Prozess, dessen Perspektive in verantwortlichem Handeln liegt. Hierin gehen Schuberts Ausführungen in eine ähnliche Richtung wie die von Ulrich Baer etwa zeitgleich in der Einleitung zu ›Niemand zeugt für den Zeugen‹. *Erinnerungskultur nach der Shoah* zusammengefassten Überlegungen, die den Aspekt einer politischen Praxis nach Auschwitz allerdings noch stärker betont. (Baer, S. 24 f.) Im Unterschied zu Baers Sammelband konzentrieren sich Schuberts Überlegungen jedoch auf einen literarischen Prozess und beziehen auch Frauen ein, die keine »Zeitzeuginnen« im engeren historischen Sinne sind.

Ihre Arbeit an den Romanen ist in vier thematische Lektürekapitel gegliedert. Unter der Überschrift »Topographien« wird nachgezeichnet, wie der Genozid und seine Schauplätze in den Texten lokalisiert oder umschrieben werden, danach wird die Ausgestaltung von Körpermotiven mit der Frage nach einem »Körpergedächtnis« verknüpft. Im Kapitel zu »autobiographischen Schreibweisen« geht es um Strategien, mit denen die Texte ein Ich, und das heißt hier immer auch: eine Position als Zeugin des Massenmordes, hervorbringen, und die sich als prekär, wenn nicht unmöglich erweisen. Ähnlich gebrochen erweist sich die Positionierung in Generationen und Genealogien, die beim Thema »Überlieferung« zunächst so nahe liegend erscheinen.

Schubert arbeitet narrative Strategien, Motive und Problemkonstellationen genau heraus und bindet diese immer wieder an das Theoriekapitel zu Gedächtnis und Erinnerung zurück. Ein vorsichtiges Fazit lautet, dass sich alle sechs Texte neutralisierenden Überlieferungen der Shoah widersetzen und auffallend viele Widersprüche und Verunsicherungen aufweisen. In ihnen fänden sich Umwege, Unerwartetes, Alltagsschilderungen und verunsichernde Details, was auf den brüchigen Subjekt- und Schreibstatus von Frauen in einer männlichen Kultur weise, aber auch mit dem relativ späten Entstehungszeitpunkt der Texte erklärt werden kann, bei denen oft ein ganzes Leben in das Schreiben über Auschwitz eingehe. Das berge ganz andere Schwierigkeiten, aber auch Möglichkeiten als eine Auseinandersetzung direkt nach 1945, wie sie meist von männlichen Autoren geleistet wurde, Schubert verweist hier u. a. auf Primo Levi, Elie Wiesel und Robert Antelme.

Dieses Argument führt bei den Texten der ersten und zweiten Generation zu wertvollen Einsichten, während – wie Schubert ebenfalls zeigt – sich bei den Jüngsten ohnehin andere Schreibstrategien etablierten, da die konkrete Gewalterfahrung bei ihnen kein biografisches Moment, kein »eigenes« Erlebnis, sondern eine oft verzweifelt umkreiste Leerstelle bildet. Die generationsbedingten Unterschiede zwischen den Autorinnen werden ausführlich beleuchtet und münden in die Beobachtung, dass die Texte der dritten Generation die stärksten Destabilisierungen aufweisen, was Schubert auf eine gewisse Desillusionierung und ihr schweres Erbe (S. 420) bezieht, ohne allerdings näher auf die literaturhistorischen Kontexte der unterschiedlichen Schreibweisen einzugehen. Sie kommt außerdem zu dem Schluss, dass in den deutsch- und französischsprachigen Texten zahlreiche Gemeinsamkeiten festgestellt werden können; in den Texten der dritten Generation vermerkt sie allerdings Unterschiede im Umgang mit der Sprache. Die »Geschichte des Deutschen als ›Sprache der Henker‹« (409) werde hier stärker reflektiert, während die Bezugnahme auf das Französische einen solchen Bruch nicht aufweise. Weiter führende komparatistische Thesen werden nicht formuliert, und dies wäre bei der schmalen Basis von sechs Autorinnen, von denen eine – Ruth Klüger – zudem in den USA lebt, auch kaum möglich.

Die Lektüreteile, die einer Verschränkung weiblicher und jüdischer Perspektiven nachgehen, rekurrieren auf feministische Positionen zur kulturellen Marginalität von Frauen. Gleichzeitig distanziert sich Schubert von Arbeiten, die sie als »Gender-Debatte«, »Gender-Theorie« oder »Gender-Diskurs« zusammenfasst. Was damit genau gemeint ist, bleibt vage, genannt wird allein der Name Judith Butler (S. 38). Die Kritik ist allerdings scharf: »Ein theoretisches Denken, das nun die gewiß problematische und vielschichtige Vorstellung eines Subjektbegriffes radikal verabschiedet, steht möglicherweise und wohl ungewollt in der Gefahr, so interpretiert und instrumentalisiert zu werden, daß es die Tradition der Komplizenschaft eines Denkens, dem Strukturen der Vernichtung zugrundeliegen, fortsetzt« (S. 40).

Schuberts zentraler Einwand, Subjekt und Körper seien bei Butler »nur Diskurs«, ist nicht neu. Butlers *Gender Trouble* löste Anfang der 1990er Jahre eine lebhafte Diskussion aus. Seitdem hat sie ihre Positionen zur Materialität des Körpers wie zur Subjektproblematik in weiteren Büchern verdeutlicht und auch andere Autorinnen haben sich mit der kulturellen Verfasstheit der Kategorie Geschlecht beschäftigt. Nun muss man sich nicht von diesen Arbeiten überzeugen lassen, doch wer sie in die Nähe der »Tradition der Komplizenschaft eines Denkens, dem Strukturen der Vernichtung zugrunde liegen« (S. 40) stellt, sollte diesen Einwand ausführlich begründen. Schubert leistet das in ihrer Arbeit nicht, sondern bezieht sich allein auf *Gender Trouble*, größtenteils nicht direkt, sondern durch knappe Zitate aus anderen Texten.

Die Gründe ihrer Zurückweisung der »Behauptungen der Gender-Debatte« (S. 282), wie sie es ausdrückt, werden im »Körpergedächtnis«-Kapitel näher erläutert. Es geht Schubert darum, den Körpern der Opfer, die mit der nationalsozialistischen Vernichtungspolitik als minderwertig markiert, misshandelt und ausgelöscht wurden, eine Widerständigkeit zuzuerkennen, die sich dieser Gewalt zumindest teilweise entziehen kann. Diese wichtige Frage lässt sich jedoch kaum

mit der Zurückweisung einer Theoretikerin untermauern, mit der sich durchaus die Materialität des Körpers und entsprechend auch Körperpraktiken denken lassen und die – anders als Schubert es nahe legt – diskursive Macht nicht als homogenen Block definiert, sondern zu bedenken gibt, dass sich Körper und Identitäten stets an der Schnittstelle unterschiedlicher regulierender Regime bewegen.

Schuberts Arbeit baut hier eine Front auf, die anfechtbar und vor allem unnötig ist. Denn ihre Lektüreergebnisse und die Überlegungen, die sie in Bezug auf Praktiken des Gedächtnisses, der Zeugenschaft und Erinnerung formuliert, entwickeln sich aus der Aufmerksamkeit für die Vielstimmigkeit, Heterogenität und Spezifität literarischer Texte. Sie werden von der sorgsamen Lektürearbeit und in weiten Teilen überzeugenden Argumentation getragen und hätten eine Abgrenzung gegen das irreführende und problematische Konstrukt einer einheitlichen und »systemstabilisierenden« (S. 284) Gender-Theorie nicht nötig.

Sabine Rohlf

John M. Spalek / Sandra H. Hawrylchak (Hg.): *Lion Feuchtwanger. A Bibliographic Handbook – Lion Feuchtwanger. Ein bibliographisches Handbuch.* München (K.G. Saur) 1998 (Bd.1), 1999 (Bd. 2), 2004 (Bde. 3 und 4). Nur geschlossen zu beziehen.

Die letzten beiden Bände sind erschienen, das Werk ist vollendet. Nach einem Überblick des Inhalts kann das Ausmaß dieser Leistung beurteilt werden. Bd. 1 enthält die deutschsprachigen Ausgaben, d.h. ein vollständiges Verzeichnis aller deutschsprachigen Buchveröffentlichungen Feuchtwangers und seine Übersetzungen und Bearbeitungen der Werke anderer Autoren. Hinzu kommen alle in seiner Exilzeit in anderen Ländern erschienen Werke, alles ist titelalphabetisch geordnet. Bd. 2 enthält zunächst ein Verzeichnis von 705 Übersetzungen der Bücher Feuchtwangers in 38 Sprachen, anschließend werden Kurzbeiträge, Bearbeitungen und Inszenierungen aufgelistet. (Die Premiere des ersten Feuchtwanger-Stückes *König Saul* fand be-

reits am 25. September 1905 statt.) Die Inszenierungen sind englisch gelistet, alphabe-
tisch durch Titel und dann chronologisch
nach Premieren, mit Hilfe der Theater- und
Stadtarchive der Standorte der Inszenierungen wurden Programmhefte und Rezensionen
aus der Lokalpresse ermittelt. Die Herausgeber erwähnen mehrmals mit großer Dankbarkeit diese Hilfe, die entscheidend zur
Vollständigkeit der Bibliografie beigetragen
hat. (Bei unvollständigen Informationen
Z werden die Archive erwähnt, damit weiter
nachgeforscht werden kann und für viele Werke gibt es Standorthinweise für bestimmte
Bibliotheken.)
Bd. 3 (Sekundärliteratur) beginnt mit veröffentlichten Briefen von und an Feuchtwanger.
Anschließend Bibliografien, Lexikoneinträ-
ge, Bücher und Dissertationen, mit englischen Inhaltszusammenfassungen, was sich
für russische Dissertationen als besonders
nützlich erweist. Magister- und Staatsex-
amensarbeiten, Artikel und Kapitel über
Feuchtwanger in anderen Büchern und Zei-
tungs- und Zeitschriftenartikel über Feuchtwanger, besonders zu seinen Geburtstagen
werden aufgelistet. Bd. 4 (Rezensionen und
wissenschaftliche Beiträge zu einzelnen Werken) legt die Geschichte der Feuchtwanger-
Rezeption dar.
Inzwischen gibt es eine Internationale-
Feuchtwanger-Gesellschaft. Wir können auf
eine kritische Werkausgabe Feuchtwangers
hoffen. Gerade der 3. Band dieser Bibliografie ist eine Fundgrube für diejenigen Wissenschaftler, die noch über Feuchtwanger arbeiten möchten, weil sie daraus ersehen können,
welche Desiderate es noch gibt. Wir staunen
über die Vielfalt der Sekundärliteratur auf russisch, die vielen von uns bisher zu wenig
bekannt war und sehen auch, wie viele verschiedene Fassungen es bei zahlreichen Werken Feuchtwangers gab, die noch der Untersuchung bedürfen. Wir wünschen uns eine
weitere intensive Beschäftigung mit dem
Nachlass und den unveröffentlichten Werken. Hierzu regt diese bewunderungswürdige
bibliografische Leistung an.

Deborah Vietor-Engländer

*Nachrichten aus Hollywood, New York und
anderswo. Der Briefwechsel Eugen und Marli-
se Schüfftans mit Siegfried und Lili Kracauer.
Ergänzt mit Briefen Eugen Schüfftans an
Berthold Viertel sowie Beiträgen von Kathinka
Dittrich, Pierre-Damien Meneux und Robert
Müller.* Hg. von Helmut G. Asper (= Filmge-
schichte International. Schriftenreihe der
Cinémathèque Municipale de Luxembourg,
hg. von Uli Jung, Bd. 13). Trier (Wissenschaftlicher Verlag) 2003, 167 S., 34 Abb.

Im Zentrum des Bandes steht der erstmals aus
dem Kracauer-Nachlass veröffentlichte Briefwechsel zwischen dem Kameramann Eugen
Schüfftan (1886–1977), der in Breslau und
Berlin als Maler begann, und dem Architekten, Soziologen und Schriftsteller Siegfried
Kracauer (1889–1966), der sich schon in den
1920er Jahren als Redakteur der linkslibera-
len *Frankfurter Zeitung* zu einem bekannten
Kritiker und Theoretiker des Films entwickelt
hatte. Schüfftan und Kracauer lernten sich
nach achtjährigem Exil in Frankreich auf dem
Schiff »Nyassa« kennen, das sie, zusammen
mit ca. 800 anderen Emigranten, am 15. April
1941 von Lissabon nach New York brachte.
Der Briefwechsel beginnt mit der Übersiedel-
lung der beiden Schüfftans nach Hollywood
im Dezember 1941 und ist in den ersten Jahren bis 1946 sehr intensiv, verliert aber infolge der hektischen Reisetätigkeit Eugen Schüfft-
tans an Dichte und endet bereits 1953 (dem
nur noch ein Austausch von Grüßen 1962
folgt). An der Korrespondenz sind auch die
Frauen beteiligt; das gilt vor allem für Mar-
lise Schüfftan, die seit 1947 oft allein die Verbindung aufrechterhält.
Die Freundschaft basierte in erster Linie auf
den leidvollen Erfahrungen, die die Emigration mit sich brachte. Schüfftan hatte zwar in
Frankreich seine künstlerisch erfolgreichste
Zeit als Kameramann erfahren; ein Essay von
Pierre-Damien Meneux berichtet sehr infor-
mativ über diese Zeit bis 1940. Kracauer dagegen kämpfte in Paris immer wieder um das
Existenzminimum. Das einzige, wirklich erfolgreiche Buch, das er 1937 im Verlag von
Allert de Lange veröffentlichte, ist seine »Ge-
sellschaftsbiographie« über *Jacques Offenbach
und das Paris seiner Zeit*, das gleichzeitig auch
in englischer und französischer Sprache erschien. Der Erfolg regte Kracauer 1938 zu
einer Bearbeitung für den Film an. Dieses

»Motion Picture Treatment«, das sich erheblich vom Aufbau des Buches unterscheidet, versuchte Schüfftan seit 1941 immer wieder in Hollywood unterzubringen – ohne Erfolg: Der Film wäre schwierig zu besetzen und sehr kostspielig geworden. Der Herausgeber, H. G. Asper, hat es hier erstmals veröffentlicht, und in seiner informativen Einführung in das Leben und Werk der beiden Korrespondenten auch die »schöpferischen Talente« des Drehbuchautors Kracauer gewürdigt.

Die ersten Jahre in den USA waren für beide schwer: Während Kracauer nur dank der Rockefeller Foundation und anderer großer amerikanischer Stiftungen und dank der Berufstätigkeit seiner Frau die großen Schriften zum Film – *From Caligari to Hitler* (New York 1947) und *Theory of Film* (New York 1960) – schreiben konnte, kämpfte Schüfftan vergeblich um eine Mitgliedschaft sowohl in der amerikanischen Gewerkschaft der Kameraleute (IATSE) als auch in deren einflussreichem Berufsverband (A.S.C.), ohne die er in den USA praktisch nicht als Kameramann tätig sein konnte. Dank hilfreicher Emigranten gelang es ihm gelegentlich, in unabhängigen Produktionen mitzuarbeiten, meist aber nur schlecht bezahlt und in Abhängigkeit von einem amerikanischen, als A.S.C.-Mitglied ausgewiesenen Kameramann unter der Bezeichnung »technical advisor«, »technical director«, »supervisor« u. a. Auch seine Erfindungen, besonders das nach ihm benannte Spiegeltrickverfahren, brachten ihm nicht viel Geld ein, so dass er in den 1940er Jahren der Unterstützung des European Film Fund bedurfte. Seine Situation besserte sich erst, als sich nach dem Zweiten Weltkrieg die internationale Welt öffnete und Schüfftan in ausländischen Produktionen mitwirken konnte, in Canada, Rom und vor allem in Paris. Eine große Genugtuung bedeutete ihm 1955 die Aufnahme in die New Yorker Gewerkschaft der Kameraleute und der Oscar für die beste Schwarz-Weiß-Fotografie in Robert Rossens Spielfilm »The Hustler«.

Während die schwierigen Lebensumstände von Kracauers Exilzeit weitgehend bekannt sind, enthält der sorgfältig edierte und kommentierte Briefwechsel und auch der Essay von Robert Müller über Schüfftans Tätigkeit in Hollywood viele unbekannte Details, Bausteine für die von Pierre-Damien Meneux geplante Monografie über Eugen Schüfftan.

Die von H. G. Asper und P.-D. Meneux aus verschiedenen Lebensdokumenten, Briefen Nachschlagewerken und Filmzeitschriften erarbeitete Filmographie, die die Jahre von 1929 bis 1966 berücksichtigt, ist eine wertvolle Ergänzung.

Leider erfährt der Leser fast nichts über den fachlichen Austausch der beiden Film-Experten. Der Filmtheoretiker und der Praktiker haben über ihre Ansichten zum Film und dessen Entwicklung in Europa und den USA in den vorliegenden Briefen nicht diskutiert; Schüfftan ist auch nicht auf Kracauers Buch *From Caligari to Hitler – A Psychological History of the German Film* eingegangen, was wahrscheinlich seinem unruhigen Berufsleben zuzuschreiben ist. Er hätte als Fachmann und Zeitgenosse sicher einiges zu sagen gehabt. Die von Asper angenommene Übereinstimmung der beiden Filmexperten (S. 9) trifft jedoch ganz sicher nicht auf alle Aspekte und Probleme zu. Als Kracauer ihm 1942 seinen Artikel »Why France liked our films« zuschickte, äußerte sich Schüfftan zwar anerkennend, deutete aber seine Differenz »in manchen Punkten« an (S. 41). Hatte da nicht Kracauer mit seiner Kritik am französischen Vorkriegsfilm auch die Kameraarbeit und die artifizielle Lichtregie Schüfftans getroffen?

Ingrid Belke

Maria von Borries: *... einer der aktivsten deutschen Pazifisten. Arnold Kalisch. Eine Dokumentation.* Bramsche (Rasch Verlag) 2003, 212 S. zahlreiche Abb.

Der Titel dieses Buches ist als Zitat dem Artikel entnommen, mit dem Hans Wehberg als Herausgeber der zentralen deutschsprachigen Zeitschrift der Friedensbewegung *Die Friedens-Warte* 1932 aus Anlass von Arnold Kalischs 50. Geburtstag dessen pazifistische Lebensleistung würdigte. Arnold Kalisch (1882–1956) entstammte einer seit dem 16. Jahrhundert nachweisbaren, durch viele Träger rabbinischer Gelehrsamkeit ausgezeichneten jüdischen Familie, deren Namen – Kremnitzer, dann Kalischer, schließlich Kalisch – ihre durch Verfolgung erzwungene Wanderung von Wolhynien über Polen nach Preußen bezeugen. In der Generation der

Großeltern Arnold Kalischs und mit ihrer Ansiedlung in Berlin in den 1930er Jahren des 19. Jahrhunderts vollzog sich die Assimilation der Familie, deren männliche Mitglieder durch Berufswahl, Schulbildung und Universitätsstudium den entschiedenen Willen zum Aufstieg innerhalb der bürgerlichen Gesellschaft und die Abwendung von talmudischer Wissenschaft bekräftigten. In der väterlichen Linie Arnold Kalischs folgte dem Buchhändler und Antiquar Mendel Kalisch dessen Sohn Otto Kalisch, der es als Bankprokurist zu solidem Wohlstand brachte und durch Weltoffenheit und Bildungseifer für seine Söhne Hans und Arnold beispielgebend wirkte. Leopold Kalisch, einer der fünf Brüder Ottos, erwarb sich Ansehen als Stadtrat und Stadtältester in Berlin. Hans und Arnold studierten Jura, Arnold überdies Germanistik, und die Wahl der Universität Kopenhagen als Studienort neben Berlin, Freiburg und Leipzig verwies früh auf seine Sympathien für Dänemark. In der lebenslangen Freude am Erlernen fremder Sprachen – Englisch, Französisch, Spanisch, Italienisch, Dänisch, Norwegisch, Schwedisch – drückte sich Arnold Kalischs Interesse an der Kultur anderer Völker aus. Seine Entfernung vom Glauben der Väter mündete 1903, im Jahr seiner Volljährigkeit, in seinen Bruch mit dem Judentum, jedoch nicht in den Entschluss zur Taufe. Wenige Monate vor dem Beginn des Ersten Weltkriegs wurde Kalisch in Leipzig zum Doktor der Rechte promoviert.

Bereits in den ersten Kriegswochen eingezogen, erlebte Kalisch den Ersten Weltkrieg an der Front im Westen wie im Osten. Seine Sprachkenntnisse trugen ihm 1916 die Abordnung ins Kriegspresseamt und die Chance ein, aufgrund vielfältiger Lektüre der Presse beider Kriegslager und der Neutralen tiefere Einblicke in den Kriegsverlauf und in die Praxis der Kriegspropaganda zu gewinnen. Der Krieg machte Kalisch wie viele andere junge Männer seiner Generation zum überzeugten Pazifisten. Im Frieden blieb es Kalisch versagt, seine juristische Ausbildung beruflich zu nutzen. Erst 1924 gelangte er, seit 1922 verheiratet, nach mehreren kurzfristigen Erwerbstätigkeiten in die Dauerstellung eines Redakteurs beim Textil-Verlag in Berlin. Die Tochter Helga, das einzige Kind des Ehepaars Arnold und Erna Kalisch, wurde 1925 geboren.

In der Friedensbewegung der Weimarer Republik gehörte Kalisch, der sich den Ideen Friedrich Wilhelm Foersters verpflichtet wusste, zu der sich um Fritz Küster scharenden pazifistischen Linken. Doch hielt er sich von dem ruppigen Stil fern, der nach dem Vorbild Küsters schließlich in die Umgangsformen innerhalb der Friedensbewegung Eingang fand, und er pflegte stattdessen ein gedeihliches, ja fast verehrungsvolles Verhältnis zu Küsters Antipoden Ludwig Quidde, dem Nestor des organisierten Pazifismus in Deutschland und Träger des Friedens-Nobelpreises von 1927. Kalischs radikaler Pazifismus äußerte sich in seiner Teilnahme an den »Niewieder-Krieg«-Kundgebungen bereits in den ersten Jahren der Weimarer Republik, er betätigte sich auf dem linken Flügel der Deutschen Friedensgesellschaft (DFG), und er war der Autor zahlreicher Beiträge in den Organen der deutschen Friedensbewegung. Vor allem aber war er, unterstützt von seiner Frau, der eigentliche Sprecher des Bundes der Kriegsdienstgegner, des deutschen Zweiges der »War Resisters International«, dem er 1929 mit der Gründung des Blattes *Die Friedensfront* (die Beilage der pazifistischen Zeitschrift *Deutsche Zukunft*) eine Stimme gab.

Die Friedensfront hatte ihre Redaktion in Berlin, erschien aber in Heide in Holstein im Verlag des pazifistischen Druckereibetriebs von Paul Riechert. Die Wahl des Verlags war nicht zufällig. Riechert, in dessen Verlag noch Anfang 1933 der pazifistische Erstling von Karl Heinz Spalt, des bald darauf ins britische Exil gehenden und später als britischer Germanist erfolgreichen Keith Spalding, erscheinen sollte, gehörte zu Kalischs engen pazifistischen Freunden, ebenso wie Johann Ohrtmann, Herausgeber der *Deutschen Zukunft*, die dem Norddeutschen Landesverbandes der DFG als Organ diente. Kalischs tiefe Sympathie für Dänemark hatte ihn 1932, neben seiner Berliner Wohnung, einen Zweitwohnsitz in Dänemark, durch den Kauf eines kleinen Hauses in Rönshoved am Flensburgfjord, nur wenige Kilometer von der deutschen Grenze entfernt, wählen lassen. Das erwies sich in Anbetracht der politischen Entwicklung in Deutschland als weitsichtige Entscheidung. Die seit dem Beginn der NS-Herrschaft hoch gefährdete Familie Kalisch trat nach sorgfältiger Vorbereitung, wozu die Verbrennung aller pazifistischen Materialien gehörte, Ende März 1933 die Flucht nach Dänemark an. Dort trafen Arnold, Erna und Helga Kalisch am 1. April 1933 ein. Von nun an gehörte ihre Biografie der Geschichte des politischen Exils an.

Die Anfänge der Kalischs in ihrem Gastland waren beschwerlich. Seit der Erlangung einer Arbeitserlaubnis lebte die Familie im Wesentlichen von den Einkünften aus der Erteilung von Sprachunterricht durch Arnold Kalisch, aus der Vermietung von Zimmern an Pensionsgäste sowie aus Gelegenheitsarbeiten Erna Kalischs. Daneben erhielt die Familie kleinere Geldzuwendungen aus Quiddes Genfer Hilfsfonds für exilierte deutsche Pazifisten. Mehrmals war ein Umzug in Wohnungen an anderen Orten notwendig, solange das Haus in Rönshoved nicht bezogen werden konnte. Andere Sorgen des Ehepaars galten der Suche nach geeigneten Schulen für die Tochter innerhalb einer Atmosphäre, in der Belästigungen durch deutsch-dänische Sympathisanten Hitlerdeutschlands zum Alltag gehörten. Gast der Kalischs war zeitweilig Paul Riechert, der vor fortgesetzter Nazi-Verfolgung mit seiner Familie ebenfalls nach Dänemark geflohen war. Dass Arnold Kalisch auch im dänischen Exil im Visier der NS-Stellen blieb, zeigte ihm der Verlauf seiner Besuche beim deutschen Konsulat in Apenrade, die wegen der Regelung seiner Passangelegenheiten unvermeidlich waren. Gelegentliche Publikationen Kalischs im dänischen Exil belegten, wie stark seine Bindungen an die deutsche und die internationale Friedensbewegung geblieben waren. Mit dem Beginn des Zweiten Weltkrieges verschärften sich erneut die Lebensbedingungen der Kalischs, denen im November 1939 die deutsche Staatsangehörigkeit aberkannt wurde.

Der deutsche Einmarsch in Dänemark am 9. April 1940 ließ die Gefährdung Kalischs aufs äußerste ansteigen. Neuerliche Nachstellungen durch deutsch-dänische Nazis legten den mehrfachen Wechsel des Aufenthaltsortes nahe, und schließlich, aufgrund der von Himmler angeordneten Maßnahmen, kam es zu der Entdeckung und zu der rechtswidrigen Verhaftung Kalischs durch die Gestapo im Februar 1943. Es folgten scharfe Verhöre, die drohende Anklage wegen angeblichen Hochverrats, das deutsche Verlangen einer Auslieferung Kalischs durch die dänischen Behörden. Dank der verständnisvollen, menschlichen Haltung seines dänischen Anwalts und der Unterstützung anderer dänischer Freunde gelang es, die Auslieferung hinauszuzögern, bis zu dem Zeitpunkt, als Ende August 1943 die Verwaltung des Landes von der deutschen Besatzungsmacht vollständig übernommen wurde. Jedoch tat sich damit zugleich eine neue Chance für Kalisch auf. Da dänische Elemente für eine umfassende Kollaboration nicht zur Verfügung standen, schlug die Stunde des dänischen Widerstandes. Ihm – dänischen Helfern in der Polizei und in der Ärzteschaft des Gefängnishospitals – verdankte Kalisch seine Rettung aus höchster Not, – mittels seiner sorgfältig geplanten Entführung aus dem Gefängnis und seiner Überfahrt im Boot nach Schweden. Ehefrau und Tochter hatten bereits vorher in Schweden Zuflucht gefunden. Dort erfuhren alle drei die Unterstützung und die Gastfreundschaft des Landes, sowohl in einem der Lager für Hitlerflüchtlinge wie bei privaten Gastgebern. Nach dem Ende des Krieges kehrten die Kalischs nach Dänemark zurück und nahmen schließlich auch wieder von ihrem Haus in Ronshöved Besitz, auch jetzt noch in prekären finanziellen Verhältnissen lebend. Eine Rückkehr nach Deutschland schlossen sie aus.

Die Autorin dieser Dokumentation hat mit großer Einfühlungskraft sowohl durch intensive Nachforschungen in zahlreichen Archiven wie durch die Auswertung einer Vielzahl privater und offizieller Zeugnisse eine zu Herzen gehende Rekonstruktion eines zumeist gefährdeten Lebens herzustellen vermocht. Daraus ist mehr geworden als eine bloße »Dokumentation«, eher dies: die Präsentation einer fast exemplarischen Exilexistenz.

Karl Holl

Erwin Panofsky: *Korrespondenz 1910 bis 1968: eine kommentierte Auswahl in fünf Bänden.* Hg. von Dieter Wuttke. Bd. 2: *Korrespondenz 1937 bis 1949.* Wiesbaden (Harrassowitz Verlag) 2003, 1.363 S.

Der erste Band der Korrespondenz des Kunsthistorikers Erwin Panofsky ist bereits im Jahrbuch für Exilforschung 20 vorgestellt worden.

Mittlerweile ist Band 2 erschienen, der auch der umfangreichste innerhalb der Auswahl-Ausgabe ist, wie der Herausgeber Dieter Wuttke hervorhebt. Er präsentiert zumeist unbekannte Briefe und einige andere Dokumente aus den Jahren 1937 bis 1949 und zeigt somit, wie sich das Wirken Panofskys nach seiner Emigration in Amerika entfaltete. Dabei werden Einblicke in einen Akkulturationsprozess möglich, hinter dem die Entschlossenheit Panofskys stand, sich dem neuen Lebenskreis anzupassen. Hier liegt denn auch ein wesentlicher Erkenntnisgewinn des neuen Bandes: indirekt erschließt sich die Entwicklung der amerikanischen Kunstgeschichte in einem Spannungsfeld von Exil, Zweitem Weltkrieg und Nachkriegszeit. Zugleich tritt der Mensch Erwin Panofsky in Zügen hervor, die teilweise bekannt sind, die aber auch immer wieder neue Facetten erkennen lassen.

So findet man zum Beispiel zahlreiche Äußerungen Panofskys, die sich mit dem Problem des Sprachwechsels auseinander setzen. Es war wohl vor allem das Streben nach Integration, das ihn die Übersetzung seiner Texte ablehnen ließ und ihn veranlasste, von Anfang an in der englischen Sprache zu schreiben. Wie sehr ihm dies gelang, beweisen die positiven Würdigungen, die gerade sein *Albrecht Dürer* von 1943 aufgrund einer sprachlichen Klarheit erfuhr. Panofsky hatte zudem das Experiment gewagt, den eigentlichen wissenschaftlichen Apparat in einem zweiten Band zu publizieren und den ersten frei von Anmerkungen gehalten. Eine derartige, im deutschen Wissenschaftsbetrieb eher fragwürdige Darstellung erwies sich als außerordentlich erfolgreich und populär. Das geglückte Bemühen änderte aber nichts daran, dass Panofsky seine Arbeiten weiterhin mit Blick auf das Englische überarbeitete, wobei ihm, wie er scherzhaft anmerkte, »immer irgendeine nette, kluge und meist auch hübsche Dame« behilflich war (S. 1.038). Insbesondere Margaret Barr, die ihm schon bei seinen ersten Amerika-Erfahrungen hilfreich zur Seite stand, spielte hier eine herausgehobene Rolle.

Dass Hilfe das zentrale Stichwort des vorliegenden Bandes ist, wird vom Herausgeber ausdrücklich erwähnt. Schon Band 1 hatte deutlich gemacht, in welchem Maß sich Panofsky für die Unterstützung und Unterbringung der Emigranten einsetzte. Seine Unermüdlichkeit in dieser Hinsicht beschränkte sich jedoch nicht allein auf die Zuflucht und Zukunft suchenden Fachkollegen, auch die Vertreter anderer Disziplinen konnten auf seine Fürsorge vertrauen. Doch in diesem Kontext findet nicht nur Panofskys herausragende Rolle ihre Bestätigung, vielmehr öffnet sich der Blick auf Hintergründe des Exils in den USA, wobei auch bisher wenig beachtete Aspekte beleuchtet werden. Zweifellos war Panofsky seit Beginn seiner Tätigkeit am Institute for Advanced Study in Princeton bemüht, den emigrierten Wissenschaftlern zu helfen. Der Druck nahm jedoch erheblich zu, nachdem sich die Situation in Europa 1938 verschärft hatte und für einen neuen Emigrationsschub sorgte. Man kann dann den Kommentaren Panofskys durchaus ein gewisses Gefühl der Überforderung entnehmen. Am 11. Januar 1939 schreibt er an den alten Freund Fritz Saxl vom Warburg Institute in London: »In ein paar Fällen konnte ich helfen, weil ich bemittelte persönliche Freunde des Betreffenden heranziehen konnte, aber im allgemeinen hat sich alles aufgehört. Man selbst ist schließlich auch nur auf einem schon stark überfüllten ›Floss der Medusa‹« (S. 180). In diesem Zitat spiegelt sich eine Hilflosigkeit, die Panofsky als besonders drückend empfand, weil er sich bewusst über die eigene privilegierte Stellung war: »It is a rather terrible feeling to live so comfortably while others, just as good, have to beg around« (S. 159). Im Übrigen stand hinter seiner gelungenen Verpflanzung nach Amerika nicht nur eine tiefe Dankbarkeit, sondern durchaus auch eine Verunsicherung, die seine Anspielung auf das Gemälde Géricaults verständlich macht. So bewahrte sich Panofsky die bereits in Deutschland ausgebildete Sensibilität für antisemitische Haltungen, die er auch in den USA als Bedrohung wahrnahm. Dabei manifestierte sich dann eine ausgeprägte jüdische Identität; freilich lassen die vorliegenden Briefe nicht erkennen, dass diese im Gefolge der Emigration zugenommen hätte, wie der Herausgeber meint. Im Vergleich zu einem politischen Antisemitismus in Deutschland charakterisierte Panofsky den amerikanischen zwar als »social«. Doch das genaue Beobachten der politischen Entwicklungen in seiner neuen Heimat gab ihm das pessimistische Gefühl, auch hier könnte der Moment kommen, wo man wieder unerwünscht wäre.

Überhaupt zeigte er ein lebhaftes politisches Interesse, so wenn es um die Wahl Roosevelts ging, für die er sich einsetzte, oder in ausführlichen Erörterungen zur Entwicklung der Atombombe, an der sein Sohn, der Physiker Wolfgang Panofsky, beteiligt war. Letztlich bekundet sich hier ein politisches Bewusstsein, hinter dem nicht allein die Furcht vor erneuter Vertreibung steht, sondern ebenso ein liberal-engagiertes Bekenntnis eigener Verantwortlichkeit.

Insofern erstaunt es wenig, dass Panofsky in der Regel wenig Neigung zeigte, sich für Emigranten einzusetzen, die sich – anders als er selbst – über Hitlers Absichten getäuscht hatten und erst nachdem sie persönliche Bedrückungen erfahren hatten, als Verfolgte außerhalb Deutschlands Zuflucht suchten. Eine weitere Einschränkung seiner Hilfsbereitschaft gegenüber Exilanten resultierte aus der vollzogenen Integration in seinen neuen Wirkungskreis. Panofsky fühlte sich der amerikanischen Kunstgeschichte ebenso wie dem Land verpflichtet und bei allem Einsatz für exilierte Kollegen war deren Befähigung ein wichtiges Kriterium. Dies war auch ausschlaggebend, wenn er sich um das Fortkommen amerikanischer Kunsthistoriker bemühte oder Wissenschaftler anderer Nationalitäten förderte. Folglich versagte sich Panofsky die Unterstützung eines emigrierten Kunsthistorikers, dessen Arbeiten »recht gut sind, aber nicht so, daß man sagen könnte, daß die amerikanische Kunstgeschichte ohne ihn nicht leben kann« (S. 112). Mithin war die Sorge, es könnte der Eindruck entstehen, dass Amerikaner von deutschen Flüchtlingen verdrängt werden, nicht nur darin begründet, Anstoß zu vermeiden. Vielmehr bekannte sich Panofsky zu einem Ausbau der Kunstgeschichte in den USA, in denen sich die viel versprechenden Ansätze von Amerikanern und Emigranten zum Besten des Ganzen verbinden sollten.

Man muss in der Offenheit Panofskys für die positiven Seiten Amerikas und in seiner Anpassungsbereitschaft wohl eine entscheidende Ursache – neben seiner fachlichen Exzellenz – für einen Erfolg sehen, der sich sowohl in der persönlichen Integration als auch in der herausgehobenen Bedeutung innerhalb der amerikanischen Kunstgeschichte ausdrückt. Sein Einsatz für Letztere fand bereits 1940 Anerkennung durch Wahl in den Vorstand der College Art Association, dem Verband amerikanischer Kunsthistoriker. Somit erweist sich Panofskys Wirken im Einklang mit den Hoffnungen, die Walter Cook als Direktor des Institute of Fine Arts der New York University 1933 bewogen hatten, die aus Deutschland vertriebenen Wissenschaftler für den Ausbau der Kunstgeschichte in Amerika zu gewinnen. Cook zeigte sich in einem Brief von Ende 1948 auch außerordentlich befriedigt über den Stand der Dinge. Das »kunsthistorische Empire-Building« (S. 803), das während des Krieges einen gewissen Einbruch erlitten hatte, stabilisierte sich in der Nachkriegszeit, und Panofsky galt nicht nur als ein besonders kostbares Glied in der Kette, sondern wirkte auch nachhaltig am Bau mit.

Diese regen Aktivitäten hatten zweifellos eine enorme Wirkung: »Fashions have changed in writing the history of art, and for the better« (S. 1.135). Dieser erste Satz des Kunsthistorikers und Architekten Fiske Kimball in seiner Rezension von Panofskys Abbot Suger legt nahe, dass der Wandel zum Besseren auch ein Verdienst Panofskys war. Eine solche Anerkennung war jedoch nicht unumstritten. Die von Panofsky propagierte Ikonologie, die international eine ausgesprochen positive Resonanz erzielen sollte, erweist sich im Briefwechsel auch als Gegenstand einer lebhaften Methodendiskussion. In deren Hintergrund steht eine Kritik an dieser Art der Kunstgeschichtsschreibung in den USA. Insbesondere Francis Henry Taylor, der Direktor des Metropolitan Museum of Art in New York, hatte seit 1943 das Konzept der Ikonologie als »unamerikanisch« angegriffen, wobei offenbar auch Ressentiments gegenüber den deutsch-jüdischen Emigranten eine Rolle spielten. Hier drängt sich die Frage nach einer längerfristigen Perspektive der Wirkungsgeschichte der emigrierten Kunsthistoriker in den USA nach 1945 auf, zu deren Beantwortung möglicherweise auch die folgenden Bände der Panofsky-Korrespondenz beitragen können.

Wie der Herausgeber betont, soll die Korrespondenz-Auswahl ein Forschungs-Fundament darstellen, das »vor allem vielfältige Spuren legen, Anstöße sowie Anregungen geben will« (S. XI). Man kann nur wünschen, dass dieser Appell entsprechende Folgen zeitigt – die in jeder Hinsicht gewichtige Dokumentation der Panofsky-Korrespondenz ist eine reichhaltige Fundgrube und auch eine Herausforderung für die Exilforschung.

Perdita Ladwig

Rosamunde Neugebauer: *Zeichnen im Exil – Zeichen des Exils? Handzeichnung und Druckgraphik deutschsprachiger Emigranten ab 1933* (= Schriften der Guernica-Gesellschaft, Bd. 14) Weimar (VDG) 2003, 527 S.

In ihrer Frankfurter Habilitationsschrift konzentriert sich Rosamunde Neugebauer (Rosa von der Schulenburg) auf im Exil mit Zeichenstift und Pinseln gefertigte, teils mit Wasserfarben kolorierte Zeichnungen sowie auf Künstlergrafiken, die in den gängigen Hoch-, Tief- und Flachdrucktechniken hergestellt wurden. Warum fiel die Wahl auf diese Medien? Weil, so die Autorin, in ihr ein verhältnismäßig hohes Maß emotionaler Energien unkontrolliert freigesetzt wurde.
In den von Neugebauer vorgestellten Zeichnungen und Grafiken kommt die Erfahrung des Exils durch entsprechende Thematik, Motivik, Metaphorik oder stilistische Entwicklung zum Ausdruck. Die Autorin sieht ihre Untersuchung »als ein von der konkreten Werkanalyse ausgehender, die Methoden der Stilkritik und Ikonologie zur Anwendung bringender kunsthistorischer Beitrag zur Krisengeschichte der Moderne« (S. 320). Im künstlerischen Werk der Exilierten, so die These von Neugebauer, finden sich ästhetische Zeichen, die als Ausdruck und als Indiz der Erfahrung des Exils interpretiert werden können. Die Autorin unternimmt den Versuch, diese ästhetischen Zeichen zu systematisieren und zu analysieren.
Neugebauer konzentriert sich auf das Exilwerk einiger ihr repräsentativ erscheinender Künstler/innen, deren grafische Bildwerke in den verschiedenen Exilländern entstanden und ihr für die Verarbeitung von Exilerfahrungen signifikant erschienen. Sie wählte grafische Einzelblätter und Bildfolgen von rund 30 exilierten Künstlern und Künstlerinnen unterschiedlichen Bekanntheitsgrades. Werke prominenter Künstler wie Grosz, Beckmann oder Wols finden keine stärkere Beachtung als die von vergleichsweise unbekannten

Künstlern wie Hugo Dachinger, Hermann Fechenbach, Walter Nessler, Carl Rabus und Karl Schwesig. Dies wird damit begründet, dass bestimmte Inhalte, Motive, Ausdrucksqualitäten und rhetorische Muster im Zentrum der Betrachtung stehen und nicht die ästhetische Einzelleistung. Dabei erweist es sich jedoch als problematisch, dass sowohl die bildkünstlerischen Ausgangspositionen der exilierten Kunstschaffenden mitunter sehr verschieden waren, als auch die Situation im jeweiligen Gastland, das die weitere künstlerische Produktion maßgeblich beeinflusste.
Nachdem die Autorin in der Einleitung Fragen und Thesen sowie Methode und Gegenstand ihrer Arbeit benennt und den bisherigen Forschungsstand zusammenfasst, gliedert sich der Hauptteil in zwei große Kapitel, die in sich wiederum in mehrere thematische und motivische Themenbereiche unterteilt sind. Im ersten Kapitel beschäftigt sie sich mit den unterschiedlichen Graden der Nähe grafischer Arbeiten zur Realität. Im zweiten Kapitel befasst sie sich mit »Pathosformeln und Metaphern leidvollen Schicksals im Exil« und konzentriert sich dabei vor allem auf das Menschenbild aus der Perspektive der Exilierten. Wichtig erscheint der Autorin, dass die Kunst im Exil eine nicht-lineare Komplexität aufweist, die sich einer strengen Systematisierung entzieht. Das »Im-Exil-sein« bedeute, sich mit dem Fremdsein auseinander zu setzen. Der Schwerpunkt der Untersuchung liegt deshalb auf der Frage nach dem Verhältnis der Kunst zu den realen Geschehnissen und Erlebnissen, im Weiteren in der Erkundung des Selbstbildes und der inneren Befindlichkeit. Thematisch gliedert sie die beiden Kapitel des Hauptteils wie folgt: Im ersten Teil werden Flucht, Internierungslager der Alliierten und das Ghetto in Shanghai durch verschiedene Zustandsbeschreibungen des Exils (Gefangen, das Warten, Alltagsleben, in den Straßen Shanghais) und deren bildliche Darstellbarkeit thematisiert. Die Autorin fragt nach dem »Sonderfall« einer Lagerkunst im Exil. In Abgrenzung dazu werden Anti-Nazi-Cartoons im Exil behandelt. Den erläuternden Vorbemerkungen zu den Begriffen »Cartoon« und »Karikatur« folgen ausgewählte Polit-Cartoons der Emigranten in Großbritannien, eine Untersuchung des Arsenals und der Strategien der Cartoonisten (antithetische Kampfbilder und Satiren, visualisierte Metaphern,

Bildzitate). Gesondert behandelt sie die Zeichnungen zum Nürnberger Kriegsverbrecherprozess, die Entwicklung künstlerischer Privatmythologien und die Beschäftigung mit der Ruinenthematik. Im zweiten Teil konzentriert sie sich auf »Pathosformeln« und Metaphern des Exils: stilistische Besonderheiten einer Schwarz-Modulation am Beispiel des »verschatteten Antlitzes« und dem geschwärzten Blick der Melancholie unter dem Aspekt des psychischen Ausdruckswertes der Farbe Schwarz. Weiter werden Bewegung und Stillstand im Exil – der Wartezustand, der Sturz – behandelt. Zuletzt widmet sich die Autorin den unheroischen Helden: dem ewigen Wanderer (auf der Suche nach dem gelobten Land), dem »vielgewanderten« Heimkehrer, dem Lastenträger (vom Schicksal be- oder erdrückt) und dem »Minusmenschen« (eine Wortfindung der Autorin): isoliert, entfremdet, verrückt. In der Schlussbetrachtung (die eigentlich keine ist, da abschließend noch viele neue Aspekte behandelt und weitere Fragestellungen aufgeworfen werden) widmet sich Neugebauer dem Verhältnis von Innovation und Traditionsbindung, der Frage nach Kontinuität und Bruch. Hier subsumiert sie ihre Anmerkungen zur Spezifik des Grafischen, zu Exil und Avantgarde, zur Frage des Neuen und zur Debatte um eine postmoderne Haltung ohne Kalkül (Letzteres erscheint sehr konstruiert). Neugebauer berücksichtigt in ihrer Studie nicht nur die kunstwissenschaftliche Forschung sondern auch psychologische, kulturanthropologische und sozialgeschichtliche Überlegungen.

Unter diesem interdisziplinären Blickwinkel stellt die Autorin die Frage, ob es entzifferbare Zeichen des Exils gibt: Ausdrucksqualitäten, gestalterische, rhetorische oder inhaltliche Elemente, die von der Exilierung zeugen? Als Merkmale benennt sie Brüche im gestalterischen und thematischen Spektrum eines Œuvres, das Fehlen von stilistischer Kontinuität, die Negation kompositorischer Ganzheit (Dekonstruktion) sowie Formverzerrung, neue, aus der Not heraus entwickelte Techniken sowie Verwendung kunstfremder Materialien, die Problematisierung des Menschenbildes, die Auflösung der menschlichen Figur und ihre Isolation (dargestellt anhand formaler Distanzierungsstrategien, die Ausdruck von Isolation und Fremdheit versinnbildlichen). Das Nebeneinander verschiede-

ner Ausdrucksweisen verleiht der grafischen Kunst im Exil einen hybriden Charakter. Der Pluralismus von Stilen und Verfahrensweisen, das Heterogene und Brüchige, das Rückwärtsgewandte, der Verlust von Hoffnung und Utopien: alle diese Merkmale finden sich auffällig häufig in den in dieser Studie versammelten grafischen Bildwerken.

Für Neugebauer spiegeln sich gerade in dem stilistisch Heterogenen und Inkonsistenten die Erfahrungen des Exils, die Brüche der Lebensläufe. Die Künstler, die durch das Exil eine nachhaltige Prägung erfuhren, hatten Heimweh statt Heimat, Hass und Verzweiflung statt freudiger Erwartung und Zuversicht, das Bedürfnis der Mitteilung und das Handicap der fremden Sprache. Es sind die Themen der Entfremdung, Einsamkeit, gesellschaftlichen Fragmentierung und Isolation, die im Medium der Zeichnung Gestalt bekommen.

Neben der Thematisierung der Flucht findet eine intensive künstlerische Auseinandersetzung mit der Alltagssituation in den Internierungslagern statt. Die konkrete Auseinandersetzung mit der Lagerrealität, aber auch die Freisetzung eskapistischer Phantasien in Bildern hatten in allen Camps eine psychisch entlastende Funktion. In den Internierungslagern entstanden zahlreiche Zeichnungen, in denen die Künstler ihre Situation festhielten. Dabei ist zu berücksichtigen, dass die Internierung im Kontext des rettenden Exils für die Betroffenen eine sehr paradoxe Situation war, da die Flüchtlinge durch diese politische Maßnahme zu Repräsentanten just jenes Staates erklärt wurden, dem sie durch ihre Flucht entkommen konnten. Die Internierten erhielten hierdurch quasi per Dekret von ihrem Gastland eine Identität verordnet, die sich nicht mit ihrem Selbstbild deckte. Dieses Missverhältnis von Eigen- und Fremdwahrnehmung der Exilierten, gekoppelt mit dem als Unrecht empfundenen Freiheitsentzug, verschärfte die Identitätsproblematik. Dies lässt sich anhand vieler Zeichnungen aufzeigen. Das Selbstporträt scheint das probateste Mittel einer bildkünstlerischen Selbstvergewisserung zu sein. Daher mag es nicht verwundern, dass es zu einer Befragung des Selbst und zur kritischen Überprüfung des eigenen Standortes diente. Hiermit lässt sich auch die von der Holocaust-Forschung konstatierte Häufigkeit des Selbstporträts in der Kunst aus

Konzentrationslagern erklären. Auffällig ist auch die Flüchtigkeit der Form bei einer gleichzeitig bedeutungsschweren Ikonographie. Manche Künstler befassten sich erst mit großer zeitlicher Verzögerung mit ihren Erlebnissen und Eindrücken im Exil oder mit dem kriegszerstörten Deutschland. Ihre Zeichnungen, in denen die Ruine ein häufiges Bildmotiv ist, sind Dokumente tiefer Trauer und bewegter Klage um die verlorene Heimat. Die Ruinenlandschaft steht sinnbildhaft für die Wunden und die seelische Verstümmelung, welche sich die Künstler auf der Flucht und im Exil zuzogen. Einige der emigrierten Künstler/innen entwickelten in der Situation des Exils zudem eigenwillige Bildwelten von hoher Konsistenz, die man als individuelle Mythologien bezeichnen kann. Oftmals sind die in den Skizzen und Zeichnungen verwendeten christlich-mystischen Symbole schwer entschlüsselbar. Nicht selten dominiert die Darstellung von Angst und Schrecken das Bildgeschehen.

In zahlreichen Zeichnungen wird der Ausdruck des Ausgeliefertseins mit einer gleichzeitigen Abwehrhaltung kombiniert. Dort ist der Aufschrei nicht Ausdruck des Entsetzens angesichts einer konkreten Bedrohung, sondern vielmehr Expression einer inneren Pein, die sich im verzweifelten Aufbegehren Ausdruck verschafft. Auch der Sturz ist ein häufiges Bildmotiv. Er gehört – neben dem Schrei – zu den zentralen Metaphern, mit denen im Symbolismus und im Expressionismus eine »metaphysische Heimatlosigkeit« dargestellt wurde. Nun, vor dem Hintergrund des Krieges, wurde das konkrete physische Bedrohtsein des Menschen zum Ausdruck gebracht.

Neugebauer beschäftigt sich sehr detailliert mit diesen Pathosformeln und Bildmetaphern. Die Autorin verwendet den von Aby Warburg zu Anfang des 20. Jahrhunderts kreierten Terminus der »Pathosformel« zur Analyse und Bestimmung von Ausdrucksformen emotionaler Befindlichkeiten oder seelischer Grundstimmungen. Für sie ist die Pathosformel – in ihrer Qualität als Ausdrucksgebärde – rhetorisches Mittel und visuelle Metapher. Wichtig, so Neugebauer, sei festzuhalten, dass den Künstlern im Exil weniger an gedanklicher Konstruktion und technischer Präzision als an emotionalem Selbstausdruck gelegen war. Einige der Emigranten

kamen sogar erst durch das Exil zur Kunst oder veränderten ihre Ausdrucksweise signifikant.

Es war das Anliegen der Autorin, den Akzent in ihrer Untersuchung nicht auf das rein Motivische, sondern auf die darüber vermittelten Ausdrucksqualitäten zu legen. So lässt sich zusammenfassend sagen, dass in der vorliegenden Untersuchung zuerst der konkrete Realitätsbezug der Arbeiten im Zentrum des Interesses stand und daran anschließend die psychischen und existenziellen Ausdrucksqualitäten verhandelt wurden. Die Autorin widmet sich auf eine engagierte Weise einem wichtigen und von der kunsthistorischen Forschung bisher weitgehend vernachlässigten oder bewusst ausgeblendeten Themengebiet. Schwierig erscheint mir die Abgrenzung des Untersuchungsgegenstandes, die von der Autorin vorgenommen wird. Arbeiten, bei denen die Motivik den Schluss zulässt, dass die Auseinandersetzung mit dem Krieg und der Shoah und nicht das Erleben des Exils das Eigentliche ist, werden – so Neugebauer – in dieser Untersuchung nicht berücksichtigt. Diese Trennung lässt sich nicht wirklich aufrecht erhalten. Allgemein sei angemerkt, dass das Lesevergnügen leider durch die Art der Gliederung des Materials und durch inhaltliche Wiederholungen gemindert wird. Dennoch ist die Ausgangsidee, die dieser Studie zugrunde liegt – eine vergleichende Darstellung von Zeichnungen aus dem Exil und auf der Flucht – ein spannendes und wichtiges Thema, das mehr Aufmerksamkeit und weitere Forschungen verdient.

Nicola Hille

Kurzbiografien der Autorinnen und Autoren

Volker Depkat ist Historiker und Professor für Amerikanistik an der Universität Regensburg. Er studierte an den Universitäten Bonn, Eugene (Oregon, USA) und Göttingen. 1996 wurde er in Göttingen mit der Arbeit *Amerikabilder in politischen Diskursen. Deutsche Zeitschriften 1789–1830* (1998) promoviert, 2003 erfolgte die Habilitation im Fach Neuere und Neueste Geschichte an der Ernst Moritz Arndt Universität Greifswald. Die Habilitationsschrift *Lebenswenden und Zeitenwenden. Deutsche Politiker und die Erfahrungen des 20. Jahrhunderts* erscheint 2006 im Oldenbourg Verlag, München. Hauptarbeitsgebiete: Deutsche und nordamerikanische Geschichte vom 18. bis zum 20. Jahrhundert, Theorie und Methode der Geschichtswissenschaft.

Hans-Edwin Friedrich, geb. 1959. Studium der Germanistik und Geschichte in Trier. Lehrt neuere deutsche Literaturwissenschaft an der Universität München. Publikationen: *Der Enthusiast und die Materie. Von den »Leiden des jungen Werthers« bis zur »Harzreise im Winter«* (1991). – *Science Fiction in der deutschsprachigen Literatur* (1995). – *Deformierte Lebensbilder. Erzählmodelle der Nachkriegsautobiographie* (1945–1960) (2000). – *Schrift und Bild im Film* (Mithg., 2002). – *Bürgerlichkeit im 18. Jahrhundert* (Mithg., 2005). – Aufsätze zur Literatur des 18. und 20. Jahrhunderts, zum Film, zur Trivialliteratur.

Wulf Koepke, Distinguished Professor, Emeritus, Texas A&M University, Mitherausgeber des Jahrbuchs *Exilforschung* und des *Herder-Jahrbuchs*, Autor und Herausgeber von Büchern über J.G. Herder, Jean Paul, Lion Feuchtwanger, Alfred Döblin und zur Exilliteratur; rund 200 Studien zur Literatur der Goethezeit und des frühen 20. Jahrhunderts.

Marianne Kröger, geb. 1959. Studium der Germanistik, Politologie und Lateinamerikanistik in Frankfurt/Main. Promotion 2003. Derzeit Lehrbeauftragte am Fachbereich Neuere Philologien der Johann Wolfgang Goethe-Universität Frankfurt/Main. Veröffentlichungen zum Thema Exil und Exilliteratur sowie Holocaust-Literatur. Arbeitet auch als Literaturkritikerin und Übersetzerin aus dem Niederländischen.

Perdita Ladwig, Studium der Geschichte, Kunstgeschichte und der Italienischen Philologie, Dissertation zum Renaissancebild deutscher Historiker

1898 bis 1933. Lebt in Berlin. Arbeitsschwerpunkte: Renaissanceforschung, Wissenschaftsgeschichte und Hochschulforschung.

Einhart Lorenz, geb. 1940. Dr. phil., Professor für moderne Geschichte an der Universität Oslo, Willy-Brandt-Preisträger 2003. Arbeitsschwerpunkte: deutschsprachiges Exil, norwegische und internationale Arbeiterbewegung, Antisemitismus, Rechtspopulismus.

Beatrix Müller-Kampel, geb. 1958. Studium der Germanistik und Romanistik/Hispanistik (Promotion 1985 über *Theater und Schauspiel in der Erzählprosa Theodor Fontanes,* 1993 Habilitation über *Don Juan in der deutschen Literatur bis 1918*). Lehrt und forscht am Institut für Germanistik der Universität Graz, Arbeitsbereich Neuere deutsche Literatur. Forschungsschwerpunkte: Geschichte und Literatur (Thematologie), Kanonforschung, Literatursoziologie (P. Bourdieu, N. Elias), Theatergeschichte des 18. Jahrhunderts, Exilliteratur seit 1933, Anarchismus und Literatur.

Sabine Rohlf ist Literaturwissenschaftlerin und wurde mit der Studie *Exil als Praxis – Heimatlosigkeit als Perspektive? Lektüre ausgewählter Exilromane von Frauen* (2002) an der Humboldt-Universität zu Berlin promoviert. Sie übernahm Lehraufträge an der HU Berlin und der Universität Hamburg. Ihre Arbeitsschwerpunkte liegen in der Geschlechter- und Exilforschung sowie der Gegenwartsliteratur.

Irme Schaber, geb. 1956. Freiberuflich-wissenschaftliche Forschungstätigkeit über Fotografinnen und Fotografen des Exils nach 1933. Zahlreiche Veröffentlichungen zur Geschichte und Wirkungsgeschichte der fotografischen Emigration u. a. in *Fotogeschichte, ProfiFoto* und *Literaturblatt.* Buchveröffentlichung: *Gerta Taro, Fotoreporterin im Spanischen Bürgerkrieg – eine Biografie* (1994).

Joachim Schlör, geb. 1960. Promotion an der Universität Tübingen 1990, Habilitation an der Universität Potsdam 2004. Forschungsschwerpunkte: Stadtgeschichte und moderne jüdische Geschichte. Veröffentlichungen u. a.: *Endlich im Gelobten Land? Deutsche Juden unterwegs in eine neue Heimat* (2003); *Das Ich der Stadt. Debatten über Judentum und Urbanität, 1822–1938* (2005). Privatdozent für Kulturwissenschaft an der Universität Potsdam.

Christoph Seifener, geb. 1972. Studium der Germanistik, Politikwissenschaft und Geschichte an der Universität Siegen. Promotion mit einer Arbeit zum Thema *Schauspieler-Leben. Autobiographisches Schreiben und Exilerfahrung* an der Universität Kassel 2003. Lektor an der Université Nice Sophia Antipolis.

Jutta Vinzent, geb. 1968. Studium der Kunstgeschichte, Deutschen Philologie, Philosophie und Kommunikationswissenschaft in München, Köln und Cambridge/UK. Promotion in Deutscher Philologie in Köln über Edlef Köppen und in Kunstgeschichte in Cambridge über bildende KünstlerInnen im Exil in Großbritannien. Seit 2001 Lecturer in Modern and Contemporary Art and Visual Culture am Department of History of Art der University of Birmingham (UK). Forschungsschwerpunkte (und Veröffentlichungen): Innere Emigration, Bildende KünstlerInnen im Exil in Großbritannien, postkoloniale Themen wie nationale Identität und Diaspora.

Peter Voswinckel, geb. 1951 in Soest/Westfalen. Nach dem Studium von Geschichte und Medizin (Konstanz, Münster, Essen, München; Promotion 1982) vier Jahre ärztliche Tätigkeit; seit 1986 Wechsel in die Medizingeschichte, 1990 Habilitation RWTH Aachen, 1997 apl. Prof. Wohnhaft in Lübeck. Schwerpunkt: Ärztliche Biografik, Emigrationsforschung, »Arisierung« von Fachliteratur.

Regina Weber, geb. 1942. Studium der Germanistik, Romanistik und Kunstgeschichte in Bonn und Tübingen; Promotion 1983. Von 1986 bis 1993 wissenschaftliche Mitarbeiterin am Deutschen Literaturarchiv in Marbach. Zahlreiche Veröffentlichungen zu emigrierten Literaturwissenschaftlern.

Exilforschung. Ein internationales Jahrbuch

Herausgegeben von Claus-Dieter Krohn, Erwin Rotermund,
Lutz Winckler, Irmtrud Wojak und Wulf Koepke

Band 1/1983

Stalin und die Intellektuellen und andere Themen

391 Seiten

»... der erste Band gibt in der Tat mehr als nur eine Ahnung davon, was eine
so interdisziplinär wie breit angelegte Exilforschung sein könnte.«

Neue Politische Literatur

Band 2/1984

Erinnerungen ans Exil – kritische Lektüre der Autobiographien nach 1933

415 Seiten

»Band 2 vermag mühelos das Niveau des ersten Bandes zu halten, in manchen Studien wird geradezu außergewöhnlicher Rang erreicht ...«

Wissenschaftlicher Literaturanzeiger

Band 3/1985

Gedanken an Deutschland im Exil und andere Themen

400 Seiten

»Die Beiträge beschäftigen sich nicht nur mit Exilliteratur, sondern auch mit
den Lebensbedingungen der Exilierten. Sie untersuchen Möglichkeiten und
Grenzen der Mediennutzung, erläutern die Probleme der Verlagsarbeit und
verfolgen ›Lebensläufe im Exil‹.«

Neue Zürcher Zeitung

Band 4/1986

Das jüdische Exil und andere Themen

310 Seiten

Hannah Arendt, Bruno Frei, Nelly Sachs, Armin T. Wegner, Paul Tillich,
Hans Henny Jahnn und Sergej Tschachotin sind Beiträge dieses Bandes
gewidmet. Ernst Loewy schreibt über den Widerspruch, als Jude, Israeli,
Deutscher zu leben.

Band 5/1987
Fluchtpunkte des Exils und andere Themen
260 Seiten

Das Thema »Akkulturation und soziale Erfahrungen im Exil« stellt neben der individuellen Exilerfahrung die Integration verschiedener Berufsgruppen in den Aufnahmeländern in den Mittelpunkt. Bisher wenig bekannte Flüchtlingszentren in Lateinamerika und Ostasien kommen ins Blickfeld.

Band 6/1988
Vertreibung der Wissenschaften und andere Themen
243 Seiten

Der Blick wird auf einen Bereich gelenkt, der von der Exilforschung bis dahin kaum wahrgenommen wurde. Das gilt sowohl für den Transfer denkgeschichtlicher und theoretischer Traditionen und die Wirkung der vertriebenen Gelehrten auf die Wissenschaftsentwicklung in den Zufluchtsländern wie auch für die Frage nach dem »Emigrationsverlust«, den die Wissenschaftsemigration für die Forschung im NS-Staat bedeutete.

Band 7/1989
Publizistik im Exil und andere Themen
249 Seiten

Der Band stellt neben der Berufsgeschichte emigrierter Journalisten in den USA exemplarisch Persönlichkeiten und Periodika des Exils vor, vermittelt an deren Beispiel Einblick in politische und literarische Debatten, aber auch in die Alltagswirklichkeit der Exilierten.

Band 8/1990
Politische Aspekte des Exils
243 Seiten

Der Band wirft Schlaglichter auf ein umfassendes Thema, beschreibt Handlungsspielräume in verschiedenen Ländern, stellt Einzelschicksale vor. Der Akzent auf dem kommunistischen Exil, dem Spannungsverhältnis zwischen antifaschistischem Widerstand und politischem Dogmatismus, verleiht ihm angesichts der politischen Umwälzungen seit 1989 Aktualität.

Band 9/1991

Exil und Remigration

263 Seiten

Der Band lenkt den Blick auf die deutsche Nachkriegsgeschichte, untersucht, wie mit rückkehrwilligen Vertriebenen aus dem Nazi-Staat in diesem Land nach 1945 umgegangen wurde.

Band 10/1992

Künste im Exil

212 Seiten. Zahlreiche Abbildungen

Beiträge zur bildenden Kunst und Musik, zu Architektur und Film im Exil stehen im Mittelpunkt dieses Jahrbuchs. Fragen der kunst- und musikhistorischen Entwicklung werden diskutiert, die verschiedenen Wege der ästhetischen Auseinandersetzung mit dem Faschismus dargestellt, Lebens- und Arbeitsbedingungen der Künstler beschrieben.

Band 11/1993

Frauen und Exil
Zwischen Anpassung und Selbstbestimmung

283 Seiten

Der Band trägt zur Erforschung der Bedingungen und künstlerischen wie biographischen Auswirkungen des Exils von Frauen bei. Literaturwissenschaftliche und biographische Auseinandersetzungen mit Lebensläufen und Texten ergänzen feministische Fragestellungen nach spezifisch »weiblichen Überlebensstrategien« im Exil.

Band 12/1994

Aspekte der künstlerischen Inneren Emigration
1933 bis 1945

236 Seiten

Der Band will eine abgebrochene Diskussion über einen kontroversen Gegenstandsbereich fortsetzen: Zur Diskussion stehen Literatur und Künste in der Inneren Emigration zwischen 1933 und 1945, Möglichkeiten und Grenzen einer innerdeutschen politischen und künstlerischen Opposition.

Band 13/1995

Kulturtransfer im Exil

276 Seiten

Das Jahrbuch 1995 macht auf Zusammenhänge des Kulturtransfers aufmerksam. Die Beiträge zeigen unter anderem, in welchem Ausmaß die aus
Deutschland vertriebenen Emigranten das Bewußtsein der Nachkriegsgene-
ration der sechziger Jahre – in Deutschland wie in den Exilländern – prägten, welche Themen und welche Erwartungen die Exilforschung seit jener
Zeit begleitet haben.

Band 14/1996

Rückblick und Perspektiven

231 Seiten

Methoden und Ziele wie auch Mythen der Exilforschung werden kritisch
untersucht; der Band zielt damit auf eine problem- wie themenorientierte
Erneuerung der Exilforschung. Im Zusammenhang mit der Kritik traditio-
neller Epochendiskurse stehen Rückblicke auf die Erträge der Forschung
unter anderem in den USA, der DDR und in den skandinavischen Ländern.
Zugleich werden Ausblicke auf neue Ansätze, etwa in der Frauenforschung
und der Literaturwissenschaft, gegeben.

Band 15/1997

Exil und Widerstand

282 Seiten

Der Widerstand gegen das nationalsozialistische Herrschaftssystem aus dem
Exil heraus steht im Mittelpunkt dieses Jahrbuchs. Neben einer Proble-
matisierung des Widerstandsbegriffs beleuchten die Beiträge typische
Schicksale namhafter politischer Emigranten und untersuchen verschiedene
Formen und Phasen des politischen Widerstands: z. B. bei der Braunbuch-
Kampagne zum Reichstagsbrand, in der französischen Résistance, in der
Zusammenarbeit mit britischen und amerikanischen Geheimdiensten sowie
bei den Planungen der Exil-KPD für ein Nachkriegsdeutschland.

Band 16/1998

Exil und Avantgarden

275 Seiten

Der Band diskutiert und revidiert die Ergebnisse einer mehr als zwanzigjährigen Debatte um Bestand, Entwicklung oder Transformation der historischen Avantgarden unter den Bedingungen von Exil und Akkulturation; die Beiträge verlieren dabei den gegenwärtigen Umgang mit dem Thema Avantgarde nicht aus dem Blick.

Band 17/1999

Sprache – Identität – Kultur
Frauen im Exil

268 Seiten

Die Untersuchungen dieses Bandes fragen nach der spezifischen Konstruktion weiblicher Identität unter den Bedingungen des Exils. Welche Brüche verursacht die – erzwungene oder freiwillige – Exilerfahrung in der individuellen Sozialisation? Und welche Chancen ergeben sich möglicherweise daraus für die Entwicklung neuer, modifizierter oder alternativer Identitätskonzepte? Die Beiträge bieten unter heterogenen Forschungsansätzen literatur- und kunstwissenschaftliche, zeithistorische und autobiografische Analysen.

Band 18/2000

Exile im 20. Jahrhundert

280 Seiten

Ohne Übertreibung kann man das 20. Jahrhundert als das der Flüchtlinge bezeichnen. Erzwungene Migrationen, Fluchtbewegungen und Asylsuchende hat es zwar immer gegeben, erst im 20. Jahrhundert jedoch begannen Massenvertreibungen in einem bis dahin unbekannten Ausmaß. Die Beiträge des Bandes behandeln unterschiedliche Formen von Vertreibung, vom Exil aus dem zaristischen Russland bis hin zur Flucht chinesischer Dissidenten in der jüngsten Zeit. Das Jahrbuch will damit auf Unbekanntes aufmerksam machen und zu einer Erweiterung des Blicks in vergleichender Perspektive anregen.

Band 19/2001
Jüdische Emigration
Zwischen Assimilation und Verfolgung, Akkulturation und jüdischer Identität
294 Seiten

Das Thema der jüdischen Emigration während des »Dritten Reichs« und Probleme jüdischer Identität und Akkulturation in verschiedenen europäischen und außereuropäischen Ländern bilden den Schwerpunkt dieses Jahrbuchs. Die Beiträge befassen sich unter anderem mit der Vertreibungspolitik der Nationalsozialisten, richten die Aufmerksamkeit auf die Sicht der Betroffenen und thematisieren Defizite und Perspektiven der Wirkungsgeschichte jüdischer Emigration.

Band 20/2002
Metropolen des Exils
310 Seiten

Ausländische Metropolen wie Prag, Paris, Los Angeles, Buenos Aires oder Shanghai stellten eine urbane Fremde dar, in der die Emigrantinnen und Emigranten widersprüchlichen Erfahrungen ausgesetzt waren: Teilweise gelang ihnen der Anschluss an die großstädtische Kultur, teilweise fanden sie sich aber auch in der für sie ungewohnten Rolle einer Randgruppe wieder. Der daraus entstehende Widerspruch zwischen Integration, Marginalisierung und Exklusion wird anhand topografischer und mentalitätsgeschichtlicher Untersuchungen der Metropolenemigration, vor allem aber am Schicksal der großstädtischen politischen und kulturellen Avantgarden und ihrer Fähigkeit, sich in den neuen Metropolen zu reorganisieren, analysiert. Ein spezielles Kapitel ist dem Imaginären der Metropolen, seiner Rekonstruktion und Repräsentation in Literatur und Fotografie gewidmet.

Band 21/2003
Film und Fotografie
296 Seiten

Als »neue« Medien verbinden Film und Fotografie stärker als die traditionellen Künste Dokumentation und Fiktion, Amateurismus und Professionalität, künstlerische, technische und kommerzielle Produktionsweisen. Der Band geht den Produktions- und Rezeptionsbedingungen von Film und Fotografrie im Exil nach, erforscht anhand von Länderstudien und Einzelschicksalen Akkulturations- und Integrationsmöglichkeiten und thematisiert den Umgang mit Exil und Widerstand im Nachkriegsfilm.

Band 22/2004
Bücher, Verlage, Medien
292 Seiten

Die Beiträge des Bandes fokussieren die medialen Voraussetzungen für die Entstehung einer nach Umfang und Rang weltgeschichtlich singulären Exilliteratur. Dabei geht es um das Symbol Buch ebenso wie um die politische Funktion von Zeitschriften, aber auch um die praktischen Arbeitsbedingungen von Verlagen, Buchhandlungen etc. unter den Bedingungen des Exils.

Ausführliche Informationen über alle Beiträge in den bisherigen Jahrbüchern EXILFORSCHUNG sowie über alle Bücher des Verlags im Internet unter: **www.etk-muenchen.de**

Nr. 1 ◆ 2005

EXiL

Forschung ◆ Erkenntnisse ◆ Ergebnisse

Inhalt

Exil 1933 bis 1945   11,80 Euro   **ISSN 0721-6742**

Edita Koch • Postfach 17 02 34 • D-60076 Frankfurt/Main • Tel. 0 69 / 75 11 02 • Fax 0 69 / 75 15 47